Himmelstürmer Verlag

Matthias Elger, 1969 im niedersächsischen Osterode am Harz geboren, erlernte nach Abschluss der Schulausbildung zunächst den Beruf des Schriftsetzers in einem Zeitungsverlag. Nach Beendigung des Zivildienstes und einer siebenjährigen Tätigkeit in einer kleinen Werbeagentur zog er Ende 2002 nach Hannover, wo er seit 2003 hauptberuflich als Altenpfleger arbeitet. Seine erste Buchveröffentlichung gelang ihm 2000 mit dem Vampirroman RHONA, eine Hommage an Bram Stokers Literaturklassiker „Dracula". Seither wurden fünf Romane von ihm verfasst, jedoch ist DER TRAUM VON HOLLYWOOD erst seine zweite Veröffentlichung.

Himmelstürmer Verlag, Kirchenweg 12, 20099 Hamburg
www.himmelstuermer.de
E-mail: info@himmelstuermer.de
Umschlaggestaltung: Olaf Welling, Grafik-Designer, AGD, Hamburg
www.olafwelling.de
Originalausgabe, Mai 2008
Nachdruck, auch auszugsweise, nur mit Genehmigung des Verlages
Printed in Czech. Rep.
Rechtschreibung nach Duden, 24. Auflage
ISBN 978-3-934825-93-2

Matthias Elger

DER TRAUM VON HOLLYWOOD I

Auf dem Weg zu den Sternen

Für alle die träumen und nichts unversucht lassen, ihren Traum zu leben.

Prolog

Hollywood erzählt uns Geschichten

Es sind romantische Geschichten voller Liebe und Leidenschaft. Spannende Geschichten, in denen uns der Atem stockt, wenn der Held sich in Gefahr begibt. Lustige Geschichten, die uns zum Lachen bringen. Unheimliche Geschichten, die uns Angst machen. Fhantastische Geschichten, die uns staunend eine völlig fremde Welt zeigen. Erotische Geschichten, die unsere geheimen Träume auf der Leinwand Wirklichkeit werden lassen. Aber auch tragische und dramatische Geschichten, die unsere tiefsten, innersten Gefühle wachrufen. Doch all diese Geschichten sind nur Illusion. Sie entführen uns für die Dauer eines Kinobesuches in eine andere Welt und lassen uns unsere eigene vergessen, die wir draußen am Eingang zurückgelassen haben. Manche erleben dort im Dunkeln, den Blick gebannt auf die flimmernde Leinwand gerichtet, wahrlich magische Momente. Und gelangen danach wie Betrunkene nur langsam zurück in ihre Wirklichkeit. Dabei werden all diese Träume aus Licht und Geräuschen, Dialogen und Musik, Bildern und Bewegungen, die man im allgemeinen so schlicht Film nennt, nur von anderen Menschen geschaffen, um uns davon abzulenken, dass wir mit der Welt und unserem Leben eigentlich nicht recht zufrieden sind. Oder uns im besten Fall nur einbilden, dass wir es vielleicht sind. Jeder von uns lässt sich aus einem anderen Grund auf die Magie des Kinos ein. Doch, einmal ganz ehrlich, jeder von uns tut es gern! Für die Menschen, die uns diese Träume schenken, ist es meist nicht mehr als ein Job. Aber manchmal gibt es einige unter ihnen, die dies auch aus anderen Gründen tun. Weil sie glauben, dass es ihre Bestimmung ist, andere das Träumen zu lehren. Und weil sie selbst sich damit ihren größten Traum erfüllen wollen. Einen Traum, für den sie jeden Preis bereit sind zu zahlen. Die Versuchung von Ruhm und Reichtum sind groß in Hollywood. Manchmal kann man hier beides sehr schnell erlangen. Manchmal sogar schneller, als es einem gut tut. Doch manchmal auch überhaupt nicht. Von all den vielen, unzähligen Geschichten, die Hollywood uns erzählt - und sicher immer wieder aufs Neue erzählen wird - ist dies eine davon. Denn nichts ist wunderbarer, als zu träumen. Ganz besonders hier in Hollywood, wo diese Träume manchmal wahr werden ...

Der Traum von den Sternen

Justin Evans Farr war 20, als er im September 1956 in Hollywood ankam. Er hatte alles hinter sich gelassen, um hier seinen Traum zu verwirklichen, den er träumte, seit er ein kleiner Junge war. Er wollte ein berühmter Star in Hollywood werden und mit großen Filmen Unsterblichkeit erlangen. Ein Ziel, zu dem er fest entschlossen war, es zu erreichen, ganz gleich, was auch immer er dafür tun musste. Als er an jenem Septembermorgen ankam, hatte er praktisch nichts. Nichts, außer einem kleinen Koffer und einundachtzig Dollar in der Tasche, die er sich aus der Zuckerdose seiner versoffenen Mutter geklaut hatte, um hierherzukommen. Nichts, außer seinem unbändigen Willen, sich hier seinen Traum zu erfüllen. Und nichts, außer seinem makellosen, geradezu sündhaft gutem Aussehen. Er hatte auf der heruntergekommenen Farm seiner Eltern immer hart arbeiten müssen. Doch diese Arbeit, die er immer gehasst hatte, zahlte sich nun dennoch auf wundersame Weise aus. Denn durch sie hatte er seinen Körper immer in Form halten können, auf den er stets ganz besonders achtgegeben hatte. Er wusste sehr wohl, dass es vor allem sein Aussehen sein würde, welches ihm hier die Türen öffnen konnte. Und wohl kaum sein Talent als Schauspieler, von dem er fest überzeugt war, es zu besitzen. Nun war er insgeheim dankbar für all die Jahre harter Arbeit, auch wenn er froh war, niemals wieder dorthin zurück zu müssen. Er hatte seinen Koffer gepackt, sich in dem kleinen Friseursalon seines Heimatortes Steaming Meadow von Mr. Ballentine noch einen neuen Haarschnitt verpassen lassen, und war dann mit dem nächsten Bus, ohne ein Wort des Abschieds, davongefahren. Einen Zettel hatte er an der Kühlschranktür hinterlassen. Voller Verbitterung und jahrelanger, aufgestauter Wut hatte er die Zeilen darauf geschrieben. Er dachte, die offen ausgesprochene Wahrheit seiner Gefühle zu ihnen sei alles, was er seinen Eltern schuldig war:

„Hier halte ich es keinen Tag länger aus. Wenn ihr euch nicht irgendwann zu Tode gesoffen habt, werdet ihr mich sicher wiedersehen. Irgendwann werdet ihr überall meinen Namen hören und mein Gesicht sehen. Dann seht euch die Plakate gut an, denn das wird alles sein, was ihr von mir noch zu sehen bekommt! Trotzdem danke, dass ihr mich auf diese Welt gebracht habt. Für mehr aber auch nicht. J."

Justin war mit allen äußeren Vorzügen gesegnet worden, die ein junger Kerl überhaupt nur erhalten konnte. Dabei vermochte er sich gar nicht vorzustellen, von welchem Teil seiner Eltern er diese nur geerbt hatte. Schon früher hatte er immer wieder vor dem Spiegel gestanden, sich dabei ausgemalt, ein großer Star zu sein, und sich diese Frage gestellt. Und dann musste er grinsen, denn die Annahme an sich war eigentlich geradezu albern. Doch es war wirklich das Einzige, weshalb er seinen Eltern dankbar war. Auch wenn sie selbst wohl kaum einen besonderen Einfluss auf diesen Umstand gehabt hatten. Er war schlank und von mittlerer Größe, besaß den makellosen Körper eines Athleten, das ein wenig unschuldig wirkende, wunderschöne Gesicht eines verzauberten Prinzen aus dem Märchenbuch und leuchtende, blaue Augen, in denen seine wilde Entschlossenheit förmlich strahlte wie ein gleißender Komet am Nachthimmel.

Über seine besonderen Gefühle und Neigungen war sich Justin schon sehr früh bewusst geworden. Es war wenige Wochen vor seinem vierzehnten Geburtstag gewesen, als er an einem heißen Sommertag in das kleine Eiscafé von Mr. Oakman trat und dort die neue Bedienung zum ersten Mal erblickte. Joe war sein Name und er sah geradezu unverschämt gut aus. Sein ganzes Taschengeld sparte er sich nur dafür zusammen, um immer in den Ort zu fahren und dort Eis essen zu gehen. Selbst das Kino war nicht mehr so wichtig für ihn. Und das sollte einiges heißen! In diesem Sommer war er Mr. Oakmans bester Kunde. Dabei war ihm das Eis vollkommen egal, auch wenn er es stets voller Genuss löffelte - und ganz besonders langsam! Mit seinen Blicken verzehrte er Joe regelrecht, vergaß dabei die Welt um sich herum, bis das schmelzende Eis ihm über die Finger floss. Doch er wusste, dass er mehr niemals bekommen würde. Auch wenn dieser seine Blicke gelegentlich sogar erwiderte. Fast zehn Jahre Altersunterschied und die Tatsache, dass sie sich in einem kleinen Ort wie Steaming Meadow, voll verlogener Moral befanden, machte dieses Ansinnen unmöglich. Gerade wegen dieser Erkenntnis hatten ihn Mädchen nie interessiert. Was andersherum jedoch ganz und gar nicht so war. So ziemlich jedes Mädchen in der Schule und des Ortes hätte sich eine Freundschaft mit ihm mehr als nur gewünscht. Und er wusste sehr gut weshalb. Seine beiden älteren Brüder Lyle und David waren nicht selten deshalb neidisch auf ihn. Er hatte es auch einige Male versucht. Doch er sah das alles lediglich als schauspielerische Übung an. Seine Küsse brachte er in dieser Zeit zur Perfektion, auch wenn er sich dabei jedesmal vorstellte, es sei Joe, der in seinen Armen lag. Die Mädchen schwärmten von ihm und hatten nicht die geringste Ahnung, dass sie für ihn ohne jede Bedeutung waren. Sein erster Sex war das reinste Desaster. Es geschah im Heu der elterlichen Scheune. Er haßte jeden Moment davon und war froh, als es schnell wieder vorbei war. Dennoch ließ er keine Gelegenheit aus, um es wieder zu tun. Nicht, weil es ihm besonderen Spaß machte. Einfach nur, weil er sehen wollte, ob er jede von ihnen wieder davon überzeugen konnte, dass er etwas für sie empfand. Und weil er sich dachte, dass ein wenig Übung nicht von Schaden sein konnte, bis er das Gleiche irgendwann einmal vielleicht auch mit einem Jungen tun konnte. Was dies anbelangte, hatte er tatsächlich schauspielerisches Talent. Denn er täuschte sie alle. Jede von ihnen glaubte, er würde sie lieben. Und war umso enttäuschter, wenn er sie schon mit der Nächsten betrog. Für ihn war alles nur ein Spiel. Eine Lehrzeit für die Jahre, die noch folgen sollten. Und so hatte er zum Leidwesen seiner Eltern den zweifelhaften Ruf eines Herzensbrechers schneller weg, als er es selbst für möglich gehalten hatte. Auf einen Balken in der Scheune ritzte er mit einem Messer Striche für jede neue Eroberung ein und Kreuze für jedes Mal Sex, den er hatte. Als er nach vier Jahren Steaming Meadow verließ, waren drei Balken mit Schnitten regelrecht übersät und er hatte so ziemlich jedes hübsche Mädchen seines Alters einmal gehabt. Doch für ihn selbst hatte dieser einmalige Rekord nicht die geringste Bedeutung. Sein Verlangen nach Joe oder die Hoffnung auf einen anderen Jungen, der seine Gefühle vielleicht mit ihm hätte teilen können, erfüllten sich nicht. Als er im Herbst des darauf folgenden Jahres Joe mit einem Koffer an der Bushaltestelle stehen sah, war er entsetzt und sprach ihn in einem unüberlegten Moment einfach an. Er gestand ihm seine heimlichen Gefühle und Joe lächelte. Er holte aus seinem Koffer ein Foto von sich heraus. Darauf posierte er nackt und in sehr gewagter Stellung.

„Ich habe die ganze Zeit über Bescheid gewusst, Justin." Hatte Joe damals zum Abschied zu ihm gesagt und ihm das Foto geschenkt. „Irgendwann wirst du begreifen, dass du von hier fort musst, wenn du deine wahren Gefühle nicht nur immer verstecken sondern auch leben willst. Ich hätte gar nicht hierher zurückkommen dürfen. Ich wünsch dir dabei viel Glück!"

Er schenkte ihm einen flüchtigen Kuss, stieg in den Bus ein und verschwand aus Steaming Meadow. Dieses Foto lag nun in seinem Koffer, als Justin in Brears' Apartments in Hollywood ankam. Eine kleine, schmutzige Absteige. Doch sie war billig. Fünf Dollar die Woche. Und sie war das Beste, was Justin so schnell finden konnte. Er hatte nicht vor, hier lange zu bleiben, auch wenn er dem schmierigen Hausverwalter den Zeitpunkt seiner Abreise noch nicht verraten konnte.

„Was will ein so hübscher Junge wie du denn nur hier?", fragte ihn der fette Mr. Rumstead, dessen schwammiger Bauch von dem mühsam zugeknöpften, fleckigen Hemd kaum im Zaum gehalten werden konnte und drückte dabei seine Zigarette unachtsam auf dem Schein des Mietvertrages aus.

„Was alle hier wollen; ein berühmter Star werden!", gab ihm Justin schnell zur Antwort.

Der Fette konnte sich ein amüsiertes Grinsen nicht verkneifen und kratzte sich an seinem unrasierten Doppelkinn. Den Schlüssel in der Hand, rief Justin ihm beim Hinaufgehen der Treppe noch selbstbewusst eine Antwort auf sein verächtliches Grinsen zurück: „Ja, nur ich werde es schaffen!"

Die Wohnung bestand aus genau drei Räumen. Einer kleinen Toilette - wobei die Dusche auf dem Gang draußen zu finden war - und einem nur unwesentlich größeren Raum, in dem ein Bett mit quietschendem Metallgestell stand. Es war frisch bezogen, hatte aber dennoch einige blasse Flecken auf dem Laken. In dem letzten Zimmer war dann tatsächlich auch ein Stuhl vorhanden, der ein wenig kippelte und vor einem kleinen Tisch an der Wand stand. Und einen schmalen Schrank gab es noch als Bonus. Vier Kleiderbügel, aus Draht zurechtgebogen, hingen darin. Und sein Vorgänger hatte offensichtlich eine alte Jacke darin vergessen. Justin befand sie nach kurzer Ansicht noch für tragbar und hängte seine paar Sachen aus dem Koffer zu ihr auf die Bügel. Er hatte nicht nur eine sehr genaue Vorstellung davon, was er wollte, er wusste auch, wie er es bekommen würde. Noch am selben Tag seiner Ankunft führte ihn sein Weg zu den Reardon Filmstudios. Vor dem mächtigen Eingangstor aus weißem Marmor blieb er stehen und blickte ehrfurchtsvoll hinauf zu den großen Lettern, die dort über dem Bogen standen. Er atmete tief durch und malte sich aus, wie er in einer Limousine mit Chauffeur durch dieses Tor fahren würde, auf dem Weg zu den Studiohallen, wo er seinen neuen Film drehte. Und eine Schar von euphorischen Fans würde das Tor belagern, nur um ihn zu sehen. Ein lautes Hupen riss ihn aus seinem Traum heraus. Hinter ihm stand tatsächlich eine Limousine. Und ein Fahrer beugte sich aus dem Fenster und brüllte ihn gereizt an. Er sprang zur Seite, konnte allerdings nicht sehen, wer in dem Wagen saß. Er ging zu dem Portier in seinem kleinen Häuschen und fragte ihn danach. Der gab ein kurzes und amüsiertes Lachen von sich und sah ihn belustigt an: „Mein lieber Junge, es ist kaum 10 Uhr am Vormittag. Um diese Zeit fahren keine großen Stars auf das Gelände. Ganz sicher nicht! Ich sitze schon beinahe zwanzig Jahre hier, aber du darfst mir glauben, so etwas ist noch nicht vorgekommen!"

Dann fragte er ihn unverblümt, ob gerade irgendwo ein Job frei wäre. Natürlich hatte er sich keiner Illusion hingegeben, dass er tatsächlich einen bekommen würde. Mit einem nun deutlich unfreundlicherem Blick forderte ihn der füllige Mann in seiner strahlenden Uniform auf, doch besser zu verschwinden. Justin tat ihm diesen Gefallen nicht. Bis zum Abend verbrachte er diesen Tag vor dem Tor. Beobachtete die Leute, die dort hineingingen sehr genau und ebenso die Wagen, die das Tor passierten oder wieder herausfuhren. Manchmal notierte er sich etwas auf seinem Block und in der Mittagszeit packte er auf einer Bank, gegenüber dem Studioeingang, ein mitgebrachtes Sandwich aus und ließ sich dies schmecken. Er konnte die missmutigen Blicke des Portiers sehen, die ihm dieser gelegentlich über die Straße hinweg zuwarf. Doch es interessierte ihn einen rechten Dreck, was dieser sich wohl denken mochte. Am späten Nachmittag verließ ein weißer Transporter das Studiogelände, dem seine besondere Aufmerksamkeit galt. In blauen, geschwungenen Buchstaben stand „Wagners Wäscherei-Service" auf den Seiten. Justin notierte sich rasch die Telefonnummer, die auch auf dem Wagen stand, und hatte danach nichts Eiligeres zu tun, als den nächsten öffentlichen Fernsprecher zu finden. Der Portier am Studioeingang war froh, ihn endlich los zu sein. Nun brauchte er nur noch ein kleines bisschen Glück. Und Justin hatte Glück. Eine Frauenstimme mit übertriebener

Freundlichkeit flötete am anderen Ende ihren Begrüßungsspruch. Er machte sich einen Spaß daraus, sie mit der gleichen überspitzten Freundlichkeit zu fragen, ob denn noch ein Job zu vergeben sei. Und es wurde tatsächlich jemand gesucht! Am Vormittag des anderen Tages - es war ein Mittwoch - hatte er den Job in der Tasche! Und insgeheim verschwendete er wieder einen flüchtigen Gedanken der Dankbarkeit an seine Mutter, die ihm oft genug das Reinigen der Wäsche aufgehalst hatte, wenn sie wegen ihrer Trunksucht nicht in der Verfassung war, diese selbst zu erledigen. An diesem Abend fuhr er mit dem Bus hinaus zu den Hollywood-Hills, um sich die berühmten weißen Lettern anzusehen. Und als er wieder zurückkam und sie aus der Ferne heraus betrachtete, schwor er sich, eines Tages selbst ein Teil von Hollywood zu sein. Ein leuchtender, heller Stern in dieser glitzernden Traumfabrik des Glamours und der auf Zelluloid gebannten Illusionen.

In den ersten Monaten arbeitete er hart und gönnte sich keinerlei Vergnügungen. Tagsüber von 7 Uhr morgens bis nachmittags um halb fünf war er in der Wäscherei. Samstags zwei Stunden weniger. Er sortierte, legte die Wäsche zusammen und verlud sie, in braunes Papier verpackt oder in schonende Überzüge auf rollende Ständer gehängt, in die Lieferwagen. Und jedesmal, wenn er dabei den Namen eines Prominenten aus der Filmwelt auf den kleinen Schildchen entdeckte, notierte er sich sofort, um was für Kleidungsstücke es sich handelte und welche Sonderwünsche bei der Behandlung erbeten waren. Diese Informationen sammelte er in einem kleinen Heft, dass er in seiner Wohnung, an deren ärmliche Einrichtung er sich längst gewöhnt hatte, versteckte. An vier Tagen in der Woche jobbte er darüber hinaus noch in einer Bar am Sunset Boulevard. Dem „Marriage Fool". Ein Job, über den er besonders glücklich war, auch wenn er nur in der Küche arbeitete. Denn er wusste, dass hier immer wieder Stars und Filmschaffende zu Gast waren. Und er wollte ihnen so nah wie nur irgend möglich sein, um seine Chance für einen Einstieg in die Filmwelt so bald als möglich zu bekommen. Jeden Dollar, den er sich verdiente, investierte er in einen Schauspielkursus. Da sein Arbeitsbeginn im „Marriage Fool" um 20 Uhr war, blieben ihm dreieinhalb Stunden Zeit zwischen dem Ende des einen und dem Beginn des anderen Jobs. Und er war froh, dass es sich bei dem Lehrgang um einen Abendkurs handelte, den er von 17.30 Uhr bis 19.30 Uhr gerade noch dazwischen bekommen konnte. Auch wenn es an zwei der insgesamt drei Tage, an denen der Unterricht stattfand, eine ziemliche Hektik für ihn bedeutete, wollte er ihn auf gar keinen Fall aufgeben. Nicht selten passierte es deshalb, dass er an diesen beiden Tagen - dem Dienstag und dem Freitag - ein wenig zu spät in die Bar kam. Doch sein Job in der Küche war nicht ganz so eng an diese Zeit gebunden, auch wenn es nicht gern gesehen wurde. In dieser Bar arbeitete ein schlaksigen Typ namens Wilfred Markuson in der Position des Oberkellners. Unter den anderen Mitarbeitern wurde er nur Willie genannt, obwohl er dies ganz und gar nicht gern hörte. Er war gut und gern 15 Jahre älter als Justin und außerordentlich penibel und kleinlich, wenn es um die Ausführung seines Jobs ging. Obwohl es unter den Angestellten nie erwähnt wurde, war es doch ein offenes Geheimnis im „Marriage Fool", dass Markuson auf Männer stand. Justin hatte ihn einmal zufällig dabei beobachtet, wie er das Foto eines athletischen, nackten Mannes aus seiner Brieftasche zog und damit auf der Toilette für Mitarbeiter verschwand. Die Tatsache, dass er den Raum abschloss und dort deutlich länger blieb als es eigentlich nötig gewesen wäre, verriet ihm alles. Justin hatte einige Tage lang überlegt, welchen Nutzen er aus diesem Wissen ziehen konnte. Und dann, an einem Donnerstagabend, hatte er sich entschlossen. Denn er hatte auf der Reservierungsliste für das Wochenende den Namen des bekannten Filmregisseurs Brice Peters entdeckt. Eine bessere Gelegenheit diesen Mann kennenzulernen, von dem bekannt war, dass er oft Rollen in seinen Filmen mit Laiendarstellern besetzte, die er bei seinen Besuchen in Bars oder Clubs kennengelernt hatte, konnte er sich momentan nicht vorstellen. Nur gab es da ein Problem: Justin arbeitete in der Küche und würde von seiner Anwesenheit überhaupt nichts mitbekommen. Die Lösung für sein Problem hatte er sich sehr genau überlegt und er war bereit, dafür alles auf eine Karte zu setzen. Als Markuson an diesem Abend wieder einmal in der Küche erschien, passte Justin einen günstigen Moment ab und nahm ihn höflich beiseite.

„Was ist denn, Mr. Farr?!", reagierte dieser gereizt. „Ich habe wirklich überhaupt keine Zeit im Augenblick!" Doch Justin blieb hartnäckig.

„Bitte Mr. Markuson, lassen Sie uns nur für fünf Minuten nach draußen gehen und miteinander sprechen. Wirklich, es ist sehr wichtig für mich!"

Er legte seinen flehenden Mitleidsblick auf und hatte schon gewonnen. Mit einem missmutigen Brummen ging Markuson voran und wies ihn mit einem flinken Augenaufschlag an, ihm zu folgen. Sie verließen die Küche durch den Lieferanteneingang nach hinten auf den Hof. Es war dunkel und der Asphalt glänzte im Schein einer einzelnen Neonlampe über der Tür vom Regen der letzten Stunde. Justin wusste längst, dass er den Oberkellner ganz in der Hand hatte, auch wenn dieser noch nichts davon ahnte. Aber dessen begierige Blicke, die er ihm immerfort heimlich zuwarf, seit er hier vor einigen Wochen angefangen hatte, waren Justin dafür Beweis genug.

„Was ist nun?", herrschte ihn Markuson noch rüde an, kaum das sie draußen waren.

„Mr. Markuson, ich habe den Job in der Küche echt satt. Bitte, verstehen Sie das nicht falsch! Ich will nicht undankbar erscheinen. Es ist nur so, dass ich viel lieber draußen als Kellner die Gäste bedienen würde. Ich weiß ganz bestimmt, dass ich dafür genau der Richtige bin!"

Noch fiel er auf seinen geschickt durchdachten Plan nicht herein:

„Und was glaubst du wohl, würde dich dafür qualifizieren, mein Junge?", entgegnete er rüde.

Justin lächelte süß und geheimnisvoll. Mit einem schnellen, geschickten Griff hatte er sich unter seiner Schürze den Knopf und den Reissverschluß seiner Jeans aufgezogen und ließ die Hose nun zu Boden sinken. Er hatte diesen Auftritt sehr genau geplant, denn er trug nichts darunter. Er drehte sich ein wenig herum, so dass der total verblüffte und nach Fassung ringende Markuson seine pralle und nackte Kehrseite bewundern konnte.

„Ich dachte mir, vielleicht hätten Sie ja Lust, mich ein bisschen zu ficken, Mr. Markuson?"

Justin blickte ihn unschuldig an. Der schlaksige Oberkellner suchte verzweifelt nach den passenden Worten und wusste nicht, ob er vor Wut laut losbrüllen oder dieses absolut verführerische Angebot annehmen sollte. Und somit hatte Justin ihn genau da, wo er ihn haben wollte. Überdeutlich konnte er sehen, wie der Hosenstoff im Schritt des Oberkellners eine verräterische Wölbung bekommen hatte.

Ein Sieg auf der ganzen Linie.

„Bitte, bitte zieh deine Hose wieder hoch!", stammelte Markuson, auch wenn er eigentlich ganz etwas anderes sagen wollte. Seine Empörung und barsche Unruhe war längst verflogen.

„Wollen Sie mich denn nicht zumindest einmal anfassen? Nicht ein bisschen?"

Justin zog seine Schürze mit einer Hand zur Seite und präsentierte dem Oberkellner seinen langen, imposanten Schwanz, der schlaff über seine prallen Hoden aus einem dichten Wuchs dunkler Haare hervorhing. Der Oberkellner stand kurz vor der Kapitulation. Sein Blick hing wie versteinert auf diesem sagenhaft großen Glied und er geriet ins Stammeln, als er nach Worten rang:

„Ich würde ... ja wirklich gern ... wirklich, aber ... ich bin nur der Oberkellner! Ich entscheide das nicht, dass tut Mr. Pembroke!" –

„Aber Sie könnten eine Empfehlung aussprechen und mit ihm reden. Ich weiß, Sie könnten das für mich tun. Was meinen Sie?"

„Okay, ja, das könnte ich tun!", antwortete Markuson rasch. Und beinahe noch schneller war er einen hastigen Schritt auf Justin zugetreten und umschloss dessen langes Glied mit seiner Hand. Er streichelte es sanft, hatte die Augen dabei geschlossen und ließ ein leises Stöhnen über seine Lippen kommen. Justin lächelte triumphierend.

„Sie müssten aber noch heute mit ihm reden, denn ich würde gern am Wochenende schon meinen neuen Job antreten, Mr. Markuson!" Der Oberkellner riss die Augen auf, hielt in seinen zärtlichen Spielereien inne und blickte Justin verblüfft an: „Dafür musst du mir aber eine ganze Menge mehr bieten als das hier, mein Junge!", entgegnete Markuson fordernd.

„Was immer Sie wollen, Mr. Markuson. Das habe ich doch schon gesagt. Und eine Kostprobe davon können Sie auch jetzt gleich bekommen."

Der Oberkellner blickte sich nervös um. Doch sie waren vollkommen allein hier im Hof. „Okay, abgemacht! Geh da rüber und dreh dich um!"

Sie traten um eine Ecke herum in den Schatten und Justin drehte sich zu der Wand hin. Er stützte sich mit beiden Händen daran ab und drückte seine rechte Wange gegen die rauen Ziegel. Er konnte das Rascheln des Stoffes hören, als der Oberkellner in aller Eile seine Hose herunterzerrte und von hinten an ihn herantrat. Er roch den Duft seines Rasierwassers, als er ganz dicht hinter ihm stand und spürte dann dessen harten Ständer, der gegen seinen Arsch drückte. So viele tausend Male hatte sich Justin eine solche Situation ausgemalt. So viele tausend Male hatte er davon geträumt, von einem Mann gefickt zu werden. Nun ging alles viel zu schnell, als dass er es wirklich geniessen konnte. Aber das war ihm egal. Endlich wurde es wahr.

„Was ist?", fuhr ihn der Oberkellner in seinen Traum hinein an.

„Bist du etwa noch nie von hinten in den Arsch gefickt worden? Nimm schon die Beine ein bisschen auseinander und beug dich etwas nach vorne!" Justin folgte seinen Anweisungen. Er biss schmerzhaft die Zähne auf den Lippen zusammen, als der harte Schwanz des Oberkellners seinem engen Schließmuskel die Jungfräulichkeit raubte und tief in ihn eindrang. Doch den Schmerzen folgte sogleich ein absolut lustvolles Gefühl der Wonne, wie es Justin noch nie zuvor erlebt hatte. Er versank in einen Nebel, spürte kaum, wie ihm der Oberkellner sanft mit dem Handrücken die Wange streichelte. Dessen Worte drangen nur gedämpft wie durch einen Dunst zu ihm vor.

„Dich hat ja tatsächlich noch keiner gefickt! Du bist wirklich ein verdammt gerissener und mutiger Bursche, weißt du das?! Okay, dann will ich auch ganz sanft sein. Ich versprech's dir! Ganz sanft."

Mit langsamen Stößen begann der Oberkellner seinen steifen Schwanz in Justins Arsch zu versenken. Er hielt Wort, nahm sich jedoch noch ein wenig mehr, indem er mit seiner rechten Hand um Justin herumgriff. Plötzlich spürte dieser die Hand des Oberkellners, die fest sein in höchstem Maße erregtes Glied umklammerte und daran zu reiben begann.

„Nun, wie gefällt es dir so?", fragte Markuson ihn.

„Ganz toll! Bitte nicht aufhören!", brachte Justin nur heiser hervor.

Der Oberkellner lächelte und entsprach seinem Wunsch. Es dauerte keine vier Minuten und mit einem lauten Stöhnen spritzte Justin sein Sperma vor sich gegen die Wand und über die Hand, die ihm diese Freuden der Lust geschenkt hatte. Markuson war nicht so schnell, erreichte das Ziel seiner Lust jedoch wenige Minuten darauf ebenfalls. Justin versank für einen Moment in einem wilden Taumel unbeschreiblicher Lust, als der keuchende Oberkellner ihm den Arsch mit seinem heißen Orgasmus füllte. Justin glaubte in dieser Flut der Lust zu ertrinken, und Markuson musste ihn auffangen, sonst wäre er an der Wand zu Boden gesunken. Benommen kam er wieder zu sich, als Markuson ihn festhielt und herumdrehte. Den feucht glänzenden Schwanz noch immer aus seiner schwarzen Hose steif herausragend, stand er vor ihm.

„Das war wohl ein bisschen viel für das erste Mal, was? Hast dir eine Menge zugetraut. Und, sag ehrlich: wie war es?" –

„Wahnsinn! Absolut irre!", entfuhr es Justin voller Begeisterung. Markuson lächelte und wischte sich mit einem Taschentuch das Sperma von der Hand. Dann schloss er seine Hose wieder und rückte alles zurecht. Penibel prüfte er, ob alles wieder in Ordnung war.

„Du kannst es mir ruhig glauben. Aber es ist fast immer so. Manchmal sogar noch besser."

„Dann will ich noch mehr davon!", entgegnete Justin euphorisch. Wieder lächelte der Oberkellner.

„Aber nicht heute, mein Junge. Heute werde ich dafür sorgen, dass du aus der Küche rauskommst und zum Kellner befördert wirst!"

Justin lachte Markuson an. „Das ist echt Klasse! Danke, Mann!"

„Ich danke dir! Du hast mich vorhin wirklich ziemlich überrascht. Ich hätte niemals geglaubt, dass ein so hübscher Kerl wie du auf Männer stehen könnte. Aber du hättest vorsichtiger sein müssen. Du hättest auch an den Falschen geraten können. So, und nun bleib noch einen Moment hier draußen an der frischen Luft und erhol dich. Das erste Mal nimmt einen ganz schön mit! Ich werde das inzwischen drinnen für dich regeln!"

Justin lächelte und sah den Oberkellner durch die Tür verschwinden. Er nahm das Ende seiner Schürze, um sich seinen nassen Schwanz abzuwischen, der noch immer halbsteif war. Danach zog er sich seine Hose wieder hoch, ging noch ein paar Schritte über den Hof und betrat dann wieder die Küche, um mit seiner Arbeit fortzufahren.

Markuson hielt Wort. Am Freitagabend erklärte er ihm, was er in seiner neuen Position zu tun hatte. Und als er seinen ersten Arbeitstag als Kellner erfolgreich gemeistert hatte und dabei war, die Stühle in der Bar nach oben zu stellen, sah er Markuson am Tresen stehen und ihn beobachten. Justin ging zu ihm.

„Wenn dieses Wochenende gelaufen ist, würde ich gern mal bei Ihnen an einem freien Abend vorbeikommen", sagte Justin mit einem Lächeln.

„Das ist deine Entscheidung, Justin. Du bist mir nichts schuldig."

„Ich würde aber trotzdem gern einmal kommen. Nur auf einen freundschaftlichen Drink vielleicht."

„Nur auf einen Drink?", fragte Markuson und hatte den Ton in Justins Stimme wohl bemerkt.

„Vielleicht auch für mehr als nur einen Drink!", konkretisierte Justin

sein Ansinnen und lächelte dabei versonnen.
„Dann bist du herzlich willkommen. Soll ich dich nach Hause fahren?"
Aber Justin schüttelte mit dem Kopf. „Nein, danke. Aber ich komme schon klar."
„Okay, dann bis morgen." So verabschiedeten sie sich voneinander.

Doch an diesem Wochenende und hier in der Bar sollte nicht der Anfang jenes Weges liegen, von dem sich Justin erhoffte, seinem eigentlichen Ziel näher zu kommen. Der Samstagabend war eine große Enttäuschung für ihn, denn die so sehr erhoffte Begegnung fand nicht statt. Brice Peters hatte sich offenbar entschieden, diesen Abend in einem anderen Club zu verbringen und war gar nicht erst gekommen. Von Dean, einem der anderen Kellner, erfuhr Justin, dass Peters zwar öfter hierherkommen würde, er aber auch recht launisch war, was seine Reservierungen anbelangte. So blieb sein Tisch an diesem Abend leer. Doch in den erfahrenen Armen von Wilfred Markuson fand er am Ende dieses Arbeitstages doch noch ein wenig Trost. Oder genauer gesagt, war es vielmehr dessen Arsch, in dem er diesen fand. Als er um 3.16 Uhr des gerade angebrochenen Sonntags, nach erlangtem Höhepunkt, seinen Schwanz aus dem Arsch des netten Oberkellners zog und sie anschließend noch eine Kleinigkeit zusammen tranken, fühlte er sich besser und die Enttäuschung war beinahe vergessen. Er hatte in den letzten Wochen eine Menge Glück gehabt und war sich sicher, dass es noch einen anderen Weg gab, um sein Ziel zu erreichen.

Justin stieg die steile Treppe in dem Hausflur des mehrstöckigen Hinterhofgebäudes nach oben. Die mintgrünen Wände wiesen an manchen Stellen erhebliche Schäden auf. Die Farbe war fleckig, der Putz abgeplatzt. Er war einer vielversprechend klingenden Zeitungsannonce hierhergefolgt, in der nach jungen Talenten für anspruchsvolle Filme gesucht wurde. Einzige Voraussetzung: ein attraktives Äußeres. Doch nun, da er hier war und schon geglaubt hatte, sich in der Adresse geirrt zu haben, bekam er doch allmählich Zweifel, ob es gut war, hergekommen zu sein. Vor einer Tür mit gelben Anstrich blieb er stehen. Auf dem Schild darauf konnte er „Elswere Film Productions" lesen. Hier war er richtig. Die Tür stand offen und führte ihn in einen kleinen Warteraum, der wohl den Empfang darstellen sollte. Hinter einem schäbigen, wuchtigen Bürotisch saß eine überkandidelt wirkende Dame, die sich die Fingernägel feilte. Ihre gefärbten Haare wirkten wie aufgeklebt und auf ihrer spitzen Nase saß eine viel zu breite, beinahe dreieckige Brille. Einige Stühle standen an der Wand hinter ihm, auf denen zwei junge und wirklich hübsche Frauen saßen und warteten. An den Wänden hingen zahlreiche Fotos. Scheinbar ungeordnet nebeneinander. Auf ihnen war eine Vielzahl von jungen, ausnahmslos gutaussehenden Frauen und Männern in ziemlich aufreizenden Posen zu sehen. Justin trat auf die Frau hinter dem Tisch zu, die ihn schräg über den Rand ihrer Brille anblickte.

„Ja, bitte?", nuschelte sie und kaute dabei ein Kaugummi.

„Ich habe die Anzeige in der Zeitung gelesen. Machen Sie hier wirklich Filme, wie es da steht?"

Die Dame lachte glucksend auf: „Ja sicher, mein Hübscher! Was denkst denn du wohl? Wenn du einen Job beim Film willst, bist du hier bei uns genau richtig! Setz dich da zu den anderen und warte bis du an der Reihe bist. In der Zwischenzeit kannst du ja schon mal dieses Formular hier ausfüllen."

Sie reichte ihm ein Blatt über den Tisch und einen Kugelschreiber dazu. Justin nahm es entgegen, wollte sich aber mit ihrer Antwort nicht so ganz zufrieden geben.

„Entschuldigung, aber worauf genau soll ich denn warten?"

„Auf das Casting, mein Hübscher! Worauf denn sonst? Unser Produzent Mr. Elswere sieht sich die Bewerber an, stellt noch ein paar Fragen und entscheidet dann, ob sie auch für den Film geeignet sind." –

„Und welche Filme werden in der Regel gemacht?"

Sie grinste breit und musterte ihn von oben bis unten: „Das wird er Ihnen schon selbst sagen. Aber ich will mal wetten, Sie haben einen Vertrag bei uns sicher!"

Justin begriff nicht ganz, was sie damit sagen wollte und setzte sich zu den beiden jungen Frauen auf einen der freien Stühle. Die Fragen auf dem Formular, die man durch einfaches Ankreuzen zu beantworten hatte, erschienen ihm teilweise ein wenig eigenartig und vermittelten ihm irgendwie immer mehr das Gefühl, vielleicht doch nicht am richtigen Platz zu sein. Nach einer Weile ging die Tür auf und eine junge Frau stolzierte daraus hervor.

„Wir melden uns bei Ihnen!", sagte ein junger Mann mit fettigen Haaren und unrasierten Stoppeln im Gesicht. „Darf ich um die nächste Kandidatin bitten. Mr. Elswere wartet bereits!"

Er grinste und hielt der blonden Schönheit die Tür auf. Als sein Blick auf Justin fiel, zog er für einen Moment die Augenbrauen erstaunt hoch und verschwand eilig wieder.

Auch die zweite Dame musste Justin noch abwarten, ehe er schließlich, nach einer guten Stunde, auch an der Reihe war. Der schmierige, etwas hagere junge Mann bat ihn herein und musterte ihn dabei von oben bis unten mit einem abschätzenden Blick, der etwas gieriges an sich hatte.

„Hi, ich bin Nick Felton. Ich bin der Assistent von Mr. Elswere, der alle Filme hier produziert. Aber du kannst ruhig einfach Nick zu mir sagen." Er nahm ihm das Formular aus der Hand.

Dann betraten sie einen großen Raum, in dem ein einzelner Barhocker stand, vor dem in einiger Entfernung ein Bürotisch mit Ledersessel platziert war. Ein breiter Spiegel an der einen Wand. Einige aufgebaute Fotoapparate auf Ständern, zwei Scheinwerfer und ein schmaler Schrank, dessen Tür halb offen stand, waren neben einer bequemen Couch mit rotem Stoffüberzug das einzige Mobiliar. Hinter dem Tisch saß ein breitschultriger Mann mit dunklem Vollbart und einem etwas abgetragen wirkenden, beigefarbenen Anzug. Bei Justins Eintreten drückte er gerade eine Zigarette in dem Aschenbecher vor sich aus. Der Qualm offenbar bereits vieler zuvor gerauchter Zigaretten hing noch wie ein grauer Dunst im Raum. Der Mann erhob sich von dem Sessel und streckte Justin seine Hand entgegen.

„Hallo, ich bin Richard Elswere. Willkommen bei Elswere Productions! Schön, dass Sie den Weg zu uns gefunden haben. Bitte entschuldigen Sie mich für eine Weile, ich habe noch einige wichtige Telefonate zu erledigen. Aber mein Assistent wird das Casting schon mit Ihnen durchführen. Geben Sie sich Mühe und seien Sie einfach ganz Sie selbst! Dann sehen wir uns vielleicht bei Ihrer ersten Filmproduktion wieder." Sprach er und verschwand durch eine Tür auf der anderen Seite.

Nick Felton setzte sich nun statt seiner auf den Sessel und warf die Füße auf die Tischkante.

„Bitte, setz dich einfach dort auf den Hocker."

Justin tat ihm den Gefallen. Während Nick sich Justins Antworten durchlas, begann er bereits erste Fragen zu stellen.

„Du willst also zum Film, ja?"

„Ja, ganz richtig, Nick. Deshalb bin ich hier."

„Und was meinst du, qualifiziert dich dazu?" Nick warf ihm einen flüchtigen Blick zu, ehe er weiterlas.

„Ich denke, ich bin ein guter Schauspieler. Ich wollte schon immer nichts anderes sein. Und ich weiß bestimmt, dass ich es auch bis ganz nach oben schaffen werde!"

Nick grinste. „Gut, das ist gut. Eine gesunde Portion Ehrgeiz ist in diesem Job auch verdammt wichtig. Aber mach dir nicht die Illusion, dass du hier gleich die großen Rollen spielen wirst. Das ist Hollywood! Und die wenigen, die es zum Film schaffen, warten manchmal Jahre, ehe sie ihre erste Hauptrolle spielen! Hier bei uns ist das anders. Bei Elswere kannst du gleich von Anfang an voll Durchstarten. Die Voraussetzungen müssen natürlich stimmen."

„Und welche sind das für Sie?" Nick legte das Formular auf den Tisch, schwang die Füße davon herunter und beugte sich zu ihm nach vorne.

„Dazu kommen wir gleich. Zunächst einmal will ich dir ganz offen sagen, dass alle unsere Filme unbedingten Körpereinsatz verlangen. Ich meine, du solltest keine Scheu mit Sex vor der Kamera haben. Hattest du schon mal Sex vor der Kamera, Justin?"

Mit einem schlichten „Nein" beantwortete er dessen Frage.

„Das ist okay, so. Und das ist auch kein Problem. Du lernst es schon.

Du hast hier angekreuzt, dass es dich nicht stört, dich auch auszuziehen, wenn es für den Film nötig ist."

Justin nickte.

„Wie wär's, wenn du mir dann mal ein bisschen von dir zeigst?"

Justin stutzte: „Jetzt gleich?"

„Ja, sicher! Mach schon! Zieh dich aus! Fang mit dem Hemd an! Ich denke, es stört dich nicht?! Und ich will schließlich nichts weiter als dich ansehen. Das machen alle. Ist eine reine Standardprozedur. Also bitte!"

Justin hatte kein Problem damit. Schnell hatte er sein Hemd aufgeknöpft und es neben den Hocker zu Boden sinken lassen. Auch das weiße Ripphemd ließ er ohne Umschweife folgen. Mit nacktem Oberkörper saß er nun auf dem Hocker und wartete darauf, was Nick dazu sagen würde. Der leckte sich zunächst einmal ungeniert die Lippen und stand von dem Stuhl auf. Langsam ging er um den Tisch herum und kam dann auf Justin zu.

Allmählich wurde Justin klar, welche Art von Filmen hier gemacht wurden, als Nick seine nächsten Fragen an ihn richtete. Doch er beschloss, das Spiel noch einen Moment lang mitzumachen. Nur um zu sehen, was geschehen würde.

„Wie schnell wirst du hart?"

„Ziemlich schnell."

„Und wie oft kannst du kommen?"

„Jederzeit. Wenn ich in Stimmung bin noch öfter."

Nick Felton grinste, stand jetzt hinter ihm und strich mit seiner Hand genussvoll über Justins Bauchmuskeln.

„Das ist gut! Sehr gut. Du bist nicht auf den Kopf gefallen und hast mächtig was zu bieten. So etwas habe ich gleich gewusst, als ich dich da draußen sitzen sah."

Justin packte dessen Hand am Gelenk und zog sie grob von sich weg.

„In der Annonce stand, Sie suchen Talente für anspruchsvolle Filme."

„Völlig richtig. Sexfilme mit Anspruch. Zumeist Dramen und Thriller mit einer ordentlichen Portion Sex gewürzt! Wieso, stört dich das etwa?"

„Das nicht. Aber es ist nicht das, was ich mir vorgestellt habe!"

Justin rutschte von dem Hocker herunter und bückte sich nach unten, um seine Sachen wieder aufzuheben. Sofort war Nick bei ihm, ging vor ihm in die Hocke und blickte ihn fest an.

„Hey, warte! Du kannst doch jetzt nicht so einfach gehen! Jeder hier in Hollywood hat mal so angefangen! Auch viele der großen Stars. Aber natürlich wollen die heute nichts mehr davon wissen! Betrachten es als einen Makel auf ihrer weißen und berühmten Weste. Doch dabei wären sie ohne diese Filme gar nicht erst soweit gekommen! Hör mir zu!"

Justin stand mit seinen Sachen in der Hand vor dem aufdringlichen Assistenten und blickte ihn mit ganz bewusstem Desinteresse an. Nick

Felton hatte freundschaftlich seine Hand auf Justins Schulter gelegt und gab sich redliche Mühe, ihn zum Hierbleiben zu bewegen.

„Du bist etwas Besonderes, Justin! Du hast Klasse! Du bist der schärfste Kerl, den ich je hier gesehen habe! Mach ein paar Filme bei Elswere und ich verspreche dir, ich werde dir danach helfen, mit den Filmen, die du meinst, Karriere zu machen! Ich meine den wirklich seriösen Studioproduktionen. Nun, was meinst du?"

Misstrauisch blickte Justin ihn an.

„Das machen Sie doch aber nicht nur einfach so, weil ich Ihnen gefalle, oder?"

Nick grinste. „Doch genau deshalb! Weil du mir gefällst! Ich habe da so ein paar Kontakte in die Studios rein und könnte dir sicher helfen. Aber du musst schon etwas Entgegenkommen beweisen!"

Justin ahnte, dass es nur ein Trick war und blieb deshalb vorsichtig.

„Was genau meinen Sie damit?"

Nick grinste noch breiter und legte nun seinen Arm ganz kumpelhaft um Justins nackte Schulter.

„Na ja, lass es mich dir so erklären. Wie fast alle Männer steht mein Boss, Mr. Elswere, natürlich auf Frauen. Auf schöne, pralle Weiber - du verstehst? Nun und die eine oder andere landet schon mal bei ihm im Bett, wenn sie eine Rolle in seinen Filmen will. Das gehört zum Geschäft. Schließlich müssen ihre Qualitäten geprüft werden. Ich persönlich halte aber nicht so viel davon. Ich brauch da etwas mehr Abwechslung! Frauen sind okay - aber sie sind nicht alles! Ich hab's auch mit Kerlen mal ganz gern. Und wenn du bereit wärst, mir gelegentlich mal den einen oder anderen kleinen Wunsch zu erfüllen, werde ich schon für deine Karriere sorgen!"

Justin lachte erheitert aber abgestoßen auf: „So ist das also! Warum sagen Sie nicht gleich, das Sie mich ficken wollen und reden so lange um den heißen Brei herum? Denken Sie etwa, ich bin blöd?"

Nick stellte sich ihm in den Weg und wollte noch nicht aufgeben.

„Ja, okay, du hast ja recht! Ich würd dich gern ficken! Ich bin halt ein wenig schüchtern, was das angeht!"

Jetzt war es Justin, der grinste. „Das können Sie aber vergessen, Nick! Jedenfalls nicht, bevor ich nicht sicher weiß, dass Sie auch halten, was Sie versprechen!"

Nick Felton geriet in helle Aufregung. Da stand dieser unglaublich gutaussehende Typ vor ihm und hatte obendrein gerade durchblicken lassen, es mit ihm tun zu wollen. Aber dann stellte der sich so verbohrt an. Doch er wollte sich diese einmalige Gelegenheit nicht entgehen lassen, hatte Angst ihn nicht wiederzusehen. Und so geriet der anfänglich so coole Assistent plötzlich ins Stottern.

„Okay, okay, was willst du von mir? Sag's mir! Ich ... ich kann dir wirklich helfen! K-kann dir echt Rollen bei den Studiofilmen beschaffen! Ich kenn da ein paar Regisseure und "ne nette Casting-Agentin bei Almont Entertainment. Komm, du kriegst ihre Nummer von mir! Ruf sie an und überzeug dich selbst!"

Justin folgte ihm zu dem Tisch, auf dem ein Telefon stand, während Nick eilig eine Nummer wählte und ihm dann den Hörer hinhielt.

„Na los! Ihr Name ist Mrs. Tillman. Frag sie und sag ihr, dass du die Nummer von mir hast!", stammelte Nick ganz aufgeregt.

Eine Frauenstimme meldete sich.

„Almont Entertainment, Casting Agency, Maureen Tillman am Apparat. Was kann ich für sie tun?"

„Ja, hallo. Mein Name ist Justin Farr. Ich bin Schauspieler und auf der Suche nach einigen interessanten Filmrollen. Ich habe Ihre Nummer von Nick Felton bekommen. Ich will die Art von Filmen, die er hier macht aber nicht spielen. Das ist billiger Mist! Bitte, können Sie mir helfen, ernsthafte Rollen zu bekommen?" Er glaubte ein ersticktes Lachen zu hören.

„So, ernsthafte Rollen suchen Sie? Und Sie haben Nick wirklich vor die Tür gesetzt und glauben, ich könnte etwas für Sie tun? Das gefällt mir. Vielleicht kann ich Ihnen tatsächlich helfen. Wissen Sie, Nick ist im Grunde ja eine ehrliche und harmlose Haut, nur leider viel zu gierig! Aber er hält seine Versprechen ein, wenn er sie einmal gegeben hat. Wohlgemerkt, wenn er sie einmal gibt! Schön, hören Sie. Kommen Sie übermorgen zu den Verwaltungsgebäuden auf dem Studiogelände von Almont Entertainment. Kommen Sie am besten kurz vor Mittag und fragen Sie nach mir. Dann können wir uns unterhalten. Doch ich kann Ihnen noch nichts fest versprechen!"

„Das ist wunderbar, Mrs. Tillman! Sie können sicher sein, dass ich da sein werde!"

Sie verabschiedete sich noch höflich und legte auf. Was auch Justin tat.

Nick Felton stierte ihn unwirsch an und schäumte beinahe über vor Ungeduld. „Nun, was ist? Was hat sie gesagt?"

Justin sah ihn abwesend an und konnte sein so unverhofftes Glück kaum fassen: „Ich habe einen Termin mit ihr!"

Nick jubelte und klopfte ihm freudig auf die Schulter. „Na, das ist doch wunderbar! Habe ich dir nicht gesagt, dass ich dir helfen kann? Habe ich das, oder nicht?"

„Ja, ist okay! Sie haben mich nicht angelogen."

Nick blickte ihn flehend unter seinen struppigen Haaren hindurch an, die er sich zur Seite wischte. „Und? Habe ich dafür nicht eine kleine Belohnung verdient?"

Justin überlegte und musterte ihn abschätzend.

„Aber nur eine Kleine!", stimmte er zu.

Nick Felton vollführte beinahe einen Luftsprung und lief freudig jauchzend zu der Tür, um diese abzuschließen.

„Na los!", kommandierte dieser schon wieder mutig, als er zu Justin zurückging.

„Mach es dir einfach auf dem Sofa gemütlich und zieh die Hose aus. Jetzt will ich auch deinen Schwanz sehen! Und fühlen, wenn du ihn mir hinten reinsteckst!"

Justin grinste und war dem Gedanken auf einmal gar nicht mehr so abgeneigt. Warum sollte er sich dieses kleine Vergnügen entgehen lassen, wenn es sich ihm schon anbot? Nick mochte ja vielleicht sogar ein ganz netter Kerl sein. Aber das wollte er gar nicht herausfinden. Er würde ihn nach dieser Nummer ohnehin nicht wiedersehen. Er ging zu dem Sofa, setzte sich und zog seine Schuhe aus, damit er besser aus seiner Jeans steigen konnte. Nick blieb vor ihm stehen, ließ ihn keinen Moment lang aus den Augen und zog sich selbst dabei die Hose runter. Justin blieb nicht verborgen, dass der junge Assistent ihn mit seinen begierigen Blicken regelrecht verschlang. Und als er mit bereits halbsteifem Glied vor ihm auf dem Sofa saß, gab es für Nick Felton kein Halten mehr! Er sprang neben Justin auf das Polster und begann ihm mit gierigen Händen erst über die muskulösen Arme, dann über die Brust zu fahren. Hektisch, manisch, voller Verlangen, das ihm allmählich außer Kontrolle geriet. Er rutschte vor Justin auf die Knie und versenkte lustvoll stöhnend sein Gesicht in seinem Schoß. Justin spürte dessen Zunge, wie sie über seinen immer steifer werdenden Schaft schleckte. Dann sprang der wilde Assistent plötzlich auf, warf sich neben ihm über die Lehne des Sofas und beugte sich weit darüber hinweg.

„Na los doch, mach schon! Stoß ihn mir schon endlich rein! Worauf wartest du?"

Justin stand auf und nahm seinen vom Speichel des verrückten Assistenten ganz nassen und längst harten Ständer in die Hand und trat dicht an dessen blanke Kehrseite heran. Er zögerte nicht lange. Sein Ritt im Arsch des jungen Assistenten war schonungslos und brutal. Immer wieder stachelte dieser ihn dazu an, es ihm doch noch härter zu besorgen. Justin tat sein Bestes, diesem Wunsch nachzukommen. Wenige Minuten später verzierte ein Muster aus milchigem Sperma das rote Polster des Sofas, als Nick Felton darauf hernieder sank. Und Justin fügte diesem noch einige Muster mehr hinzu, als er seine Lust mit ein paar schnellen Handgriffen gleichfalls zum überschäumen brachte. Der junge Assistent rutschte hastig von dem Sofa herunter und kniete sich vor Justin hin, als er diese „Verschwendung" mit ansah. Es gelang ihm, noch einige letzte Spritzer mit seinem Mund aufzufangen, ehe Justin seine Lust zur Gänze befriedigt hatte. Dann sank er neben Justin hin und umklammerte dessen Oberschenkel fest mit seinen beiden Armen.

„Du bist so schön, so wundervoll! Lass mich dein Sklave sein und gebiete über mich! Tu, was immer du mit mir tun willst, aber versprich mir, dass dies nicht das letzte Mal war!"

Justin fand diese übertriebene Art des Anbiederns geradezu lächerlich. Er riss sich von Felton los. Dann packte er ihn an den Schultern, zog ihn kraftvoll auf die Beine und stieß ihn mit einem Schwung nach hinten auf das Sofa. Eilig begann er sich dann seine Sachen wieder anzuziehen.

„Sie hatten Ihr kleines Dankeschön. Mehr kriegen Sie nicht von mir! Und bestellen Sie Mr. Elswere von mir einen schönen Gruß, aber ich werde in seinen Filmen ganz sicher nicht meine Zeit verschwenden!"

Nick Felton blickte ihn entgeistert an. Als Justin Jeans und Schuhe wieder anhatte, ging er zur Tür und schloss diese auf. Felton hatte nachlässigerweise den Schlüssel stecken lassen. Er zog sich sein Ripphemd über und stopfte sich das Oberhemd einfach in seine Hosentasche. Ohne ein weiteres Wort verließ er das Studio. Ging vorbei an der aufgetakelten Empfangsdame, die ihm einen schiefen Blick über den Rand ihrer Brille hinterher warf.

Justin konnte noch Nick Feltons zorniges Rufen hören, als er das Treppenhaus bereits nach unten ging: „Nie wirst du es hier in Hollywood schaffen, hörst du!? Nie! So arrogante und überhebliche Kerle wie dich lassen sie in den untersten Komparsenrollen verrecken! Verpiss dich und komm nie wieder her!"

Nichts anderes hatte Justin vor. Viel wichtiger für ihn war der Termin. Dafür hatte sich dieses kleine, dreckige Abenteuer dennoch gelohnt.

Am Anfang steht ein falscher Schritt

Eine Woche war seit jener Enttäuschung im „Marriage Fool" und dem Casting-Desaster bei Elswere vergangen. Doch es sollte nicht die letzte gewesen sein. Viel größer war jene, die er bei seinem Termin bei Almont Entertainment einstecken musste. Man ließ ihn nicht einmal auf das Studiogelände, denn eine Maureen Tillman gab es hier überhaupt nicht. Dieser kleine, schmierige Assistent hatte ihn mit einem üblen Trick schlicht gelinkt. Justin versuchte seinen Ärger darüber so schnell wie möglich zu vergessen. Er hatte sich dazu entschlossen, seine tieferen Eindrücke, die er bei Wilfred Markuson gewonnen hatte, zu beenden, da sie ihm seinem eigentlichen Ziel nicht weiterbrachten. Zweifellos wäre er bei dem Oberkellner noch um einige interessante Erfahrungen reicher geworden, doch diese hätten zu nichts geführt, außer einigen kurzen Momenten der gegenseitigen Lust. Also eine reine Verschwendung von Zeit und falschen Gefühlen. Nichts von beidem hatte er zu verschenken. Er nahm dessen Einladungen einfach nicht mehr an und da der Oberkellner Diskretion über alles stellte, akzeptierte er Justins Entscheidung schweigsam, aber nicht ohne einem tiefen, heimlichen Bedauern.

Nun, da er wieder Zeit für wichtigere Dinge hatte, konzentrierte er sich mehr auf seinen Schauspielkurs und nahm an zwei Abenden der Woche, an denen er nicht in der Bar arbeiten musste, eine zusätzliche Stunde. Die Hälfte seines wöchentlichen Einkommens verschlangen nun die Kursgebühren, doch ihm war dies wichtiger als alles andere. Talent war die eine Sache, um Erfolg zu haben. Eine ordentliche, fachliche Ausbildung und eine Bescheinigung darüber die andere. Aber es gab da noch einen dritten Punkt zum Erfolg, den Justin ebenfalls nicht aus den Augen verlor, dessen wirkliche Bedeutung er jedoch noch nicht ganz erkannt hatte: Beziehungen!

Nur einen Tag, nachdem er die Sache mit Markuson beendet hatte, kam am Vormittag Mr. Cooper auf ihn zu, der Aufseher von Wagners Wäscherei Service. Er war nicht nur für einen reibungslosen Ablauf innerhalb der Wäscherei zuständig, sondern vor allem auch für die Personaleinteilungen. Es war einer der letzten Tage des Jahres kurz vor Silvester. Als Cooper an ihn herantrat, ahnte Justin bereits, dass sich etwas Neues auf seinem Weg zu den Sternen ereignen würde.

„Hey, Mr. Farr, hören Sie mal. Mir ist Richards ausgefallen und Sie sind doch jetzt schon eine ganz ordentliche Zeitlang bei uns. Ich brauche Sie heute für die Auslieferung. Wenn Sie mit dem Zusammenpacken fertig sind, melden Sie sich bei Mr. Deakon. Sie fahren mit ihm dann heute die Tour." –

„Alles klar, Sir!", gab ihm Justin mit trockener Höflichkeit zur Antwort und ließ sich nicht anmerken, dass er vor Freude über diese Nachricht am liebsten einen Luftsprung gemacht hätte. Er beeilte sich die letzten Pakete zusammenzustellen und schob den Wagen, auf dem er diese gestapelt hatte, in die Halle nebenan zur Auslieferung. Mr. Deakon war ein etwas untersetzter Mann Ende vierzig, der ständig nach einer seltsamen Mischung von Rasierwasser und Kautabak roch und eine Brille mit ziemlich dicken Gläsern auf der Nase trug. Er war für die Kurierfahrten verantwortlich, für die er noch sechs Fahrer unter sich hatte. Als Justin in sein kleines Glasbüro trat, spuckte er gerade zielsicher einen Bissen Kautabak in den neben seinem Schreibtisch stehenden Mülleimer.

„Was kann ich für dich tun, Junge?"

„Mr. Cooper schickt mich, Sir. Ich soll heute die Tour für Richards mitfahren."

„Richtig. Du fährst mit mir. Verstau die Pakete in Wagen 4 und lass dir bei Mrs. Kershian einen Overall geben. Dann sag Bescheid, wenn du soweit bist. Ich muss noch etwas Schreibkram erledigen, dann können wir los."

Beim Einladen der Pakete und Kleiderständer sah sich Justin als erstes die Auslieferungsliste an, die vorne auf dem Beifahrersitz lag. Er jubelte, als er darauf neben einigen Adressen in Beverly Hills auch die der Reardon Filmstudios entdeckte. Nun endlich würde sich dieser Job für ihn auszahlen, dessen war er sich sicher. Mr. Deakon warf ihm einen erstaunten Blick zu, als er in dem hellblauen Overall mit dem kleinen Firmenlogo auf der

Brusttasche so schnell wieder vor ihm in seinem Büro stand. „Bist von der flinken Sorte, was mein Junge? Das ist gut! Hast du überprüft, ob wir auch alles auf dem Wagen haben?"

„Alles an Bord, Sir!", gab ihm Justin knapp zur Antwort.

„Das will ich hoffen. Ich habe nämlich keine Lust, wegen einem Paket noch mal zurück zu müssen. Okay, den Rest davon kann ich auch noch heute Nachmittag erledigen. Dann lass uns mal los."

Er stand von seinem Schreibtisch auf und zog die Schlüssel des Wagens von einem Haken an der Wand hinter sich. Justin nahm neben ihm auf dem Beifahrersitz Platz. Als sie mit dem Wagen aus dem Tor fuhren, warf ihm Mr. Deakon einen festen Blick zu.

„Du bist noch nicht allzu lange bei Wagners, habe ich recht?"

„Bald dreieinhalb Monate, Sir."

„Ach, doch schon? Das ist länger als manch anderer. Aber lass das mit dem albernen Sir sein! Du bist hier nicht bei der Army, verdammt! Mr. Deakon reicht vollkommen. Und wie darf ich dich nennen, Junge?"

„Justin Farr ... ähm, Mr. Deakon!"

„Okay, da wir uns nun miteinander bekannt gemacht haben, will ich dir schnell ein paar Regeln erklären, die du dir unbedingt merken sollst! Als Fahrer in der Auslieferung hast du mit den Kunden zu tun. Und bei Wagners sind das meistens nicht irgendwelche Kunden. Wir sind die erste Adresse, verstehst du! So ziemlich alles was, hier in Hollywood Rang und Namen hat, steht bei uns auf der Kundenliste. Als Lieferant bekommst du zwar meistens nur das Personal der Reichen und Berühmten zu Gesicht, aber das spielt keine Rolle. Das Wichtigste überhaupt ist Höflichkeit und zuvorkommendes Auftreten. Es gibt nichts, was wir nicht wieder sauber kriegen. Aber der Fleck, der auf dem Ruf von Wagners entsteht, wenn ein Lieferant mal seinen Job nicht anständig macht und sich damit den Zorn eines Kunden zuzieht, ist nicht so einfach wieder rauszuwaschen! Hast du kapiert?"

„Absolut, ja. Schon verstanden!"

Mr. Deakon sah ihn prüfend an. „Gut. Normalerweise machen wir für die Fahrer einen kleinen internen Einführungslehrgang. Heute ist mal eine Ausnahme und Mr. Cooper wird schon seine Gründe gehabt haben, weshalb er dich ausgesucht hat. Ich sage dir, was du zu tun hast und du brauchst nichts weiter machen, als die Höflichkeit in Person zu sein. Ich glaube, wir kommen schon miteinander klar, was?"

Justin schickte schnell ein überzeugendes „Ja!" als Antwort der Ansprache hinterher und Mr. Deakon nickte zufrieden.

„Wie steht es mit deinen Fahrkünsten? Schon mal so einen Lieferwagen gefahren?"

„Oh, fahren kann ich schon! Sogar ziemlich gut. Hab mit 15 auf unserer Farm angefangen und der Sheriff in dem Ort, wo ich herkomme, hat fast immer ein Auge deshalb zugedrückt. Allerdings habe ich es nie offiziell gemacht. Dafür hatte ich das Geld nicht."

„Das ist schade. Sonst hättest du vielleicht auf einer der nächsten Touren mal fahren können. Aber ohne Papiere ist das natürlich nicht drin. Du solltest das schnell nachholen!"

„Habe ich vor. Aber im Augenblick fehlt mir dazu nicht nur allein das Geld. Ich weiß auch gar nicht, wo ich die Zeit dafür hernehmen sollte. Es liegt einfach nicht drin, verstehen Sie."

„Na, das wird schon noch!", brummte Mr. Deakon zuversichtlich.

Der Reihe nach gingen sie die Liste durch und belieferten einen Kunden nach dem anderen. Justin hatte das Szenario schnell begriffen und es fiel ihm nicht sonderlich schwer, die Anforderungen zu erfüllen. Wenn sie vor dem Haus eines Kunden hielten, hatte er die Liste schon bereit, stieg nach hinten in den Wagen und suchte das richtige Paket heraus. Er übergab das Paket einem Angestellten oder trug es zum Lieferanteneingang hinein, kassierte eine Unterschrift auf der Empfangsbestätigung und verabschiedete sich wieder mit einem freundlichen Lächeln. Auf diese Weise lief es jedesmal ab und für Justin wurde schnell Routine daraus. Irgendeinen der Hausherren bekam er allerdings dabei nie zu Gesicht. Bis sie die Einfahrt zu einer dunklen Villa ganz aus schwarzem Backstein hinauffuhren. Waren die meisten anderen Anwesen alle hell und auf die eine oder andere Weise prunkvoll-pompös bis elegant-verschwenderisch, so hatte dieses Haus nichts von alledem. Es war fast schon klein, besaß keine dieser weitläufigen Gartenanlagen sondern war nur von hohen Eiben und einem schwarzen Eisenzaun umgeben. Mr. Deakon steuerte den Wagen diesmal auch nicht um das Haus herum, sondern hielt direkt vor dem Haupteingang. Justin stieg nach hinten in den Wagen und suchte die Sachen heraus. Zwei dunkle Ledermäntel und ein sehr extravagant geschnittener, grauer Anzug. Er warf sich die von einem Plastiküberzug geschützten Sachen über den Arm, die Liste in der anderen Hand und lief eine breite Treppe hoch auf den Eingang zu. Er hörte kein Geräusch, als er die Klingel betätigte. Eine Minute wartete er, doch dann wurde ihm geöffnet. Ein schmaler Chinese in einem Anzug, der dem eines Leichenbestatters glich, stand vor ihm. Justin setzte ein strahlendes Lächeln auf und ließ seinen Standardsatz erklingen: „Einen angenehmen Tag, Sir. Wagners Wächerei Service. Ich bringe Ihnen die Sachen zurück."

Der schmale Chinese trat devot zur Seite. „Bitte helein. Dolt."

Justin trat an dem Mann vorbei und konnte sich ein Grinsen nicht verkneifen. Der Mann erfüllte tatsächlich jedes Klischee, das er sich von einem Chinesen vorstellen konnte. Die Tür wurde hinter ihm geschlossen und flink war der Chinese wieder an ihm vorbeigehuscht, um ihm den Weg zu weisen. Dunkel getäfelte Wände säumten den Flur und Justin stellte fest, dass das Haus von innen größer schien, als es von außen den Eindruck machte. Auf ein stummes Zeichen des Chinesen hin, hängte Justin die Sachen an eine Garderobe. Doch als er von dem Mann für den Empfang der Sachen höflich eine Unterschrift erbat, wiegelte dieser ab.

Justin wurde ein wenig nervös: „Ich brauche aber eine Unterschrift, guter Mann, sonst kann ich die Sachen nicht hier lassen!", belehrte er ihn, weiter um Freundlichkeit bemüht. Aber der Chinese weigerte sich beharrlich und mit wildem Kopfschütteln. So musste er einsehen, dass dieser ihn offenbar schlicht nicht verstand. Da wurde am Ende des Ganges eine Schiebetür aufgezogen und ein hochgewachsener Mann in einem schwarz glänzenden Morgenmantel trat heraus. Seine dunklen Haare fielen ihm tief über die Augen und er hatte einen dezenten Bartschatten in seinem sehr ausgeprägt geformten, schönen Gesicht. Mit einer flüchtigen Handbewegung wischte er sich seine Haare vor den Augen fort und kam langsam näher. Er hielt ein Glas in der Hand und wiegte darin eine rostfarbene Flüssigkeit, in der Eiswürfel klingelten. Nach einem kurzen Satz auf chinesisch entfernte sich der „Türöffner" mit einer dezenten Verbeugung aus dem Raum.

„Schon gut, ich unterschreibe", sagte er dann zu Justin und kam auf ihn zu. Er stellte das Glas auf einem kleinen Schränkchen ab und dabei löste sich sein nur locker gebundener Gürtel. Der seidene Mantel klaffte bei dem nächsten Schritt ein Stück weit auf und Justin konnte sehen, dass der Mann darunter vollkommen nackt war. Doch offenbar schien ihn dieses kleine Mißgeschick nicht weiter zu stören, denn er unternahm nichts, um den Mantel wieder zuzubinden. Justin hielt ihm die Liste hin und wies mit dem Stift auf die Stelle, wo er die Unterschrift benötigte. Er begann unter dem Overall ganz plötzlich mächtig zu Schwitzen und konnte einfach nicht anders, als einen flüchtigen Blick unter dessen Mantel zu werfen. Ein wahrlich gut durchtrainierter Körper und ein nicht minder ansehnliches Glied fiel ihm dabei auf und er spürte, wie sich sein eigener Schwanz bei diesem Anblick zu versteifen begann. Sofort richtete er seinen Blick peinlich ertappt wieder in das Gesicht seines Gegenüber, der ihm den Stift aus der Hand genommen hatte und unterschrieb.

„So, erledigt!", sagte dieser mit einem versteckten Grinsen. Justin zwang sich zur Höflichkeit, nahm den Stift und die Liste wieder an sich und wollte gehen.

Doch der schamlose Unbekannte hielt ihn am Arm zurück. „Einen Moment noch!"

Justin blieb stehen und drehte sich irritiert um.

„Ich habe das Gefühl, wir sollten uns unbedingt wiedersehen." Meinte der unbekannte Schönling mit fester, aber sanfter Stimme und zog einen weißen Umschlag aus der Tasche seines Morgenmantels hervor, den er Justin reichte. Aber Justin zögerte.

„Nun nehmen Sie schon!", forderte ihn der Mann energisch auf und drückte ihm den Umschlag in die Hand. Justin nahm ihn hastig entgegen und steckte ihn sich unwirsch in die Hosentasche seines Overalls. „Okay, dann wünsche ich Ihnen noch einen schönen Tag, Sir!", leierte Justin seinen Spruch herunter, zwang sich ein Lächeln ab und hatte nichts eiligeres zu tun, als durch die Tür nach draußen zu verschwinden. Er sprang in den Wagen und wischte sich mit dem Handrücken den Schweiß von der Stirn.

„Alles klar?" wollte Mr. Deacon von ihm wissen und ließ den Wagen wieder an.

„Alles bestens!"

„Hat aber lange gedauert. Was war los?"

Justin hatte seine Nervosität wieder abgeschüttelt und versuchte es einfach mit der Wahrheit: „Der Kerl da hat einen chinesischen Diener und der versteht kein Wort. Hat ein bisschen gedauert bis ich von jemandem die Unterschrift hatte. Ich begreife nicht, wie man einen Diener haben kann, dem man nicht einmal sagen kann, was man will!"

Mr. Deacon lachte amüsiert. „Das sind eben die Marotten der Reichen. Da wird keiner schlau draus. Wer weiß, vielleicht ist es bei denen ja gerade in, Chinesen als Personal zu haben. Weiß der Teufel!"

Sie lachten beide darüber und Justin nahm noch einmal die Liste zur Hand, um einen Blick darauf zu werfen. Denn ihm kam plötzlich in den Sinn, dass er gar nicht darauf geachtet hatte, wessen Villa das gerade gewesen war. „L. Hamilton" stand in der Spalte, wo der frivole Unbekannte seinen unleserlichen Schnörkel auf die Liste gesetzt hatte. Justin fiel so spontan niemand ein, zu dem dieser Name passen könnte, hatte aber das Gefühl, ihn dennoch irgendwie zu kennen. Kurz nach dem Mittag führte sie ihr Weg endlich zu den Reardon Studios. Ein ganzer Ständer voll mit Kleidern stellte hier die Lieferung dar. Mr. Deacon hielt mit dem Transporter vor dem Tor, stieg aus und ging zu dem kleinen Empfangshäuschen hinüber. Justin wartete und seine Anspannung wuchs. Er blickte ihm nach und konnte sehen, dass es derselbe Wachmann wie vor knapp vier Monaten war, als er hier ankam. Mr. Deacon kam zurück und das Tor schwang langsam auf, als er wieder einstieg. Er reichte ihm einen Anstecker, der sie als Lieferanten auswies und Justin befestigte diesen an seinem Overall. Dann konnten sie passieren und fuhren los. Mr. Deacon schien den Weg genau zu kennen, obwohl hier alles riesig war. Gewaltige Studiohallen und Verwaltungsgebäude wechselten sich ab und Justin sog dieses unbeschreiblich aufregende Gefühl, endlich hier zu sein, in sich auf.

Mr. Deacon schien seine Gedanken erraten zu haben.

„Ich weiß, ist schon ein tolles Gefühl, hier zu sein, wo all die großen Filme gemacht werden. Aber heute werden wir hier bestimmt keinem bekannten Gesicht begegnen. Es ist kurz vor Silvester und da ist hier nicht mehr so wirklich viel los. Und überhaupt, was sind schon die Stars, frage ich dich?"

„Götter der Leinwand. Reich, berühmt und von allen beneidet und geliebt! Unsterblich!", verteidigte Justin schwärmerisch seinen Traum.

„Ach was, Blödsinn!", hielt Mr. Deakon mürrisch dagegen. „Die scheißen auch nur wie jeder andere von uns. Koksen, saufen und huren herum. Verprassen das Geld, was all die braven Kinofans ihnen einbringen. Ich möchte wirklich nicht hinter die Kulissen blicken. Man hört und liest so viel davon. Alles nur Lug und Trug und schöne Illusion."

„Ja, schöne Illusion", wiederholte Justin seine letzten Worte verträumt.

„Aber gefällt Ihnen diese Illusion etwa nicht? Gehen Sie nicht gern ins Kino, um sich für eine kurze Zeit in eine andere Welt entführen zu lassen?" Er wollte es genau wissen.

„Doch manchmal schon", gestand Mr. Deakon ihm ein. „John Trent sehe ich gern in seinen Western. Oder die Danforth vor ein paar Jahren als Cleopatra. Das war wirklich toll! Aber der Rest ..."

Justin grinste, doch Mr. Deakon machte ihrem kleinen Streitgespräch ein Ende: „So, da sind wir!"

Er hielt den Wagen neben einem großen Hallentor, das geschlossen war, an.

„Ich helf dir den Ständer mit den Sachen aus dem Wagen zu holen und zeig dir dann, wo wir hin müssen", erklärte er Justin weiter und beide stiegen sie aus.

Sie hoben den Rollständer aus dem Transporter und Mr. Deakon ging durch eine Tür neben dem Tor in die Halle. „Wenn sie gerade drehen würden, kämen wir gar nicht so weit. Dann hätte uns ein Wachmann bereits draußen kontrolliert und abgefangen. Hier ist nichts los heute, du Kinogott!", spottete er.

Sie rollten den Kleiderständer an einigen Kulissen von eleganten Innenräumen vorbei. Doch die gewaltigen Scheinwerfer unter der Hallendecke waren aus und auch sonst kamen ihnen nicht sehr viele Leute entgegen.

„Für wen sind die Sachen eigentlich?", wollte Justin wissen.

„Für die Assistentin der studioeigenen Kostümbildnerin hier bei Reardon. Brauchst doch nur auf deiner Liste nachzusehen." Erhielt er die präzise Antwort.

„Für Miranda Corrighniani?", wollte es Justin genau wissen. „Die hat die letzten beiden Jahre in Folge den Oscar für ihre Kostüme bekommen!"

„Was zum Henker weiß ich denn. Scheinst ja ein richtiger Filmfreak zu sein, was?"

„Könnte man so sagen, allerdings."

„Na dann wundert mich gar nichts mehr!", brummte Mr. Deakon. Sie hatten ihr Ziel erreicht. Mr. Deakon zog eine Tür mit dem Schild „Kostümabteilung - 2" auf. Sie schoben den Ständer vor einen Tresen und hielten davor an.

Ein hagerer Kerl mit Brille trat dahinter auf sie zu. Er wirkte ziemlich gelangweilt. „Ja, was kann ich bitte für Sie tun?"

„Wagners Wäscherei Service. Wir bringen die Lieferung für Mrs. O´Neill."

Der Hagere sah kurz seine Liste durch. „Ja, richtig, hier sind Sie. Ich weiß Bescheid. Mrs. O'Neill ist nicht da. Ich hoffe, Ihnen genügt auch meine Unterschrift."

Justin reichte ihm die Empfangsliste über den Tresen.

„Sie sind wohl neu hier, was? Ich habe Sie hier noch nie gesehen. Was ist mit Earl Bellows? Der war doch sonst immer hier", wollte Mr. Deakon von dem Hageren wissen.

„Ja, Mr. Bellows ist leider krank. Die ganze Woche schon. Ich bin aus der Verwaltung zur Vertretung hier. Wollen Sie etwa 'ne Glückwunschkarte, Blumen, Pralinen oder Sonstwas für ihn abgeben?", fragte ihn der Hagere gereizt und voller Zynismus.

Mr. Deakon strafte ihn dafür mit einem schneidigen Blick, als er die Liste mit der Unterschrift entgegennahm. „Wo sollen wir den Ständer hinbringen?", fragte er ihn noch mit einem bissigen Unterton.

„Lassen Sie ihn einfach da, wo er ist! Es wird ihn schon gleich jemand holen kommen."

Eine letzte spitze Bemerkung beim Hinausgehen konnte sich Mr. Deakon da allerdings nicht verkneifen: „Ein kleines bisschen Freundlichkeit würde Ihnen sicher nicht schaden!"

„Wozu? Wem sollte das wohl nützen?", hörte er noch die gleichgültige Antwort.

Mr. Deakon schüttelte nur mit dem Kopf und sah Justin durchdringend an. „Nun weißt du vielleicht, was ich meine", kommentierte er seine Gedanken.

Justin sagte nichts und Mr. Deakon schien es auf einmal eilig zu haben, wieder zurück zum Wagen zu kommen. Er wollte nicht gleich an seinem ersten Arbeitstag einen Fehler machen, aber irgendwie ärgerte sich Justin doch, dass sein Job hier schon wieder erledigt sein sollte. Und noch viel mehr ärgerte er sich darüber, gerade an so einem Tag hier zu sein, wo offenbar wirklich nichts los war. So in Gedanken verpasste er irgendwie den Anschluss zu Mr. Deakon. Und als er dies bemerkte, hatte er auch schon die Orientierung für den Ausgang verloren, den er sich auf ihrem Weg herein nicht weiter gemerkt hatte. Er bog verwirrt am Ende eines kurzen Ganges um die Ecke und schon war das unausweichliche Malheur passiert, das geradezu eine Standardsituation so vieler Hollywood-Komödien war. Er lief in jemanden hinein, der ebenfalls um diese Ecke wollte. Der Zusammenprall war weniger schmerzhaft, bereitete aber doch beiden wegen der unvermuteten Heftigkeit einen gehörigen Schreck und ließ sie zu Boden stürzen. Ein Meer loser, beschriebener Papierseiten regnete über sie beide nieder. Und der unbekannte Unfallteilnehmer stieß einen verärgerten Fluch aus: „Oh, verdammt! Mr. Chandler wird mich hinrichten!"

Er hielt sich den Kopf, strich durch sein blondes Haar und verzog dabei das Gesicht.

Dann sahen sich die beiden jungen Männer verdutzt an. Justin begann sofort, die Seiten aufzusammeln und stammelte eine Flut von Entschuldigungen.

„Ist schon gut. Wenn überhaupt, ist es meine Schuld. Ich hätte das Drehbuch schon gestern heften lassen sollen, dann wäre mir das alles gar nicht erst passiert."

Sie sammelten nun beide die Seiten auf und Justin hielt plötzlich das Deckblatt in der Hand und las die Zeilen, die mit Schreibmaschine getippt darauf standen:

„Das Experiment des Dr. Feratou - Drehbuch: Kipp Melnick - Produzent: James Holt - Regie: Len Chandler" und darunter eine Auflistung der Schauspieler und ihrer Rollennamen.

„Sie arbeiten für Len Chandler?", rief Justin erstaunt aus, als er den Namen auf dem Deckblatt las.

Der blonde Mann, Justin schätzte ihn dem ersten Eindruck nach auf höchstens Ende 20, blickte ihn zerknirscht an und nickte. „Ja, ich stehe mit auf dem Deckel."

Er tippte mit dem Finger auf die Seite, die Justin in seinen Händen hielt.

„Nein, Sie wollen mich verarschen, was? Sie sind nicht Spencer Jackson! Den kenne ich, der ist ..."

Der Blonde schnitt ihm ein wenig verärgert das Wort ab. „Natürlich nicht! Ich bin der, der diesen Schrott zusammengeschrieben hat, den Sie da gerade aufsammeln!"

Justin blickte ihn erstaunt an und reagierte, ohne weiter überlegen zu müssen.

„Was tatsächlich? Hey, ich schreibe auch Drehbücher! Allerdings bisher nur für mich, denn keiner wollte meine Storys haben." Seine Lüge war ihm so spontan in den Kopf geschossen, dass sie nur überzeugend sein konnte. „Ich bin Justin Farr! Freut mich wirklich riesig Sie kennenzulernen!"

Das war diesmal keine Lüge, denn er witterte seine Chance bei diesem kleinen Unglück.

„Hmm, mich auch. Na ja, meinen Namen kennen Sie ja nun schon", meinte Melnick weniger begeistert. Justin reichte ihm die letzten Seiten seines Drehbuches und dann standen sie beide wieder vom Boden auf. Melnick versuchte vergeblich, den ungeordneten Haufen loser Seiten wieder zurechtzurücken.

„Aber wieso haben Sie gerade von Schrott gesprochen? Wenn die aus Ihrer Story einen Film machen, muss sie doch wirklich gut sein!", fragte Justin ihn neugierig und versuchte, das Gespräch nicht so einfach abreißen zu lassen. Melnick lachte kurz erheitert auf.

„Oh, du lieber Himmel! Es ist doch bloß ein alberner Horrorfilm! Ich bin sicher, Ihre Storys sind mindesten genauso gut wie das hier! Nein, mein Junge! Qualität ist hier leider nicht immer gefragt. Was gerade beim Publikum ankommt und Geld einspielt zählt. Und nur das wird auch gemacht. Da kann es noch so blödsinnig sein! Ich schreibe das Zeug auch nur, weil es mir Geld einbringt. Aus keinem anderen Grund, das dürfen Sie mir ruhig glauben!"

Justin sah ihn nun doch mit ehrlichem Erstaunen an.

„Und ich dachte, meine Storys wären es nicht wert."

„Nein, ganz sicher nicht! Das dürfen Sie nicht glauben. Nur ist es wirklich verdammt schwer, das erste Drehbuch auch zu verkaufen. Und selbst wenn man das geschafft hat, muss noch nicht automatisch auch ein Film draus werden. Was glauben Sie wohl, wie viele von den Studios gekaufte Drehbücher in den Schubladen verschwinden und nie oder erst nach Jahren realisiert werden. Allerdings, wenn erst einmal eins das Licht der Leinwand erblickt hat, ist alles andere meistens einfach. Ich schreibe jetzt seit drei Jahren für Chandlers Filme die Drehbücher. Sie können sich nicht vorstellen, wie mir Horrorfilme zum Hals heraushängen. Ich sitze in diesem Job fest. Würde viel lieber etwas anderes schreiben. Aber mein Vertrag lässt das nicht zu. Ich nenne das schlicht Mord an der Kreativität."

„Aber Sie schreiben für Stars und große Regisseure, die Ihre Dialoge sprechen. Ist das nicht toll?"

„Davon kann ich mir wenig kaufen, verstehen Sie? Aber am Anfang fand ich das auch alles wirklich riesig. Kann mich noch gut dran erinnern. Doch die Ernüchterung folgt ziemlich schnell, wenn man keine Chance hat weiterzukommen. Und außerdem ist Chandler kein besonders großer Regisseur. Er macht B-Filme. Nichts weiter. Und Jackson hat auch noch nie eine wirklich bedeutende Rolle gespielt. Auch wenn er sich selbst für einen Star hält. Der wird bis an sein Lebensende von einer Oscar-Nominierung höchstens träumen können." Melnick seufzte schwer. „Aber was rede ich. Mir wird es genauso gehen. Vielleicht haben Sie ja einmal mehr Glück. Ich drück Ihnen dafür die Daumen. Okay, ich muss weiter. War nett Sie kennenzulernen."

„Könnten Sie mir vielleicht noch einen Gefallen tun, Mr. Melnick?", startete Justin noch einen letzten Versuch.

Melnick blieb stehen und drehte sich wieder um. „Was denn?"

„Ich hab leider keine Ahnung, wo ich hier wieder rauskomme. Könnten Sie mir kurz den Weg nach draußen erklären?" Er setzte seinen treuen Unschuldsblick auf, der wirkte immer.

„Oh!", entfuhr es Melnick. „Die Halle hier hat drei Ausgänge. Ich vermute mal, Sie sind von der 2 gekommen. Na gut, kommen Sie. Ich bring Sie schnell hin. Für Fremde kann es hier schon zu einem Labyrinth werden."

Als sie das Tor erreichten, waren weder Lieferwagen noch Mr. Deakon dort. Und irgendwie sah alles auch ein wenig anders aus.

„Na gut, dann gehen Sie einfach um die Halle herum. Dann können Sie es nicht verfehlen."

Justin nickte mit einem bitteren Lächeln auf den Lippen, was seinem Gegenüber allerdings nicht auffiel. Dann machte er sich auf den Weg. Doch Melnicks plötzlicher Ruf ließ ihn stehen bleiben.

„Ach, und hey ..." er hielt ihm einen Zettel entgegen, den er von den Seiten seines Drehbuches abgerissen hatte. „... Sie können mich ja mal anrufen. Ich könnte mir Ihre Storys vielleicht einmal ansehen und wir sprechen drüber. Wenn Sie noch Wert auf meine Meinung legen. Und wer weiß ... Ein paar Kontakte könnte ich vielleicht schon möglich machen."

Justin bedankte sich überschwenglich und steckte den Zettel mit der Nummer in seine Tasche. Sein Glück hatte ihn also doch noch nicht verlassen! Er beeilte sich und lief den langen Weg um die Halle herum, wo Mr. Deakon schon ziemlich wütend auf ihn wartete. Doch es fiel ihm nicht sonderlich schwer, eine gute Ausrede zu erfinden und ihn auf ihrer Fahrt aus dem Studio wieder zu besänftigen. Als er zum Feierabend seinen Overall auszog, vergaß er nicht, den Zettel mit der Nummer herauszunehmen. Und dabei geriet ihm auch noch der geknickte Umschlag in die Finger, den er schon fast wieder vergessen hatte. Er wirkte mit seinem dicken, schwarzen Rand ganz so wie eine Trauerkarte. Auch ihn steckte er in seine Hosentasche und beeilte sich, mit dem Bus zurück in sein einsames Zimmer zu kommen. Er hatte kaum Zeit etwas zu Essen und sich umzuziehen, dann musste er schon wieder los, um seinen Schauspielkurs in der Stadt nicht zu verpassen.

Erst als er am Abend davon zurückkam - er musste an diesem Tag nicht mehr in das „Marriage Fool" zum Kellnern - hatte er noch ein wenig Zeit für sich. Er öffnete das kleine Fenster. Die dünnen Vorhänge bewegten sich ein wenig, als die allmählich kühler werdende Nachtluft hereinwehte. Er zog sein verschwitztes Hemd aus und setzte sich vor das Fenster. Längst war es dunkel draußen. Nacht in der Stadt seiner Träume. Für einen Moment schloss er die Augen und ließ seine Gedanken treiben. Er stellte sich vor, was wohl die großen Stars in dieser herrlichen Nacht in ihren prunkvollen Villen tun würden. Aber dann stand er auf und trainierte wie jeden Abend noch ein wenig mit den zwei kleinen Hanteln, die er sich gekauft hatte, um in Form zu bleiben. Denn für den Besuch in einem Fitnessclub hatte er weder die Zeit noch das Geld. Doch es war ihm sehr wichtig, seinen Körper in Form zu halten. Er machte einige Übungen, nahm sich dann ein Handtuch und eine Shorts und ging hinaus über den Flur, um zu duschen. Eigentlich sollte niemand mehr nach zehn Uhr noch duschen, aber Justin scherte sich wenig um diesen Teil der Hausordnung. Als er in seine kleine Wohnung zurückkam, fühlte er sich besser. Er drehte das Licht an. Eine einzelne Glühlampe, die von einem schmutzigen Schirm mit breiten grünen Streifen nur spärlich verdeckt wurde. Er setzte sich wieder an das Fenster und hielt den geknickten Umschlag in der Hand. Er riss das Kuvert auf und zog eine Klappkarte daraus hervor. Es war eine Einladung. Eine Einladung zu einer Silvesterparty im Haus von Lyon Hamilton am kommenden Montag. Er hatte geglaubt, so ziemlich alle wirklich bekannten und wichtigen Leute in Hollywood dem Namen nach zu kennen. Aber dieser war ihm vollkommen unbekannt. Und auch der letzte Satz am Ende der Karte - deutlich kleiner geschrieben als der restliche Text - erschien ihm seltsam: „Zum Einlass wird schwarze Kleidung erbeten."

Er fragte sich, weshalb ihm dieser unbekannte, verdammt gutaussehende Mann diese Einladung nur gegeben hatte. Ihm, einem vollkommen Fremden. Er war sich nicht sicher, ob er überhaupt dort hingehen sollte. Doch Justin war zu müde, um darüber heute noch eine Entscheidung zu treffen. Er warf die Karte auf den Tisch und streckte sich auf dem Bett aus. Die Federn und das Metallgestell quietschten und ächzten, als er dies tat und sich darauf bewegte. Doch er hatte sich längst daran gewöhnt. Seine Gedanken waren bei diesem Mr. Melnick. Zweifellos würde er ihn anrufen, um sich mit ihm zu treffen. Er war im Augenblick die beste Chance, die er hatte. Aber um das zu tun, musste er zunächst einmal ein Drehbuch schreiben oder zumindest eines auftreiben. Und es sollte keins für einen Horrorfilm sein! Aber dafür würde ihm schon noch eine Lösung einfallen. Und über den Gedanken darüber schlief er ziemlich bald ein ...

Im Schatten der Glitzerwelt

Bereits am Freitagabend hatte Justin sein Problem gelöst. Er hatte in der Gruppe seines Schauspielkurses herumgefragt, ob es jemanden gab, der ihm auf die Schnelle zu einem Lehrgang im Schreiben von Drehbüchern verhelfen könnte. Die immer ein wenig schweigsame Colleen Marks, drei Jahre älter als er, mit der sich Justin recht gut verstand, wollte ihm helfen. Von ihr erfuhr er, dass sie eigentlich noch vor dem Wunsch Schauspielerin zu werden, viel lieber Autorin geworden wäre. Sie erzählte ihm stolz und ziemlich selbstverliebt von einem Drehbuch, dass sie geschrieben hatte. Doch bei den zahlreichen Versuchen, es einem der Studios zu verkaufen, hatte sie sehr schnell einsehen müssen, dass dieser Bereich offensichtlich eine reine Männerdomäne war und man ihr dort als Frau keine Chance geben wollte. Justin witterte seine Gelegenheit, schnell an ein geeignetes Drehbuch heranzukommen, und hatte keinerlei Hemmungen ihr eine nette kleine Lügengeschichte aufzutischen. Er erzählte ihr von seinem zufälligen Zusammentreffen mit Kipp Melnick. Und das ihm dieser ziemlich begeistert erzählt hatte, nach einer Reihe von Skripts zu billigen Horrorfilmen endlich sein erstes Drehbuch für ein Großes Hollywood-Drama verkauft zu haben, das von Musicalregisseur Terence H. Watkins mit Sally Jones in der Hauptrolle verfilmt werden sollte. Colleen sprang sofort auf seine Geschichte an und so war es für Justin nur noch eine Fingerübung, sie auch davon zu überreden, ihm ihr Skript zu überlassen, um es Melnick einmal zu zeigen. Sie hatte es sogar so eilig damit, dass sie ihn drängte, gleich nach dem Kursus mit zu ihr zu kommen, damit sie es ihm geben konnte. Justin hatte nichts dagegen und erhielt an diesem Abend von der überglücklichen Colleen Marks nicht nur einen stürmischen Kuss der Dankbarkeit bei der Verabschiedung vor ihrer Apartmenttür, sondern auch das ersehnte Drehbuch. Eingewickelt in braunes Packpapier. Nun brauchte er es nur noch zu lesen. Schließlich musste er über den Inhalt genauesten Bescheid wissen, wenn er es Melnick gegenüber als sein eigenes ausgeben wollte. Als er es, zurück in seiner armseligen Bude, auspackte und den Titel „Lügen des Schicksals" las, musste er innerlich grinsen. Der Name auf dem Deckblatt bedurfte noch einer Änderung. Er würde es einfach austauschen. Colleen war tatsächlich recht professionell vorgegangen. Sie hatte dem eigentlichen Drehbuch ein Treatment der Story vorangestellt. Justin blieb gerade noch so viel Zeit, sich dies hastig durchzulesen, ehe er zu seinem zweiten Job ins „Marriage Fool" wieder los musste. Offenbar eine schmalzige Lovestory in der sich recht unterschiedliche Charaktere auf einem großen Luxusschiff zur Überfahrt nach Amerika trafen, sich stritten, verachteten und, wie es der Titel unschwer vermuten ließ, auch belogen. Dabei stand die Liebesgeschichte zwischen einem gesuchten Verbrecher und einer sterbenskranken Tänzerin im Mittelpunkt. Justin war froh, nicht schon an diesem Abend mit dem Lesen anfangen zu müssen. Themen dieser Art waren nicht unbedingt sein Geschmack. Auch wenn er sehr genau wusste, dass Hollywood gerade darüber definiert wurde. Er verschob den Beginn der Lesung auf den Sonntag. Seinem einzigen wirklich freien Tag in der Woche. Und er nahm sich vor, es in einem Stück zu schaffen, um davon befreit zu sein und so schnell wie möglich mit Melnick in Kontakt treten zu können.

Als er am frühen Samstagnachmittag von seinem Job aus der Wäscherei zurückkam fiel ihm beim Durchblättern des Drehbuches die Einladungskarte wieder in die Hand. Er hatte sie als Lesezeichen zwischen die Seiten geklemmt. Er las noch einmal den Text und entschloss sich schließlich, einfach einen Versuch zu wagen und zu dieser Party zu gehen. Außerdem hatte er zu Silvester noch keine andere Einladung und keine Lust, diesen Abend hier allein zu sitzen, während überall in der Stadt gefeiert wurde. Vielleicht war es gerade die Gelegenheit, auf die er gewartet hatte. Bisher hatte ihn sein Glück immer auf die richtige Spur geführt und er war überzeugt, dass es auch diesmal so sein musste. Er öffnete den

Kleiderschrank. Einzig die Jacke, die er vor Wochen bei seinem Einzug in dieses „Luxusapartment" vorgefunden hatte, war Schwarz. Weder eine Hose, noch ein passendes Hemd besaß er in dieser Farbe. Er überprüfte seine Ersparnisse und stellte fest, dass er sich diese Investition gerade noch erlauben konnte. Er würde ganz einfach im Januar die eine oder andere Sonderschicht schieben und dann bekam er es wieder raus. Er steckte sich die Dollarscheine in seine Hose und ging sofort los. Am Sonntag würde er sicher nichts passendes bekommen und am Montag musste er noch ein letztes Mal in diesem Jahr bis Mittags in die Wäscherei. Er wollte das Risiko nicht eingehen, dann erst loszuziehen, denn er war doch ein wenig wählerisch. Schließlich war der Anlass ein ganz besonderer. Die Schwierigkeit lag darin, etwas zu finden, dass zwar elegant und möglichst teuer aussah, aber seine eingeschränkten finanziellen Möglichkeiten zugleich nicht überstieg. Es dauerte geschlagene drei Stunden, bis er endlich das Passende gefunden hatte. Und am Ende behielt er gerade noch soviel übrig, um sich an einem Imbiss ein Abendessen zu leisten und den Bus für die Rückfahrt zu bezahlen. Stolz und ziemlich erledigt kam er mit seinen Einkäufen gegen 21 Uhr wieder zurück. Der fette Kerl am Empfang warf ihm eine dumme Bemerkung hinterher, als er die Treppe nach oben ging. Doch Justin hatte nicht mehr den Nerv, um ihm Kontra zu geben und ignorierte ihn daher einfach. Pflichtbewußt sich selbst gegenüber absolvierte er seine täglichen Kraftübungen, schaffte es heute noch vor der Deadline von 22 Uhr unter die Dusche zu kommen und fiel danach ziemlich müde ins Bett.

Den Sonntag verbrachte er ganz nach Plan mit seiner Lektüre. Schon am frühen Nachmittag hatte er sich durch das Drehbuch hindurch gekämpft und es war genau so, wie er es vermutet hatte. Ein schnulziges Melodram an dessen Ende es für die tragische Figur der Tänzerin kein Happy-End gab. Sie jedoch ihren Geliebten, den Verbrecher mit dem anständigen Herzen, vor dem Zugriff der Polizei bewahrte, weil er seinerseits zum Retter ihres Kindes wurde. Doch ganz egal wie schrecklich Klischeehaft und Weltfremd die Story auch sein mochte, ihren Zweck würde sie ohne Frage erfüllen. Noch am selben Nachmittag wählte Justin die Nummer auf dem sorgsam aufbewahrten Zettel. Er ließ es ziemlich lange klingeln und wollte schon wieder auflegen, hatte dann aber doch noch Glück. Melnick schien nicht überrascht zu sein, schon so schnell wieder von ihm zu hören. Doch vor Silvester hatte er keine Zeit mehr für ein Treffen. Justin hatte nichts anderes erwartet. Sie verabredeten für den Mittwoch gleich nach Silvester ein neues Telefonat, um den Termin für eine Zusammenkunft festzulegen. Justin beendete das Gespräch mit der Frage, ob Melnick sein Skript inzwischen hatte heften lassen und erntete dafür ein amüsiertes Lachen sowie einige Pluspunkte in der Beliebtheitsskala. Sie wünschten sich gegenseitig einen guten Start in das neue Jahr und verabschiedeten sich voneinander. Nachdem Justin aufgelegt hatte, ärgerte er sich über sich selbst. Hatte er doch Melnick nach Lyon Hamilton fragen wollen. Aber dafür war es nun zu spät. An diesem Abend gönnte er sich ein ganz besonderes Vergnügen, zu dem er schon lange keine Zeit mehr gefunden, dass er aber schmerzlich vermisst hatte: er ging ins Kino! Ein Kriegsfilm mit einem seiner großen Idole, dem Hollywoodstar Fernando Vendoza in der Hauptrolle wurde gezeigt.

„Keiner ist ohne Schuld", lautete der Titel. Und als eifriger Leser diverser Filmjournale wusste Justin, dass man Regisseur und Hauptdarsteller des Films bereits als heiße Kandidaten für den Oscar im nächsten Jahr handelte.

Am Montag, dem unvermeidlich letzten Tag des Jahres, kam Mr. Deakon nach Feierabend zu ihm in den Umkleideraum. Justin wollte gerade seinen Spind abschließen und war erfüllt mit unbestimmter Vorfreude auf den kommenden Abend. Deakon fragte, ob er nicht am Abend zu einer kleinen Silvesterfeier einiger Kollegen kommen wollte, doch Justin lehnte mit einem geheimnisvollen Lächeln im Gesicht dankend ab. Mr. Deakon nickte und verabschiedete sich mit den üblichen Neujahrswünschen. Es war gegen 17.30 Uhr als die innere Spannung in ihm allmählich dem Höhepunkt entgegen steuerte. Er legte seine Sachen zurecht und verpasste seinen dunklen Schuhen, die nicht ganz die erforderliche Farbe hatten, mit etwas schwarzer Schuhcreme die gewünschte Optik. Er hatte einmal gelesen, dass viele ihren ersten Eindruck aus den Schuhen ihres Gegenüber gewannen. Er hoffte aber, dass diese da bei ihm nicht so genau hinsehen würden. Er hatte sich jedenfalls alle Mühe gegeben, den doch schon ziemlich abgerissenen Zustand so gut als möglich aufzupolieren und kaschieren zu können. Zu seinem Leidwesen war die Dusche zu dem Zeitpunkt, da er mit seinem Handtuch über den Flur schlenderte, gerade belegt und so musste er warten. Es war der fast immer mürrische, aber an diesem Abend erstaunlich gut gelaunte Mr. Franz, vom anderen Ende des Ganges, der offenbar denselben Gedanken wie Justin gehabt hatte. Sie tauschten die üblichen Neujahrswünsche aus, als er herauskam und Justin war froh, endlich an der Reihe zu sein. Als das kalte Wasser aus dem rostigen Hahn über seinen durchtrainierten Körper strömte, fühlte er sich besser. Er beeilte sich fertig zu werden und zog sich rasch um. Er warf noch einen letzten Blick in den stumpfen Spiegel an der Wand, kämmte seine dunklen Haare noch einmal durch und vergaß nicht, sich die Karte und den letzten Zehn-Dollarschein, den er besaß, in die Innentasche der Jacke zu stecken. Er fuhr wie üblich mit dem Bus, der an diesem Abend jedoch erstaunlich leer war. Den letzten Rest bis zu der Adresse ging er zu Fuß. Es war ein angenehm warmer Abend. Das Tor zu dem Grundstück stand offen. Eine ganze Reihe von noblen

Autos parkte vor dem Haus. Zweifellos schien er der Einzige zu sein, der sich nicht diesen Luxus leisten konnte. Doch er hatte all diese neidvollen Gedanken aus seinem Kopf verbannt und beschlossen, einfach nur ein bisschen Spaß zu haben. Dabei aber auch die Gelegenheit nicht außer acht zu lassen, die er hoffte, hier zu bekommen, um die richtigen Bekanntschaften zu machen. Oben an der breiten Treppe zum Eingang erkannte er schon von weitem einen bulligen Türsteher in elegantem Schwarz. Er hielt die Karte bereit und der Mann öffnete ihm höflich die Tür, nachdem er einen kurzen Blick darauf geworfen hatte. Die lange Eingangshalle kannte Justin ja bereits. Er konnte Musik hören und hatte Rock'n Roll oder etwas ähnlich stimmungsvolles erwartet, doch es handelte sich vielmehr um schwere Operngesänge, die gar nicht nach seinem Geschmack waren. Schon befürchtete er, auf der langweiligsten Silvesterparty von ganz Hollywood gelandet zu sein, als er an einer nur leicht angelehnten Tür vorbeikam. Sein Blick durch den offenstehenden Spalt drängte sich geradezu auf, als er daran vorbeiging und von dort dieses eindeutig lustvolle Keuchen hören konnte. Ein Mann in seidig glänzendem, schwarzen Anzug stand mit dem Rücken zu ihm vor einem altmodisch wirkenden Sekretär. Auf der Arbeitsfläche saß eine üppige Blondine in ebenfalls schwarzer Wäsche, hatte ihre schlanken Beine um ihn verschränkt und ließ sich gerade von ihm durchficken. Der linke Schuh war von ihrem Fuß gerutscht und lag auf dem Boden. Den Kopf hatte sie nach hinten gegen ein Bild an der Wand gepreßt und hielt die Augen geschlossen. Wohingegen sie den Mund weit geöffnet hielt, um ihrer Lust durch wildes Stöhnen Ausdruck zu verleihen. Sie hielt ein leeres Cocktailglas erhoben in der einen Hand, aus dem gerade die aufgespießte Olive hüpfte, als der Mann begann ihre prallen Brüste, die er von ihrer Bluse befreit hatte, fest zu massieren. Justin ging schnell einen Schritt weiter, ehe er womöglich Gefahr life, entdeckt zu werden. Und noch während der Gedanke durch seinen Kopf schoß, auf was für eine Party er wohl hier geraten sein mochte, taten sich vor ihm die beiden Seiten der Schiebetür am Ende des Ganges auf. Die Musik wurde lauter und Justin konnte dahinter einen großen Raum erkennen, indem sich eine Vielzahl von Gästen tummelten. Ein schmächtiger, unrasierter Kerl in einem teuren Maßanzug kam mit zwei äußerst hübschen Damen in den Armen auf ihn zu. Sie überragten ihn beide um einen halben Kopf. Wallendes, schwarzes Haar die Linke, brünett gelockt die Rechte. Sie lachten alle drei ausgelassen und der Brünetten schien es wohl offensichtlich ziemlich heiß zu sein, denn ihre zierlichen Brüste tanzten freimütig unter ihrer offenstehenden Bluse wie ein Jojo auf und ab. Sie warfen ihm zwar einen kurzen, beiläufigen Blick zu, ignorierten ihn jedoch ansonsten und verschwanden zur linken Seite eine Wendeltreppe hinauf. Entschlossen, sein Ziel nicht aus den Augen zu verlieren, betrat er den Partyraum. Das Licht war ein wenig gedämpft. Überall in dem weitläufigen Raum erhellten Stehlampen mit grünem Licht die Gesichter und im ersten Moment fühlte sich Justin dabei an eine Bibliothek erinnert. Er stand am oberen Ende einer breiten Treppe und konnte von hier sehr gut alles einsehen. Überall wurde angeregt gelacht und geredet. Kellner und Bedienungen huschten eifrig zwischen den Gästen in Schwarz hindurch, um Drinks oder köstlich aussehende Hors d'oeuvres auf silbernen Tabletts zu verteilen. Im ersten Moment glaubte er an eine Täuschung wegen der ungewöhnlichen Beleuchtung. Doch als er genau darauf achtete, stellte Justin zu seinem großen Erstaunen fest, dass die Bediensteten unter ihren Schürzen von der Hüfte abwärts alle vollkommen nackt waren! Sowohl die Frauen als auch die Männer trugen hochgeknöpfte Hemden oder Blusen mit schwarzen Seidenwesten und korrekt gebundenen Fliegen mit den passenden Schuhen dazu. Aber kein Kleidungsstück mehr! Der Anblick ihrer nackten Hinterteile verblüffte ihn und schien auch immer wieder die zurückhaltend lustvollen Blicke der Gäste auf sich zu ziehen. Dabei war ihm auch nicht entgangen, dass sie alle ausnahmslos von wirklich besonderer Attraktivität waren. Eine dieser jungen Damen kam an ihm vorbei und bot ihm einen Cocktail an. Justin lächelte nervös und nahm sich eines der Gläser von dem Tablett herunter. Langsam ging er die Treppe herunter und konzentrierte sich auf die Gesichter der Gäste in der Hoffnung, vielleicht irgendeinen Prominenten zu entdecken. Justin stellte dabei schnell fest, dass sich das Höchstalter der Gäste wohl um die 50 bewegen musste, wobei die meisten jedoch ganz erheblich jünger waren. Auf einer ausladenden Couchgarnitur in der hinteren linken Ecke des Raumes sah er dann jedoch tatsächlich jemanden Bekannten. Spencer Jackson, Star zahlreicher B-Filme, saß dort in der Mitte mit einem Drink in der Hand. Eine dralle Blondine zu seiner Rechten und einem dunkelhaarigen Jüngling zu seiner Linken, der gerade sein Hemd öffnete, damit die beiden amüsiert lachend seine Tätowierung auf der Brust bewundern konnten. Justin wollte sich gerade zu ihnen hindurchschlängeln, als ihm ein Mann entgegentrat, den er schon kannte. Es war eben jener geheimnisvolle Unbekannte, dem er die Einladung heute verdankte. Wie alle anderen war auch er in Schwarz gekleidet. Er hatte eine Hose mit einer eng gebundenen, breiten Schärpe um seine Taille an, wie es spanische Matadore zu tragen pflegen. Unter dem weiten, wallenden Mantel den er darüber trug, präsentierte er nichts, außer nackter Haut. Sein muskulöser Oberkörper war Zeugnis zahlreicher Trainingsstunden. Seine schwarzen Haare hatte er streng nach hinten gekämmt und von dem vor ein paar Tagen noch unrasierten Bartschatten war nur noch ein kleiner Kinnbart übriggeblieben. Seine Augen leuchteten freudig erregt, als er auf Justin zutrat, um ihn zu begrüßen:

„Oh, wie wundervoll, dass Sie den Weg heute Abend hierher gefunden haben und noch nichts anderes für Silvester vor hatten! Sie hätten es nicht besser machen können! Habe ich Ihnen nicht prophezeit, dass wir uns wiedersehen würden? Und ich prophezeie Ihnen gleich noch etwas. Sie werden sich heute hier so amüsieren wie noch nie in Ihrem Leben! Sie werden diese Nacht nie wieder vergessen! Trinken wir darauf!" Sie stießen mit ihren Gläsern an und Justin kippte sich den brennenden Martini mit einem Mal herunter.

„Ach, lassen wir doch die albernen Höflichkeitsfloskeln einmal aus dem Spiel heute abend. Das klingt alles viel zu streng und brav. Du kannst mich Lyon nennen, mein Junge. Und verrätst du mir auch deinen Namen?"

„Justin. Aber verraten Sie mir auch etwas, Mr ... ?", erwiderte er schnell und wusste nun, dass er seinem Gastgeber gegenüberstand.

„Lyon, du sollst Lyon sagen, Justin!", fuhr er ihn an und lachte. „Also, was willst du wissen?"

„Warum bin ich eingeladen worden? ... Du kennst mich doch überhaupt nicht!"

Wieder lachte Hamilton. „Ooch, nicht so bescheiden! Sieh dich doch nur mal um, dann kommst du drauf. Ein so faszinierend schöner Junge wie du hat das doch gar nicht nötig. Du bist hier heute der Glanzpunkt meiner Party! Das meine ich ehrlich! Keiner hier kann auch nur annähernd mit dir konkurrieren! Du bist so schön wie die Sünde selbst, Justin. Deshalb bist du hier. Komm, ich bin sicher, du kennst Spencer noch nicht. Ich mach dich mit ihm bekannt." Hamilton legte seinen Arm um Justins Schulter und führte ihn hindurch zu der Couch. Dabei fischte er virtuos einem vorbeieilenden Kellner einen neuen Drink vom Tablett und reichte ihn Justin. „Gleich runter damit! Auf gar keinen Fall will ich dich ohne Drink sehen. Ich hab noch zu viele davon an der Bar und im Keller und die müssen alle heute abend weg!"

Justin gehorchte und sie erreichten ihr Ziel. Er stellte sein leeres Glas auf der Tischplatte vor sich ab und blickte Spencer Jackson an. Er konnte es kaum fassen. Es war wirklich Spencer Jackson! Er saß ihm direkt gegenüber zurückgelehnt auf der Couch. Den einen Arm um die Schultern der Blondine gelegt, die neben ihm saß und kicherte, den anderen hinter dem offenen Hemd des jungen Burschen um dessen nackten Oberkörper geschlungen. Auch er trug Schwarz. Selbst sein Hemd war aus schwarzer Seide, dessen obere zwei Knöpfe er offen trug. Seine Haare trug er noch genauso kurz wie in seinem letzten Film „Die Rache der Meerbestien", wo er einen Offizier der Navy gespielt hatte.

„Hey, Spencer! Ich will dir kurz Justin vorstellen", machte Hamilton ihn bekannt.

Spencer Jackson drehte sich lächelnd herum, rutschte nach vorne und beugte sich über den Tisch hinweg zu ihm hin, um ihm seine Hand zu reichen. Justin wollte nicht albern erscheinen, auch wenn ihm vor Aufregung noch heißer wurde als ohnehin schon. Er schüttelte kräftig seine Hand, ließ aber sofort wieder los.

„Freut mich ganz riesig, Justin. Komm, willst du dich zu uns setzen und dir'n bisschen was reinziehen?" Spencer Jackson verpaßte der Blondine einen Kick in die Seite. „Verzieh dich mal für 'ne Weile, Blondie!", blaffte er sie rüde an. Verärgert darüber, den Platz an seiner Seite einzubüßen, aber dennoch ohne ein Widerwort, stand sie auf und verschwand.

Justin ging um den Tisch herum und nahm ihren Platz ein. Doch er hielt voller Ehrfurcht einen kleinen Abstand.

Lyon Hamilton warf ihm ein freundschaftliches Lächeln zu.

„Ich komm nachher noch mal vorbei. Meine unablässigen Pflichten als Gastgeber, du verstehst? Amüsiert euch bis dahin gut!" Und schon war er zwischen den umstehenden Gästen verschwunden, von denen nicht wenige ihre Blicke in Justins Richtung warfen, ohne das dieser überhaupt etwas davon bemerkt hätte. Sehr wohl aber hatte er das kleine aufgeklappte Etui bemerkt, das neben einem Glas mit Whisky und Eiswürfeln auf dem Tisch lag. Auf der spiegelnden Fläche lag ein kleiner Haufen weißen Pulvers und gleich daneben ein kurzer Strohhalm. Justin wusste genau, worum es sich dabei handelte. Er wunderte sich nur, dass der Stoff hier so offen einfach auf dem Tisch lag, als wäre es völlig selbstverständlich.

Spencer Jackson blickte ihn freundlich abschätzend an.

„Hey, du hast keinen Drink mehr, Justin!", stellte er fest und winkte einen Kellner herbei. Er hielt dem jungen Mann drei Finger entgegen und würdigte ihn nur eines flüchtigen Blickes. Während dieser die Cocktails auf den Tisch abstellte, zog Jackson den jungen Burschen an seiner Seite noch enger zu sich heran und stellte ihn Justin vor: „Justin, das ist Sam. Er war Komparse in meinem letzten Film."

Der junge Kerl reichte ihm seine Hand und grinste ihm ein breites „Hi!" entgegen.

„Erzähl mal, Justin. Was machst du so?", fragte Jackson, ohne es eigentlich wissen zu wollen.

„Nichts aufregendes. Ich bin erst seit knapp vier Monaten hier. Ich hab 'nen Job bei Wagners Wäscherei Service und viermal die Woche abends noch in einer Bar am Sunset. Aber ich will auch zum Film."

„Das solltest du auch unbedingt tun! Du bist was Besonderes. Du hast 'ne starke Ausstrahlung und dieses gewisse Leuchten in den Augen. Und du siehst echt gut aus! Das hat man oder man hat es nicht! Und du hast es! Brauchst mich nur anzusehen. Das ist etwas, das kann man einfach nicht lernen." Mit seiner blasierten Lobeshymne erreichte er sein Ziel, wechselte im nächsten Moment aber das Thema: „Okay! Jetzt kennen wir uns also alle. Ich finde, wir sollten wieder zum amüsanten Teil übergehen und für ein bisschen echte Freude sorgen!"

Sam stimmte ihm zu und Jackson sah ihn fest an: „Hast du schon mal was davon genommen, Justin? Ist harmlos, sorgt aber dafür, dass deine Gefühle so richtig auf Touren kommen. Ich garantiere dir, ist 'ne echt heiße

Nummer. Sam und ich haben schon was intus. Solltest du unbedingt auch mal probieren!"

Justin zögerte. Er wollte mit Drogen nichts zu tun haben und trank stattdessen lieber seinen Cocktail.

Jackson entging dies nicht. „Na los, sieh her! Ich zeig dir, wie's geht. Ist ganz einfach!" Er nahm den Strohhalm, steckte sich diesen in die eine Nasenöffnung und presste den Finger auf die andere. Dann beugte er sich nach vorne und schnupfte etwas von dem Pulver. Und noch einen zweiten Zug. Er gab den Strohhalm an Sam weiter, legte den Kopf in den Nacken und schüttelte sich mit einem wohligen Prusten.

„Oh, das Zeug ist spitze! Verdammt, das knallt rein!" Er legte seinen Arm um Justin und zog ihn zu sich heran, während Sam auch einen Zug nahm.

„Komm schon!", drängte er ihn euphorisch. „Versuch nur mal einen Zug! Glaub mir, es wird dir echt gefallen!"

Sam hielt ihm den Strohhalm entgegen. Einen Moment lang starrte Justin noch zögerlich darauf, aber dann ergriff er das kurze Röhrchen und schüttelte die Furcht von sich ab.

„Ach, scheiß drauf, was soll's!", rief er aus und machte es ihnen nach.

„Du wirst sehen, du fühlst dich gleich viel besser!"

Als Justin den ersten Zug inhalierte, glaubte er, dass alle Sterne des Himmels in seinem Kopf explodieren würden. Er sank nach hinten in die Couch und sah für einen Moment nichts als schillernde Farben vor seinen Augen. Dann aber überkam ihn ein unglaubliches Hochgefühl. Er sah alles ganz klar und in Zeitlupe um sich herum. Die Bewegungen der umstehenden Gäste schienen irgendwie verlangsamt und die Geräusche seltsam gedämpft. Doch danach fühlte er sich so wohl wie noch nie. Er nahm Jackson den Strohhalm aus der Hand, den dieser vom Boden aufgehoben hatte, weil er ihm heruntergefallen war.

„Das brauch ich jetzt gleich nochmal! Ist ja wirklich irre!" jubelte er und gab sich noch einen zweiten Zug. Sam und Jackson lachten amüsiert. Eine lockige Bedienung brachte neue Drinks und stellte gleich für jeden von ihnen zwei auf dem Tisch ab. Jackson schob Justin einen davon zu, den dieser in einem einzigen Zug leerte. Auch das nächste Glas folgte schnell. Und nach wenigen Minuten war es Justin allein gewesen, der die sechs Gläser geleert hatte. Jackson musste nachbestellen. Das Gemisch aus Alkohol und Koks tat schnell seine Wirkung und Justin verlor all seine Hemmungen.

„Was muss ich tun, um in einen deiner Filme zu kommen?", fragte ihn Justin völlig losgelöst und klopfte seinem Idol dabei auf die Schulter, als würden sie sich schon ewig kennen.

„Ich mache Horror und Science Fiction, Junge! Keine Pornos!" Sie lachten alle drei wie Kinder über diesen billigen Scherz.

„Nein, ehrlich! Was muss ich tun?", bohrte er weiter.

„Du solltest dir zu allererst einen Agenten zulegen. Ohne brauchst du gar nicht erst anfangen!", erhielt er von Sam die passende Antwort.

Justin sah Jackson mit glasigem Blick durchdringend an. „Ja, aber was ist, wenn ich dir einen blasen würde. Du stehst doch auf Kerle, hab ich wohl schon mitgekriegt. Würdest du mir dann eine Rolle beschaffen?"

Jackson lachte amüsiert auf. „Ich weiß nicht. Das kommt darauf an, wie gut du beim Blasen bist. Sam ist jedenfalls echt klasse darin. Nicht wahr, Sam?"

Der Angesprochene grinste und Jackson beugte sich herunter, um ihm einen Kuss auf seinen Brustnippel zu schenken. Dann kam er wieder hoch und sah Justin an.

„Okay, was ist?", fragte Justin fordernd und versuchte zu kontern. „Wenn du willst, blase ich dir gleich hier einen!"

Jackson nahm ihn in den Arm und lachte. „Nein, nein, mein Junge! Das wird nicht nötig sein! Aber ich weiß was anderes, dass du für mich tun könntest."

„So, was denn? Sag's nur!"

Jackson grinste. „Nein, nicht hier mein Hübscher. Geh mit Sam mit. Mach, was Sam dir sagt, dann will ich mal sehen, was ich für deine Karriere tun kann."

Justin nickte. Als er aufstehen wollte, rutschte er aus und fiel der Länge nach über den Tisch. Einige Gläser fielen zu Boden. Eins davon zerbrach. Sam war sofort bei ihm und half ihm hochzukommen.

Jackson lachte nur. Einige andere Gäste ebenfalls. Doch selbst Justin fand sein Mißgeschick nur amüsant und lachte mit ihnen. Gestützt von dem jungen Burschen verließ Justin die Party. Dabei sollte sie jetzt erst so richtig anfangen.

Als er die Augen wieder aufschlug, lag er auf dem Rücken und starrte eine mintfarbene Zimmerdecke an. Die Beleuchtung, woher auch immer sie kam, war gedimmt. Die Möbel warfen lange Schatten an die Wände. Stille herrschte. Er lag auf einem Bett. Seine Beine hingen davon herunter und mit den Füßen berührte er den Boden. Ein weicher Teppich. Er konnte ihn spüren. Man hatte ihm die Schuhe und Socken ausgezogen. Aber das war noch nicht alles. Er hatte auch keine Hose mehr an. Als er seinen Kopf ein wenig drehte, konnte er sie über einen Bügel gehängt an dem Griff eines Schrankes sehen. Und seine Unterhose hing dort ebenfalls. Genau wie die Jacke. Nur sein Hemd hatte er noch an. Allerdings war es ganz aufgeknöpft worden und stand offen. Ein Dröhnen war in seinem Schädel. Er glaubte die Opernarien der Callas zu hören. Wattige Schleier verwischten seinen Blick. Wieder drehte er seinen Kopf. Diesmal zu der anderen Seite. Auf einem Stuhl saß Sam. Er lächelte. Doch sein Lächeln gefiel Justin irgendwie nicht. Plötzlich stand Sam auf. Justin wollte sich von dem Bett aufrichten. Doch er kam nur wenige Zentimeter weit und fiel dann wieder zurück. Bunte Farben führten einen wilden Reigen vor seinen Augen auf, ehe er wieder klarer sehen konnte. Abermals drehte er sein Gesicht herum.

Lyon Hamilton betrat den Raum. Er hatte sich umgezogen. Trug jetzt nur seinen seidenschwarzen Morgenmantel. Noch ein anderer Mann stand hinter ihm. Justin kannte ihn nicht. Es war nicht Jackson. Nun trat Hamilton langsam auf ihn zu und Justin konnte dessen Stimme hören, die wie ein dröhnendes Echo in seinem Kopf widerhallte:

„Du bist so schön. So unglaublich schön. Ich glaube, du hast überhaupt keine Ahnung, wie schön du bist! Vom ersten Moment an, da ich dich sah, wollte ich dich haben. Ich musste dich einfach haben! Kannst du das verstehen? Ich habe gehofft, gebetet, dass du meiner Einladung folgen würdest. Jede Nacht, seit du hier gewesen bist, in deinem weißen Overall. Deine Lippen, deine Augen, deine zarte Haut und dein Lächeln. Das alles ist so makellos und vollkommen und hat mich ganz einfach verzaubert. Und jetzt sehe ich voller Freude, dass auch der Rest von dir so einmalig schön ist."

Er machte eine Pause und band sich seinen Morgenmantel auf. Wie an jenem Tag war er auch jetzt wieder nackt darunter. Der Mann hinter ihm nahm ihm den Mantel ab. Und als hätte er Justins Gedanken gelesen, fuhr er in seiner seltsamen Ansprache fort:

„Der Mantel war nur eine Prüfung, musst du wissen. Und du hast sie mit Auszeichnung bestanden. Ich hoffte auf eine bestimmte Reaktion von dir. Und du hast sie mir gegeben. Aber ich denke auch ohne dieses Zeichen von dir hätte ich dich um alles in der Welt haben wollen. Aber so ist es natürlich viel besser. So wird es dir auch Spaß machen. Ich werde dich jetzt ficken. Bleib einfach nur liegen und genieße es, so wie ich. Versuch nicht, dich dagegen zu wehren. Die Tabletten in deinen Cocktails würden es dir ohnehin unmöglich machen. Genieße es!"

Justin bekam zwei Kissen unter den Nacken geschoben, damit sein Kopf höher lag und er alles sehen konnte. Hamilton stand nun dicht vor ihm. Sein feucht glänzendes Glied ragte steif empor. Sam und der unbekannte Andere traten jeweils an seine Seite, nahmen nun Justins Beine nach oben und winkelten diese an. Hamilton beugte sich vor und fuhr mit seiner ausgestreckten Hand begierig über Justins Körper bis hinauf zu seinem Hals. Er streichelte und massierte seine athletische Brust, fuhr ihm wollüstig über seine bebenden Bauchmuskeln tiefer, bis seine Finger sich in seinem dunklen Haarwuchs verfingen. Justin spürte die Lust in sich aufsteigen. Er hatte keine Ahnung, ob es die Wirkung der Tabletten, des Alkohols oder der Drogen waren. Oder ob ihn der Gedanke, gleich von einem anderen Mann vergewaltigt zu werden, wirklich so sehr erregte. Aber als Hamilton ihm mit seiner Hand über den Schwanz strich, wurde er von einer wahren Flut lustvoller Gefühle regelrecht überwältigt. Sein Glied wurde fast schlagartig steif und wuchs hart empor. Er wollte es nicht. Er wollte nicht von diesem Mann gefickt werden. Und wiederum wollte er es doch!

Es war der reine Wahnsinn, aber er wollte in diesem Moment nichts so sehr wie das!

Hamilton blickte auf ihn herunter und dann konnte Justin spüren, wie ihm dieser langsam seinen harten Ständer in den Arsch bohrte. Es tat nicht einmal weh, als er durch seinen engen Schließmuskel in ihn eindrang. Es war nur einfach ein berauschendes Gefühl unbeschreiblicher Lust. Und egal wie absurd diese Situation auch sein mochte, in der er sich befand. Egal wie wehrlos er ihnen ausgeliefert war. Lyon Hamilton hatte recht: er genoss jeden Augenblick davon!

Seine Hände umschlossen fest die Bettdecke, auf der er lag, als Hamilton begann ihn zu ficken. Es erschien ihm wie eine Ewigkeit, und dauerte doch nur wenige Minuten. Die beiden Männer hielten seine Beine fest, während Lyon Hamilton immer fester und härter in ihm nach vorne preschte. Er glaubte den Schweiß riechen zu können, der diesem über den muskulösen Körper strömte, während er immer wieder zustieß. Aber das konnte nur eine Illusion sein. Und endlich griff Hamilton nach Justins steifen, vor unbändiger Erregung zuckendem Glied und begann dies fest mit seiner Hand zu bearbeiten, während er ihn weiter unnachgiebig fickte. Doch er hatte es kaum gepackt, als Justins Lust auch schon in einem wahren Orkan tobender Gefühle ihren Höhepunkt fand. Er schleuderte seinen heißen Orgasmus in einer Kaskade unbändiger Lust über seinen eigenen Körper hinweg. In immer neuen Strömen ergoß sich Justins Lust über seine Haut und vermischte sich dort mit seinem Schweiß. Er konnte sein eigenes Sperma auf den Lippen schmecken, dass er sich bis ins Gesicht gespritzt hatte. Und noch während er dies tat, spürte er eine heiße Flut in seinem Innersten, als Lyon Hamilton in ihm zum Abspritzen kam. Drei kurze, heftige Stöße noch, von denen er nach hinten geworfen wurde, dann hatte auch Lyon Hamilton seiner Lust Befriedigung verschafft und ließ von ihm ab. Die beiden Männer lösten den festen Griff um seine Beine, die Justin einfach kraftlos und völlig erschöpft herunterfallen ließ. Er rang schwer nach Atem. Mit seiner rechten Hand fuhr er, ohne sich dessen so richtig bewusst zu sein, über den Bauch und verschmierte dabei seinen Samen auf der Haut. Er leckte sich die Finger davon ab und richtete seinen Blick nach vorn. Lyon Hamilton lehnte mit dem Rücken gegen einen verspiegelten Schrank und rieb sich befriedigt den Schwanz. Doch noch etwas anderes geriet in sein Blickfeld. Es war Sam. Der hatte seine Hose ausgezogen und trat nun seinerseits mit steif aufgerichtetem Glied an ihn heran. Der andere Mann nahm noch einmal seine Position ein, zog Justins Bein wieder hoch und hielt es fest. Sam selbst tat das gleiche mit dem anderen Bein und ließ keine weitere Zeit verstreichen. Justin verzog das Gesicht, als er fühlte, wie dessen Glied in ihn eindrang. Diesmal tat es doch einen kurzen Augenblick lang weh. Aber daran störte sich Sam nicht. Er begann sofort damit, ihn ein weiteres Mal zu ficken. Justin schloss die Augen und ließ es einfach geschehen. Schon nach wenigen Minuten schleuderte auch Sam ihm seinen Orgasmus tief in den Arsch hinein. Sam grinste, als er ihm seinen nassen Ständer wieder herauszog. Justin begann zu begreifen. Er hatte nicht bemerkt, wie sich der andere Mann unterdessen ebenfalls die Hose heruntergezogen hatte. Ihm blieb keine Wahl. Er schloss nur die Augen und ließ den ganzen Akt noch ein drittes Mal über sich ergehen. Als auch der Fremde nach endlosen Minuten die heißen Säfte seiner Lust in ihm vergossen hatte und zurücktrat, war endlich alles vorbei. Die drei Männer hatten von ihm bekommen, was sie wollten. Er hörte noch Lyon Hamiltons Stimme, die zu ihm sagte:

„Vergiss alles, was gewesen ist, mein wunderhübscher, kleiner Junge. Dann wirst du für dieses Geschenk, dass du mir heute bereitet hast, genügend entlohnt werden. Ach, und bevor ich es vergesse; ein frohes neues Jahr will ich dir wünschen."

Justin versank völlig benommen in einen Schleier aus bunt flirrenden Lichtern. Dann verließen sie einfach wieder den Raum und ließen ihn liegen, wie er gerade war.

Ob es noch immer die betäubende Wirkung der Drogen und des Alkohols war, die ihn irgendwann in eine erneute Ohnmacht fallen ließen, oder ob man ihm noch einmal neue Tabletten eingeflößt hatte, um ihn ganz außer Gefecht zu setzen, wusste Justin nicht mehr. Als er wach wurde, war es heller Tag. Er schlug mit dem Kopf schmerzhaft gegen einen Widerstand, als er sich ruckartig aufsetzen wollte und stellte fest, dass er sich auf dem Rücksitz eines Autos befand. Sein Kopf dröhnte höllisch und er hatte das Gefühl, sterben zu müssen. Er wand sich unter Schmerzen auf dem Polster und stellte dabei fest, dass er noch immer nichts weiter außer seinem Hemd anhatte. Eine kleine Lache Erbrochenem lag auf der Fußmatte, auf die sein Blick fiel. Seine Hände streiften über seinen Körper hinweg und er konnte noch den eingetrockneten Samen darauf spüren. Eine halbe Stunde lang blieb er so liegen. Dann setzte er sich mühsam auf und fand seine restlichen Sachen auf dem Vordersitz. Der Schlüssel des Wagens steckte im Zündschloß. Er drückte die Tür auf und fiel nach draußen in den Staub, wo er sich abermals würgend erbrach. Er hatte keine Ahnung, wo er sich befand oder wie er hierhergekommen war. Er zwang sich aufzustehen und zog sich an der offenstehenden Tür des Wagens auf die Beine. Es war ein rotes **Chevrolet**. Und es schien noch ziemlich neu zu sein. Als er den Blick weiter schweifen ließ, sah er überall Sträucher vor sich, deren Zweige sich im leichten Wind wiegten. Und als er zurückblickte, stellte er fest, dass er auf einer Parkeinbuchtung der nahen Straße stand. Ein wenig abseits, so dass man ihn von dort aus nicht gleich sehen konnte. Auch die Beifahrerseite war offen und er zog die Tür auf. Er nahm seine Sachen von dem Sitz und begann sich anzuziehen. In diesem Moment ekelte sich Justin vor sich selbst und sehnte sich geradezu nach einer Dusche. Doch so schlimm die letzte Nacht auch gewesen sein mochte, er hatte ja selber an allem die Schuld. Alles davon hatte er sich selbst zuzuschreiben. Er war wütend auf sich selbst. Wie konnte man nur so unsäglich dumm und naiv sein?! Nachdem er es endlich geschafft hatte, sich wieder anzuziehen, wurde ihm allmählich klar, wo er sich hier befand: irgendwo in den Hollywood-Hills. Er fühlte sich hundeelend und sah ganz sicher nicht viel besser aus als irgend so ein Penner von der Straße. Aber er hatte es verdient! Er nahm auf dem Fahrersitz Platz und hielt sich am Lenkrad fest. Da fiel Justin die Karte auf, die dort am Lenkrad steckte. Er zog sie ab, drehte sie herum und las:

„Mit bestem Dank für eine unvergessliche Nacht. Ich weiß, du wirst darüber Schweigen und einiges für dein Leben daraus gelernt haben. Ich hoffe sehr, die Farbe des Wagens trifft deinen Geschmack. Eine kleine Entschädigung. L. H."

Justin kamen die letzten Worte Hamiltons in den Sinn zurück und er begann jetzt, deren Sinn zu verstehen. Er konnte es kaum glauben. Dieser widerliche, verrückte Mistkerl hatte ihm doch tatsächlich diesen Wagen geschenkt! Er hatte ihn damit bezahlt wie einen billigen Strichjungen! Aber was für eine Bezahlung! Dafür hatte es sich wahrlich gelohnt, unter Drogen gesetzt und von drei Männern nacheinander durchgefickt zu werden! Auch wenn er sich schwor, dass ihm so etwas ganz sicher nicht noch einmal passieren würde! Nun musste er nur noch zusehen, wie er in die Stadt und zurück in seine Wohnung kam, ohne von den Cops angehalten zu werden. Dann wäre er den Wagen sicher schneller wieder los, als er ihn bekommen hatte. Doch an diesem Neujahrsmorgen des Jahres 1957 kehrte das Glück zu ihm zurück. Unbehelligt gelang ihm die Rückfahrt. Er stellte den Wagen gegenüber dem Haus sicher verschlossen ab und hatte dann nichts eiligeres zu tun, als eine sehr lange Zeit unter der Dusche zu stehen ...

Beim zweiten Stern rechts und geradeaus bis zu Morgan

Am dritten Tag des neuen Jahres verkaufte Justin den roten Chevrolet für 900 Dollar bei einem Gebrauchtwagenverkäufer am Rande der Stadt. Er hatte sich die Sache eine Nacht lang durch den Kopf gehen lassen und sich dann dazu entschlossen. Er würde doch keine richtige Freude daran haben, auch wenn er ihm noch so gut gefiel. Das war ihm schnell klar geworden. Denn jedesmal, wenn er in diesem Wagen fuhr, würden die Erinnerungen an diese Silvesternacht zurückkehren. Und die wollte er einfach nur vergessen! Außerdem, was sollte er mit einem Wagen, wenn ihm noch die Fahrerlaubnis dazu fehlte? Er würde pausenlos in den Rückspiegel blicken und ständig hoffen, nicht gleich von einem Cop angehalten und kontrolliert zu werden. Und das dritte Argument war letztlich das Ausschlaggebende: er brauchte einfach das Geld! Dumm war nur die Tatsache, dass er in dem Wagen keinerlei Papiere finden konnte. Lediglich den Durchschlag eines zerknitterten Kaufvertrages. Deshalb hatte er es auch nicht gewagt, zu einem der offiziellen Händler zu gehen. Er ließ an diesem Tag extra den Schauspielkurs ausfallen, um die Sache erledigen zu können, was er äußerst ungern tat. Justin war sich sicher, von dem etwas anrüchigen Verkäufer dabei ziemlich übervorteilt worden zu sein. Dessen schmieriges Grinsen, als er mit dem Geld in der Tasche wieder abzog, war ihm dafür Beweis genug. Aber 900 waren für ihn eine Riesensumme. Ganz egal, was der Wagen eigentlich tatsächlich wert sein mochte, er war froh, ihn los zu sein.

Als er zurück in der Stadt war, schaffte er es gerade noch, um rechtzeitig ins „Marriage Fool" zu kommen. Sein dringendes Telefonat mit Melnick führte er einfach während seiner Arbeit an einem der Münzapparate in der Bar und nahm dafür einen Verweis von Mr. Pembroke billigend in Kauf. Bereits am kommenden Samstagnachmittag würde er Melnick treffen. So schnell hatte er nicht damit gerechnet, doch er war ziemlich froh darüber. Sie hatten sich im Scenic Gardens-Park verabredet.

Der Samstag war ein angenehm warmer Tag. Ein wenig bewölkt zwar und nur mäßig sonnig, aber Justin fand ihn gerade richtig. Nachdem er um kurz nach 15 Uhr von seiner Arbeit bei Wagners wieder zurück in seiner Wohnung war, zog er sich etwas bequemes an, eine Jeans und ein dunkelgrünes, kurzes T-Shirt, nahm das verpackte Drehbuch unter den Arm und los ging es. Als er im Park ankam und auf die Uhr sah, war er zeitlich schon ein wenig knapp dran. Und als er den vereinbarten Treffpunkt erreichte, konnte er Melnick schon von weitem auf einer der Parkbänke sitzen sehen. Er trug eine dunkelbraune Stoffhose und ein blütenweißes Hemd mit kurzen Ärmeln. Er hatte eine dunkle Sonnenbrille aufgesetzt und seine blonden Haare, die er im Nacken frisch geschnitten ganz kurz trug, fielen ihm dafür vorne lang ins Gesicht. Ein recht ungewohnter Haarschnitt, wie Justin beim Näherkommen fand. Doch es gefiel ihm sehr gut. Er setzte sofort sein Lächeln auf, als Melnick ihn kommen sah. Und diesmal war nichts daran gespielt. Er freute sich wirklich darüber, den jungen Drehbuchautor wiederzusehen. Sie begrüßten sich mit einem kurzen Handschlag und Justin setzte sich zu ihm auf die Bank.

„Das ist wirklich toll, dass Sie so schnell schon Zeit für mich haben, Mr. Melnick!", begann Justin.

„Ja, der kleine Vorteil eines Autors. Ich kann mir die Zeit schon ein wenig selbst einteilen. Ich habe meine Arbeit abgeliefert und fange erst am Montag wieder damit an. Die paar freien Tage habe ich wirklich genossen."

Melnick schien blendender Laune zu sein. Er lehnte sich entspannt zurück, lächelte und atmete demonstrativ tief durch.

„Sie arbeiten schon wieder an einem neuen Drehbuch?", fragte Justin erstaunt.

„Ab Montag wieder, ja. Das ist schließlich mein Job! Ich habe einen Vertrag zu erfüllen, und die Bedingungen sind ziemlich hart. Es ist nicht so einfach, wenn man kein freischaffender Autor ist und ein bestimmtes Pensum abliefern muss. Sie verlangen täglich drei Seiten. Das kann eine Menge sein!", erklärte Melnick ihm feimütig.

Justin war neugierig. „Darf ich fragen, was es diesmal ist?"

„Lieber nicht. Diesmal ist es eine Science Fiction-Story. Ich habe Vorgaben. Aber ich versuche trotzdem immer das Beste draus zu machen und den letzten Rest kreativer Eigenideen in die Geschichte einzubringen. Okay, ganz so schlimm ist es nicht! Ich will es nicht so schwarz malen. Ich schreibe immer noch gern, sonst würde ich es sicher nicht machen. Es gibt immer Tage, an denen man vor Einfällen nur so überschäumt und andere, an denen man nicht einmal drei ordentliche Sätze hinbekommt. Dann ist es wirklich Knochenarbeit. Aber reden wir lieber über ihr Werk! Was ist es?"

Justin umriß in knappen Worten den Inhalt „seiner" Story.

„Das hört sich doch gar nicht so schlecht an. Ein klassisches Melodram, was? Ich habe selbst einige Ideen für große Dramen. Dramen und Komödien sind am schwierigsten zu schreiben. Denn sie müssen ehrlich sein und das Publikum treffen. Ich habe sogar ein Drehbuch, nur so für mich und zum Spaß, nebenher geschrieben. Aber solange ich bei Reardon unter Vertrag bin und die nichts anderes von mir haben wollen, kann ich es nicht verkaufen. Vielleicht habe ich Glück und ich kann im nächsten Jahr, wenn mein Vertrag ausläuft, das Studio wechseln und endlich die Storys schreiben, die mir eigentlich am Herzen liegen. Das ist mein Traum!"

Melnick nahm seine Sonnenbrille ab und sah Justin mit einem verkniffenen Blick an. „Entschuldigen Sie! Das passiert mir leider viel zu oft. Die Leidenschaft an meinem Job ist schon wieder mit mir durchgegangen. Was halten Sie davon, wenn wir uns in ein Café setzen und dort in aller Ruhe miteinander reden? Und ich verspreche Ihnen auch, den Mund zu halten und Ihnen zuzuhören! Es interessiert mich, wie ein so junger Kerl wie Sie dazu kommt, Drehbücher zu schreiben. Und sich gerade für solche Storys begeistert." Er nahm die rechte Hand mit einem Lächeln im Gesicht hoch und tat so, als wollte er einen Schwur leisten.

Justin schenkte ihm ein amüsiertes Lächeln. „Ja, sehr gern."

„Schön, dann kommen Sie! Ich kenne da ein ganz erstklassiges am Rodeo Drive! Wir können meinen Wagen nehmen."

Als sie auf dem Weg zu seinem Wagen waren, wurde Justin auf einmal bewusst, dass er Melnick unablässig anstarrte. Und als ihm dies auffiel, versuchte er sofort, dies ungezwungen und natürlich aussehen zu lassen. Plötzlich hatte er gar kein so großes Interesse mehr daran, durch Melnick an einen Kontakt zu gelangen, der ihm vielleicht seinem Ziel näher brachte. Justins ganze Gedanken waren bei Melnick selbst! Er fühlte etwas, dass er vor Jahren, als er noch in Steaming Meadow festgesessen hatte, das letzte Mal gefühlt hatte. Damals, als er Joe aus dem Eiscafé einen ganzen Sommer lang angehimmelt hatte. Doch Justin spürte, dass es diesmal noch etwas anderes war. Es war mehr. Viel intensiver. Er war verwirrt und versuchte sich über diese so plötzlich in ihm wach gewordenen Gefühle klar zu werden. Was ihm jedoch nicht so recht gelingen wollte. Als sie sich dann in dem Café gegenübersaßen, musste er sich regelrecht zwingen, einen klaren Kopf zu behalten. Immer wieder blickte er in Melnicks strahlend blaue Augen. Diese und seine ungezwungene, humorvolle Art verzauberten ihn mehr und mehr. Als er ihm von sich selbst erzählte, stellten sie zu ihrem gegenseitigen Erstaunen fest, dass ihre Jugend vieles gemeinsam hatte. Auch Melnick war in einem kleinen Ort aufgewachsen. Sein Vater hatte einen Gemischtwarenladen besessen. Und so lange er denken konnte, hatte er das Kino geliebt und jede freie Minute an Storys geschrieben. Doch irgendwann hatte sein Vater zerknirscht eingesehen, dass Melnick etwas anderes mit seinem Leben vorhatte, als irgendwann einmal den Laden zu übernehmen. Er hatte von seinen Eltern einige Unterstützung erfahren, hier in Hollywood anzufangen. Und dafür war er ihnen noch heute sehr dankbar, denn er hielt dies nicht für selbstvertändlich. Justin saß ihm gegenüber und hörte ihm zu. Sie bestellten einen Eiscafé nach dem anderen, lachten, sinnierten über Filme und Stars und irgendwie war es dann ganz unmerklich von selbst passiert, dass sie sich nur noch beim Vornamen nannten. Am Ende kehrten sie wieder zu Melnick und seinem Job zurück. Und als er von seiner Zusammenarbeit mit Len Chandler zu erzählen begann, horchte Justin gespannt auf.

„Irgendwie sind Chandler und ich schon fast ein eingespieltes Team. Wir machen jetzt den fünften Film zusammen. Er ist ein guter Regisseur. Und im Gegensatz zu mir, liebt er es, Horrorfilme zu machen. Horror und Science Fiction, das ist seine Welt! Er hat ein Gefühl für die richtige Atmosphäre und versteht es, den Leuten Angst zu machen. Ich bin zwar nicht immer am Set, denn normalerweise haben selbst wir Autoren bei den eigentlichen Dreharbeiten dann dort nichts mehr zu suchen, aber wann immer ich die Zeit dafür erübrigen kann, lässt Chandler mich dabei sein. Er verändert zwar oft noch während der Dreharbeiten etwas an meinen Skripts, doch er ist immerhin so fair und will dann meine Meinung dazu hören. Ich habe schon für andere Regisseure geschrieben, die haben mir gleich von vornherein klargemacht, dass ich am Set nicht erwünscht bin. Wenn meine Bücher abgeliefert sind, war's das! Und oft habe ich dann außer von meinem Namen im Titelvorspann nicht mehr viel von meinen Drehbüchern im fertigen Film wiedererkannt, weil sie es völlig verändert und entstellt hatten. Das ärgert mich natürlich und ich frage mich dann jedesmal, weshalb ich

Ihnen überhaupt die Drehbücher liefere. Aber es ist dann nicht mehr mein Job. Ich werde bezahlt, liefere meine Arbeit ab und alles andere liegt nicht mehr in meiner Hand. Ich habe sogar schon mit dem Gedanken gespielt, selbst mal Regie zu führen. Aber zu diesem Schritt bin ich noch nicht bereit. Ich will es erst schaffen, die wirklich guten Drehbücher zu schreiben, die ich eigentlich machen will. Und dann, na wer weiß ..."

„Das hört sich alles ziemlich frustrierend an. Wenn du aber bei den Dreharbeiten dabei bist, lernst du doch auch sicher die Stars kennen, oder?", wollte Justin aufgeregt wissen.

„Ja, natürlich. Aber was heißt Stars? Die richtig großen Stars sind in den Filmen, für die ich schreibe, gar nicht dabei. Die würden nicht mal einen flüchtigen Gedanken daran verschwenden. Vergiss nicht, wir reden von B-Filmen! Manchmal ist sogar der ganze Film mit Unbekannten besetzt, die frisch aus den Agenturen kommen, wenn das Budget für Effekte und den ganzen Kram ausgegeben wird, anstatt für Gagen. Aber einigen bin ich in den paar Jahren, die ich jetzt schon dabei bin, schon begegnet. John Wyndham, Sally Jones, Spencer Jackson, Clifford Rabin, Witney Kent oder Patricia Steel. Einmal bin ich auf dem Studiogelände Victoria Whitmore begegnet. Sie ist nur an mir vorbeigegangen, wir haben einander höflich gegrüßt und sie hat mir ein Autogramm auf meinen Notizblock gegeben. Das war schon ein wahnsinniger Moment! Das sind die wirklichen Stars von Hollywood. Und in solchen Augenblicken weiß man dann, weshalb man unbedingt dabei sein will und ist auch stolz drauf, irgendwie dazu zu gehören!", schwärmte Melnick voller Begeisterung.

„Du hast Spencer Jackson erwähnt. Ich habe fast alle seiner Filme gesehen. Am meisten mochte ich seine Tarzan-Streifen, die Western am Anfang und die zwei Science Fiction-Streifen, die er nach AUF DER KUGEL STAND SEIN NAME gemacht hat. Er ist wirklich Klasse. Wie ist er so?"

Justin hatte die Frage nicht ohne Hintergedanken gestellt. Jackson war immer schon einer seiner Filmhelden. Daran hatte auch die Begegnung mit ihm an jenem Abend nicht viel ändern können, auch wenn er ihn nun mit etwas anderen Augen sah. Doch er wollte unbedingt wissen, was Melnick über ihn dachte.

„Jackson! Oh, Spencer Jackson ist wirklich etwas Besonderes! Und das meine ich nicht unbedingt positiv! Er ist ein ordentlicher Schauspieler, wirklich! Für die Heldenrollen, die er meistens spielt, ist er genau der Richtige! Das Publikum liebt ihn darin! Er hat schon eine gewisse Ausstrahlung, das will ich gar nicht abstreiten. Ich war bei sechs von seinen Filmen dabei. Vier davon hat Chandler gemacht. Er setzt ihn am liebsten in seinen Filmen ein. Aber Jackson trinkt ziemlich viel! Er ist launisch und kann verdammt jähzornig sein. Mit Frauen hat er privat nichts am Hut. Auch wenn seine Filme das niemals vermuten lassen. Er ist ein

Frauenschwarm und dabei steht er in Wirklichkeit nur auf Männer! Unglaublich, was?! Er treibt es mit jedem Kerl, den er kriegen kann. Er beschafft ihnen kleine Rollen in seinen Filmen, hält sie 'ne Weile aus und serviert sie ab, sobald er von ihnen genug hat! Aber das Studio hält das nach außen hin natürlich geheim und keiner darf was ausplaudern, solange er so gut im Geschäft ist. Aber seine Trunksucht ist das Schlimmste. Und ich bin sicher, er nimmt auch noch anderes Zeug. Doch das erstaunliche ist, dass er am Set sofort 100 Prozent wieder da ist, sobald die Kameras laufen. Selbst wenn er mal ziemlich besoffen auftaucht. Irgendwie hat er das im Griff. Ich denke, er liebt seinen Job mindestens genauso wie sich selbst. Und das Publikum liebt ihn auch! Das ist wohl auch der Grund, weshalb er immer noch so gut im Geschäft ist. Solange das Studio genug Geld mit ihm machen kann, wird alles unter den Teppich gekehrt. Auch wenn ich ihn persönlich absolut nicht ausstehen kann! Schon deshalb nicht, weil er es mit Kerlen treibt. Okay, soll er, wenn es ihn glücklich macht! Aber ich finde es einfach nur ekelhaft!"

Tief in seinem Inneren war Justin erschüttert, als er diese letzten Worte aus Melnicks Mund hörte. Und dabei hatte er wirklich für eine Weile gehofft, Melnick würde so fühlen wie er selbst. Diese Erkenntnis betrübte ihn zutiefst. Ganz besonders, da er allmählich zu begreifen begann, was er für ihn empfand: er hatte sich Hals über Kopf in Kipp Melnick verliebt! Aber nun schien es, dass diese Liebe schon von vornherein zum Scheitern verurteilt war. Justin schluckte diese schmerzvolle Erkenntnis mit einem bitteren Lächeln herunter und versuchte, sich nichts davon anmerken zu lassen. Und er beschloss im selben Atemzug, ihm auf gar keinen Fall auch nur eine Andeutung von seinen Gefühlen zu geben. Nicht nachdem er nun wusste, was Melnick darüber dachte. Justin stellte bei einem Blick auf die Uhr voller Erstaunen fest, dass der Nachmittag geradezu wie im Flug vergangen war. Volle drei Stunden saßen sie beide nun schon zusammen und er musste sich hastig von ihm verabschieden, wollte er zu seinem Job im „Marriage Fool" nicht zu spät kommen. Er schob ihm das Drehbuch über den Tisch zu, nachdem er für sie beide die Rechnung bezahlt hatte. Jetzt konnte er sich so etwas einmal leisten.

„Vielen Dank für die Einladung!", bedankte sich Melnick dafür bei ihm. „Ich verspreche, dass ich dein Drehbuch so schnell wie möglich lesen werde und mich dann bei dir melde, damit wir es durchsprechen können."

„Ah, das ist zwar toll, aber etwas ungünstig", versuchte Justin ihm zu erklären. „Meine Wohnung ist nämlich leider ohne Telefon. Wie wäre es, wenn ich mich wieder melde und nachfrage. Nächstes Wochenende vielleicht schon?"

„Könnte ich bis dahin schaffen. Okay, dann melde dich einfach bei mir. Sonntag wäre am besten. Da bin ich meistens zu Hause. Oder, hey, warte ..." Melnick zog eine kleine Karte aus seiner Hosentasche heraus.

„... ich gebe dir noch meine Visitenkarte. Da ist auch noch meine Telefonnummer aus den Studios mit drauf. Wenn du mich am Sonntag zu Hause nicht erwischen solltest, kannst du es in der Woche auch gern da versuchen. Ich bin schon gespannt auf dein Buch! Und ich freu mich wirklich auf unser nächstes Treffen. Also bis dann."

Sie reichten sich die Hand zum Abschied und Justin lief es ganz heiß den Rücken herunter, als sie dies taten. Er blickte ihm noch einen kurzen Moment vor dem Café hinterher und spürte dabei dieses Kribbeln, das durch seinen ganzen Körper raste, wie verrückt! Es war der reinste Irrsinn! Ausgerechnet in diesen Mann musste er sich verlieben! Die neun Jahre Altersunterschied störten ihn dabei am allerwenigsten. Aber allein diese schmerzvolle Tatsache, dass er völlig normal auf Frauen stand, brachte ihn um den Verstand! Auch wenn er mit keinem Wort ihm gegenüber erwähnt hatte, dass es da möglicherweise eine bestimmte Frau in seinem Leben gab, mit der er zusammen war. Nur allein der Gedanke daran versetzte Justin schon schmerzvolle Stiche in sein Herz.

Pünktlich um 20 Uhr schaffte er es, seinen Job anzutreten. Wie nicht anders zu erwarten, war auch dieser Samstagabend voller Hektik und Streß. Das „Marriage Fool" war voll bis auf den letzten Platz und er hatte, genau wie die anderen Kellner auch, wirklich alle Hände voll zu tun. Doch er war froh darüber, denn so blieb ihm kaum Zeit, mit seinen Gedanken bei Kipp Melnick zu sein. Kurz vor Feierabend lief er in der Küche Wilfred Markuson in die Hände, der ihn zur Seite zog und fest anblickte. Sie waren Freunde geblieben, auch wenn sich der diskrete Oberkellner während des Jobs nichts davon anmerken ließ und Justin wie jeden anderen der Kellner behandelte. Insgeheim jedoch machte er sich immer noch Hoffnungen, dass vielleicht wieder mehr daraus werden könnte.

„Hey, Justin, was ist los mit dir? Du bist so seltsam heute Abend."

„Nein, es ist nichts. Ich will nicht darüber reden. Echt nicht", blockte Justin sofort ab.

„Du kannst mir nichts vormachen. Sowas erkenne ich doch sofort. Es ist wegen einem anderen Kerl, stimmt's?"

Er traf mit seiner Mutmaßung direkt ins Schwarze. Doch auch der tröstende Tonfall, den er dabei anschlug, stieß bei Justin nicht auf den von ihm erhofften Erfolg. Es war einfach alles noch zu neu. Justin wusste ja selbst nicht, was er fühlen, geschweige denn tun sollte.

„Nein, wirklich nicht! Ich will nicht darüber reden, Mann! Ich komme schon klar!", antwortete er ihm gereizt. Markuson sah ein, dass es keinen Sinn hatte und klopfte ihm auf die Schulter.

„Na gut, aber wenn du reden willst, bin ich jederzeit für dich da. Okay?"

„Ja, ist klar!" Justin riss sich von ihm los und verschwand wieder aus der Küche. Er lief in die Gästetoilette und wollte sich gerade genervt an einem der Waschbecken etwas kaltes Wasser ins Gesicht schütten, als er die Stimmen hinter sich hörte.

„Scheiße, ich sag dir, Johnny, seit Lyon diesen kleinen Mistkerl neulich Silvester gefickt hat, ist er völlig durchgeknallt. Er war ja vorher schon ein mieses Schwein, aber jetzt zieht er diese Brutalonummer ab und da steh ich echt nicht drauf. Jedesmal, wenn er sich abends den Film mit dem Kleinen ansieht, will er mich an diesen Stricken festbinden, durchprügeln und ficken. Scheiße, Mann. Wenn ich die Kohle nicht echt brauchen würde, hätte ich das Schwein schon längst verlassen!"

„Aber du hast den Jungen doch auch gefickt. Also, was ist dran an ihm?"

„Wenn ich das wüßte! Okay, der sah echt verdammt heiß aus. Aber die Nummer mit ihm war wie jede andere. Ich weiß es echt nicht. Aber seit dem ist Lyon ein echtes Mistschwein!"

„Warum bist du nicht mehr bei Spencer?"

„Ach, für den bin ich doch längst nicht mehr gut genug. Er hat mich gleich am anderen Tag vor die Tür gesetzt. Dabei hatte er mir noch 'ne Rolle in seinem nächsten Film versprochen! Der Hurensohn! Jetzt bleibt mir nichts anderes übrig, als weiter für Lyon meinen Arsch hinzuhalten. Zwei Filme die Woche und dann auch noch abends seine Privatnummer - das packe ich einfach nicht mehr! Aber wenn Lyon das mitkriegt, bin ich raus! Scheiße, Mann!"

Justin hatte die Stimme erkannt. Das musste Sam sein. Doch er hörte das Rauschen der Spülung und verschwand in aller Eile nach draußen. Durch das kleine Fenster der Küchentür konnte er sie aus der Toilette kommen sehen. Der eine war zweifellos Sam. Den anderen kannte er nicht. Sie mussten gerade erst gekommen sein, denn sie gingen hinüber an die Bar und bestellten sich etwas. Justin wollte ihnen auf gar keinen Fall begegnen. Er ging zu Wilfred Markuson und täuschte eine Übelkeit vor, was ihm eine halbe Stunde früher den Feierabend einbrachte und somit die Rettung vor diesen beiden Kerlen. Er nahm den Ausgang über den Hof und war froh, endlich draußen zu sein. Dann schossen ihm voller Panik Sams Worte wieder durch den Kopf: es gab einen Film von der Vergewaltigung! Er hatte keine Kameras bemerkt, an diesem verdammten Abend. Aber die hatten ihn ja auch ziemlich vollgedröhnt. Er verfluchte sich, dass er überhaupt hingegangen war. Er wusste genau: wenn er es irgendwann doch einmal zum Film geschafft haben sollte und berühmt war, würde irgendjemand diesen Film ausgraben. Und damit war alles sofort wieder vorbei! Er würde dann bestenfalls noch Rollen in jenen Schmutzfilmen kriegen, für die Sam sich offensichtlich hergab! Ihm wurde bei diesen Gedanken ganz schwindelig zumute. Er wusste nicht, wie er es anstellen sollte; aber er musste diesen Film haben! Noch lange lag Justin in seinem Bett wach, als er wieder zurück war. Die Gedanken an diesen Film und um seine Gefühle zu Kipp Melnick ließen ihn lange nicht einschlafen. Eine stille Angst ergriff ihn. Diese neuen Probleme waren einfach zu viel für ihn. Es begann ihm über den Kopf zu wachsen und dabei kam er seinem Ziel nicht einen Schritt näher. Doch er wusste niemanden, der ihm dabei vielleicht hätte helfen können! Er überlegte, ob er für das Geld, dass er für den Wagen bekommen hatte, jemanden aus Hamiltons Umfeld bezahlen könnte, der ihm den Film beschaffte? Sam vielleicht? Doch er verwarf diesen Gedanken gleich wieder. Ihm musste etwas anderes einfallen. Irgendetwas! Und er hatte nicht vor, jetzt schon aufzugeben! Er war bereit für seinen Traum zu kämpfen. Erfüllt von all diesen Gedanken, verbrachte er eine ziemlich kurze und unruhige Nacht.

Die darauffolgende Woche schien endlos zu sein. Justin quälte sich regelrecht durch sie hindurch und konnte sich bei seinen abendlichen Schauspielstunden nicht wirklich konzentrieren. Seine Gedanken waren immer nur bei Kipp Melnick und diesem Film. Und als das Ende der Woche schließlich doch endlich erreicht war, hatte er für beide Probleme noch immer keine Lösung gefunden. Als er mit Melnick am Sonntag telefonierte, raste sein Herz bereits, als er nur dessen Stimme am anderen Ende der Leitung hörte. Sie verabredeten sich für den Mittwoch. Den einzigen Abend in der Woche - außer Sonntags - an dem Justin nach seinem Job bei Wagners frei hatte.

Sie trafen sich wieder in dem Park und Melnick lud ihn dann zu sich nach Hause ein. Justin glaubte, verrückt zu werden, als Melnick ihm dies so ohne weiteres vorschlug. Er wusste nicht, wie er reagieren würde, wenn er dort mit ihm allein war. Doch gleichzeitig hatte er geradezu rasendes Interesse daran, dessen Wohnung einmal kennenzulernen und stimmte deshalb ohne zu überlegen zu. Melnick fand schließlich nichts dabei, einen Freund zu sich nach Hause einzuladen. Es war schon unglaublich, wie gut sie sich in so kurzer Zeit miteinander verstanden. Die Wohnung von Kipp Melnick war ein kleines Apartment in der Vista del Mar Avenue, nur einige Straßen vom berühmten Hollywood Boulevard entfernt. Es war nicht sonderlich groß. Aber es besaß einen kleinen Balkon mit reichlich Grünpflanzen und war von ihm durchaus stilvoll eingerichtet worden. Darüber hinaus würde er die letzte Rate dafür bald abbezahlt haben und dann gehörte es ganz ihm. Gleich beim Hereinkommen fiel ihm gegenüber der Tür ein überlebensgroßes Foto der Schauspielerin Witney Kent in einem edlen Silberrahmen auf. Justin hatte sie schon in zwei, drei Filmen an der Seite von Spencer Jackson gesehen. An einer Wand im Wohnzimmer entdeckte Justin einen großen Bilderrahmen, in dem eine Collage aus lauter Zetteln hing, auf denen Melnick die Autogramme von Stars gesammelt hatte. Manche davon sogar mit Widmung. Auch das von Victoria Whitmore entdeckte er darunter. Und für einige war sogar noch Platz darin. Justin staunte, wie viele es tatsächlich schon waren. Als der blonde Drehbuchautor mit dem ausgepackten Skript von Justin in das Zimmer trat, lächelte er stolz, als er ihn davor stehen sah.

„Ganz nett, was? Ich jage nicht hinter den Autogrammen her, aber ich versuche schon so viele wie möglich zu bekommen, wenn sich die Gelegenheit dazu bietet. Was willst du trinken?"

Er legte das Skript auf den Tisch in der Mitte des Zimmers ab.

„Ne Coke mit Eis wäre toll. Bitte nur nichts alkoholisches! Davon hatte ich Silvester zu viel."

Melnick grinste, ohne zu wissen, wie Justin es meinte, und ging noch einmal nach nebenan, um aus dem Kühlschrank in der Küche eine Coke zu holen. Dann setzten sie sich einander gegenüber in den breiten, mit nachtblauem Stoff bezogenen Sesseln an den Tisch. Melnick saß bequem nach hinten gelehnt und verschränkte die Hände ineinander. Dabei blickte er Justin fest und prüfend an.

„Es ist gar nicht mal so schlecht, für einen Anfänger", begann er seine Ausführung. „Die Struktur ist so, wie es sich gehört. Die Figuren ein wenig überzeichnet, aber durchaus interessant und lebhaft, so dass sie glaubwürdig erscheinen. Man hätte die eine oder andere Nebenfigur vielleicht noch vertiefen oder kürzen können. Die Kitty ist eigentlich ein eher langweiliger Charakter, dafür hätte man von Mr. Philbs gern noch ein wenig mehr erfahren. Von einigen erscheinen mir die Beweggründe nicht ganz so plausibel. Aber die Hauptfiguren sind wirklich sehr stimmig. Die Grundidee der Story ist im ganzen betrachtet recht originell ..." Er unterbrach mitten im Satz, beugte sich nach vorne und zog hinter dem Deckblatt des Drehbuches einen Zettel heraus, das er zur Hälfte mit Notizen beschrieben hatte. Er zerknüllte das Blatt Papier und warf es neben dem Drehbuch auf die gläserne Tischplatte. Dabei blickte er Justin mit einem festen, bohrenden Blick und einem freundschaftlichen Lächeln im Gesicht an.

„Mal ganz ehrlich, Justin. Das Drehbuch ist gar nicht von dir, habe ich recht?!"

Justin schwieg einen Moment lang, senkte schuldbewußt und als Täter überführt, seinen Blick und nickte dann zaghaft.

„Ja, das stimmt." Gestand er ihm ein und legte gleich eine umfassende Beichte ab.

„Ich habe es mir von einer Bekannten aus dem Schauspielkurs geliehen, den ich belegt habe. Es sollte nur Mittel zum Zweck sein. Ich habe einfach gehofft, an einen Kontakt zu kommen. Es war ziemlich selbstsüchtig und verlogen von mir, ich weiß. Bitte entschuldige! Aber es war das Beste, was mir einfiel. War ich als Schauspieler denn so wenig überzeugend?"

„Oh, absolut nicht, nein!", beschwichtigte Melnick ihn mit einem ironischen Unterton, wurde dann jedoch wieder ernster: „Aber die Story, die Dialoge und die ganze Art - das alles erschien mir viel zu weiblich. Wenn du verstehst, was ich damit sagen will. Es passte einfach nicht zu dir. Ich fragte mich schon gleich am Anfang, warum ein so gutaussehender Kerl wie du nicht Schauspieler werden will, sondern lieber Drehbücher schreibt. Und je weiter ich mit dem Lesen vorankam, wurde mir klar weshalb."

„Und du bist deshalb jetzt nicht sauer auf mich? Ich habe dich ziemlich übel gelinkt."

Mit einem furchtsamen Blick sah Justin ihn an, doch Melnick winkte sofort ab.

„Ach, was, Blödsinn! Entschuldigung akzeptiert. Du musst einfach Schauspieler werden!"

„Wirklich?", fragte Justin unsicher, obwohl sein Herz sich vor Erleichterung und Glück beinahe überschlug.

„Ja, so ist es!", gab ihm Melnick fest davon überzeugt als Bestätigung zurück.

„Von Schauspielerei verstehe ich nur ein wenig. Aber ich habe doch genug Filme gesehen und vor allem selbst genug Schauspieler getroffen, um mir einzubilden, das halbwegs beurteilen zu können. Und du hast wirklich Talent. Vor allem aber eine sagenhafte Ausstrahlung. Ich vermute mal, dass ist dir selbst noch gar nicht so richtig bewusst geworden?"

„Das habe ich schon mal von jemandem gehört", meinte Justin und musste grinsen.

„Und der jemand hat recht damit! Du siehst, es wird auch noch von anderen erkannt, denn es ist einfach so! Aber du solltest besser den direkten Weg einschlagen, wenn du nicht warten willst. Du hast es ja eigentlich schon selbst erkannt. Du hast einen Schauspielkurs belegt und versucht, parallel dazu, weiterzukommen. Nur warum nimmst du dir nicht erst einmal einen Agenten? Ohne Agent geht nichts! Und Hollywood ist voll davon!" Der Vorschlag war so simpel, dass Justin sich absolut albern vorkam, nicht selbst darauf gekommen zu sein.

„Ich stecke das meiste Geld in den Kurs. Der ist nicht billig." Versuchte er eine Ausrede zu finden.

„Agenten kosten nichts!", hielt Melnick dagegen. „Erst einmal jedenfalls nicht. Sie arbeiten auf Provisionsbasis und erhalten einen Anteil deiner Gagen, wenn sie dich für einen Film vermitteln. Okay, es ist nicht so einfach, einen guten Agenten zu finden. Und der Einstieg ist auch nicht so leicht, denn viele Agenten sind so voll, dass sie sehr sorgfältig auswählen. Wenn man dann noch gar keine Jobs vorzuweisen hat, sind die Karten schlecht gemischt. Aber ich könnte dir zwei oder drei Adressen geben, wenn du möchtest."

Justin strahlte vor Glück und hätte Melnick am liebsten umarmt und geküßt. Das hätte er auch so furchtbar gern getan! Aber in diesem Moment gleich in doppelter Hinsicht. Als seine Jubelstürme vorbei waren, klappte Melnick den Deckel des Drehbuches auf und zog eine Karte daraus hervor, auf der ein Name samt Adresse standen.

„Harris Morgan ist nicht die Adresse, bei der du die großen Stars finden wirst. Aber er schwärmt gern davon, dass er einige von ihnen am Beginn ihrer Karriere mal als Agent betreut hatte. Er hat viele unbekannte Namen in seiner Agentur. Und für die meisten Schauspieler ist er tatsächlich mal der Anfang gewesen. Jedenfalls für alle, die in B-Filmen auftreten. Er nennt sich gern den Entdecker der großen Stars von Hollywood. Das ist allerdings doch ziemlich übertrieben. Ich glaube, er macht das schon seit über 20 Jahren und es ist nur seltsam, dass er selbst dabei nie wirklich reich geworden ist. Aber er kennt sich aus und ich bin sicher, er wird dir helfen."

Justin nahm die Karte dankend entgegen.

„Und wenn du deiner Bekannten ihr Drehbuch zurückgibst, gib ihr auch ruhig meine Nummer. Ich weiß nicht, ob ich ihr auch so sehr helfen kann wie dir, aber ich will es zumindest versuchen. Das wäre doch nur fair, oder?"

„Ja, danke! Das wird sie sicher riesig freuen!"

Melnick schob ihm das Drehbuch zu und Justin nahm es zögerlich entgegen. Er suchte verzweifelt nach einer Ausrede, um ihn wiedersehen zu können, denn er ahnte, dass nun der Abschied folgen sollte. Er trank seine Coke aus und ließ die Eiswürfel versonnen im Glas klingeln. Doch er wusste nicht, wie er es anstellen sollte, ohne dass Melnick Verdacht schöpfte, was seine wahren Absichten und Gefühle ihm gegenüber betraf.

„Kann ich dir sonst noch irgendwelche Fragen beantworten, die du gern wissen möchtest?", fragte Melnick ihn.

„Ich glaube nicht. Das war schon fast mehr, als ich überhaupt gehofft hatte", log er.

Melnick nickte. Also standen beide auf und Justin folgte ihm zur Tür. Das Drehbuch vor Verzweiflung fest umklammert, als wollte er es zerdrücken. Vor der Tür angekommen, fiel sein Blick noch einmal auf das große Foto. Und nur, weil er irgendetwas sagen wollte, um das Unvermeidliche ein wenig hinauszuzögern, meinte er mit gespielter Bewunderung: „Ein sehr schönes Foto."

„Und eine sehr schöne Frau!", gab ihm Melnick mit einem Klang in der Stimme zurück, der Justin sofort auffiel. „Und sie ist sogar noch viel schöner, wenn man sie persönlich kennt!", fügte Melnick mit einem tiefen Seufzer schnell hinzu und blickte das Foto dabei schwärmerisch an. Obwohl Justin sofort klar wurde, worauf Melnick dabei anspielte, nahm er all seinen Mut zusammen, um ihn zu fragen: „Kann ich dich wiedersehen, Kipp?"

Melnick schenkte ihm ein freundschaftliches Lächeln. „Ja sicher, Justin. Ruf mich an, wenn du deine erste Rolle bekommen hast. Wer weiß, vielleicht schreibe ich ja sogar eines Tages mal eine Figur für einen Film, die du dann spielst."

Sie lachten beide. Doch für Justin hatte es einen bitteren Beigeschmack. Der sogar noch schmerzlicher wurde, als er wieder unten allein auf der Straße stand und sich zu dem Haus umdrehte. Er hatte es vermasselt. Er begann zu begreifen, dass seine Liebe aussichtslos war und niemals Erwiderung erfahren würde. Aber er wollte es dennoch nicht einsehen! Voller Wut über seine vertrackte Gefühlssituation warf er das Drehbuch auf den Asphalt des Gehweges und trat mit dem Fuß dagegen. Er brüllte laut seine Verzweiflung hinaus, so dass sich die Leute nach ihm umblickten, doch das war ihm egal. Er ging ein paar Schritte und setzte sich dann einfach vor den Stamm einer Palme auf den Asphalt. Er versuchte nachzudenken. Doch ihm kam nichts in den Sinn, das auch nur ansatzweise zu einer Lösung geführt hätte. Dabei fiel sein Blick wieder zurück zu dem gehefteten Stapel beschriebener Seiten, der dort auf dem Gehweg lag. Er quälte sich wieder auf die Beine und hob ihn auf. Dann kam ihm die Karte wieder in den Sinn und er zog sie aus seiner Hemdtasche. Er las die Öffnungszeiten darauf:

„Montag - Freitag 9 - 13 Uhr. Mittwochs auch bis 18 Uhr und nach Vereinbarung."

Wenn er sich beeilte, konnte er es vielleicht gerade noch schaffen! Er wartete auf keinen Bus, sondern leistete sich diesmal ein Taxi. Sieben Minuten vor Agenturschluß erreichte er sein Ziel in der Sycamore Avenue, nahe dem berühmten „Walk of Fame". Am zweiten Stern auf dem berühmtesten Pflaster der Welt, zweigte eine schmale Gasse nach rechts zwischen den Häusern hindurch ab. Am Ende der Straße führte an der Backsteinfassade des dreistöckigen Gebäudes eine Eisentreppe nach oben. Schon unten kam er an dem etwas unauffälligen Blechschild vorbei: „Harris Morgan- Schauspielagentur" und darunter in kleiner Schrift, die ihm bereits bekannten Öffnungszeiten.

Er eilte die eisernen Stufen hinauf und übersprang dabei gleich drei auf einmal. Er trat durch die dunkelgrüne Tür, auf der noch einmal ein Schild hing, in einen schmalen Flur hinein, der zu beiden Seiten mit einer Vielzahl von Fotos berühmter Hollywoodstars flankiert wurde. Zwei Türen weiter auf der linken Seite kam gerade ein ziemlich dicker Mann in braun karierter Tweedjacke aus einem Büro. Er zog ein Schlüsselbund aus seiner Tasche und wollte abschließen, als ihm dieses mit einem Klimpern vor der Tür zu Boden fiel. Justin war mit einem Sprung bei ihm und hatte sie aufgehoben. Er reichte sie ihm und der Mann sah ihn überrascht von oben bis unten an, als er sie ihm wieder aus den Fingern riss.

„Äh, danke! Treten Sie bitte ein wenig zur Seite, sonst stehen Sie genau im Licht!", zischte der Mann mürrisch und probierte es erneut. Eine glänzende Halbglatze versuchte er erfolglos mit seinem schütteren Haar zu verdecken und zwischen seinen Lippen quoll dichter Qualm von einer dicken Zigarre der Decke entgegen. Justin stellte sich ihm in den Weg.

„Bitte entschuldigen Sie, aber sind Sie Mr. Morgan?"

„Entschuldigung angenommen, mein Junge. Und nun treten Sie bitte zur Seite, ich möchte furchtbar gern abschließen, um meinen Feierabend bei einem netten Glas Whisky zu geniessen."

„Sind Sie denn Mr. Harris Morgan?", blieb Justin hartnäckig.

Der Mann ließ den Schlüssel, den er nun endlich in das Schloss gefummelt hatte, stecken und sah ihn mit einem wüsten Blick an: „Wer zum Teufel will das wissen?!", fragte er mit leicht aufkeimender Wut in der Stimme und nahm sich die Zigarre aus dem Mund.

„Justin Farr ist mein Name, Mr. Morgan! Bitte, Sie müssen unbedingt noch einmal aufschließen und mich anhören!"

„Warum sollte ich das tun? Kommen Sie doch morgen wieder! Die ganze Woche bin ich da. Von 9 bis ...."

Justin fuhr ihm in das Wort und beendete seinen begonnenen Satz: „... 13 Uhr. Freitags auch bis 18 Uhr und nach Vereinbarung! Ja, ich weiß, Mr. Morgan!"

„Na, wenn Sie das schon alles so genau wissen, dann wissen Sie auch, dass es jetzt 18 Uhr ist. Und um diese Zeit pflege ich für gewöhnlich Feierabend zu machen. Seit 26 Jahren ist das schon so und es wird erst dann Schluss damit sein, wenn sie mich in einer braunen Holzkiste mit goldenen Griffen an den Seiten in die Grube werfen. So, und nun darf ich wohl wirklich bitten!", entgegnete er sichtlich gereizt, aber keinen Moment lang auf seinen beißenden Humor verzichtend.

„Ich muss Sie aber unbedingt heute noch sprechen, Mr. Morgan. Bitte, es ist wirklich sehr wichtig für mich!", bedrängte Justin ihn hartnäckig weiter.

„Das ist es für alle! Das höre ich jeden Tag! Aber so wichtig kann es gar nicht sein, dass es nicht auch noch bis morgen früh warten kann!"

Justin sah ihn voller Flehen an und bat ihn noch ein letztes Mal eindringlich um diesen Gefallen. Dann hielt Mr. Morgan einen Moment lang inne. Er bedachte Justin mit einem prüfenden Blick, nahm noch einmal einen tiefen Zug von der Zigarre und sagte schließlich:

„Also gut. Wenn es denn so wichtig ist, dann bitte sehr! Wie war doch gleich Ihr Name?"

Er schloss die Tür wieder auf und ging schwerfällig in das Büro zurück. Justin folgte ihm und zog hinter sich die Tür zu. Mr. Morgan ging um seinen mit Papieren, Mappen und zahlreichen anderen Büroutensilien überladenen, schwarzen Schreibtisch herum und setzte sich auf seinen Stuhl. Er bat Justin, davor Platz zu nehmen. Der setzte sich auf eine kleine, ebenfalls schwarze Ledercouch mit hohen Armlehnen und legte sein Drehbuch neben sich ab. Auch hier in dem Büro, von dem noch eine Verbindungstür hinter Justin in einen Nebenraum führte, waren die Wände mit eingerahmten Hochglanzfotos zahlreicher B-Filmstars vollgehängt.

Mr. Morgan, der wie ein alles überragender Filmmogul auf seinem Stuhl mit der hohen Rückenlehne thronte, blickte ihn fest durch die schmierigen Gläser seiner Brille hindurch an und schmauchte dabei weiter an seiner Zigarre. „Na nun lassen Sie mal hören, was es denn so wichtiges gibt, mein Junge!"

„Ein Freund hat mich zu Ihnen geschickt. Ich bin seit gut vier Monaten in Hollywood und möchte unbedingt als Schauspieler zum Film!"

Mr. Morgan erhob belustigt beide Arme und rief laut johlend heraus: „Er will Schauspieler werden! Nein wirklich! Und auch gleich noch zum Film!"

Seine beißende Ironie ließ sich nicht überhören.

„Nein, das ist nicht ganz richtig, Mr. Morgan!", korrigierte ihn Justin selbstbewusst. Er hatte sofort erkannt, wie er ihn ködern konnte und begann ihm, den sprichwörtlichen Honig um den Bart zu schmieren. „Ich bin Schauspieler! Mir fehlt nur ein Agent, der mir hilft, einen Job beim Film zu bekommen. Und mein Freund hat Sie mir voller Lob empfohlen. Sie wären der Beste, hat er gesagt. Sie würden die Stars machen!"

Mr. Morgan begann hohl zu lachen. „So, hat er das tatsächlich gesagt, ja? An Schneid scheint es Ihnen jedenfalls nicht zu mangeln, was? Na, so ganz unrecht hat er damit nicht, Ihr Freund. Fernando Vendoza war bei mir, bevor er 1944 mit 'Und die Nacht wird schweigen' bekannt wurde. Seine ersten drei Rollen habe ich ihm beschafft. Habe sein enormes Talent sofort erkannt. Ein außergewöhnlicher Schauspieler!" Er tat erneut einen Zug von seiner Zigarre und klopfte sich dabei stolz auf den fast kugelrunden Bauch. „Also schön, Sie wollen also zum Film. Und Sie wollen mich als Agenten. Ich stelle aber weiß Gott nicht jedem x-beliebigen Wichtigtuer meine Dienste zur Verfügung der glaubt, mich mit verzuckerten Komplimenten herumkriegen zu können. Was qualifiziert Sie denn dafür, dass ich Sie aufnehmen sollte? Haben Sie Referenzen? Schon mal eine Rolle gehabt? Zumindest als Komparse? Irgendetwas?"

Justin setze sein unwiderstehliches Lächeln auf und entgegnete dann voller Überzeugung und mit fester Stimme: „Mein Freund sagt - und auch von anderen habe ich das gehört - Sie würden Talent erkennen."

Mr. Morgan begann an seiner Zigarre zu paffen und verengte die Augen.

„Das ist wahr. Zumindest erkenne ich sofort, wenn jemand kein Talent hat! Ich kann nicht verleugnen, dass Sie etwas an sich haben, dass mir gleich aufgefallen ist. Ob es Talent ist, kann ich jetzt so spontan nicht beurteilen. Aber es ist ein ganz besonderes Charisma, fast schon etwas magisches. Als ob ..." Er brach mitten im Satz ab und drückte seine Zigarre hastig in einem sternförmigen Aschenbecher aus, der ebenso überquoll, wie der gesamte Schreibtisch. Fast erschrocken blickte er Justin an. Er nahm seine Brille ab und meinte dann zu ihm, noch während er eilig dabei war die Gläser mit einem schmutzigen Taschentuch zu putzen: „Machen Sie das noch einmal. Dieses geheimnisvolle Lächeln gerade! Und bitte stehen Sie einmal auf und stellen sich dort hinten ein wenig in den Schatten vom

Fenster weg!"

Justin wusste nicht genau, was er damit bezweckte, aber er tat es. Mr. Morgan stand ruckartig auf, nachdem er seine Brille wieder auf der Nase hatte, und zog die Lamellen der Jalousien so zu, dass nur noch Streifenweise das Licht durch die Spalten fallen konnte.

„Und nun treten Sie langsam aus dem Schatten hervor in das Licht der Vorhänge!", befahl er aufgeregt.

Justin tat auch dies. Mr. Morgan schien aus Ehrfurcht vor ihm zu erstarren und blickte ihn nur sprachlos und mit weit offenstehendem Mund an.

„Das ist unglaublich!", rief er dann plötzlich begeistert aus. „Das habe ich seit Vendoza nicht mehr erlebt! Und Vendoza sah nicht einmal halb so gut aus wie Sie, mein Junge! Wie war doch gleich Ihr Name?"

Justin nannte ihn noch einmal und hatte keine Ahnung, was Mr. Morgan denn so in Aufregung versetzte.

„Justin Farr." Wiederholte Morgan seinen Namen flüsternd. „Einfach nur Justin Farr? Nichts weiter?", wollte er es genauer wissen.

„Eigentlich ist noch ein Evans dazwischen. Aber das hat nie jemand wirklich gesagt." Vervollständigte er seinen Namen.

Erneut sprach er seinen Namen aus und wiederholte ihn dann noch zweimal. Diesmal in voller Länge.

„Justin Evans Farr. Das müssen wir anders machen! Der Name muss einen besonderen Klang besitzen. Ja, jetzt habe ich es!", rief er jubelnd aus. „Wir nehmen den Vornamen ganz weg und lassen nur den Anfangsbuchstaben als Initial stehen: J. Evans Farr! Ja, genau! Das ist es! Perfekt! Das klingt elegant! Da ist Musik drin!" Er kam auf ihn zu und schüttelte ihm mit beiden Händen aufgeregt und voller Begeisterung über sich selbst die Hand.

„Ich verspreche Ihnen eins: ich werde dafür sorgen, dass ganz Hollywood diesen Namen niemals wieder vergißt! Kommen Sie! Setzen Sie sich auf meinen Stuhl und füllen Sie mir das Formular aus. Und ich brauche ein Foto von Ihnen für die Kartei. Ich brauche es heute noch! Ich rufe sofort Randall an! Er muss mir von Ihnen noch ein Foto machen! Haben Sie heute Abend noch etwas vor?"

Mr. Morgan hatte ihn auf seinen Stuhl gezerrt und aus einer Schublade ein Formular genommen, dass Justin dabei war auszufüllen.

„Nein, eigentlich bin ich heute frei." Gab er ihm zur Antwort und ein Strahlen erhellte das unförmige Gesicht des Agenten.

„Gut. Das ist sehr gut! Dann füllen Sie das hier in Ruhe aus und ich telefoniere rasch wegen dem Foto. Bleiben Sie einfach dort sitzen!"

Justin tat wie ihm geheißen und Mr. Morgan warf vor Aufregung einen großen Stapel mit Unterlagen von dem Schreibtisch herunter. Papiere segelten zu Boden, Mappen fielen übereinander. Morgan ignorierte es, denn er hatte sein Ziel, das Telefon, erreicht und wählte schon eine Nummer. Während er nervös darauf wartete, dass sich endlich jemand am anderen Ende meldete, tupfte er sich die Stirn mit dem Taschentuch vom Glanz seines Schweißes trocken. Justin schrieb weiter und Mr. Morgan erhielt endlich die erhoffte Verbindung.

„Randall, endlich! Warum hat das denn so lange gedauert? - Hören Sie, das ist mir alles vollkommen gleich. Ich habe hier einen Notfall, verstehen Sie? Sie müssen mir heute unbedingt noch ein Karteifoto machen! - Nein, es muss heute noch sein! Dieses Mal duldet es keinen Aufschub! Ich komme gleich mit jemandem bei Ihnen vorbei und dann brauche ich von Ihnen die besten Fotos, die Sie je gemacht haben! Ich zahle es Ihnen sofort! - Ob es mir nicht gut geht? Was ist das für eine Frage? Natürlich geht es mir nicht gut! Wenn Ihnen der neue Fernando Vendoza, Edmond Kerry und Shane Callow in einer Person vereint gegenübersitzen würden, möchte ich Sie mal erleben! - Halten Sie den Mund und machen Sie einfach nur Ihre Apparate bereit. Ich bin in zehn Minuten bei Ihnen !"

Der Hörer verfehlte beim Auflegen vor Wucht knapp die Gabel und Mr. Morgan trat hinter Justin, der gerade mit dem Ausfüllen fertig wurde und blickte ihn über die Schulter an.

„Ganz prächtig! Dann können wir ja sofort los! Wir nehmen meinen Wagen. Ich fahre Sie hin!"

Keine 15 Minuten später waren sie da und betraten durch eine Seitentür das Fotostudio, denn vorne war das Geschäft bereits abgeschlossen. Der Mann, der ihnen öffnete, war ziemlich hager, hatte einen fein säuberlich gestutzten, braunen Vollbart, strähniges Haar und ziemlich verquollene Augen. Was zweifellos vom Qualm der Zigaretten herrührte, der wie ein Nebelschleier im Raum hing. Er trug ein bunt gemustertes Hawaiihemd und ein qualmender Zigarettenstummel ragte schräg zwischen seinen Lippen hervor. Mr. Morgan trat ohne ein Wort der Begrüßung an dem Mann vorbei durch einen schmalen Lagerraum in das Atelier. Justin warf dem Mann ein freundliches „Hallo" im Vorbeigehen entgegen und folgte Morgan.

„Sie haben etwas gut bei mir, Randall!", warf ihm Mr. Morgan als Begrüßung entgegen, als der hinter Justin in das Atelier schlurfte.

„Und damit Sie sehen, wie wichtig mir die ganze Sache ist, gebe ich Ihnen ihr Geld sofort. Ich habe auch noch eine kleine Summe draufgelegt."

Der Fotograf nahm die Dollarnoten von dem dicken Agenten entgegen, faltete sie einmal und ließ sie in seiner Hosentasche verschwinden.

„So, das ist also Ihr neuer Filmstar, was?", der Fotograf blickte Justin mit einem prüfenden Blick skeptisch an. „Na gut. Wenn ich eine Frau wäre, könnte ich mich vielleicht schon in den Jungen verlieben, Harris!", war sein ganzes Kommentar und dabei blickte er Mr. Morgan an.

„Also dann mal los! Fangen wir an. Ich denke, wir machen ein paar verschiedene Varianten, um die beste Wirkung zu testen und wählen dann aus. Bitte Mr., äh ..?"

„Farr!", half ihm Justin weiter.

„Gut, Mr. Farr! Setzen Sie sich dort auf den Hocker. Ganz entspannt. Und wenn ich dann um ein natürliches, ganz ungezwungenes Lächeln bitten dürfte. Ich richte derweil das Licht ein und gebe Ihnen dann die Position vor."

Justin setzte sich auf den hohen Barhocker und folgte seinen Anweisungen. Der „buntgemusterte" Fotograf sprang eifrig um ihn herum. Er bat den dicken Agenten, der sich im Hintergrund in einen großen Lehnstuhl gesetzt hatte und alles mit höchstem Interesse beobachtete, das Licht im Raum zu löschen. Nun saß er im Dunkeln, schmauchte an einer neuen Zigarre und nur Justin saß im Zentrum der vier Scheinwerfer, die ihr Licht auf ihn warfen. Der gesamte Hintergrund und ebenso der Boden waren mit weißen Tüchern abgedeckt. Randall Fleming richtete das Licht so ein, dass sich von Justin hinter ihm der Schatten in unscharfen, weichen Konturen abzeichnete. Als er es für perfekt erachtete und hinter seine auf einem Ständer aufgebaute Fotokamera trat, schüttelte er maulend den Kopf: „Nein, so geht das nicht! Ich kann Sie doch nicht in diesem schnöden Shirt fotografieren, dass Sie da anhaben, wenn die Fotos die nötige Klasse haben sollen! Ziehen Sie es schon aus, ich will sehen, was ich noch da habe!"

Er schlurfte in den Nebenraum und kam wenig später mit einem weißen Hemd und der schwarz glänzenden Jacke eines eleganten Smokings wieder zurück.

„Hier! Ziehen Sie das mal an!", meinte er nur.

Justin saß nun mit nacktem Oberkörper vor ihm und hatte sein Shirt hinter die Scheinwerfer auf den Boden geworfen.

Fleming reichte ihm beides und musterte ihn erstaunt. „Mein lieber Freund, Sie trainieren wohl mit einem privaten Trainer?"

„Ja, mit mir selbst!", gab Justin schlagfertig als Antwort und zog sich das Hemd über. Er knöpfte es zu, steckte es in die Hose und zog sich auch noch die Jacke über.

Der Fotograf reichte ihm noch eine künstliche Rose. „Und dieses kleine Accessoire noch in das Knopfloch bitte. Dann sollte es perfekt sein. Setzen Sie sich ein klein wenig seitlich zu der Kamera und blicken Sie einen Hauch daran vorbei. Nicht direkt auf mich zu." Fleming trat hinter den Fotoapparat und blickte durch das Objektiv, um die optimale Schärfe einzustellen. Justin setzte sein verführerisches Lächeln auf und Fleming betätigte viermal den Auslöser.

„Wunderbar! Das Gleiche machen wir noch einmal mit einem dunklen Hintergrund und anderem Licht. Also nicht bewegen und einfach nur so sitzen bleiben!", befahl Fleming und nahm behende die gewünschten Veränderungen vor. Nachdem er die Scheinwerfer und die Reflektoren umgestellt und neu eingerichtet hatte, wiederholte er das Ganze noch einmal. Danach musste sich Justin noch ein weiteres Mal umziehen, erhielt dieses Mal eine weiße Jacke mit elegantem, schwarzen Kragen und bekam von dem Fotografen fachmännisch eine Fliege gebunden. Vor einen der Scheinwerfer steckte Fleming einen Aufsatz und nun sah es so aus, als würde Justin vor einer Jalousie wie in Mr. Morgans Büro sitzen. Er nahm nach den präzisen Vorgaben des Fotografen eine andere Position ein und dann wiederholte sich das Ganze. Nach einer dritten und sogar vierten Umstellung des Hintergrundes und erneuten Variationen der Beleuchtung sowie der Bekleidung, war Fleming schließlich zufrieden.

„Sie können die Sachen jetzt wieder ausziehen, Mr. Farr. Wir sind fertig!", sagte er zu Justin und ging dann zu Mr. Morgan, der alles schweigend, aber sehr genau, beobachtet hatte. Er stellte sich dicht an die Seite des schwergewichtigen Agenten, um ihm etwas zuflüstern zu können:

„Wo um alles in der Welt haben Sie diesen Jungen nur aufgegabelt, Harris?", wollte Fleming voller Begeisterung wissen.

Mr. Morgan grinste ihn breit an. „Da staunen Sie, Randall? Jetzt verstehen Sie sicher, weshalb ich mit den Fotos nicht warten konnte. Der Junge ist schlicht ein Phänomen!"

„Versprechen Sie mir einen exklusiven Vertrag für seine PR-Fotos? Sie könnten von jetzt an alle Aufnahmen umsonst bei mir bekommen!"

Mr. Morgan sah ihn belustigt an. „Oh, Randall! Ich habe Sie heute gut bezahlt für ihren Job, oder? Und Sie haben wirklich erstklassige Arbeit gemacht. Aber ich allein habe ihn entdeckt! Doch ich will mal nicht so sein. Weil wir nun schon so lange gute Freunde sind, verspreche ich Ihnen, dass ich ein gutes Wort für Sie einlegen werde, wenn es soweit ist. Aber Sie wissen es doch genauso gut wie ich: die Studios haben ihre eigenen Fotografen für diese Zwecke! Machen Sie sich also nicht allzu große Hoffnungen, was dies anbelangt."

Fleming schlich zerknirscht wieder zu Justin, der ihm das Hemd und die Jacke reichte. „Ich werde Ihnen die Abzüge morgen Vormittag vorbei bringen," sagte er, ohne sich zu dem dicken Agenten umzudrehen.

„Och, ich hatte gehofft, mir heute noch ein paar davon ansehen zu können!", brummte Mr. Morgan ein wenig enttäuscht.

„Eine Aufnahme! Nicht mehr! Alle anderen morgen Vormittag!", schimpfte der Fotograf beleidigt aus dem Nebenraum herüber, in den er die Sachen zurück trug.

„In Ordnung, einverstanden! Aber beeilen Sie sich, Randall! Wir warten in Ihrem Büro auf Sie!"

Justin hatte sich sein T-Shirt wieder übergezogen und ging zu Mr. Morgan, der hinter sich das Licht im Atelier eingeschaltet hatte und ihn zu sich winkte.

„Sie waren wunderbar, mein Junge! Ich werde mich gleich morgen um

Sie kümmern. Ich stelle ein Portfolio der Aufnahmen zusammen. Sie können sicher sein, dass ich Ihnen bis zum Wochenende einen ersten Job verschafft habe! Kommen Sie gleich morgen in mein Büro, damit wir den Vertrag machen können! Dann haben Sie auch Gelegenheit, die Aufnahmen von sich zu sehen!"

„Ich habe aber einen Job bei Wagners, Mr. Morgan. Ich könnte frühestens um 17 Uhr bei Ihnen sein!", erklärte ihm Justin, während Sie nach nebenan in das kleine Büro des Fotografen gingen.

„Den werden Sie sicher bald nicht mehr brauchen! Aber in Ordnung! Ich schätze Pflichtbewußtsein bei jungen Leuten. Dann sehen wir uns eben um 17 Uhr. Erzählen Sie mir noch ein bisschen von sich, während sich Randall in seiner geliebten Dunkelkammer mit der Entwicklung der Fotos amüsiert."

Das Büro war die reinste Galerie von Portraitaufnahmen. Zahllose Fotos hingen mit Stecknadeln an die Wände geheftet. Wild durch- und übereinander ließen sie kaum noch Platz, um die Tapete darunter zu erkennen. Frauen und Männer jeden Alters waren darunter. Doch die meisten davon waren nie wirklich bekannt geworden und im Meer der Namenlosen und Unbekannten untergegangen. Justin nahm auf einem schmalen Stuhl mit Rollen Platz und ließ seinen Blick begeistert über die vielen Gesichter streifen.

„Eine ganz nette Galerie, was?", bemerkte Mr. Morgan und ließ Justin einen Moment lang Zeit, sich die Fotos anzusehen. Plötzlich dachte Justin, ihn würde der Schlag treffen! Zwischen dem Portrait einer älteren Dame und dem eines jungen, ziemlich hübschen Mädchens, entdeckte er ein Foto von Joe! Er lächelte in die Kamera, trug ein helles Hemd weit aufgeknöpft und die Haare sehr kurz gestutzt. Justin streckte seine Hand danach aus und zog es von der Wand ab. Er konnte es kaum glauben, aber es war wirklich Joe! „Kennen Sie den Burschen?", fragte Mr. Morgan neugierig.

„Ja, er ist aus dem gleichen, kleinen Ort wie ich. Er ist damals weggegangen und ich habe nie wieder etwas von ihm gehört!", erklärte ihm Justin und starrte voller Freude auf das Foto in seiner Hand.

„Na, das nenne ich aber wirklich einen Zufall! Ja, die Welt kann schon verdammt klein sein! Besonders hier in Hollywood!", bemerkte Mr. Morgan nur dazu und zog keuchend seinen Gürtel unter dem hervorquellenden Bauch ein wenig weiter auf. Justin drehte das Foto um und entdeckte am unteren Rand mit rotem Stift eine handschriftliche Notiz: „Johnny Lonnegan - 26. Oktober 1954"

Mr. Morgan begann ihn interessiert nach seinem Heimatort und seinen Eltern zu fragen, doch Justin hatte keine große Lust darüber zu reden. Er war schließlich auch hierhergekommen, um Steaming Meadow zu vergessen. Und da wollte er nicht von einem übergewichtigen Hollywood-Agenten daran erinnert werden. So führten sie ihr Gespräch über eine Reihe von belanglosen Dingen, wobei es hauptsächlich Mr. Morgan war, der redete und sich dabei immer wieder mit einem Taschentuch den Schweiß von der Stirn wischte. In einem Schränkchen neben dem Schreibtisch des Fotografen hatte er eine Flasche Bourbon entdeckt und zog diese mit einem gierigen Blick samt einem Glas daraus hervor. Seine Hände zitterten, als er sich das Glas vollgoß und dabei einige Spritzer über ein Foto auf dem Tisch verschüttete. Er trank das Glas in einem Zug leer und goß sich sofort nach.

„Whisky wäre mir lieber, aber so fühle ich mich schon besser. Normalerweise genehmige ich mir diesen kleinen Drink um diese Zeit in meiner Lieblingsbar. Nur zwei, drei kleine Gläser für den Feierabend." Verteidigte er sich mit einem bemühten Grinsen.

„Randall! Wo bleiben die Fotos, verdammt!?", brüllte er schließlich ungeduldig nach hinten. Und gerade in diesem Moment kam der Fotograf um die Ecke geschlichen. Mr. Morgan riss ihm die zwei Abzüge regelrecht aus der Hand, denn er konnte es gar nicht mehr abwarten, endlich einen Blick darauf zu werfen. Ein Glänzen huschte über sein Gesicht und er verzog den Mund zu einem breiten Grinsen. „Ah, prachtvoll! Wirklich, Randall, Sie haben ganz großartige Arbeit gemacht", lobte er den Fotografen. Justin bekam die zwei Fotos gereicht, auf denen er mit einem dunklen Hemd, die oberen zwei Knöpfe offen stehend und mit einem wirkungsvollen Schattenspiel im Hintergrund, zu sehen war. Dabei wurde er wieder an das Foto von Joe erinnert, dass er noch immer in der Hand hielt.

„Mr. Fleming, Sie haben hier vor über zwei Jahren einen Freund von mir fotografiert. Können Sie sich noch an ihn erinnern und mir vielleicht etwas von ihm erzählen?"

Der hagere Fotograf nahm ihm das Foto ab, das Justin ihm reichte, um es sich anzusehen.

„Nein, nein wirklich. Ich kann mich nicht an ihn erinnern. Aber ich mache auch so viele Fotos im Laufe der Zeit. Die meisten sind nur für eine halbe Stunde hier, holen sich am anderen Tag die Abzüge ab und dann sehe ich sie nie wieder. Tut mir leid, aber da kann ich Ihnen nicht helfen. Aber wenn Sie wollen, können sie es behalten. Ich habe sowieso viel zu viele davon!"

Justin steckte es freudig ein und dann verabschiedeten sie sich auch schon voneinander. Bevor Randall Fleming hinter ihnen die Tür abschloß, musste er Mr. Morgan noch einmal versprechen, die restlichen Fotos gleich am Vormittag vorbeizubringen. Mr. Morgan bot Justin an, ihn in seinem Wagen nach Hause zu fahren. Und weil er plötzlich merkte, dass er wirklich müde war, ließ er sich von ihm dazu überreden.

„Mit diesem heruntergekommenen Loch ist aber kein Preis zu gewinnen, was?", meinte Mr. Morgan bissig, als Justin ausstieg und er einen Blick über die Fassade des Hauses warf.

„Das ist richtig. Aber es ist billig und ich bin sowieso nur zum schlafen hier. Gute Nacht, Mr. Morgan."

„Sie sollten sich schon mal was anständiges suchen. Sehr bald schon, können Sie sich das nämlich leisten. Das verspreche ich Ihnen! Also, wir sehen uns morgen in meinem Büro. In Ordnung, mein Junge?"

Justin war schon halb über die Straße gegangen und drehte sich da noch einmal um.

„Sicher, ich werde da sein. Aber ich bin nicht Ihr Junge! Kapiert?!", sagte Justin mit schneidendem Ernst und laut genug, damit Mr. Morgan es auch nicht überhören konnte. Aber der hatte längst das Fenster seines Holden wieder hochgekurbelt und brauste davon.

Als Justin allein in seiner dunklen Wohnung auf dem Bett hockte und das Foto von Joe aus seiner Tasche zog, war er mit seinen Gedanken schlagartig wieder bei Kipp Melnick. Er ließ sich auf die quietschende Matratze fallen und starrte die fleckige Zimmerdecke über sich an. Er schloss die Augen. Und in seiner Vorstellung verwandelten sich die schemenhaften Flecken in das Gesicht von Kipp. Er wünschte sich so sehr, ihn zu umarmen, ihn zu küssen! Und doch wusste er, dass diese Wünsche niemals wahr werden würden. Im Dunkel des Zimmers holte er seine Hanteln hervor und begann zu trainieren. Doch seine sehnsuchtsvollen Gedanken wurde er deshalb trotzdem nicht los. Erschöpft und verschwitzt von den Kraft raubenden Übungen fiel er nach zwanzig Minuten erneut auf das Bett zurück. Und als seine Gefühle ihn zu überwältigen drohten, zerrte er sich seine Jeans herunter, um sich seinen steifen Schwanz, den Kopf dabei voll süßer Träume, so lange zu wichsen, bis ein erlösender Orgasmus ihm die ersehnte Erleichterung verschaffte. Als er dann danach, wieder einmal die Hausordnung übertretend, noch eine Dusche nahm, fiel ihm voller Schreck ein, dass er ja eigentlich vor drei Stunden zu seinem zweiten Job ins „Marriage Fool" gemusst hätte! Aber nun war es zu spät. Er verdrängte den ersten Schreck und beschloss, schlafen zu gehen. Er würde sich schon eine passende Ausrede einfallen lassen, die Wilfred Markuson bestimmt schlucken würde. Zum einen war ihm so etwas zum ersten Mal passiert und zum anderen war er sich seines Talentes sehr wohl bewusst, eine Lüge absolut glaubwürdig zu präsentieren. So nahm dieser lange Tag ein Ende. Und Justin hörte nicht einmal mehr den Verkehr der Autos unten auf der Straße, als er sich auf das Bett legte und sofort einschlief.

Ein Sturz ganz nach unten

Am Tag darauf war Justin wie verabredet um 17 Uhr im Büro von Mr. Morgan und unterschrieb dort den Vertrag. 28 % betrug dessen Provision, was Justin als ziemlich hoch empfand. Doch Morgan begründete dies mit den Investitionen, die er in ihn bereits getätigt hatte und noch tun würde.

Und das es der übliche Anteil war. Er ließ sich auf keinen Handel ein, versprach ihm aber noch vor dem nächsten Wochenende eine erste Rolle für ihn zu finden. Der übergewichtige Agent hatte eine Flasche Whisky seiner Lieblingsmarke zwischen den Papieren auf seinem Schreibtisch stehen und trank zwei volle Gläser davon, während sie gemeinsam die Fotos des Vorabends durchsahen. Morgan wählte die Besten davon für seine Kartei und das Portfolio aus, schob die anderen in den braunen Umschlag zurück und schenkte sie Justin mit einem Augenzwinkern.

Danach kehrte Justin in seine Wohnung zurück und hatte mit seinem ständig unrasierten, fetten Vermieter eine kurze, aber heftige Diskussion, weil sich offenbar Mieter wegen seiner regelmäßig späten Benutzung der Dusche beschwert hatten. Justin ließ dies kalt. Er ließ sich nicht einschüchtern, konterte stattdessen geschickt und verlangte zumindest ein Telefon in seiner Wohnung, wenn er denn schon auf eine eigene Dusche verzichten musste. Er benötigte das Telefon unbedingt, um für seinen Agenten und andere erreichbar zu sein. Justin stand in der Tür seines Vermieters, dessen Bierbauch über seinen Gürtel quoll und der ihm ein schmieriges Grinsen zuwarf, dass Justin nichts Gutes ahnen ließ.

„Hören Sie, mein Junge, ich könnte Ihnen ein Telefon besorgen für, sagen wir mal, drei Dollar zusätzlich die Woche. Und was das Duschen anbelangt, könnte ich vielleicht eine kleine Änderung der Hausordnung vornehmen, wenn Sie mir in diesem Punkt auch ein wenig entgegenkommen."

Justin stutzte argwöhnisch: „Was genau meinen Sie mit entgegenkommen?"

„Nun, vielleicht könnten Sie ja mal hier unten bei mir duschen und mich dabei zusehen lassen. Einen so hübschen Burschen wie Sie, sehe ich mir sehr gern einmal an. Ich habe schon viel zu lange darauf gewartet und nun will ich Sie endlich einmal ansehen!"

„Sie mieses Schwein!", entgegnete Justin ihm wütend und trat durch die Wohnungstür nach draußen in den Hausflur. Er machte sich nicht einmal die Mühe, die Tür zu schließen, sondern lief einfach nur die Treppe nach oben, ohne sich noch einmal umzudrehen und hörte den fetten Vermieter noch hinter sich herbrüllen:

„Überlegen Sie es sich! Ich gebe Ihnen eine Bedenkzeit bis morgen Abend! Dann sind Sie entweder raus aus der Wohnung oder stehen bei mir unter der Dusche!"

Justin warf die Tür zu seiner Wohnung zu und kochte vor Wut. Er hatte keine Ahnung, wo er in so kurzer Zeit eine andere Wohnung finden sollte. Aber er würde keinen Tag länger hier bleiben. Er dachte an Wilfred Markuson. Aber er wusste genau, dass er den Oberkellner nicht mehr vom Hals bekommen würde, wenn er ihm jetzt wieder nachgab und auch noch in seine Wohnung zog. Und er dachte an Kipp. Der würde ihn vielleicht sogar für ein paar Tage bei sich wohnen lassen, bis er etwas passendes gefunden hatte. Aber obwohl Justin genau wusste, dass er sich damit nur selbst einer Folter aussetzte, wählte er keine Dreiviertelstunde später von einem öffentlichen Telefon aus dessen Nummer und erklärte ihm sein Dilemma. Er versank vor Glück fast im Boden, als Kipp sich spontan bereit erklärte, ihm für ein paar Tage aus der Patsche zu helfen. So gab Justin ihm seine Adresse und verabredete sich mit ihm für den morgigen Samstag Nachmittag. Er küsste vor Freude den Hörer des Telefons, als sein Gespräch beendete war und lief überglücklich zurück in seine Wohnung. Natürlich hätte er auch ein Hotel nehmen können. Aber der Gedanke, ganz in Kipps Nähe zu sein, und wenn es auch nur für eine Weile war, brachte seine Gefühle zur Raserei. Vielleicht war ja sein Rauswurf geradezu ein Wink des Schicksals? Wenn es überhaupt so etwas gab! Er wusste noch nicht, wie er es anstellen sollte, aber irgendwie musste er Kipp dazu bringen, mal etwas anderes auszuprobieren. Er würde seinen ganzen, magischen Charme einsetzen, um ihn für sich zu gewinnen. Und er war bereit, alles auf eine Karte zu setzen. Jetzt oder nie. Alles oder nichts. Manchmal musste man im Leben einfach alles riskieren, wenn man den Jackpot bekommen wollte. Und Justin hatte das Gefühl, dass dieser Moment in seinem Leben gekommen war!

Am Abend regelte er im „Marriage Fool" die Sache seiner gestrigen Abwesenheit mit einer passenden Lüge, wie vermutet ohne größere Probleme. Justin hatte Glück, dass Mr. Pembroke wegen einer Geschäftsreise für zwei Tage nicht da war und brauchte so nur Markuson davon überzeugen. Eine besonders leichte Übung. Als er um halb drei am frühen Samstagmorgen nach seinem Job in der Bar zurückkam, zog er wie gewohnt sein Hanteltraining durch. Nur um sich danach eine besonders lange und lärmintensive letzte Dusche zu gönnen. Danach packte er die wenigen Sachen, die er sein eigen nannte in einen großen Koffer und eine kleine Reisetasche und schlief sehr bald darauf ein. Die schwarze Jacke, die er bei seiner Ankunft hier in dem Schrank gefunden hatte, hängte er wieder an ihren Platz auf den verbogenen Bügel zurück. Vielleicht würde sie ja seinem Nachfolger ein besserer Talisman sein als ihm ...

Am Samstagnachmittag schließlich stand Kipp Melnick wie verabredet vor dem Haus, um ihn abzuholen. Justin warf einen Blick aus dem Fenster auf die Straße hinunter und konnte ihn unten stehen sehen. Das Foto von Joe ganz tief unten in seinem Koffer und einen ganzen Bauch voll surrender, brummender Flugzeuge konnte er gar nicht schnell genug die Treppe nach unten kommen. Kipp begrüßte ihn mit einem freundschaftlichen Schlag auf die Schulter und Justin warf seinen Koffer und die Tasche auf den Rücksitz. Als sie losfuhren, erzählte ihm Kipp, dass er ihn leider an diesem Abend allein lassen musste.

„Ich habe eine Verabredung mit deiner kleinen Freundin, durch dessen freundliche Leihgabe wir uns kennengelert haben. Ich hatte ihr vor deinem Anruf gestern bereits zugesagt und breche nur ungern mein Wort. Also wirst du wohl für eine Weile allein heute abend auskommen müssen."

„Das ist nicht weiter tragisch. Ich muss sowieso um acht mit der Arbeit anfangen. Ich komme dann nur leider erst so gegen halb drei in der Nacht aus der Bar zurück. Ich weiß, dass ist ziemlich viel verlangt, wir kennen uns ja so lange auch noch nicht. Aber kannst du mir wohl einen Schlüssel geben?"

Kipp sah ihn mit einem ironischen Grinsen im Gesicht an. „Aber sicher doch, kein Problem. Ich habe kaum Sachen von besonderem Wert in meinem Apartment. Es wäre nur schön, wenn du mir die alte Klappliege aus der Abstellkammer zum schlafen dalassen würdest, wenn du alles leer geräumt hast und ich wieder zurückkomme. Ich kann so schlecht auf dem harten Boden einschlafen!"

Sie lachten beide über diesen Scherz und als sie in sein Apartment kamen, zeigte Kipp ihm, wo er schlafen konnte. Er hatte tatsächlich eine kleine Abstellkammer, in der eine Liege stand. Und diese stellte er ihm im Wohnzimmer auf und gab ihm ein Kissen samt Deckbett dazu. Er führte ihn kurz in der kleinen Küche herum, damit er sich mit allem zurechtfand und zeigte ihm das Bad. Während dieser kleinen Besichtigung des Apartments erklärte ihm Kipp noch eine weitere Sache:

„Am Sonntag bleibe ich für gewöhnlich länger liegen als sonst und tippe dann im Bett an dem Buch, dass ich für mich selbst schreibe. Früh Morgens überfallen mich meist die besten Einfälle, doch habe ich erst gefrühstückt, hat die Muse mich oft schon wieder verlassen. Deshalb kommt es nicht selten vor, dass ich Sonntags erst um halb zwölf frühstücke und Mittag ausfallen lasse. Solltest du also morgen früh ein eifriges Tippen aus meinem Schlafzimmer hören, nimm dir nur ruhig viel Zeit im Bad und frühstücke schon ohne mich. Das ist eigentlich die einzige Regel, die es bei mir zu beachten gibt."

„Ich glaube, ich werde schon klarkommen. Und ich werde gleich Montag versuchen, eine passende Wohnung zu finden. Ich glaube, ich habe dir noch gar nicht erzählt, dass ich jetzt einen eigenen Agenten habe."

Dann erzählte Justin ihm die ganze Geschichte mit Mr. Morgan und dem Abend im Fotostudio und hatte in Kipp einen aufmerksamen und interessierten Zuhörer. Viel zu schnell verging der Nachmittag und ebenso der restliche Tag. Als Justin in der Nacht von seinem Kellner-Job zurückkam, schlich er sich still und leise in das Apartment. Er verzichtete dieses Mal sowohl auf seine Kraftübungen als auch auf die Dusche und legte sich sofort auf der Liege im Wohnzimmer schlafen. Beides würde er morgen früh nachholen. Und während der Mond durch das große Fenster am Balkon seinen blassen Schein über ihn warf, schlief Justin ziemlich schnell mit den süßen Gedanken an Kipp und einer Strategie im Kopf ein, mit der er versuchen wollte, ihn für sich zu gewinnen.

Die Morgensonne weckte ihn an diesem Sonntag und verschlafen wälzte er sich von seiner Liege hoch. Er fühlte sich am ganzen Körper verspannt, denn er war noch zu sehr an sein quietschendes Bett gewöhnt. Als er sich die Augen rieb und einen blinzelnden Blick nach draußen über den Balkon auf die Stadt warf, hörte er von nebenan tatsächlich ein vielstimmiges Tippen. Sofort kam ihm die Strategie wieder in den Sinn, die er sich für heute zurechtgelegt hatte und er sprang voller Elan auf, um sie in die Tat umzusetzen. Ein Blick auf die Uhr verriet ihm, dass es Viertel vor zehn war. Er holte seine Hanteln hervor und gönnte sich eine zwanzigminütige Trainingseinheit, die ihn so richtig zum Schwitzen brachte. Sofort danach fühlte er sich besser. Er nahm die kleine Tasche mit seinem Rasierzeug aus dem Koffer und ging nach nebenan ins Bad. Er genoss das Gefühl des kalten Wassers auf seiner Haut, als er unter der Dusche stand. Danach beeilte er sich mit den anderen Sachen fertig zu werden, für die er eine ziemlich große Routine entwickelt hatte und bei der jeder Handgriff genau auf die Sekunde abgestimmt war. Justin hatte nicht vor, sich jetzt schon anzuziehen, sondern band sich lediglich ein Badetuch um die Hüften. Er wollte Kipp mit einem Blick auf seinen athletischen Körper einen kleinen Appetithappen präsentieren und hoffte, dass dieser Geschmack daran bekam. Er gab sich betont locker und normal, als er kurz an seine Tür klopfte und dann nach einem kurzen „Komm nur rein!" auch sofort der Aufforderung folgte.

Kipp Melnick saß aufgesetzt und noch von einer leichten Decke bis über die Beine zugedeckt in seinem Bett. Im Rücken ein großes Kissen und vor sich auf dem Schoß stand auf einem kleinen Klapptisch seine Schreibmaschine. Einige beschriebene Seiten und ein Bleistift lagen neben ihm auf dem Bett. Die Jacke seines Pyjamas war weit aufgeknöpft und er hielt in seiner Arbeit für einen Moment inne. Kipp warf ihm einen kurzen Blick zu, als Justin durch die Tür ins Zimmer trat und erwiderte dessen Lächeln. Lässig lehnte sich Justin an dem Türrahmen an und präsentierte ihm bewusst verführerisch seine noch von den letzten Wassertropfen glänzenden Muskeln.

„Hi, guten Morgen, Kipp! Wie sieht es aus, soll ich schon für uns beide Frühstück machen?"

„Nein, fang schon ruhig ohne mich an. Ich glaube, ich schreibe lieber noch eine kleine Weile. Aber vielleicht kannst du mir ja nachher mal deine Hanteln leihen. Wenn ich dich so sehe, denke ich, sollte ich auch mal wieder anfangen, etwas für meine Fitness zu tun. Ich laufe in der Woche nur meistens ein wenig vor dem Frühstück und bevor ich ins Büro fahre. Das ist, glaube ich, nicht genug. Am Wochenende bin ich für solche Sachen aber einfach zu träge und unmotiviert. Die Frauen müssen ja ganz verrückt hinter dir her sein, was?!"

Justin dachte eigentlich etwas völlig anderes, aber er brachte nur eine abgedroschene Standardantwort dazu über die Lippen: „Ja, manchmal ist das schon so!"

Er ließ die Tür auf Kipps Wunsch offen und begann alleine mit dem Frühstück, nachdem er sich angezogen hatte. Kurz darauf hörte er ihn im Bad und dann kam Kipp, nur mit einer Shorts bekleidet und einem Handtuch über der Schulter zu ihm in die Küche, wo er seine Sachen gerade abwusch. Justin erstarrte beinahe vor Lust, als er ihn so unvermutet in diesem Aufzug dort stehen sah und er hatte Mühe, seine heißen Gefühle vor ihm zu verbergen. Er zerrte beiläufig sein langes T-Shirt ein wenig weiter nach unten, um die anschwellende Erregung seines Schwanzes unter dem Stoff seiner Jeans zu verbergen.

„Ich würde mir gern deine Hanteln einmal leihen", sagte er nur, ohne etwas von Justins Gefühlsausbrüchen bemerkt zu haben.

„Ich kann dir auch gern ein paar Übungen zeigen, wenn du willst!", bot er sich sofort an.

„Warum nicht? Du weißt bestimmt besser darüber Bescheid als ich!"

Sie gingen nach nebenan in das Wohnzimmer und Kipp zog die Tür zum Balkon auf, um etwas frische Luft hereinzulassen. Dabei stellte Justin zu seiner Freude fest, dass er eigentlich einen recht gut gebauten Körper besaß, der nur ein wenig mehr gezieltes Training benötigte, um wieder ganz in Form zu kommen.

„Du hast die Liege ja schon weggeräumt!", stellte Kipp fest.

„Ja, ich habe sie wieder in die Kammer gebracht, damit sie hier nicht so rumsteht. Womit wollen wir anfangen?"

„Sag du es mir. Du bist doch der Fachmann."

Justin warf einen begierigen Blick auf seinen Körper und versuchte, diesem einen eher kritischen Ausdruck zu verleihen.

„Deine Bauchmuskeln und Oberarme sind ein wenig vernachlässigt worden. Ich denke, damit sollten wir anfangen." Justin zeigte ihm, wie er die jeweilige Übung machen sollte und sah Kipp dann dabei zu. Dabei war er unentwegt bemüht, sich möglichst normal zu geben und seine hart gegen die Jeans drückende Erektion nicht auffallen zu lassen. Er genoss jeden Moment ihrer fünfundzwanzig Minuten währenden Übungen in vollen Zügen und wünschte sich insgeheim nichts mehr, als diesen wundervollen Mann endlich in den Arm zu nehmen und leidenschaftlich zu küssen. Als sie schließlich fertig waren und sich Kipp mit dem Handtuch den Schweiß von der Brust rieb, meinte er:

„Was hältst du davon, heute abend mal ins Kino zu gehen. Der neue Film von Frederick Lane ist gerade angelaufen: ‚Das Herz von Afrika'. Ein Abenteuerstreifen mit Shane Callow und Celeste Gaynor in den

Hauptrollen. Das wäre doch sicher auch nach deinem Geschmack, oder?"
Justin sagte sofort begeistert zu. Der Nachmittag verging wie im Flug. Noch immer war Kipp auf seine ständig deutlicher werdenden Anspielungen seiner Gefühle ihm gegenüber nicht aufmerksam geworden. Sein Verlangen nach ihm und die Flut seiner intensiven Gefühle vermochte er fast nicht mehr zu bändigen. Und es bereitete ihm fast schon körperliche Schmerzen, dass Kipp so gar nicht auf seine verzweifelten Andeutungen ansprang. So beschloss Justin, nach ihrem Kinobesuch alles auf eine Karte zu setzen. Als der Film zu Ende war und sie das fast bis auf den letzten Platz ausverkaufte Kino verließen, diskutierten sie auf der Fahrt zurück noch eine ganze Weile fachmännisch über den Streifen und befanden ihn nach eingehender Analyse für sehr spektakulär und gelungen. Zweifellos würde er ein großer Erfolg für das Studio werden, auch wenn Justin fand, dass Callow für die Heldenrollen allmählich zu alt wurde und sicher nicht mehr lange in Filmen dieser Art zu sehen sein würde. Doch so sehr er den Film genossen hatte, an diesem Abend war es ihm das erste Mal in seinem Leben passiert, dass ihm etwas anderes wichtiger gewesen war. Denn immer wieder hatte er verstohlen und voll schmerzvoller Sehnsucht zu Kipp den Kopf herumgedreht. Der Anblick der scharfen Umrisse seines Profils im Dunkel des Kinosaales, zogen Justin mehr in ihren Bann, als die spannende Handlung dort oben auf der großen Leinwand. Justins ganze Gedanken drehten sich nur noch um einen einzigen Punkt. Und das war Kipp Melnick! Als er die Tür seines Apartments aufschloss, konnte Justin seine Gefühle einfach nicht mehr länger verstecken. Noch ehe Kipp das Licht einschalten konnte, warf Justin die Tür hinter ihnen zu, packte ihn fest mit beiden Händen bei den Schultern und drückte ihn mit sanfter Gewalt neben dem Portrait von Witney Kent gegen die Wand. Und dann, in einem unüberlegten Moment seiner wild anstürmenden Gefühle, schenkte er dem Mann seiner Liebe einen innigen Kuss auf den Mund. Dicht stand er vor ihm und blickte ihn im Dunkel des Zimmers fest an, als sich ihre Lippen voneinander lösten. So sehr hatte er sich diesen Augenblick gewünscht und wartete nun fünf endlos lange Sekunden auf seine Reaktion. Kipp war im ersten Moment schlicht sprachlos. Justin hatte ihn so sehr damit überrascht, dass er völlig verwirrt war und zunächst gar keine Worte fand, um das auszudrücken, was er empfand und ihm durch den Kopf jagte.

„Justin!", rief er dann nur heiser aus, um seiner aufkeimenden Empörung im ersten Moment Luft zu verschaffen. Der begriff nun sofort, dass er einen riesigen Fehler begangen hatte und versuchte verzweifelt seine Tat zu rechtfertigen und ihm in einem Redeschwall seine Gefühle zu erklären:

„Ja, ich weiß, es ist vielleicht ein Schock für dich. Bitte entschuldige, dass ich nicht den Mut hatte, es dir schon längst zu sagen. Okay, wir kennen uns erst so kurz, aber ich kann meine Gefühle einfach nicht ändern. Ich liebe dich, Kipp! Es tut mir leid, dass ich dich damit so überfallen habe, aber es tut mir nicht leid, dass ich so für dich empfinde! Ich liebe dich wirklich mehr, als ich es dir in Worten sagen kann. Versuch doch mal über deinen Schatten zu springen und probier etwas Neues. Ich weiß tief in dir drin, willst du es doch auch! Du hast nur nicht den Mut, dich zu deinen Gefühlen zu bekennen, weil sie dir fremd sind und falsch vorkommen. Aber das ist nicht so! Bitte gib mir eine Chance, Kipp! Bitte!"

Doch Kipp stieß ihn nur brutal von sich weg. Justin prallte unsanft mit dem Rücken gegen die Wand und wusste sofort, dass all seine verzweifelten Versuche, es ihm zu erklären, die ganze Sache nur noch verschlimmert hatten. Wut, Abscheu und Entsetzen vermischten sich bei Kipp Melnick und gipfelten in einem wüsten, unkontrollierten Ausbruch.

„Fass mich nicht an!", schrie er nur und spuckte ihn dabei an. „Pack deine Sachen und verschwinde! Sofort! Ich dachte wirklich, wir könnten Freunde werden! Aber du hast diese Freundschaft offenbar nur benutzt! So etwas ist mir noch nicht passiert! So etwas nicht! Wie kannst du nur glauben, dass ich deine schmutzigen, widerwärtigen Gefühle mit dir teilen könnte?! Allein nur der Gedanke daran, lässt mich kotzen! Verschwinde und komm nicht wieder her! Ich will dich verdammt noch mal hier niemals wieder sehen!" Und damit stürmte er nach nebenan in das Wohnzimmer, ergriff Justins Koffer und schleuderte ihm diesen voller Wut durch den ganzen Raum hindurch entgegen. Das Gleiche tat er mit seiner Tasche und den wenigen Sachen, die noch von ihm dort lagen. Und dabei brüllte er immer wieder wie ein Irrsinniger: „Nimm schon deinen ganzen Kram und hau endlich ab! Du kotzt mich an!"

Justin nahm die Hanteln, die Kipp zu seinem Glück nicht nach ihm geworfen hatte, klemmte sich die Tasche unter den Arm und sammelte seine anderen Sachen vom Boden und den Schränken zusammen. Er fand keine Worte der Entschuldigung mehr, denn er wusste, was immer er auch sagen würde, es wäre sinnlos. Er hatte alles auf eine Karte gesetzt - und alles verloren! Noch nie in seinem Leben war er sich so schäbig vorgekommen. Noch nie hatte er sich so elend gefühlt, dass er glaubte, sein Herz würde ihm bei lebendigem Leib in der Brust zerrissen! Die Scherben seiner Liebe lagen am Boden zerstört. So taumelte er benommen zur Tür hinaus, stolperte dabei über seine eigenen Füße und fiel auf dem gepflasterten Weg des kleinen Vorgartens hin. Er verlor seine Sachen, die sich um ihn herum verteilten. Die Hanteln landeten auf dem Rasen und blieben dort liegen. Kipp Melnick erschien in der Tür. Er hielt Justins Koffer in den Händen und schleuderte ihm diesen hinterher. Der landete direkt vor ihm auf dem Weg, überschlug sich und rutschte bis zu seinen Füßen, während er ihm noch wütend hinterher schrie:

„Solchen Abschaum wie dich können wir hier in Hollywood nicht gebrauchen! Du solltest dich mit Spencer Jackson zusammentun! Der ist genauso abartig wie du und wird ewig diese Billigfilme machen! Verschwinde aus meinem Leben! Verschwinde, und komm nie wieder her!"

Mit einem lauten Knall warf er die Tür zu und ließ Justin auf dem Weg allein sitzen. Minutenlang hockte er einfach nur so im Dunklen da, konnte seine schmerzvollen Gefühle einfach nicht mehr zurückhalten und begann schluchzend zu weinen. Hemmungslos gab er sich seiner Verzweiflung hin, während er seine verstreuten Sachen zusammensammelte und in die Tasche stopfte. Er lief die ganze Nacht lang in der Stadt umher, saß auf der Bank einer Bushaltestelle und kaufte sich in einem 24-Stunden-Shop eine Flasche Whisky. Er versuchte seinen Kummer und seine Verzweiflung in dem Alkohol zu ertränken und sank schließlich vollkommen betrunken vor einer einsamen Straßenunterführung an der Wand zusammen. Dabei wurde er von zwei übel aussehenden Kerlen beobachtet, für die er eine willkommene Gelegenheit war, schnell und ohne Schwierigkeiten an Geld zu kommen. Sie durchwühlten seine Sachen und brachen in einen hinterhältigen Jubel aus, als sie seine restlichen 845 Dollar fanden und damit verschwanden. Die fast leere Whiskyflasche rollte ihm aus der Hand und blieb vor seinen Füßen liegen. Erst war es nur ein einzelner Tropfen, der auf das Etikett der Flasche fiel und darauf zerschmettert wurde. Doch schon zwei Minuten später wurde daraus ein regelrechter Regenguß, der das heiße Pflaster der Straße zum dampfen brachte. Ein Donnern erfüllte die Nachtluft. Vollkommen durchnäßt wurde Justin davon aus seinem Rausch hochgeschreckt. Abermals sammelte er seine Sachen zusammen, die von den zwei Kerlen überall verstreut worden waren. Fast alles landete, eingeweicht und durchnäßt, zu einem wüsten Durcheinander verwoben, wieder in seinem Koffer und der Tasche. Benommen wankte er unter die Unterführung ins Trockene, auch wenn längst nichts an ihm mehr wirklich trocken war. Er rutschte an der Wand nach unten und blieb davor sitzen. Er ergab sich jammernd und umnebelt von dem übermäßigen Alkohol seinem eigenen Mitleid. Irgendwann kippte er zur Seite und schlief dort, wo er war, einfach ein. So wurde dieser Sonntag unverhofft zum schwärzesten Tag in seinem Leben. Alles war um ihn herum in Scherben versunken. Nichts schien ihm mehr geblieben zu sein. Am anderen Morgen schien die Sonne wieder und Justin wurde von der kalten Schnauze eines neugierig schnuppernden Hundes geweckt, der ihn im Gesicht anstieß. Doch der Hund wurde von seinem Herrchen sofort zurückgerufen und an der Leine weitergezogen. Mit dröhnenden Kopfschmerzen wurde er allmählich wach und stellte bald darauf fest, dass ihm gerade noch zwölf Dollar geblieben waren. Sie hatten in der engen Tasche seiner Jeans gesteckt und war nicht von den beiden Kerlen durchsucht worden, nachdem sie in seinem Koffer den Jackpot gefunden hatten. Justin klopfte mühsam seine noch immer nassen Klamotten sauber und stand auf. Er kickte voller Wut die Whiskyflasche mit einem Tritt zur Seite und musste sich dann eingestehen, dass er an allem selbst die Schuld trug. Wie schnell und schmerzhaft dieser Absturz der vergangenen Nacht auch gewesen sein mochte, er hatte etwas für sich daraus gelernt. Er schwor sich voller Bitternis eines; niemals wieder wollte er zulassen, dass unsinnige Gefühle ihn von dem Weg zu seinem Ziel abbrachten. Und diese Erkenntnis brannte sich in seinem Kopf ein, wie das glühende Eisen eines Cowboys auf dem Fell einer überwältigten und am Boden liegenden Kuh. Er stand von der Bank auf und nahm seine Sachen. Die abfälligen Blicke der Leute, die an ihm vorübergingen, waren ihm völlig egal. Mit versteinertem, fest entschlossenem, kalten Blick ging er davon. Gleichgültig, was auch immer er tun musste, um zu seinem Ziel zu gelangen, er war bereit, es zu tun. Er war nach Hollywood gekommen, um sich seinen Traum zu erfüllen. Und nun würde er damit beginnen, dies auch in die Tat umzusetzen. Welches Opfer auch immer dafür nötig sein sollte, er würde es bringen. Nachdem er bei Wagners angerufen hatte, um sich für drei Tage krank zu melden, nahm er ein Taxi und fuhr dorthin zurück, wo ihn sein erster Weg bei seiner Ankunft hier in Hollywood geführt hatte: Brears. Eigentlich hatte er vorgehabt, nie wieder hierher zurückzukehren. Doch nun war alles anders geworden. Er hatte nur kurz noch einmal über das Angebot des übergewichtigen, schmierigen Hausverwalters nachgedacht und dann entschlossen, dass es akzeptabel erschien. Wenn es zu seinen Bedingungen stattfand! Er betrat den Hausflur und klingelte entschlossen an dessen Tür. Mit einem breiten Grinsen im Gesicht, das sich von Überraschung in herablassende Verachtung verwandelte, öffnete ihm der fette Mr. Rumstead die Tür. Doch noch ehe er überhaupt etwas sagen konnte, fuhr ihn Justin bereits mit fester Stimme, die keinen Kompromiß zuließ, an:

„Fünf Dollar die Woche, wie bisher. Keinen Dollar mehr! Und ich kriege ein Telefon oben! Noch diese Woche! Dafür komme ich bei Ihnen duschen. Wenn sie wollen, jeden Tag. Aber ich sage es Ihnen gleich; außer anglotzen gibt es nichts weiter! Versuchen Sie mich anzufassen oder tun sonst was, dass mir nicht passt, können Sie sicher sein, dass Sie in einem Krankenhaus aufwachen und danach nie wieder das Verlangen verspüren, einen Kerl nackt zu sehen. Ist das soweit verstanden?"

„Was fällt dir ein, solch unverschämte Bedingungen zu stellen, du kleiner Scheißkerl?!", fuhr ihn der Fette empört an.

Justin versetzte ihm einen kraftvollen Stoß, so dass er zurück in seine Wohnung bis vor den Tresen dort im Flur wankte. „Sie können es tun oder sein lassen! Aber ich weiß genau, dass Sie widerliches Schwein ganz heiß darauf sind, mich anzustarren. Und wenn Sie das wollen, akzeptieren Sie meine Bedingungen so und nicht anders. Was ist nun?!"

Mr. Rumstead ging um den Tresen herum und schob ihm nervös den Schlüssel zu. „Du hast Glück. Das Apartment ist zufällig noch frei. Ich telefoniere sofort mit dem Service, während du deine Sachen nach oben bringst, und sie werden es diese Woche noch anschließen! Du siehst ziemlich übel aus. Kommst du gleich noch zum duschen runter?"

Justin hielt den Schlüssel in der Hand, den er sich sofort gegriffen hatte, schob ihm fünf Dollar für die Woche über den Tresen und zerstörte seine Hoffnungen auf dieses widerwärtige Vergnügen, als er sich in der Tür noch einmal zu ihm umdrehte: „Wenn das Telefon oben angeschlossen ist, komme ich bei Ihnen duschen. Keinen Tag vorher!"

Er lief die Treppe nach oben, warf seine Sachen auf das Bett und schloss die Tür. Einen kurzen Moment lang musste er lächeln, als er die schwarze Jacke einsam in dem schmalen Schrank hängen sah. Er hätte nicht gedacht, sie noch einmal wiederzusehen. Bei seinem nächsten Auszug - und er schwor sich, dass dieser nicht so lange auf sich warten lassen würde wie der letzte - würde er sie mitnehmen. Nur um bloß nicht wieder hierher zurückkehren zu müssen! Danach sprang er doch noch unter die Dusche. Allerdings allein und ohne die gierigen Blicke des Hausverwalters. Als er sich danach im schmutzigen und vom Dampf beschlagenen Glas des Spiegels ansah, glaubte Justin einen anderen darin zu erkennen, als noch gestern morgen. Er war nicht mehr der unschuldige, naive Junge von der kleinen Farm aus Steaming Meadow, der vor vier Monaten hier angekommen war. Er war ein anderer geworden. Er war nun fest entschlossen, das Kapital, das er besaß und ihm keiner nehmen konnte, rücksichtslos einzusetzen, um sein Ziel zu erreichen: sein Aussehen, seinen Charme - und seinen Körper!

Von Monstern, Indianern und anderen Filmhelden

Als Justin am Dienstag bei seinem Agenten im Büro erschien, begrüßte ihn dieser mit geradezu euphorischem Jubel. „Mein lieber Mr. Farr! Wie wunderbar Sie an einem so herrlichen Vormittag zu sehen. Habe ich Ihnen nicht letzte Woche etwas versprochen?"

Justin nickte und ahnte, worauf Mr. Morgan anspielte, auch wenn er kaum glauben wollte, dass es wahr sein sollte.

„Und Sie werden sehen, ein Harris Morgan hält sein Wort! Ich habe eine erste Rolle für Sie! Hier ist die Adresse des Besetzungsbüros, bei dem Sie sich melden sollen. Am besten gleich heute noch. Es ist kein großer Film und auch keine große Rolle, aber es ist ein Anfang! Nun, was sagen Sie?"

Ein Strahlen erhellte Justins Gesicht und das erste Mal hatte er das Gefühl, dass sich seine Mühen endlich auszuzahlen schienen. Dennoch blieb er skeptisch und wollte sofort genaues darüber wissen. Mr. Morgan ließ sich zurück in seinen Stuhl fallen, der fast drohte, unter seinem Gewicht einzustürzen, so sehr knirschte es. Er zündete sich eine neue Zigarre an und blickte ihn über den Rand seiner Brillengläser hinweg an.

„Edward Dearborn ist der Regisseur. Er hat ANGIFF DER MARSMONSTER und den ziemlich erfolgreichen DIE ANGST BLEIBT

UNSICHTBAR gemacht. Diesmal geht es um irgend so ein Ungeheuer, dass ein irrer Wissenschaftler erschaffen hat und das nun in einem See haust und dort sein Unwesen treibt. Gerade heute morgen erhielt ich den Anruf, dass Sie sich unbedingt vorstellen sollen. Ich glaube, Sie haben die besten Chancen, die Rolle zu bekommen."

Justin nahm den Zettel mit der Adresse entgegen und warf einen Blick darauf. „Wann glauben Sie denn, telefonisch erreichbar zu sein? Sie hatten da letzte Woche so etwas erwähnt. Das würde die ganze Sache wesentlich erleichtern, wenn meine Sekretärin Sie anrufen kann."

„Ich denke, dass ich Ihnen noch diese Woche eine Nummer geben kann", gab ihm Justin zur Antwort und verabschiedete sich freundlich und nun deutlich besserer Laune als vorher bei seinem Agenten.

Als er gegangen war, trat seine Sekretärin, Mrs. Hensleigh - eine füllige, aber im Vergleich zu ihrem Chef dennoch geradezu gertenschlanke Person - in das Büro. Sie hielt einen Block in der Hand und liftete ihre Brille ein wenig an, als sie hereintrat.

„Warum haben Sie dem Jungen nicht gesagt, dass er die Rolle sowieso bekommt? Und warum beschaffen Sie ihm nicht etwas ordentliches als so einen unbedeutenden Blödsinn? Wir beide wissen doch, dass Ihre Kontakte immer noch ziemlich gut sind, wenn Sie sich nur bemühen! Ich denke, es liegt Ihnen so viel an ihm?"

Mr. Morgan paffte brummend an seiner Zigarre. „Das tut es auch, meine Liebe! Mir liegt sehr viel an ihm! Und ich werde ihm schon die passenden Rollen besorgen, verlassen Sie sich darauf! Aber Sie verstehen das nicht so ganz. Er ist noch die Unschuld selbst, was die Arbeit beim Film angeht. Er muss sich erst einmal einfinden und lernen, was es heißt, wirklich vor der Kamera zu stehen und eine Rolle zu spielen. Diese ersten Erfahrungen sind immens wichtig. Zu schnell könnte es sonst passieren, dass er den Blick für die Realität verliert und durchdreht, wenn ich ihm jetzt durch eine Hauptrolle zu plötzlichem Ruhm verhelfe. Wenn er diese Lektion kapiert hat, folgt der nächste Schritt. Die Studioproduzenten können Stars machen. Aber es sind die Agenten, die ihnen dezent zeigen, welche Schauspieler dazu auch das Zeug haben." Und mit einem vielsagenden Lächeln im Gesicht lehnte er sich in seinem Stuhl zurück und genoss sichtlich seine Zigarre.

Nun zeigte es sich, dass sich der Job und die Kurierfahrten bei Wagners gelohnt hatten. Denn mittlerweile kannte sich Justin einigermaßen auf dem riesigen Gelände der Reardon Studios aus. Und wusste deshalb, wo sich die Verwaltungsgebäude und Büros befanden, als er sich am Tor anmeldete und von dem Wärter in dem Häuschen danach gefragt wurde. Nachdem dieser sich rückversichert hatte, dass man ihn dort auch tatsächlich erwartete, bekam er ein Schild angeheftet und durfte passieren. Die Besetzungsbüros lagen in einem größeren Gebäudekomplex ganz auf der linken Seite der Studios. Justin betrat ein eindrucksvolles Gebäude im Kolonialstil und stand in der Eingangshalle vor einer großen Tafel, auf der alle hier befindlichen Abteilungen verzeichnet waren. Er brauchte nicht lange zu suchen. Mr. Morgan hatte ihm die Bezeichnung genau aufgeschrieben und so nahm er die Treppe hinauf in den zweiten Stock. Er kam in einen breiten Flur, von dem einige Türen zu beiden Seiten ihn abzweigten. Vor dem Büro mit dem Schild: „Besetzungsbüro 5 - Mrs. Florence Gardener" blieb er stehen und klopfte höflich an. Er trat ein, nachdem er dazu von drinnen aufgefordert worden war und schloss gleich wieder die Tür. Auf der linken Seite des Raumes standen in der Ecke fünf elegante Stühle und davor ein länglicher Glastisch. An den Wänden hingen diverse Filmplakate. Und darunter entdeckte er auch zwei Filme mit Spencer Jackson. Vor ihm saß hinter einem Schreibtisch eine schlanke Dame mittleren Alters und blickte zu ihm auf, als er hereintrat. Sie trug ihr Haar nicht sonderlich modern hochgesteckt und hatte eine winzige Brille auf der ziemlich spitzen Nase sitzen.

„Ja, bitte, junger Mann, was kann ich für Sie tun?", flötete sie freundlich, aber irgendwie von ihrem Job gelangweilt.

„Ich komme von meinem Agenten Mr. Harris Morgan zu Ihnen. Justin Farr ist mein Name und es geht um eine Rolle für den Film von Mr. Dearborn."

Ein mühevolles Strahlen erhellte ihr Gesicht und sie zog eine Schublade in einem der Metallschränke neben sich auf. Sie sprach immer von dem Studio, auch wenn sie dabei im Grunde sich selbst meinte:

„Oh, ja, das ist korrekt! Wir haben Ihren Agenten angerufen! Es hat uns vier ziemlich anstrengende Tage gekostet, eine neue Besetzung für die Rolle zu finden. Dieser Aufwand ist eigentlich eher unüblich für eine solche Rolle, aber Mr. Dearborn wollte sich nicht zufrieden geben. Dabei haben die Dreharbeiten schon gestern begonnen! Bitte setzen Sie sich doch dort an den Tisch, Mr ...?"

„Farr!", half Justin ihr freundlich aus und nahm auf einem der Stühle Platz. Sie kam mit einigen Papieren und einem Kugelschreiber um den Schreibtisch herum und setzte sich zu ihm.

„Dies ist der Vertrag. Unterschreiben Sie bitte auf der zweiten Seite ganz unten. Es ist ein üblicher Standardvertrag ohne große Besonderheiten. Ihre Gage beträgt 60 Dollar. Sie bekommen die Summe von Ihrem Agenten ausgezahlt. Abzüglich seiner Provision natürlich. Von Ihrem Agenten wurde uns gesagt, dass Sie jederzeit zur Verfügung stehen könnten, Mr. Farr? Der Drehplan sieht Sie für morgen Vormittag 9 Uhr vor. Ich hoffe doch, Sie können dies einrichten!"

Justin kam sich ziemlich überfahren vor, dabei hatte er die für ihn wichtigsten Dinge ja noch nicht einmal zu hören bekommen. „Doch ich könnte schon ...", begann er, wurde von der immer noch flötenden Mrs.

Gardener jedoch sofort wieder höflich unterbrochen:

„Das ist wunderbar! Ich werde sofort anrufen, um es Mr. Dearborn mitzuteilen! Gibt es sonst noch irgendwelche Fragen von Ihrer Seite, Mr. Farr?" Sie zwinkerte nervös mit den Augen und allmählich wurde ihm diese Frau unsympathisch.

„Ja, allerdings! Eine ganze Menge sogar!", entgegnete er ein wenig entrüstet.

„Na bitte! Dann mal los, ich bin gern bereit, sie Ihnen zu beantworten!"

„Zunächst einmal hätte ich gern den Titel des Films erfahren", begann Justin.

Mrs. Gardener tippte mit dem rot lackierten, langen Nagel ihres Zeigefingers auf den Kopf des Vertrages vor sich auf dem Tisch. „Finden Sie gleich hier oben am Anfang: ‚Der Schrecken lauert in der Tiefe', und darunter kurz die wichtigsten Produktionsdaten. Was sonst noch?"

„Was für eine Rolle ist es überhaupt? Findet kein Casting statt? Und ist die Zeit nicht ein wenig knapp, um den Text dafür zu lernen und sich auf die Rolle vorzubereiten?"

Mrs. Gardener lachte glucksend wie eine Henne mit Schluckauf, blickte ihn dann aber wieder sofort ernst an.

„Für eine solche Rolle findet doch kein Casting statt! Ich bitte Sie, was glauben Sie wohl, wieviel Zeit wir hier haben? Die Ewigkeit? Zeit kostet im Filmgeschäft jeden Tag eine Menge Geld. Und ich will mal behaupten, dass selbst meine seelige Großmutter den Text für diese Rolle in einer Stunde auswendig gekonnt hätte. Den Text und die Beschreibung ihrer Rolle finden Sie im übrigen im Anhang des Vertrages! Sonst noch irgendwelche Fragen, mit denen ich Sie glücklich machen könnte?", fragte sie mit einer schnippischen Arroganz, die Justin gar nicht gefiel. Sie reichte ihm den Schreiber und Justin blätterte den Vertrag dreimal um. Er warf einen kurzen Blick auf den Anhang - nicht mal eine dritte Seite Text - und schlug das Blatt wieder zurück, um zu unterschreiben.

Freudig darüber, sich einig geworden zu sein, trennte sie ihr Exemplar von dem Rest ab, reichte ihm nun einen Zettel und eine kleine Karte mit seinem Namen und dem Produktionsort darauf. „Ich habe Ihnen hier aufgeschrieben, wo man Sie morgen erwartet und bei wem Sie sich melden müssen. Mr. Winkler ist der Regieassistent von Mr. Dearborn und wird Ihnen morgen alles weitere erklären. Die Karte ist ein Ausweis für das Studio. Mit ihm kommen Sie auf das Gelände. Vergessen Sie die nicht! Sie haben Glück mit ihrer Rolle. Es erforderte sogar einen Außendreh! Ich hoffe, es gefällt Ihnen bei uns und wir sehen uns einmal wieder."

Zweifellos war dies ihr Standardsatz am Ende eines jeden Gespräches dieser Art, denn sie klang so überzogen und verzuckert freundlich, dass Justin ihr am liebsten in aller Deutlichkeit gesagt hätte, welche Meinung er von ihr gewonnen hatte. Doch er ließ es bleiben, stand ebenso wie sie, mit dem Vertrag in der Hand, auf und verließ das Büro. Er nahm auf einer einladend wirkenden Bank vor dem Gebäude Platz und warf einen etwas ausführlicheren Blick auf den Anhang. Neben einigen knappen Szenenerklärungen, standen die Dialogzeilen untereinander, mit kurzen Anmerkungen dazwischen, die er laut las:

Ein Wagen hält. Zwei Jugendliche sitzen drin.

Tommy: „Hey, wir sind da! Los, wer als erster im Wasser ist, kann sich von dem anderen was wünschen!" Tommy läuft den Hang zum See nach unten. Zieht sich am Ufer eilig die Kleider aus und springt ins Wasser. Taucht wieder auf.

Tommy: „Gewonnen! Komm schon, Julie, es ist herrlich! Du schuldest mir einen Kuss!"

Julie: „Das war nicht fair! Ich hatte den weiteren Weg!"

Tommy wird plötzlich unter Wasser gezogen.

Tommy: „He, da ist was im Wasser!"

Wird wieder nach unten gezogen. Schreit diesmal, als er auftaucht.

Tommy: „Hilfe, Julie! Mich zieht was runter!"

Unter Wasser. Krallen greifen nach ihm. Er zappelt und ertrinkt.

Justin suchte vergeblich nach einer Fortsetzung des Textes. Er konnte es kaum glauben, dass dies seine ganze Rolle sein sollte. Doch er sah ein, dass er nicht gleich mit einer echten Nebenrolle rechnen konnte. Es hätte auch schlimmer kommen können. Immerhin hatte er Dialog. Trotzdem war er ein wenig sauer auf Mr. Morgan. In seinem Schauspielkurs am späten Nachmittag sagte Justin zu keinem etwas von seiner Rolle. Erst wenn er eine wirklich nennenswerte bekommen sollte, würde er dies vielleicht tun. Seine Mitschülerin Colleen Marks dankte ihm geradezu überschwenglich für seine Hilfe bei ihrem Drehbuch und schwärmte dabei in den höchsten Tönen von Kipp Melnick. Justin erteilte ihr eine ziemlich grobe Abfuhr und machte ihr unmißverständlich klar, dass er von ihr kein einziges Wort mehr darüber hören wollte. Sie akzeptierte verschreckt seinen ihr gegenüber so radikal ausgesprochenen Wunsch und nahm sich vor, ihn fortan einfach zu ignorieren. Nichts anderes hatte er gehofft.

Seinen Job in der Bar erledigte er an diesem Tag lustlos und mit stoischer Routine, was Wilfred Markuson veranlaßte, ihm eine Rüge zu erteilen, auf die er ziemlich gereizt reagierte. Es kam zu einem kurzen, aber ziemlich heftigen Streitgespräch, an dessen Ende Justin wutentbrannt seinen Job hinschmiß, was Markuson schlicht entsetzte. Er lief ihm über den Hof hinterher und unternahm den Versuch, ihn umstimmen und sich die Sache doch noch einmal zu überlegen. Aber Justin hatte genug von ihm. Er wollte sich endgültig von allem trennen, was ihm nicht weiterhalf, sein Ziel zu erreichen. Seinen Traum Wirklichkeit werden zu lassen. Und dies sagte er

Markuson mit ziemlich deutlichen Worten:

„Ich habe es satt, Willie! Endgültig satt! Ständig glotzt du mir nur auf den Arsch und versuchst mich rumzukriegen, wieder mit dir ins Bett zu steigen. Aber weißt du was: ich ficke nur noch mit den Leuten, die mich auch bei meiner Karriere weiterbringen können! Und es ist mir ganz egal, wer das ist, denn ich kann nicht warten, weil ich nur einmal jung bin. Kapierst du das? Entweder ich habe es in zwei oder drei Jahren bis ganz nach oben geschafft oder ich schaffe es nie! Und du stehst nicht auf meiner Liste dieser Personen. Also lass mich endlich in Ruhe, mach's gut und verpiss dich!"

Die wütenden Beschimpfungen, die der enttäuschte Oberkellner ihm noch voller Zorn hinterher rief, hörte Justin gar nicht mehr, denn längst hatte ihn die Nacht verschluckt.

Der Mittwochmorgen begann für Justin mit einer gewissen Anspannung. Den Text konnte er längst auswendig und seine Rolle war geradezu lächerlich simpel. Es war ganz einfach die Aufregung, das erste Mal für einen wirklichen Film vor einer Kamera zu stehen. Deshalb war er auch sehr früh fertig und hatte kaum geschlafen in dieser Nacht. Bereits um 8 Uhr war er am Tor und zeigte dem Wärter seinen Ausweis. Der wollte ihm noch freundlich erklären, wie er zu Studio 7 kam, doch Justin ließ ihn stehen, denn er kannte seinen Weg. Doch er täuschte sich ein wenig. Denn mit dem Servicewagen von Wagners war er stets gefahren, zu Fuß benötigte er für die gleiche Strecke jedoch volle 20 Minuten. Dennoch traf er früh genug am Drehort ein. Niemand kontrollierte ihn hier oder wollte noch einmal seinen Ausweis sehen. Als er in das Studio kam, staunte er über die aufgebaute Kulisse nicht schlecht. Vor einem riesigen Schwimmbassin, in dem eine ganze Olympiamannschaft Wettkämpfe hätte veranstalten können, herrschte bereits hektische Betriebsamkeit. Das Becken war ganze vier Meter tief, wobei drei Meter im Boden der Halle verschwanden. Ein langer Strang Schienen war um den Beckenrand verlegt worden. Die der Studiowand zugekehrte Seite war mit einer Vielzahl künstlicher Bäume, Palmen und Sträucher von den Produktions-Designern und Handwerkern in die perfekt erscheinende Kulisse eines Waldes verwandelt worden. Ein überdimensionales Wandgemälde dahinter verstärkte diesen Eindruck noch. Davor erstreckte sich ein seichtes Ufer. An manchen Stellen steinig, an manchen mit Gras bewachsen. Die täuschend echte Kulisse eines Seeufers am Waldrand. Große Scheinwerfer unter der hohen Studiodecke und Lampen auf langen Ständern konnte er überall sehen. Der Kamerawagen stand noch ganz an der Seite, wurde jedoch von zwei Männern offenbar gerade vorbereitet. Kabel wurden verlegt und überprüft. Das Licht wurde eingerichtet. Justin wandte sich einfach an den Erstbesten, der ihm über den Weg lief und fragte ihn nach Mr. Winkler. Der Mann verwies ihn auf die rechte Seite, wo Justin einige Trennwände stehen sah. Einige davon stellten sich als Umkleidekabinen heraus. Er ging auf eine junge, blonde Frau in seinem Alter zu. Sie hatte ein Petticoatkleid und ein T-Shirt mit einer großen Zahl darauf an, wie es Highschool-Schülerinnen zu tragen pflegen. Sie stand vor einer der Kabinen, deren Tür offen stand, und blickte in die von ihm abgewandte Richtung. Justin stupste sie leicht an der Schulter an und versetzte ihr damit unabsichtlich einen ziemlichen Schreck.

„Oh, das tut mir echt leid! Das wollte ich nicht! Ich suche nur Mr. Winkler. Können Sie mir sagen, wo ich ihn in diesem Ameisenhaufen finden kann?"

Sie lachte über seinen kleinen Scherz und Justin fand sie vom ersten Moment an ziemlich nett. Sie hielt sich nicht lange mit umständlichen Floskeln auf, sondern antwortete ihm mit herzlicher Freundlichkeit:

„Mr. Winkler wollte eigentlich gleich wieder hier sein. Wenn du willst, kannst du ja mit mir zusammen auf ihn warten. Ich bin Gloria Rees. Schauspielerin. Einen Drehtag. Zwei Szenen. Nicht besonders viel, aber es muss ja auch kleine Figuren geben. Und meine Zeit für die großen Rollen kommt schon noch! Und du?" Sie strahlte geradezu vor Begeisterung und Optimismus und Justin hatte spontan entschlossen, ihrem Beispiel zu folgen.

„Ich bin Justin Farr. Auch Schauspieler. Allerdings wohl noch eine Nummer kleiner. Nur eine Szene. Aber es ist auch mein erstes Mal, dass ich dabei bin."

Sie blickte ihn verblüfft an: „Dann bist du Tommy?"

„Und du Julie?", fragte er ebenso erstaunt. Sie mussten beide über diesen kleinen Zufall lachen.

„Es ist mein siebter Film. In meinem ersten durfte ich nur schreien und wurde dann von einem Maskierten erstochen. Und am Ende haben sie die Szene dann auch noch aus dem Film geschnitten. Ah, da kommt Mr. Winkler!" Justin hätte sich gern noch ein wenig mehr mit ihr bekannt gemacht, doch dazu blieb nun keine Zeit mehr. Mr. Winkler, ein hagerer Kerl, wohl Ende 30, mit Schnauzbart und Hornbrille, kam in rasantem Schritt auf sie zu.

„Ah, wie ich sehe, haben sich die jungen Stars offenbar schon miteinander bekannt gemacht. Das ist sehr schön. Miss Rees, ich muss Sie bitten, noch einen Moment hier auf mich zu warten. Ich muss Ihnen Ihren Partner erst noch zum Umziehen entführen." Er wandte sich nun an Justin und drängte ihn in die Kabine: „Ich bin Mr. Winkler, Regieassistent. Ich sorge für die ganze Vorbereitung der Szenen und den ganzen Kram. Na ja, irgendwie für alles, damit gedreht werden kann. Ihr Name war noch gleich …?" fragte er nach und schloss die Tür.

„Justin Farr." Half Justin ihm weiter.

„Hießen Sie nicht irgendwie etwas anders?", stutzte der ziemlich nervös wirkende Mann.

Justin korrigierte sich schnell. „Ach, ja! Natürlich! J. Evans Farr, wäre richtiger. Ich habe meinen Vornamen abgekürzt."

„Sehr originell! Also gut, Mr. Farr. Wir haben noch ein wenig Zeit. Ich schlage vor, Sie ziehen sich rasch für die Szene nachher um und kommen dann mit Miss Rees zu mir. Ich erkläre Ihnen kurz ihren Job und dann wird gedreht. Proben sparen wir uns. Wir wiederholen es, wenn es nicht gleich beim ersten Mal klappen sollte. Ihre Sachen finden Sie dort im Schrank. Ihre eigenen können Sie hier lassen. Wenn Sie nachher schwimmen gehen, ziehen Sie bitte die Shorts, die bei Ihrem Kostüm liegt, drunter. Schließlich drehen wir jugendfrei und wollen Sie nicht nackt sehen, alles klar?" Er klopfte ihm freundschaftlich auf die Schulter und ließ ihn in der Kabine allein.

Justin fand eine Jeans, ein weißes T-Shirt und eine rote Highschooljacke mit der gleichen aufgenähten Nummer wie Gloria in dem Schrank: der Nummer 15. Und die von Mr. Winkler erwähnte Shorts. Er stellte fest, dass sie ein besonders enges Gummiband hatte, dass ihm ziemlich in die Haut drückte. Damit sollte wohl verhindert werden, dass er sie beim Ausziehen in der Szene oder im Wasser versehentlich verlor. So umgezogen verließ er wieder die Kabine, vor der Gloria noch auf ihn wartete.

„Das ging ja fix! Komm, wir wollen Mr. Winkler nicht warten lassen. Wir müssen rüber zum Set!"

Er folgte ihr zwischen den Kabinen entlang und den umherlaufenden Studiomitarbeitern zu dem Bassin mit der Seekulisse. Er konnte eine kleine Treppe an der Seite des Beckens sehen, die zum Ufer hinaufführte. Mr. Winkler stand dort mit drei sehr unterschiedlichen Männern im Gespräch zusammen. Der ganz Linke von ihm hatte eine Badehose an und hielt einen Schnorchel samt Taucherbrille in der Hand. Der Mann zwischen ihnen überragte sie alle an Größe um fast zwei volle Köpfe. Er trug einen schwarzen Tauchanzug und über seine Arme hatte er bis hoch zu den Schultern das Kunststoffkostüm von bedrohlich schwarzen, schuppigen Krallenhänden an. Lange Tentakeln aus Gummi hingen von seinen Schultern nach unten, die man ihm auf dem Rücken befestigt hatte. Justin musste grinsen, denn außer diesen Monsterarmen, sah der Mann eigentlich völlig normal aus. Sah man einmal von seiner Größe ab. Der Mann gleich rechts von Winkler war ein kräftiger Mann in einem schlichten Anzug mit gestreifter Krawatte. Er hatte einen Vollbart und dunkles Haar und hielt eine Mappe in der Hand. Zuletzt war da noch der kleine Mann ganz außen. Etwas füllig mit kleinem Schnauzbart und ziemlich unscheinbar in einer hellgrauen Hose, Hemd und Pullunder. Als Gloria und Justin auf die kleine Gruppe zukamen, sah Mr. Winkler gerade zu ihnen herüber und winkte sie zu sich heran.

„Edward, darf ich dir kurz vorstellen: das ist Mr. Farr, der Junge, den du haben wolltest!"

Der kräftige Mann mit dem Anzug trat mit einem strengen Lächeln vor und reichte ihm zur Begrüßung die Hand, während Mr. Winkler ihn Justin als den Regisseur vorstellte.

„Sehr schön! Sie sind genau der Typ, den ich mir vorgestellt habe! Athletisch und gutaussehend! So bekommt die Szene genau die Wirkung, die ich haben will! Die Leute müssen gleich am Anfang erkennen, welch eine Bedrohung das Monster ist. Das es auch einen kräftigen Kerl mühelos erledigen kann. Und vor allem die weiblichen Zuschauer sollen die Kreatur dafür hassen, dass sie einen so gutaussehenden Jungen umbringt! Freut mich, dass Sie in meinem Film dabei sind, Mr. Farr! Harry wird Ihnen alle nötigen Instruktionen erteilen. Ich muss noch mal rüber zu Kamera 1 bevor wir drehen. Wir sehen uns später." Sprach er und verschwand energischen Schrittes am Rande des Bassins entlang, von dem unscheinbaren Typ mit Schnauzer dicht gefolgt.

Mr. Winkler blickte nun Justin und Gloria wieder an. „Der Kerl, den Sie gerade verpasst haben, ist nur der Autor. Mr. Dearborn lässt sich gern von den Autoren beraten, auch wenn er höchst selten auf ihren Rat hört. Er hat die Szenen genau im Kopf und weiß, wie sie am besten wirken." Dann sah Mr. Winkler den Riesen neben sich an und klopfte ihm auf die Schulter, wobei er sich ein wenig recken musste. Gloria und Justin bekamen von ihm die krallenbewehrte Hand gereicht.

„Hier haben wir unser Monster, Milton Franck. Er hat mal Basketball gespielt, aber nun haben wir ihm dieses schreckliche Kostüm verpasst. In der Szene heute werden nur seine Arme im Bild zu sehen sein, deshalb trägt er auch nur einen Teil des Kostüms. Er wird Sie nachher in die Tiefe zerren und ertränken, Mr. Farr", erläuterte Mr. Winkler mit einem augenzwinkernden Lächeln.

Auch der dritte Herr in der Runde mit Badehose wurde von ihm kurz vorgestellt und Justin erfuhr, dass er der Fachmann für die Kamera unter Wasser war. Zusammen mit Mr. Winkler, der ein Klemmbrett mit einigen Drehbuchseiten in der Hand hielt, stiegen sie auf das Set und gingen am Ufer entlang bis in die Mitte der Kulisse. Sie erreichten einen feinen Kiesstrand, der nach einem kurzen, seichten Stück im Wasser direkt auf die volle Tiefe abfiel. Justin spürte, dass der Boden unter seinen Füßen leicht vibrierte. Zu beiden Seiten standen Tontechniker und hielten Mikrofone an langen Stangen für die Aufnahme bereit. Von Scheinwerfern unter der Decke und dem gegenüberliegenden Beckenrand wurde die Szene entsprechend ausgeleuchtet.

Mr. Winkler drehte sich zu den künstlichen Bäumen hin und erklärte Justin kurz, was er zu tun hatte: „Sie verstecken sich hier hinter den Sträuchern und stürmen, wenn Mr. Dearborn das Zeichen zur Aufnahme gibt, daraus hervor. So hastig Sie können, ziehen Sie dann Ihre Sachen aus und werfen diese ein Stück nach hinten auf das Gras dort. Danach hechten

Sie mit einem großen Sprung ins Wasser. Am besten einen Kopfsprung. Sie tauchen wieder auf, sind ganz begeistert, Ihr Text. Mr. Franck zieht Sie kurz nach unten. Er ist die ganze Zeit im Wasser. Sie tauchen überrascht und ein wenig erschrocken wieder auf. Ihr Text. Sie gehen noch mal runter und kommen wieder hoch und schreien dann um Ihr Leben. Danach zieht Mr. Franck Sie noch mal unter Wasser. Sie versuchen sich verzweifelt zu wehren, aber er hält Sie fest. Es muss nach echter Panik aussehen. Aber keine Angst, er hält Sie nur kurz fest. Wenn es nötig sein sollte, machen wir diesen kurzen Shot unter Wasser noch mal einzeln in ein paar Einstellungen hinterher. Das sehen wir dann." Danach wandte er sich an Gloria Rees, die seinen Erklärungen genau zugehört hatte.

„Sie Miss Rees, kommen bitte erst hinter den Sträuchern hervor, wenn sich Mr. Farr ins Wasser hechtet. Sie laufen auch. Ihr Text. Beginnen sich dann ebenfalls eilig auszuziehen. Und geraten in Sorge um Ihren Freund ebenfalls in Panik, als Sie sehen, was mit ihm passiert. Das ist alles. Ihre zweite Szene mit Spencer Jackson und John Wheat drehen wir dann im Anschluss. Gleich hier in derselben Halle. Ich hole Sie dann ab und wir gehen gemeinsam zu der Kulisse des Sheriffbüros dort hinten. Das wird so gegen halb elf etwa sein. Alles klar?"

Sie nickten beide und gingen gemeinsam auf ihre von Mr. Winkler angewiesene Position hinter den künstlich errichteten Sträuchern und Bäumen.

„Bist du aufgeregt?", wollte Gloria von ihm wissen.

„Ich würde lügen, wenn ich Nein sage!", meinte Justin nur und blickte zwischen den Ästen hindurch nach vorn über das Bassin. Hinten am Rand konnte er den Kamerawagen stehen sehen, der direkt in diese Richtung „zielte". Daneben, auf einem hohen Stuhl, saß Edward Dearborn. Im Wasser selbst erkannte Justin die beiden dunklen Schatten. Die Unterwasserkamera und „das Monster". Justin sah wie der Regisseur den Arm hob und zu seinem Assistenten blickte. Der rief laut in die Halle, dass es auch wirklich jeder verstehen konnte, mit einem Megafon vor dem Mund:

„Achtung, Ruhe bitte! Wir machen jetzt die erste Aufnahme. Alle auf ihre Plätze!", er reichte Mr. Dearborn das Megafon. Ein junger Kerl mit der Klappe trat vor die Kamera und sagte laut:

„Der Schrecken lauert in der Tiefe - 5 die Erste!"

Und aus dem Megafon schallte das Wort „Action!" von dem Regisseur durch die Halle.

Justin rannte los. Am Ufer angekommen, sah er sich hastig um, riss sich dabei die Jacke herunter und warf sie hinter sich auf den Rasen. Er öffnete den Gürtel seiner Jeans und zog sie sich herunter.

„Halt! Stop!", schallte es vom anderen Ufer herüber. Justin glaubte, sein Herz würde vor Schreck stehen bleiben. Er wusste nicht, was er falsch gemacht hatte und blickte sich verzweifelt um. Sein Anblick in dieser

Stellung, die Jeans bis zu den Knien heruntergezogen und leicht taumelnd, musste ziemlich lächerlich sein. Der Regisseur stand auf und sprach weiter in das Megafon:

„Okay! Wir machen das anders, Mr. Farr. Ziehen Sie sich beim nächsten Mal bitte nach der Jacke erst ihr Shirt aus, dann die Turnschuhe und zum Schluss die Hose. Alles klar? Okay! Dann bitte wieder anziehen und auf die Ausgangsposition. Wir machen es noch einmal!"

Justin zog sich wieder an und beeilte sich damit. Er ging zurück zu Gloria hinter die Büsche, die ihm nur ein Trost spendendes Lächeln schenkte und mit den Schultern zuckte.

„Das hätten sie mir auch gleich sagen können. Dann hätte ich es perfekt gemacht!", zischte Justin ihr ärgerlich zu.

„Das war nicht dein Fehler! Die wissen ja selbst nicht immer, wie es werden soll!", gab sie ihm als Antwort.

„Sind wieder alle soweit? Dann Okay! Achtung Aufnahme!", hallte es von drüben herüber. Und wieder trat der Junge mit der Klappe kurz vor die Kamera und rief diesmal:

„Der Schrecken lauert in der Tiefe - 5 die Zweite!"

Und abermals gab der Regisseur das Kommando:

„Action!" Wieder rannte Justin los ans Ufer. Er riss sich die Jacke herunter, warf sie nach hinten und zog sich sofort darauf sein Shirt über den Kopf. Ein hastiger Blick zurück, während er es hinter sich warf, dann zog er sich eilig die Schnürsenkel der Turnschuhe auf. Er kickte den ersten davon elegant hinter sich und wollte es gerade mit dem Zweiten tun, als abermals der Ruf von drüben erscholl:

„Halt! Stop!"

Justin hielt wie versteinert inne und glaubte, verrückt zu werden. Verzweifelt blickte er über das Bassin hinweg auf den Regisseur und versuchte sich dabei zur Ruhe zu zwingen.

„Okay! Die Reihenfolge ist so in Ordnung! Aber für einen Horrorfilm sind diese Verrenkungen doch ziemlich albern. Sie machen das zwar ganz elegant, Mr. Farr, aber ich möchte Sie bitten, sich beim nächsten Mal an dieser Stelle doch einfach in den Sand fallen zu lassen und das Ausziehen der Turnschuhe im Sitzen zu machen! Alles klar? Okay! Dann wieder alles zurück auf den Anfang!"

Ein weiteres Mal zog Justin seine Sachen wieder an. Dieses Mal dauerte es ein wenig länger, denn er musste sich erst noch das Shirt wieder in die Hose fummeln und den ausgezogenen Turnschuh binden. Doch er war darauf bedacht, es vernünftig zu tun. Dann ging er wieder zu Gloria hinter die Sträucher zurück und sah sie an.

Sie kicherte nur noch, als er sie verbittert ansah. Doch diesmal musste er selbst grinsen.

„Ich sag es doch. Die wissen selbst nicht, wie sie es haben wollen!", meinte sie nur trocken.

Die ganze Prozedur folgte ein drittes Mal. Erneut rief Mr. Winkler alle auf ihre Plätze und wieder trat der Junge mit der Klappe nach vorn und rief: „Der Schrecken lauert in der Tiefe - 5 die Dritte!"

Und auch diesmal folgte das Kommando von Mr. Dearborn durch das Megafon: „Action!"

Justin lief ein weiteres Mal los ans Ufer. Diesmal schaffte er es tatsächlich wie gewünscht sich bis auf die Shorts auszuziehen. Nachdem er die Jeans hinter sich geworfen hatte, lief er los ins Wasser und wollte gerade zu seinem Kopfsprung ansetzen. Doch in seiner Aufregung hatte er nicht mehr bedacht, wie knapp das Ufer ins Wasser hinein angelegt war und das es sofort danach tief in das Becken abfiel. Er rutschte aus, kippte ein wenig nach hinten weg, ruderte noch kurz mit den Armen und tauchte mit einem lauten Klatschen im Wasser unter.

Das „Halt! Stop!", hörte er selbst unter Wasser und tauchte prustend wieder auf. Er blickte in Richtung des Regisseurs, der aufgestanden war, und hob die Arme: „Tut mir echt leid, Mr. Dearborn. Aber der Kies ist verdammt rutschig und ich habe nicht gesehen, dass es gleich so tief reingeht!", rief Justin ihm als ehrlich gemeinte Entschuldigung zu.

Der Angesprochene ließ nur resignierend die Arme sinken und sprach durch das Megafon, damit Justin ihn verstehen konnte: „Ja, ist schon Okay, Mr. Farr! Es war nicht Ihre Schuld! Wir unterbrechen für 15 Minuten damit Sie sich abtrocknen und umziehen können und machen es dann noch einmal!"

Justin stieg aus dem Becken zurück ans Ufer und sah dabei Mr. Dearborn aufgeregt mit seinem Assistenten diskutieren, der auch ohne Megafon so laut sprach, dass er ihn verstehen konnte.

„Warum zur Hölle ist das Ufer so schmal? Oder warum sind nicht zumindest Matten unter dem Kies verlegt, damit man im Wasser nicht ausrutschen kann? Was ist das nur für eine elende Schlamperei? Wir haben gerade erst den zweiten Drehtag! Soll das etwa den ganzen Film so weitergehen?" Er ließ seinen Assistenten stehen und ging wütend davon.

Justin stand am Ufer und sah Gloria aus der Kulisse zu sich herunterkommen. Gleichzeitig kam eine freundliche Dame von der Seite angelaufen und reichte ihm ein großes Handtuch. Justin begann sich abzutrocknen.

„Das sah wirklich ganz toll aus! Geradezu erstklassig! Hätte ich nie im Leben so hingekriegt!", lobte sie ihn mit einem ironischen Grinsen und musste schließlich lachen.

Auch er selbst musste darüber lachen. „Ja? Hat es wirklich so gut ausgesehen? Vielleicht sollte ich es nachher gleich noch mal so machen?"

„Bloß nicht! Mr. Dearborn würde der Schlag treffen. Und danach würde sicher Mr. Winkler einen von ihm verpasst bekommen!"

Sie lachten erneut und ein Studiogehilfe hatte hinter ihnen damit begonnen, Justins Kleider vom Ufer einzusammeln. Gloria half dem Mann dabei und zu dritt gingen sie so durch die Halle zurück zu der Umkleidekabine. Dabei war ihm sehr wohl aufgefallen, mit welch interessierten Blicken sie ihn die ganze Zeit über gemustert hatte. Ein junger Kerl kam angelaufen und brachte Justin eine neue Shorts. Gloria stand daneben und grinste.

„Beeil dich besser!", meinte sie nur und blieb draußen vor der Tür stehen, um auf ihn zu warten. Eine zierliche Maskenbildnerin in einem grünen Kleid kam mit einem Fön samt Kamm in der Hand aufgeregt herbeigeeilt. Ein wenig zu spät hatte Gloria sie kommen sehen, da hatte die Unglückselige auch schon die Tür ein Stück weit aufgerissen und sprang im nächsten Moment peinlich erschrocken zurück. Justin stand nackt vor ihr und wollte sich gerade die neue Shorts überziehen, nachdem er mit dem Abtrocknen fertig war. Es störte ihn nicht weiter, dass die beiden jungen Damen ihn in dieser peinlichen Situation so sahen, auch wenn es überraschend kam.

„Nur immer herein!", rief er schlagfertig und mit einem Lächeln im Gesicht.

Ein vielmals wiederholtes „Entschuldigung!" kam über die Lippen der entsetzten Maskenbildnerin und dabei lief sie so rot an wie eine überreife Tomate. Sofort zog sie die Tür mit einem Schlag wieder zu und Gloria konnte sich ein herzhaftes Lachen nicht verkneifen.

„Gott, ist mir das peinlich!", stammelte sie an Gloria gewandt. „Aber Mr. Winkler hat mich so gehetzt, dass ich ganz vergessen habe, dass bei einigen der Kabinen noch immer die Schlösser nicht in Ordnung sind! Ob ihr Freund mir das wohl je verzeihen kann?"

„Schon vergeben!", rief Justin von drinnen, der ihre Worte gehört hatte.

Sie fuhr peinlich ertappt zusammen und errötete noch mehr. Wenn dies überhaupt möglich war.

Gloria flüsterte ihr deshalb die Worte zu, die ihr auf der Zunge brannten. „Er ist gar nicht mein Freund, wissen Sie. Ich habe ihn auch gerade erst kennengelernt. Aber haben Sie gesehen, wie irre gut er aussieht?!"

Die Maskenbildnerin stimmte ihrer Meinung heftig nickend zu. „Heiliger Himmel, ja! Es war unmöglich, das zu übersehen!"

Es dauerte drei Minuten, dann öffnete Justin von innen die Tür und ließ sie eintreten.

„Hey, es war wirklich nicht schlimm! Vergessen Sie es einfach!", meinte er noch einmal zu der jungen Frau, die nichts eiligeres zu tun hatte, als seine Haare wieder trocken und in die richtige Form zu bekommen.

„Ein echt toller Auftritt!", meinte Gloria noch lächelnd zu ihm, als sie schon wieder zurück am Set waren. „Wer ist bloß dein Trainer? Kann der mich auch so irre in Form bringen?"

„Frag ihn doch mal! Er steht vor dir!", antwortete Justin ihr spontan und erntete ein erstauntes „Oh!" von seiner Partnerin.

Fast alle hatten sich wieder an ihren Plätzen versammelt. Justin sah gerade „das Monster" auf der anderen Seite ins Becken steigen und untertauchen. Dann kam Edward Dearborn und nahm auf seinem Stuhl Platz. Er richtete das Megafon in die Runde und schien seinen Humor wiedergefunden zu haben, als er an alle gerichtet verkündete:

„Okay! Von mir aus können wir ja den ganzen Tag so weitermachen und amüsante Wasserspiele veranstalten. Aber ich glaube mich erinnern zu können, hier einen Film drehen zu wollen, also versuchen wir es diesmal mit etwas mehr Professionalität!"

Ein beabsichtigtes Gelächter erntete er dafür von den Umstehenden.

„Mr. Farr, wir haben jetzt dunkle Matten unter dem Kies verlegt", rief ihm Mr. Dearborn herüber.

Ein Gehilfe zeigte, neben Justin stehend, mit der Hand auf die Stelle im Wasser und der nickte. Der Mann verschwand vom Ufer und Justin ging zu Gloria hinter die Büsche der Waldkulisse. Der Regisseur übernahm diesmal selbst die Ansage.

Erneut trat der junge Kerl mit der Klappe vor die Kamera und sagte seinen Satz auf: „Der Schrecken lauert in der Tiefe - 5 die Vierte!"

Das „Action!" kam und Justin rannte ein weiteres Mal los. Diesmal klappte alles vorbildlich.

Und nachdem er sich, wie hinlänglich geübt, voller Eile ausgezogen hatte, vollführte Justin nach zwei Schritten einen langgestreckten, olympiareifen Kopfsprung in die Fluten. Er tauchte freudestrahlend wieder auf, wie es im Drehbuch stand, und rief Gloria seinen Text zu, die nun endlich ihren Einsatz hatte und hinter den Büschen hervor an das Ufer gelaufen kam.

„Das war nicht fair! Ich hatte den weiteren Weg!", rief sie ihm nach seiner Textzeile zu und begann sich ebenfalls hastig ihre Sachen auszuziehen, wobei sie mit den Schuhen anfing und sich dazu ans Ufer setzte. Im selben Moment verspürte Justin, wie er an den Beinen gepackt und ein klein wenig nach unten gezogen wurde.

„He, da ist was im Wasser!", rief er ihr drehbuchgemäß irritiert zu.

Gloria zog ihren Petticoat aus, unter dem ein Badeanzug zum Vorschein kam, und erneut wurde Justin nach unten gezogen. Diesmal ganz unter Wasser. Er riss die Arme nach oben und als er wieder hoch kam, schrie er voller Panik um Hilfe. Wortwörtlich, wie es sich der Autor dieser lausigen Story erdacht hatte. Gloria reagierte mit Entsetzen und hielt inne, sich auszuziehen. Sie war ohnehin fast damit fertig. Und dann rissen zwei kräftige Hände Justin endgültig in die Tiefe. Er glaubte noch die Schreie von

Gloria zu hören, als er untertauchte und dachte nur noch daran, es möglichst genau so zu spielen, wie es ihm Mr. Winkler erklärt hatte. Er wehrte sich gegen den Angriff „des Monsters", aber nicht zu heftig, schluckte dabei Wasser und geriet mit zunehmender Atemnot tatsächlich in Panik. Er ruderte wild mit den Armen, wurde aber noch immer festgehalten und sah die Oberfläche des Bassins über sich immer weiter höher steigen. Rasende Angst packte ihn, als die Luft in seinen Lungen knapp wurde. Endlich kam er frei und tauchte mit einem Schrei und nach Luft ringend wieder auf. Er schüttelte sich und sah sich um. Gloria spendete ihm Applaus. Der Regisseur hatte längst „Cut!" gerufen, aber das war Justin egal. Er kam sich verarscht vor, als dicht neben ihm Milton Franck in seinem halben Monsterkostüm auftauchte.

„Scheiße Mann!", fluchte er wütend. „Warum haben Sie mich so lange festgehalten? Ich dachte, ich ersaufe gleich!"

„Tut mir leid, Junge! Anweisung von Mr. Dearborn. Er wollte, dass es auf jeden Fall realistisch rüberkommt!"

Justin blickte wütend zu dem Regisseur und schwamm mit einigen kräftigen Zügen zu ihm an den Beckenrand. „Haben Sie mir nichts zu sagen?", fuhr Justin ihn rüde an.

„Doch, Sie waren super, mein Junge! Einen Extrashot unter Wasser können wir uns jetzt sparen. Lassen Sie sich ein Handtuch geben und ziehen Sie sich wieder um. Wir machen dann gleich noch eine kurze Aufnahme draußen auf dem Gelände."

Justin fand keine Worte für dessen Überheblichkeit und warf ihm nur einen wütenden Blick hinterher. Kraftvoll schwang er sich über den Rand des Beckens nach draußen und blieb vor dem Bassin in einer großen Wasserpfütze stehen.

Gloria kam mit seinen und ihren Sachen im Arm angelaufen. Sie reichte ihm ein Handtuch und trug noch immer ihren Badeanzug. „Nicht darüber ärgern!", sagte sie, um ihn zu beruhigen. „Das ist eben Film! Manche der Regisseure sind einfach besessen von ihrer Arbeit. Dearborn ist auch einer von ihnen. Komm, wir müssen uns wieder umziehen."

Mr. Winkler kam auf sie zu, während Justin sich mit Gloria schon wieder auf dem Weg zurück zu den Umkleidekabinen befand, wobei sie ihn unablässig von der Seite anstarrte.

„Das war großartig! Und wir sind fast fertig", rief er ihnen zu. „In 15 Minuten komme ich Sie abholen! Alles klar?"

Justin sagte nichts. Sie erreichten die Kabine und Gloria schenkte ihm ein Lächeln. „Diesmal werde ich die Tür verteidigen, als wäre ich dieses Monster!", sagte sie und entlockte Justin damit schon wieder ein Grinsen.

„Okay, ich verlass mich drauf!", meinte er nur und schloss die Tür.

Die zierliche Maskenbildnerin von vorhin in ihrem grünen Kleid erschien und war wieder mit Fön und Kamm bewaffnet. Sie lächelte und hob die Hände.

„Keine Angst! Ich warte diesmal, bis er draußen ist!", entgegnete sie nur zu Gloria und beide lachten. Nachdem sie ihm ein zweites Mal die Haare wieder in Ordnung gebracht hatte, erschien auch schon Mr. Winkler.

„Draußen ist schon alles aufgebaut. Es ist eine Kleinigkeit. Nur die Eingangssequenz, wenn Sie mit Julie in dem Wagen ankommen, halten und aus dem Auto springen. Äh, Sie können doch hoffentlich fahren, oder?" –

„Das schon. Eine Ralley, wenn Sie wollen! Aber ich habe keine Papiere!", antwortete ihm Justin ehrlich.

„Das spielt keine Rolle! Wir sind ja hier auf dem Gelände, nicht auf öffentlichen Straßen. Da brauchen Sie die nicht. Und es sind ja auch nur ein paar Meter."

Während sie die Halle verließen und noch ein Stück gehen mussten, befriedigte Justin seine Neugierde, indem er dem nervösen Regieassistenten einige Fragen stellte, die ihm auf der Seele brannten. „Diese riesige Kulisse sieht so echt aus. Die muss doch eine Menge gekostet haben!"

Mr. Winkler lachte. „Oh, ja, das hat sie sicher! Aber nicht uns. Sie ist noch von einem anderen Film stehen geblieben und wir haben sie nur ein wenig umgebaut. ‚Zaubernacht einer Liebe' hieß der Film. So ein tiefschürfendes Melodram. Ist gerade in den Kinos angelaufen. Und danach haben sie, glaube ich, noch einige Szenen für einen Western drin gedreht, bevor wir kamen. Und weil wir fast die Hälfte des Films darin machen, ist es noch billiger! Wir bauen sie nämlich später immer ein wenig um, damit es anders aussieht. Das merken die Leute im fertigen Film gar nicht! Die Unterwasserkamera ist noch das Teuerste am Ganzen."

Justin war erstaunt. „Sie haben gesagt, dass Gloria nachher noch eine Szene mit Spencer Jackson und John Wheat dreht. Kann ich dabei zusehen?"

„Ja sicher. Gar kein Problem. Sie beide verstehen sich wohl schon recht gut, was?", meinte Mr. Winkler eindeutig zweideutig und warf beiden ein Augenzwinkern zu.

Gloria und Justin tauschten einen schnellen Blick und ein gegenseitiges Lächeln. Sie erreichten den Drehort. Das Studiogelände war hier an einem kleinen Hang etwas abschüssig. Ein Auto stand oben. Eine feuerrote Corvette mit weißen Sitzen. Auf einer Länge von 20 Metern waren kleine Bäume und Sträucher in den Hang gepflanzt worden. Und dazwischen ein gutes Dutzend vier Meter hoch aufragende Baumstämme. Allerdings ohne Kronen. Die waren nicht nötig, weil sie in der Aufnahme nicht zu sehen sein würden. Ein paar Büsche standen auf Ständern noch hinter dem Wagen und gaben den Hintergrund ab. Die Kamera samt Team stand unten am Hang. Justin wunderte sich, dass der Regisseur nicht da war.

„Der bereitet drinnen die andere Szene vor und überlässt das hier mir. So bin ich nicht nur sein Assistent, sondern auch gleich noch Regisseur des

2. Teams. Das spart wieder Geld! So, es ist ganz einfach ...", begann er dann zu erklären. „Der Wagen wird noch ein Stück zurückgefahren. Sie steigen beide ein. Sie, Mr. Farr, fahren ihn rasant bis zu der Markierung dort und halten dann. Sagen Ihren Text und springen aus dem Wagen ein Stück den Hang nach unten. Das ist dann der Anschluss zu der Szene von vorhin, alles klar?"

Justin nickte. Der Wagen wurde zurückgefahren und gleich nach fünf Minuten war die Szene mit der ersten Einstellung abgedreht.

„Ein toller Wagen!", bemerkte Justin schwärmerisch, als sie wieder auf dem Weg zur Halle waren.

„Ja, aber auch nur geliehen. Ist schon in einer ganzen Reihe von Filmen verwendet worden." Ergänzte Mr. Winkler trocken.

Justin hätte es sich denken können. „Schon aufgeregt?" wurde er von Gloria gefragt, als sie wieder in die Halle kamen.

Er wusste nicht, was sie meinte. „Weshalb?"

„Na wegen Spencer Jackson! Ich bin es jedenfalls! Es ist das erste Mal, dass ich mit ihm drehe! Ich habe ihn schon in so vielen Filmen gesehen! Er ist echt mein Held! Aber ich bin auch Profi genug, um nicht gleich auszuflippen!", schickte sie schnell hinterher. Am liebsten hätte Justin ihr gesagt, dass es für sie ziemlich wenig Sinn hatte, Jackson anzuhimmeln. Aber er ließ es bleiben, denn er wollte ihr diese schöne Illusion nicht schon vorher verderben. Justin selbst hingegen interessierte Spencer Jackson wenig. Allerdings war er ziemlich gespannt auf dessen Reaktion, wenn ihn dieser hier so unvermutet wiedersehen würde! Sie erreichten die Kulisse eines Sheriffbüros und Gloria bekam für ihre Rolle eine Decke gereicht. Sie warf noch einmal hastig einen Blick auf ihren Text, dann gab sie das Blatt Papier Justin und lächelte.

„Es ist nur eine kurze Szene. Aber ich will nichts falsch machen", flüsterte sie ihm zu. Sie warf sich die Decke um die Schultern und setzte sich in der Bürokulisse auf ihren Platz, ein Stuhl hinter dem Officetisch des Sheriffs.

Zwei Statisten, die Glorias Eltern spielen sollten, wurden von Mr. Winkler eingewiesen. Er brachte sie hinter die Attrappe einer Tür, wo sie auf ihr Zeichen warten mussten. Ihre ganze Aufgabe war es, hereinzukommen und Gloria in den Arm zu schließen, wenn sie ihren Part beendet hatte. Tontechniker bereiteten die Mikrofone vor. Der Kamerawagen stand auf den Schienen vor der Kulisse bereit. Die Beleuchtung wurde ein letztes Mal überprüft. Überall herrschte rege Geschäftigkeit. Justin stand ein wenig abseits hinter der Kamera und warf Gloria ein aufmunterndes Lächeln zu. Dabei trat er noch ein kleines Stück zurück. Genau in diesem Moment kam direkt hinter ihm der Regisseur entlang und hätte ihn fast noch umgelaufen. Ihm folgte unmittelbar der etwas füllige, aber kräftige John Wheat, der die Rolle des Arztes spielte. Und von Spencer Jackson, der es ziemlich eilig zu haben schien, wurde er dann tatsächlich unabsichtlich an der Schulter angerempelt, als er vorbeiging. Jackson, der die Hauptrolle - den Sheriff - spielte, drehte sich flüchtig nach ihm um und zischte ein säuerliches „Was stehst du hier rum?" Dann blieb er für einen kurzen Moment stehen und drehte sich noch einmal nach ihm um, als er Justin erkannte. Die Überraschung stand ihm unübersehbar ins Gesicht geschrieben.

Justin schenkte ihm nur ein Grinsen. Doch Jackson sagte nichts, sondern drehte sich nur um und ging zu John Wheat und Gloria in das Sheriffbüro. Edward Dearborn ging auf seine beiden Darsteller zu, um noch etwas zu erklären.

„Okay, die Szene ist nicht so lang und ich will es gern in einem Durchlauf am Stück probieren. Ich habe Ihnen gesagt, worauf es mir ankommt. Wenn etwas nicht funktioniert, schneiden wir und setzten von der Stelle noch mal an. Dann brauchen wir nicht alles zu wiederholen. Aber ich wäre dankbar, wenn alles glatt läuft."

Jackson und John Wheat nickten zustimmend.

„Schön! Dann alle auf ihre Plätze. Wir wollen drehen!" Edward Dearborn trat hinter die Kamera zurück auf seinen bereitgestellten Stuhl. Harry Winkler und der füllige Autor mit dem auffälligen Schnauzbart standen gleich hinter ihm. Der junge Kerl mit der Klappe trat vor die Kamera und tat seinen Job:

„Der Schrecken lauerte in der Tiefe - 6, die Erste!" rief er, klappte und verschwand wieder in den Hintergrund. Spencer Jackson kniete ein wenig vor Gloria und blickte sie ernst an.

„Nun erzähl uns noch mal, was du gesehen hast, Julie!", forderte er sie auf.

Gloria kauerte unter der Decke und der Schock der Erlebnisse stand ihr noch im Gesicht geschrieben. Ihre Stimme zitterte und war brüchig, als sie ihren Text vortrug: „Das habe ich doch schon Hank Gordon gesagt!"

„Ja, aber ich will es gern noch mal von dir selbst hören. Komm schon!"

„Wir sind zum See runtergelaufen. Aber Tommy war schneller als ich unten, weil ich erst noch um das Auto herum musste und gestolpert bin. Wir haben gewettet, wer als erster im Wasser ist. Aber als ich unten ankam, war Tommy gerade reingesprungen. Und dann hat ihn irgendetwas nach unten gezogen und er hat angefangen zu schreien. Er ist noch mal hochgekommen und dann ..." Gloria warf sich drehbuchgemäß die Hände vor ihr Gesicht und begann zu schluchzen.

Spencer Jackson legte ihren Arm um sie und redete eindringlich auf sie ein: „Julie! Hast du gesehen, was es war, das ihn nach unten gezogen hat? Konntest du irgend etwas sehen?"

Gloria hob ihr Gesicht und sah ihn verzweifelt an: „Nein, Mr. Hendricks! Ich habe nichts gesehen! Er hat geschrien und ist untergegangen!

Und ich hatte so eine Angst, dass ich einfach nur weggelaufen bin, um Hilfe zu holen! Oh, Gott, Tommy!"

John Wheat trat in seiner Rolle als Arzt an Jackson heran. „Es ist gut, John! Sie sehen doch, sie steht noch unter Schock. Vielleicht erinnert sie sich ja noch an etwas, wenn sie sich beruhigt hat und es ihr wieder etwas besser geht."

„Ja, vielleicht haben Sie recht, Doc. Okay, Julie! Deine Eltern sind draußen. Du kannst dann jetzt gehen! Und ich versprech dir, wir finden heraus, was mit Tommy passiert ist!"

Gloria sah ihn noch einmal kurz an, dann sprang sie auf und lief auf „ihre Eltern" zu, die in diesem Moment in das Büro traten. Sie fiel „ihrer Mutter" um den Hals, die erleichtert war, sie zu sehen und wurde von ihnen nach draußen geführt.

Spencer Jackson ging nachdenklich durch das Büro und blickte John Wheat dann ernst an. „Was glauben Sie, Doc, könnte den Jungen nach unten gezogen haben? Ein Alligator?"

„Das wäre eine Möglichkeit. Aber ich halte es nicht für sehr wahrscheinlich. Wir haben zwar Alligatoren, aber die haben, soweit ich weiß, noch nie einen Menschen angefallen!"

„Aber etwas muss es gewesen sein!"

„Vielleicht hat er sich ja nur einen Scherz mit ihr gemacht. Ich würde noch eine Weile warten und sehen, ob er wieder bei seinen Eltern auftaucht. Ist doch möglich!"

Doch Spencer Jackson schüttelte zweifelnd den Kopf und ließ sich auf seinen Sheriffstuhl fallen. „Nein, nein! Das glaube ich nicht. Tommy war nicht der Typ für solche Scherze. Es ist etwas passiert!"

„Nun gut, wenn Sie meinen. Wenn Sie etwas genaueres wissen, können Sie mir ja Bescheid sagen. Ich muss jetzt noch mal bei den Frasers vorbei und auf dem Rückweg sehe ich auch noch einmal bei Julie rein. Danach bin ich wieder in meiner Praxis, falls Sie mich brauchen. Machen Sie es gut, John!"

„Ja, und danke, dass Sie so schnell gekommen sind!" John Wheat lächelte, nahm seine Arzttasche und trat durch die Kulissentür nach draußen.

„Okay! Und Cut! Das war wunderbar! Zum kopieren damit!", rief der Regisseur und stand auf.

John Wheat kam an der Seite der Kulisse mit den beiden Statisten und Gloria wieder hervor. Spencer Jackson hatte nichts eiligeres zu tun, als den Set zu verlassen und zu Justin zu gehen, der noch immer im Hintergrund stand und alles voller Faszination beobachtet hatte. Dabei ignorierte er selbst Edward Dearborn, der ihm ein „Wunderbar gemacht, Spencer!" als Lob zurief, dann aber ein wenig verärgert den Kopf schüttelte, als dieser ihn einfach so stehen ließ. Er setzte ein breites Lächeln auf, als er zu Justin kam.

„Hey, das ist wirklich eine Überraschung! Komm ein Stück mit zu meiner Garderobe. Ich würde gern kurz mit dir reden!", sagte er, wodurch es ihm nun doch gelungen war, Justin zu überraschen.

Der hatte nichts dagegen, denn er war interessiert zu hören, was Jackson ihm wohl sagen wollte.

„Ich hoffe doch, du bist mir nicht mehr böse, wegen Silvester? Ich habe dich danach echt versucht zu finden, aber du warst wie verschluckt. Keiner wusste mehr, wer du warst. Nicht mal Hamilton, dieses Arschloch! Der konnte sich nur noch an deinen Vornamen erinnern. Justin, richtig?"

„Ja, das stimmt! Aber warum haben Sie das gemacht, wenn Sie Hamilton für ein Arschloch halten? Sie haben doch gewusst, dass er mich ficken will, oder?!"

Jackson stieß ihm kumpelhaft gegen die Schulter und sah ihn mit seinem typischen „Spencer Jackson-ich-bin-der-Größte-Heldenlächeln" an.

„Ja, das stimmt schon. Er hat es nicht gesagt, aber natürlich war es für mich offensichtlich. Ich war ihm einfach noch einen Gefallen schuldig, das ist alles. Er hat gesagt, ich soll dich High machen. Und das war ja auch nicht besonders schwer, was? Aber bitte, hör auf damit, mich so albern anzureden, ja. Du nennst mich Spencer. Und nicht anders, ist das klar?"

Justin wusste sofort, in welche Richtung der Hase lief. Jackson hatte ziemliches Interesse daran, ihn näher kennenzulernen. Und zweifellos wollte er danach auch noch ein wenig mehr von ihm. Aber das störte Justin nicht. Er fühlte sich irgendwie wohl in seiner Nähe. Nicht nur, dass es ein irgendwie erhabenes Gefühl war, mit einem Filmstar wie ihm bekannt zu sein. Noch dazu, weil er das Idol seiner Jugend war. Nein, vielmehr war es der Umstand, dass er genau wusste, dass Jackson auch auf Männer stand und sie somit auf der gleichen Welle schwammen. Sie wussten, was sie voneinander wollten. Justin wusste es ganz genau. Er erhoffte sich von Jackson einen Karrierekick in die richtige Richtung. Und wenn er dafür mit ihm ins Bett musste, war ihm das nur recht. Jackson gefiel ihm. Er hatte Justin schon gefallen, als er ihn noch im Kino, damals in Steaming Meadow, in seinen Filmen gesehen hatte und noch nicht wusste, dass er es mit Männern trieb. Nicht umsonst war Spencer Jackson ein Frauenschwarm. Auch wenn er 14 Jahre älter war als Justin. Die dunklen, fast schwarzen Haare immer noch kurz, sein markantes, ein wenig kantiges Kinn, die strahlend blauen Augen und leichten Grübchen in den Wangen, wenn er lachte. Das alles hatte Spencer Jackson in seiner ungestümen Jugendzeit zum Helden seiner feuchten Träume werden lassen, wenn er ihn auf der Leinwand in einer seiner Heldenrollen sah. Und wenn er sich dann dabei im Dunkel des Kinosaales durch den engen Stoff der Jeans an seinen vor Erregung steifen Schwanz griff. Aber das war lange her. Und nun stand er ihm gegenüber. Doch trotz dieser Erinnerungen und seiner stillen Begeisterung ihn endlich kennengelernt zu haben, hatte Justin nicht vor, es

Jackson so einfach zu machen. Er wollte einmal sehen, wie weit dessen Interesse an ihm tatsächlich ging.

„Okay, Spencer! Ich hatte diese Nacht sowieso fast schon vergessen! Also lassen wir das!", antwortete er ihm daher schnell.

„Hey, das freut mich! Aber was machst du hier?", fragte er, noch immer irritiert.

„Ich bin auch in deinem Film dabei. Ich bin Tommy!"

Nun war Jackson noch mehr erstaunt. „Ich hab deinen Namen gar nicht auf der Besetzungsliste gesehen. Aber das finde ich ja echt klasse! Was ist, hast du vielleicht Lust, heute nach Drehschluss noch irgendwo etwas mit mir trinken zu gehen? Ich würde mich echt freuen."

Justin verzog leicht verdrießlich und mit gespieltem Ärger das Gesicht. „Ach, das ist dumm. Aber gerade heute geht es leider gar nicht."

„Schade. Wirklich. Kann ich dich trotzdem mal wiedersehen?" Sie hatten seine Garderobe erreicht und blieben davor stehen. Sein Name stand auf der Tür.

„Ich will einfach nicht an einen Zufall glauben, dass wir uns hier so plötzlich wieder getroffen haben. Und es wäre doch ein Jammer, wenn wir dem Schicksal dann nicht auch folgen würden, wenn es uns schon so freimütig dazu einlädt."

Justin musste grinsen. Jackson verstand es wirklich, sich an ihn heranzumachen und sein Interesse hatte er damit mehr als nur unter Beweis gestellt. Also gab er ihm nach. „Okay, du kannst mir deine Nummer geben. Vielleicht rufe ich dich mal an." Sagte er nur und schon verschwand Jackson in seiner Garderobe, um ihm seine Telefonnummer auf einen Fünf-Dollar-Schein zu schreiben.

„Kleiner habe ich es gerade nicht!", scherzte er. „Ich hoffe, du schreibst dir meine Nummer vorher ab, ehe du ihn wieder ausgibst!"

Justin sagte nichts. Er lächelte nur, steckte sich den Schein in seine Hosentasche und ging einfach. Als er wieder an seiner eigenen Kabine zurück war, kam Gloria gerade aus der anderen Richtung. Sie hatte bereits wieder ihre eigenen Sachen an und kam voller Begeisterung und Erstaunen auf ihn zu.

„Hey, woher kennst du denn Spencer Jackson so gut? Ich dachte, ich schiele, als ich ihn mit dir weggehen sehe!"

Justin lächelte. „Ist keine besonders aufregende Geschichte", entgegnete er nur lässig und schloss die Tür seiner Kabine, um sich auch wieder seine eigenen Sachen anzuziehen. Dabei vergaß er nicht, den Fünf-Dollar-Schein aus der Hosentasche seiner Kostümjeans zu ziehen. Gloria klopfte von draußen gegen die Tür.

„Die musst du mir aber unbedingt erzählen, Justin! Was ist, hast du Lust, noch mit mir in ein Café zu gehen? Ich habe jetzt nichts weiter vor."

Justin überlegte kurz und fand dann, dass er ebenfalls nichts weiter vor hatte. Und so machte er Gloria mit seiner Zusage fast überirdisch glücklich. Eine gute Dreiviertelstunde später saßen sie zusammen in einem netten, kleinen Café am Franklin Place. Sie hatten sich beide eine Eisschokolade bestellt und saßen einander an dem großen Fenster des Cafès gegenüber. Nachdem er ihre Neugierde befriedigt hatte - wobei er seine Geschichte um sämtliche, pikante Details zensierte - begann sie ein wenig von sich selbst zu erzählen und Justin hörte ihr aufmerksam und interessiert zu.

„Wenn man es genau nimmt, musste ich eigentlich zwangsläufig Schauspielerin werden. Meine Mutter war Tänzerin in einer Show in Las Vegas. Sie war in den 40ern sogar mal in zwei Musicalfilmen dabei. In ganz kleinen Rollen, mit den anderen aus der Truppe zusammen. Sie hat mich immer davor gewarnt, ins Showgeschäft zu wollen. Aber sie war die Einzige aus meiner ziemlich verkorksten Familie, die mich dann am Ende bei meinen Träumen unterstützt hat. Meinen Vater kenne ich kaum. Ich war noch ziemlich klein, als er Mom und mich sitzengelassen hat. Ein Onkel von mir hat dann versucht, Mom das Sorgerecht für mich zu entziehen. Glaubte, den großen moralischen Hüter der Familie spielen zu müssen. Ein Jahr musste ich bei seiner Familie leben. Es war die Hölle. Nichts als Verbote und alles immer nur zu meinem Besten! Aber Mom hat gekämpft wie eine Löwin und schließlich sogar ihre Karriere in Las Vegas sausen lassen, als es vor Gericht eng wurde. Sie ist jetzt Kellnerin. Allerdings in ihrem eigenen Café! Sie hat sich in den Inhaber verliebt und ihn geheiratet. Ed ist ein echt guter Kerl. Ein bisschen älter als sie. Aber wirklich in Ordnung. Und er liebt sie ebenfalls. Ich komme gut mit ihm klar. Das war vor sechs Jahren. Wir schreiben uns ständig und telefonieren so oft miteinander, wie es nur geht. Sie ist nicht nur meine Mutter, verstehst du. Sie ist auch die beste Freundin, die ich habe!"

Justin lächelte bitter. „Da hast du es immer noch besser getroffen als ich. Ich hatte zwar eine Familie, ich bin auf einer Farm aufgewachsen, aber ich habe meine Eltern gehasst. Und meine beiden älteren Brüder auch. Irgendwie hat mich keiner verstanden. Sie haben nicht einmal den Versuch unternommen, das zu tun oder mir zuzuhören. Meine Eltern haben gesoffen. Den ganzen Tag lang. Und die meiste Arbeit blieb an mir hängen. Das Kino im Ort war meine einzige Freude. Da konnte ich alles vergessen, denn ich habe mein Leben gehasst. Ich wollte nur weg! Irgendwie ist es ein Wunder, dass ich es überhaupt so lange dort ausgehalten habe!"

Gloria schob ihre Schokolade beiseite und legte ihre Hand auf seine. „Das hört sich wirklich verdammt hart und traurig an. Sieht ja fast so aus, als hätten sich da zwei verirrte Seelen getroffen, die beide noch nicht viel Glück im Leben gehabt haben, was?" Sie sah ihn fest, aber mit einem warmen, ein wenig scheuen Lächeln an.

Justin spürte, dass Gloria sich möglicherweise mehr Hoffnungen machte, als nur auf eine bloße Freundschaft. Und selbst wenn sie es jetzt vielleicht noch nicht tat, würde sie es irgendwann ganz sicher tun. Doch er mochte sie wirklich - als Freund! Er mochte sie sogar sehr. Vom ersten Augenblick an. Er würde sie gern nach diesem Tag wiedersehen und sie näher kennenlernen. Aber gerade weil er dies tat, musste er ehrlich zu ihr sein. Von Anfang an. Das wurde ihm in dem Moment klar, als sie dies zu ihm sagte. Er sah ihr fest in die Augen und war um einen ernsten Tonfall bemüht, als er versuchte, es ihr zu erklären.

„Hör mal, Gloria. Ich mag dich. Ganz ehrlich. Und es würde mir eine Menge bedeuten, wenn wir uns wiedersehen würden und vielleicht sogar Freunde werden. Bisher habe ich nämlich noch keine hier. Es fällt mir überhaupt schwer, welche zu finden, denen ich vertrauen kann. Und irgendwie habe ich das Gefühl, dass ich das bei dir kann."

Sie lächelte ein wenig beschämt und wollte etwas antworten, doch er ließ sie nicht zu Wort kommen, sondern fuhr einfach fort, ehe sie etwas sagen konnte.

„Nein, bitte, lass mich das zu Ende bringen. Es ist nicht so einfach, das zu erklären!" Er hielt für einen Moment inne, ehe er fortfuhr: „Ich bin sicher, du wirst dich irgendwann in mich verlieben."

Sie lächelte und sah ihn verträumt an. Das machte ihm die ganze Sache nicht gerade leichter, doch Justin hatte keine Wahl. „Und weil ich deine Gefühle nicht verletzten möchte, weil ich dir das ersparen will, was ich gerade durchmache, muss ich dir leider sagen, dass ich das nie tun werde. Es ist ganz einfach so, dass mich Frauen nicht sonderlich interessieren. Sexuell gesehen, meine ich. Ich stehe nur auf Männer. So ist das."

Ihr verträumtes Lächeln verwandelte sich während seiner kleinen Rede mehr und mehr in Entsetzen.

Justin ahnte, dass so etwas passieren würde. Und zum ersten Mal in seinem Leben ärgerte er sich wirklich über seine Gefühle und wünschte sich, dass es nicht so war. Er zog seine Hände mit einem Ruck unter ihren weg und lehnte sich zurück.

„Ich wusste, dass du es nicht verstehen würdest. Ich wusste es, verdammt!" Er drehte sein Gesicht zum Fenster und blickte verärgert auf die Straße hinaus. Mit seiner Hand ballte er eine Faust und hämmerte gegen das Glas. „Aber ich kann es nicht ändern! So fühle ich nun einmal! Wirklich lieben kann ich nur andere Männer! Solange ich denken kann, ist das so! Und bisher waren es auch immer nur die Falschen. Scheiße!"

Gloria stand auf, kam um den Tisch herum und setzte sich neben ihn. Sie zog ihn an der Schulter herum, damit er ihr ins Gesicht sah.

„Hör mal, Justin! Es ist nicht so, wie du jetzt denkst! Ja, okay, ich war wirklich nahe dran, mich in dich zu verlieben. Aber welche Frau würde das nicht tun! Es ist schon ein kleiner Schock, den ich erst einmal verdauen muss. Das muss ich auch zugeben! Ich hätte im Leben nicht gedacht, dass so ein verdammt gutaussehender Kerl wie du ausgerechnet auf Männer steht.

Aber wenn es nun mal so ist - dann ist es eben so! Deshalb will ich dich trotzdem immer noch kennenlernen. Und wenn wir deshalb nur Freunde sein können, dann würde ich mir wünschen, dass wir dann aber die besten Freunde werden! Jetzt alles klar?" Sie schenkte ihm ein aufmunterndes, ehrliches Lächeln.

„Ist das wirklich so? Ich mein, du verstehst mich wirklich?", fragte er sie völlig irritiert.

„Warum ist es so wichtig, wen man liebt und wie man liebt? Das habe ich nie verstanden! Kommt es nicht vor allem darauf an, dass man überhaupt liebt? Wie viele Menschen haben denn schon das Glück, wirklich und aus ganzem Herzen zu lieben und geliebt zu werden? Damals, als ich noch mit meiner Mom in Las Vegas war und mit ihr durch die großen Städte fuhr, da gab es in der Truppe auch einen Kerl, der nur auf Männer stand. Er war verdammt nett. Der anständigste Mensch, den ich kennengelernt habe - außer meiner Mom natürlich! Ich habe eine Menge von ihm gelernt. Doch solange ich ihn kannte, war er auch nie glücklich. Mag sein, dass ich deine Gefühle nicht verstehen kann, Justin. Aber ich akzeptiere dich wie du bist. Und ich würde mir echt wünschen, dass wir Freunde werden!"

Justin fiel ihr um den Hals. Tränen standen in seinen Augen. Aber es war ihm egal, was die anderen Leute in dem Café von ihm dachten. So scheiß egal! Sie hielten einander fest in den Armen. Als er sich wieder von ihr löste und sich die letzten Tränen aus den Augen wischte, wusste er gar nicht, was er sagen sollte, so glücklich war er in diesem Moment. Sie mussten beide angesichts dieser verrückten Situation lachen. Und jedem von ihnen tat das Lachen auf seltsame Weise gut.

„Wirklich, du bist der erste Mensch, der das versteht! Und ich möchte verdammt gern, dass wir Freunde werden!"

„Sind wir das nicht schon?", fragte Gloria nur und lächelte ihn an.

„Ja, das sind wir! Jetzt habe ich es auch begriffen! Und du glaubst gar nicht, wie gut ich mich dabei fühle! Willst du noch eine Eisschokolade? Ich spendier sie dir! Und dann will ich, dass du mir noch mehr von dir erzählst. Ich möchte alles von dir wissen!"

„Wirklich alles?"

Justin nickte energisch. „Dafür wird dieser Tag wohl kaum reichen! Aber ich kann ja mal damit anfangen ..."

Justin gab seine Bestellung auf und während sie sich weiter gegenseitig voneinander erzählten, vergaßen sie dabei die Zeit. So erfuhr er, dass sie selbst in einem Café arbeitete, um über die Runden zu kommen und er wunderte sich, warum sie beide nicht dorthin gegangen waren. Gloria hatte es ihm auf ihre ganz besonders verschmitzte, ironische Art schnell erklärt.

„Weil ich vom Klatsch meiner Kollegen erschlagen würde, wenn ich mit einem wie dir dort sitze und die davon Wind bekämen!" Sie grinste sofort, als Justin sie ein wenig konsterniert anblickte.

„Ach Scheiße, nein! Das wäre mir doch egal! Ich bin nur bisher noch nie mit einem Freund dort aufgetaucht. Und meine Kollegen - die eigentlich alle recht nett sind, muss ich zu ihrer Verteidigung gestehen - fangen schon an, sich deshalb Sorgen zu machen. Aber mir ist einfach noch nicht der Richtige über den Weg gelaufen! Heute hatte ich gedacht, du könntest mein erster Treffer werden. Aber das war ja nun auch wieder nichts! Und so heißt es wieder warten! Bevor ich in dem Café anfing, war ich mal kurz mit einem zusammen. Aber als ich begriff, dass er mich nur ins Bett kriegen wollte und sonst nichts, bin ich wieder verschwunden. Und wie ist es damit bei dir?"

Justin blickte sie voller Bitterkeit an und Gloria begriff sofort, dass sie damit auf einen wunden Punkt bei ihm gestoßen war.

„Okay, du musst mir nicht davon erzählen. Wir kennen uns ja gerade mal ein paar Stunden! Das ist schon okay. Du erzählst es mir einfach irgendwann einmal, wenn dir danach ist, klar?"

Justin nickte.

„Ja, das werde ich. Danke. Aber im Moment muss ich wirklich erst einmal selbst damit klarkommen."

Gloria wechselte eilig das Thema und so plauderten sie dann noch eine ziemlich lange Zeit. Am Ende begann es draußen bereits langsam dunkel zu werden und Justin bestand darauf, die Rechnung zu bezahlen, als sie gehen wollten. Auch wenn noch einige Bestellungen dazu gekommen waren und er danach tatsächlich so ziemlich Pleite war. Nur der Fünf-Dollar-Schein mit der Nummer und einige lose Centmünzen waren ihm noch geblieben. Beim Abschied erhielt er auch noch von ihr eine Telefonnummer samt Adresse und erfuhr bei dieser Gelegenheit, dass sie sich mit einer Bekannten namens Samantha ein kleines Apartment teilte. Und dass sie gelegentlich auch deren ungehobelten Freund zu ertragen hatte. Was ihr wieder einen Scherz entlockte, über den sie beide lachen mussten. Als sie dann schließlich auseinandergingen, wusste Justin, dass er einen wirklichen Freund gefunden hatte. Und dass ihr Wiedersehen nicht lange auf sich warten lassen würde.

Als er am frühen Abend erledigt, aber ziemlich glücklich zurück in sein Apartment kam, passte ihn Mr. Rumstead im Hausflur ab. Justin war gar nicht erfreut, ihn zu sehen, was dem fetten Hausverwalter allerdings keineswegs so ging.

„Ich habe heute Ihr Telefon anschließen lassen, mein Junge. Die Nummer steht auf einem Zettel, der daneben liegt. Was ist? Sie haben doch bestimmt einen langen Tag hinter sich und wollen duschen, oder?"

Justin blickte mißmutig in das schmierige Grinsen des Mannes. Doch es half diesmal nichts. Der Mann hatte seinen Teil der Abmachung erfüllt, nun blieb Justin nichts anderes übrig, als auch für seinen Teil Wort zu halten.

„Ich hole nur meine Sachen von oben und komme dann zu Ihnen

runter", versprach Justin ihm und sorgte mit dieser Antwort für einen nicht unerheblichen Ausbruch des Jubels bei dem Mann, der sich voll gieriger Vorfreude vergnügt die Hände rieb. Justin dachte nicht mehr lange darüber nach. Er wollte es einfach hinter sich bringen. Dieser Tag war so voll wundervoller Überraschungen gewesen, da konnte ihm dieses Ärgernis die Freude daran nicht mehr verderben. Er nahm sich ein Handtuch, frische Sachen und ging die Treppe wieder nach unten. Mit geradezu übermäßiger Freundlichkeit empfing ihn Mr. Rumstead an der Tür zu seiner Wohnung. Sie gingen an dem Empfangstresen vorbei durch eine weitere Tür in seine privaten Räume. Ebenso schmierig wie sein Besitzer, war auch dessen Wohnung. Justin hatte jedoch nichts anderes erwartet. Er wurde gleich in das Badezimmer gebeten. Die Kacheln der Wände waren an vielen Stellen abgeplatzt oder hatten Risse. Ein Waschbecken mit einem kleinen Spiegelschrank entdeckte er zu seiner Linken. Die Badewanne, ein klobiges Emaillemodell, sah er vor sich unter einem schmalen Fenster. Und die Toilette, ein wahres Wunder, hatte sie doch eine zweifellos gewaltige Anzahl schweißtreibender Sitzungen unter dem Gewicht ihres Inhabers in beachtlich gutem Zustand überstanden, sah er auf der rechten Seite. Wie es schien, hatte Mr. Rumstead sich den ganzen Vormittag redlich bemüht, zumindest ein wenig Reinlichkeit für Justins Auftritt in den ansonsten eher jämmerlichen Raum zu bekommen. Justin konnte noch deutlich die Stellen sehen, an denen er geputzt hatte und roch, ein wenig überdeckt von dem „Duft" der Toilette, frische Zitrone von dem Reinigungsmittel in der Luft. Seine Sachen und das Handtuch hängte er über einen Haken an die Wand. Mr. Rumstead stand grinsend in der Tür. Er trug eine Trainingshose und ein halbwegs sauberes Oberhemd und blickte Justin lüstern an.

„Ich sage es Ihnen nur noch einmal, um Sie daran zu erinnern. Wenn Sie auch nur versuchen sollten, mich anzufassen, werde ich Sie so verprügeln, dass Sie die nächsten Wochen und Monate im Krankenhaus nur noch die Decke anstarren können, ist das klar?", verdeutlichte ihm Justin mit unmißverständlich schneidendem Tonfall.

Der Fette nickte: „Schon verstanden."

„Okay. Und wie haben Sie sich die Nummer nun gedacht?", wollte Justin von ihm wissen, nur um auch allen Mißverständnissen aus dem Weg zu gehen.

„Wirklich nichts Besonderes. Ich habe doch gesagt, dass ich nur zusehen will. Zieh dich einfach nur aus, steig unter die Dusche und hol dir dabei einen runter. Das ist alles!"

„Halt mal! Moment! Ich hole mir hier keinen runter! Die Nummer läuft nicht!", wiegelte Justin energisch ab.

„Wer soll es denn mitkriegen außer mir? Es erfährt doch keiner! Es war abgemacht, dass ich dir nur zusehe. Aber da will ich schon ein bisschen mehr sehen als das! Hast du dir denn etwa noch nie unter der Dusche einen gewichst?", wollte Mr. Rumstead mit absolutem Ernst von ihm wissen.

„Darum geht es nicht! Nur werde ich hier so eine Nummer ganz sicher nicht abziehen! Vergessen Sie's!", blieb Justin hart.

Mr. Rumstead gab enttäuscht klein bei.

„Okay. Aber ich will wenigstens sehen, wie du einen Steifen kriegst! Wenn du das nicht machst, lasse ich das Telefon wieder abholen, klar Junge?!"

Justin nickte wütend und begann sich auszuziehen. Er hatte nicht vor, die ganze Sache ewig in die Länge zu ziehen, auch wenn er keinerlei Hemmungen besaß, sich vor anderen zu entkleiden. Doch in der Regel bestimmte er, vor welchen Leuten er dies tat. Und auch wenn Mr. Rumstead eindeutig nicht zu diesem Personenkreis zählte, hatte er doch keine Scheu, sich auch vor ihm nackt zu zeigen. Schnell hatte er sich seiner ganzen Sachen entledigt und stieg in die Badewanne. Die lüsternen Blicke des dicken Hausverwalters, der jetzt auf der zugeklappten Toilette hockte, konnte Justin beinahe körperlich spüren. Sie schienen jeden Zentimeter seines athletischen Körpers voller Gier abzutasten. Nachdem Justin ihm bisher nur seine Kehrseite präsentiert hatte, drehte er sich nun herum und entlockte dem fetten Hausverwalter ein lustvolles „Ohh!" Justin drehte die Dusche auf und musste einen kleinen Moment warten, bis das erste Wasser aus der Brause über ihm zum Vorschein kam. Mr. Rumstead jubelte, als Justin sich dem kühlen Wasser entgegenreckte und dabei seine Muskeln anspannte.

„Sehr schön! Sehr schön! Und nun mach schon! Fass dich an und mach ihn dir hart!", forderte er und klatschte in die Hände.

Justin begann sich einzuseifen und schloss dabei die Augen. Es war nicht schwer für ihn, diesen Wunsch zu erfüllen. Er brauchte nur für einen Moment an Kipp zu denken. Und wie es mit ihm hätte sein können, wenn es anders gelaufen wäre zwischen ihnen. Und schon spürte er, wie ein Schauer der Erregung durch seinen Körper lief und sich sein Glied, dass er mit einer Hand sanft streichelte, im Nu versteifte und hart in die Höhe sprang. Nachdem er dieses Ziel erreicht hatte, begann er sich weiter abzuseifen, und wusch sich mit einem Shampoo gleich auch die Haare. Dabei hielt er die Augen noch immer geschlossen, um nichts von dem brennenden Shampoo hinein zu bekommen, als er begann sich dies unter der Brause wieder abzuspülen. Für ein paar kurze Minuten genoss er das Gefühl des kühlen Wassers, dass über seinen Körper strömte und vergaß dabei fast, wo er sich gerade befand. Er prustete, strich sich immer wieder mit den Händen über seine Muskeln, bis er schließlich das Wasser abdrehte und sich kurz schüttelte. Mit beiden Händen fuhr er sich über das Gesicht und sah dann hinüber zu dem fetten Hausverwalter. Der hockte zwar noch immer brav auf dem Toilettendeckel und starrte ihn voller Gier an, doch seine Trainingshose war nach unten auf seine Füße gerutscht. Unter seinem hervorquellenden, fetten Bauch und den massigen Oberschenkeln versteckt, hielt er seinen kümmerlichen Schwanz in der Hand, aus dem noch ein wenig Sperma tropfte. Justin verzog angewidert das Gesicht und griff nach dem Handtuch, um sich schnell abzutrocknen und wieder von hier verschwinden zu können. So schnell wie noch nie hatte er seine frischen Sachen wieder angezogen und nahm seine anderen in die Hand. Der Hausverwalter grinste breit und sichtlich befriedigt, als Justin ihn mit einem abfälligen Blick anstarrte. Er hatte seine Hose wieder hochgezogen und stand nun von seinem Platz auf. Justin kam auf ihn zu, um das Badezimmer wieder zu verlassen.

„Okay, die Nummer ist vorbei!", sagte er mit fester Stimme.

„Ja leider, so ist es wohl", brummte Mr. Rumstead und blickte zufrieden, aber immer noch voller Gier an Justin entlang. „Du siehst wirklich klasse aus, mein Junge! Als ich so jung war wie du, war ich es auch einmal."

Justin bezweifelte dies stark und musste bei diesem Gedanken fast grinsen.

„Du kommst doch wieder und wir machen es noch mal?!", fügte der Hausverwalter schnell noch hinzu und ließ Justin vorangehen, der es nun eilig hatte, von hier zu verschwinden.

„Vielleicht. Aber verlassen Sie sich nicht drauf!", entgegnete ihm Justin abweisend und lief die Treppe nach oben.

„Du kommst wieder! Wir haben eine Abmachung!", rief ihm Mr. Rumstead noch grollend hinterher, doch er ignorierte dessen Drohung einfach.

Er schloss hinter sich die Tür, als er endlich allein in seinem Apartment war, und atmete erleichtert durch. Justin war froh, diese ekelhafte Nummer hinter sich gebracht zu haben. Jetzt würde er erst einmal eine Weile Ruhe vor diesem miesen Kerl haben. Er trat vor den Spiegel und kämmte sich seine nassen Haare. Dann nahm er das Handtuch, um es zum Trocknen aufzuhängen. Morgen, wenn er wieder bei Wagners war, würde er einiges von seiner Wäsche zum Reinigen mitnehmen. Noch unschlüssig, was er mit dem Rest dieses Abends anfangen sollte, ließ er sich auf das Bett fallen und versuchte seine Gedanken zu ordnen. Und dabei kam ihm wieder einmal Kipp in den Sinn. Warum nur musste er sich aber auch immer in die falschen Kerle verlieben!? Damals bei Joe war er noch zu jung und unerfahren gewesen. Es war wohl auch eher eine Schwärmerei. Aber in Kipp hatte er sich ehrlich verliebt. Als Justin diesen Anflug schmerzhaft-sentimentaler Gefühle bemerkte, riss er sich gewaltsam von diesen Gedanken los und sprang auf. Er saß auf der Bettkante und schüttelte sich. Verbarg sein wunderhübsches Gesicht in seinen Händen und wollte nicht zulassen, dass sie ihm erneut weh taten. Nein, er hatte sich geschworen, keine echten Gefühle mehr ins Spiel zu bringen, bis er seinen Traum wahrgemacht haben würde. Und daran wollte er festhalten. Keine Liebe mehr, bis er dieses Ziel erreicht hatte! Dann würde ihm auch niemand mehr so weh tun können wie Kipp. Auch wenn ihm klar war, dass es wohl noch eine Weile dauern würde, bis er ihn ganz aus seinem Kopf verdrängt hatte, war er sich doch sicher, dass er dies schaffen konnte. Denn seine wilde Entschlossenheit für diesen Traum zu kämpfen, überragte selbst noch diese schmerzvollen Gefühle. Und irgendwie hatte seine Begegnung mit Gloria heute auch schon ein wenig dazu beigetragen. Er zählte seine Finanzen durch. Es sah ziemlich übel aus. Kaum 60 Dollar, wenn er die Gage, abzüglich der Provision, von seinem Agenten morgen einfordern würde. Seinen Lohn bei Wagners würde er erst am Monatsende bekommen. Das waren noch mehr als zwei Wochen. Er musste sparsam leben, das war alles. Und er würde Mr. Harris einfach um einen Vorschuß bitten. Trotzdem zog Justin an diesem Abend noch einmal los, denn er hatte sich entschlossen, die Zeit zu nutzen und nach einer neuen Wohnung zu suchen. Hier wollte er einfach nur weg. Überall sonst war es besser. Fast drei Stunden lief er auf der Suche danach durch Hollywood oder fuhr mit dem Bus. Er schrieb sich Adressen aus dem Telefonbuch oder bekam sie einfach von Leuten, die er danach fragte und sah sich diese an. Doch meistens waren sie für seine derzeitige Situation einfach zu teuer. Als er aber schon fast für diesen Tag damit aufhören wollte, hatte er schließlich doch noch Glück. Es war schon halb elf und längst dunkel. Er hatte knapp den Bus in seine Richtung zurück verpasst und beschlossen ein Stück bis zur nächsten Haltestelle zu Fuß zu gehen, als er an einem Haus vorbeikam, bei dem er ein kleines Schild im Fenster entdeckte: Zimmer zu vermieten.

Einen Moment lang überlegte er, ob er es noch wagen sollte, so spät dort zu klingeln. Aber als er dann noch Licht in einem der Fenster sah, wollte er einfach einen Versuch machen. Ihm öffnete eine ältere Dame, die er auf Mitte 60 schätzte. Doch als er sah, dass sie bereits einen Morgenmantel trug - mit einem fliederfarbenen Blumenmuster - war es ihm doch peinlich, geklingelt zu haben und er entschuldigte sich sofort bei ihr. Aber die alte Dame lächelte nur freundlich und winkte ab.

„Ach was! Ich gehe selten vor halb zwölf zu Bett, auch wenn es nicht so aussehen mag? Um was geht es denn, junger Mann?"

„Ich habe meinen Bus verpasst und kam hier vorbei als ich ihr Schild gesehen habe. Ist das Zimmer noch frei?"

Sie blickte ihn überrascht an. „Du lieber Himmel, ja! Es ist noch frei! Doch ich hätte in meinem Leben nicht mehr damit gerechnet, dass sich noch mal jemand dafür interessiert! Es steht schon ziemlich lange leer. Aber es ist alles in tadellosem Zustand! Ich putze es einmal die Woche!", versicherte sie ihm sofort. „Kommen Sie ! Wenn Sie wollen, können Sie es sich ansehen!"

Justin folgte der Dame, die sich ihm als Mable Quentin vorstellte, als sie die Treppe nach oben gingen und er ihr auch seinen Namen nannte. Bei dem Zimmer handelte es sich um einen großen Raum, in dem ein Bett, zwei Schränke, eine Regalwand sowie eine kleine Couch samt Tisch und Sessel Platz fanden. Eine Toilette im Nebenraum samt eigener Badewanne gehörten auch noch dazu. Mable Quentin erzählte ihm, dass es mal das Zimmer ihres Sohnes gewesen sei, dieser aber schon sehr lange ein eigenes Leben an der Ostküste führte.

„Wenn Sie zu den Mahlzciten da sind, koche ich gern auch für zwei. Das bereitet mir keine Umstände und ich würde mich freuen, mal wieder ein wenig Gesellschaft zum Essen zu haben."

Doch Justin erklärte ihr, dass er bis auf Sonntags, immer in einer Wäscherei arbeitete und darüber hinaus noch einen abendlichen Schauspielkurs an drei Tagen der Woche belegt hatte. Es schien ihr nichts weiter auszumachen und sie freute sich sogar darüber. Als er sie auf die Miete ansprach, lächelte sie:

„Darüber werden wir uns schon einig. Sie sparen bestimmt jeden Dollar für die Schauspielerei, will ich mal annehmen. Aber wenn ich Sie mir so ansehe, sind Sie doch ziemlich kräftig. Also wenn Sie mir gelegentlich auch mal am Haus helfen, wenn es etwas zu reparieren gibt, denke ich, sollten fünf Dollar die Woche genügen. Einverstanden?"

Justin konnte sein Glück kaum glauben. „Das wäre riesig! Und ich helfe Ihnen gern einmal. Ich bin auf einer Farm aufgewachsen und kann eine ganze Menge Dinge reparieren!"

„Na, das ist doch wunderbar! Wenn Sie wollen, können Sie morgen einziehen!"

Sie überraschte ihn ein zweites Mal. Doch Justin war es nur mehr als recht. Er konnte gar nicht schnell genug aus diesem Loch bei Mr. Rumstead rauskommen! Und so verabredeten sie sich für den morgigen Nachmittag.

Als Justin an diesem Donnerstagnachmittag in das Büro von Mr. Morgan kam, um seine Gage abzuholen, hatte dieser bereits ein neues Angebot für ihn parat.

„Die Rolle ist nicht viel größer als die letzte, das gebe ich zu. Genaugenommen, ist sie sogar noch ein wenig kleiner. Aber Sie haben die Gelegenheit mit Witney Kent vor der Kamera zu stehen!"

Mr. Morgan lehnte sich in seinem Stuhl zurück und blickte ihn über die Ränder seiner Brille hinweg mit einem begeisterungsvollen Augenaufschlag an. Diesmal keine Zigarre zwischen den Lippen, aber dafür ein gut gefülltes Glas Whisky in der Hand.

„Ich habe mir den Vertrag gleich schicken lassen, denn ich bin sicher, Sie nehmen den Job! Habe ich recht?"

Justin nickte zögerlich. „Ja, natürlich nehme ich den Job. Was ist es für eine Rolle?"

„Ein Indianer. Sie suchen einen Indianer. Es geht um eine Szene in einem Western. 'Ritt über die blauen Berge' ist der Titel. Herbert Dietrich führt Regie! Die Indianer überfallen einen Treck und sie spielen einen davon, der die Hauptdarstellerin angreift. Die Dreharbeiten finden in zwei Wochen statt."

Justin sah ihn mißmutig an, was Mr. Morgan nicht entging. Er schob ihm einen Umschlag auf dem Bürotisch zu, in dem sich die Gage befand und mimte dabei wenig überzeugend seinen verständisvollen Freund:

„Ich weiß, ich weiß! Das sind nicht die Rollen, die Sie sich erhofft haben! Aber Sie können doch wohl kaum erwarten, dass man Ihnen sofort eine Hauptrolle anbietet! Sie müssen erst in der Branche bekannt werden. Und das dauert schon seine Zeit!"

„Wie soll ich mit solchen Rollen nur bekannt werden? Ich dachte, Sie sind mein Agent?!", schimpfte Justin gereizt.

„Nun gut! Sie wollen die Rolle also nicht?", entgegnete er daraufhin.

„Doch, ich werde den Indianer spielen! Ich werde überhaupt alles spielen, was Sie mir beschaffen! Aber ich werde noch einen anderen Weg finden, um auch die Rollen zu bekommen, die ich haben will! Ich bin Schauspieler! Nicht etwa, weil ich mir das einbilde, sondern weil ich niemals etwas anderes sein wollte!" Justin unterschrieb den Vertrag, riss sich sein Exemplar davon ab, steckte den Umschlag mit dem Geld ein und drehte sich an der Tür noch einmal zu seinem Agenten um.

„Ich habe diesen Traum! Und ich werde nichts unversucht lassen, bis ich ihn mir erfüllt habe!"

Mit einem Schlag warf er die Tür zu, so dass das Glasfenster darin zitterte.

Mr. Morgan legte seine Stirn in Falten und warf einen finsteren Blick zum Fenster hinaus. Er nahm versonnen einen Schluck aus seinem Whiskyglas und stellte es ganz plötzlich angewidert auf seinen Schreibtisch. Einige Tropfen des goldbraunen Alkohols schwappten auf das Formular eines Vertrages.

Seine Sekretärin, Mrs. Hensleigh, betrat den Raum und sah ihren Chef durchdringend an.

„Ich hatte angenommen, Sie würden von Mr. Farr so besonders große Stücke halten. Wirklich, ich verstehe Sie nicht, Harris! Denn er ist wirklich etwas Besonderes! Und er ist die Chance, auf die Sie Ihr Leben lang gewartet haben! Aber Sie werden ihn verlieren, wenn Sie sich nicht ein wenig mehr für ihn einsetzen!" Fast schon zornig blickte sie ihren Chef an, dem sie nun schon so viele Jahre die Treue hielt und von dem sie geglaubt hatte, ihn wirklich zu kennen. Sie wusste sehr wohl, was ihm dieser Junge bedeutete. Umso mehr wunderte sie sich über sein Verhalten. Für einen Moment entstand ein eisiges Schweigen zwischen ihnen. Dann stand er von seinem Stuhl auf, nahm eines der Fotos von Justin aus seiner Kartei und sah es sich vor dem Fenster stehend an.

„Sie haben recht, Barbara! Und genau das werde ich jetzt auch tun!", sagte er dann. Er warf das Foto auf seinen Schreibtisch, nahm seinen Mantel von dem Kleiderständer bei der Tür und verließ ohne ein weiteres Wort sein Büro.

Am selben Nachmittag packte Justin zum zweiten Mal seine Sachen in Brears' Apartments und zog aus. Diesmal endgültig! Und die schwarze Jacke ließ er nicht im Schrank hängen, sondern nahm sie ebenfalls mit. Er wollte auf keinen Fall hierher zurückkehren! Mrs. Quentin war sichtlich froh, ihn zu sehen. Justin erging es nicht anders. Nachdem er seine Sachen ausgepackt hatte, ging er nach unten zu der alten Dame, um noch einige Dinge mit ihr zu besprechen. Dabei bezahlte er die ersten zwei Wochen der Miete im voraus, während sie ihm erklärte, dass er das Telefon hier unten bei ihr selbstverständlich mit benutzen konnte. Nachdem er ihr erzählte, dass er gerade seine erste Filmgage bekommen hatte, wollte sie unbedingt etwas mehr darüber wissen. Er hatte gewusst, dass ihr diese kleine Geschichte gefallen würde und so erzählte er ihr ein wenig von den Dreharbeiten. Am Freitag teilte er Mrs. Hensleigh telefonisch mit, unter welcher Nummer er zukünftig zu erreichen war. Sie notierte sich dies beflissentlich und wünschte ihm ein angenehmes Wochenende. Dies verbrachte Justin im Wesentlichen damit, eine Reparatur am Dach seiner neuen Vermieterin vorzunehmen, ehe er sich am Sonntag mit Gloria traf. Sie fuhren in dem Wagen ihrer Wohnungsgenossin zusammen den Mulholland Drive hoch und genossen das schöne Wetter und einen gemeinsamen Spaziergang in den Hills.

Den Fünf-Dollar-Schein von Spencer Jackson hatte er zusammen mit den beiden Fotos von Joe und seinen eigenen Aufnahmen mit Reißnägeln innen an die Rückwand seines Kleiderschrankes geheftet. Dort hing auch ein Zettel, auf dem Anschrift und Telefonnummer von Kipp Melnick notiert standen. Ebenfalls dort fand sich eine Serviette mit der Nummer von Gloria. Und eine Visitenkarte seines Agenten Mr. Morgan. Jeden Abend trat Justin an seinen Schrank und warf einen verträumten Blick auf seine kleine Sammlung, ehe er schlafen ging. Und jeden Morgen, wenn er sich seine Sachen zum Anziehen herausnahm, tat er dasselbe. Dabei strich er immer wieder mit seinen Fingerspitzen zärtlich über den Zettel mit Kipps Adresse und musste dabei eine Träne zurückhalten. Dann sah er ihn jedesmal wieder vor sich. Und malte sich stets auf ein Neues in seinen Gedanken aus, wie es zwischen ihnen hätte sein können. Die darauffolgende Woche verging wie im Flug. Zweimal traf er sich mit Gloria und telefonierte mit ihr. Mrs. Quentin gewann den Eindruck, dass Justin heimlich eine Freundin hatte, von der er ihr nichts erzählen wollte. Allmählich lernte Justin dabei auch die vielen kleinen Eigenarten seiner Vermieterin kennen. Sie war zwar immer freundlich und rührend um sein Wohlergehen bemüht, wollte aber doch wie alle älteren Damen immer wieder all die kleinen Einzelheiten seines Privatlebens erfahren, auch wenn sie ihm stets versicherte, dass sie sich dafür im Grunde nicht weiter interessierte.

Eine Reparatur an dem Abfluß des Spülbeckens in ihrer Küche stand auch noch auf dem Programm. Und am Donnerstag erhielt er von Mrs. Hensleigh einen Anruf. Sie hatte einen Castingtermin für eine kleine Rolle, zu dem er am Montag in die Studios kommen sollte. Und nachdem sie ihm dies ausgerichtet hatte, erzählte sie ihm noch im Vertrauen, dass dieser Termin auf etwas ungewöhnliche Weise zustandegekommen war. Sie hatte am Vormittag einen Anruf von Spencer Jackson an Mr. Morgan durchgestellt. Und gleich danach hatte der sie gebeten, ihn am Nachmittag von dem Casting zu informieren. Für sie war es offensichtlich, dass Mr. Jackson diesen Termin arrangiert hatte. Auch wenn Mr. Morgan sie darum bat, dies nicht an ihn weiterzugeben. Sofort musste Justin wieder an Spencer Jackson denken. Er hätte ihn schon viel früher anrufen sollen. Aber irgendwie waren ihm so viele andere Dinge immer wieder dazwischengekommen. Das wollte er nun jedoch nachholen. Und noch am selben Abend nahm er sich den Fünf-Dollar-Schein zur Hand und rief ihn an. Doch er hatte kein Glück. Jackson schien nicht da zu sein. Er versuchte es noch einige Male - auch am darauffolgenden Freitag. Doch er hatte einfach kein Glück. Er beschloss es Anfang der Woche noch einmal zu versuchen. Den Sonntag verbrachte er wieder mit Gloria. Sie hatten diesen Tag zu ihrem gemeinsamen Freundschaftstag auserkoren. Und je mehr er sie kennenlernte, desto deutlicher wurde ihm, dass er in ihr einen wirklichen Freund gefunden hatte, mit dem er all seine Sorgen und Ängste teilen konnte. Einen Freund, den er sich Zeit seines Lebens so sehr gewünscht hatte! Gloria erzählte ihm, dass sie ihrer Mutter in ihrem letzten Brief von ihm erzählt hatte. Justin verlangte dafür von ihr, dass sie ihm unbedingt erzählte, was ihre Mutter dazu sagte - und Gloria versprach es sofort freimütig. Sie lachten viel an diesem Tag und ließen all die ernsten und bedrückenden Themen beiseite.

Am Montag, gleich nach seiner Arbeit in der Wäscherei, ging er zu seinem Castingtermin in die Studios. Dabei stellte sich schnell heraus, dass dieser Termin kaum als Casting zu bezeichnen war. Drei Kandidaten sprachen für die Rolle vor, die so „anspruchsvoll" war, dass sie tatsächlich mit einer ganzen Zeile Text auskam. „Hallo? Ist da jemand?", war alles, was er zu sagen hatte. Es handelte sich um die Rolle eines Poolwartes in einer riesigen Villa, in der es spukte. Er würde von seltsamen Geräuschen in das Haus gelockt und dort von einem Paar abgetrennter, aber dennoch sehr lebendiger Hände ermordet werden. Die Eröffnungsszene. Wieder mal ein Horrorfilm. Titel der Produktion: „Das Haus der abgeschnittenen Hände".

Ein Mitarbeiter des Regisseurs erklärte ihnen die Rolle und sagte ein paar Worte zu dem Film. Danach erschien Len Chandler tatsächlich persönlich, schüttelte ihnen zur Begrüßung die Hand, warf einen flüchtigen Blick auf die drei Kandidaten und war nach zwei Minuten auch schon wieder ohne einen Kommentar nach draußen verschwunden. Nach einer scheinbar endlos langen halben Stunde in einem Warteraum tat sich plötzlich eine Tür auf und der Assistent von Mr. Chandler verkündete die Entscheidung. Für Justin war es klar, dass er die Rolle bekommen würde, was er seinen beiden Mitbewerbern jedoch nicht sagte. So wurden die beiden denn auch mit einem freundlichen Händedruck verabschiedet und Justin zur Unterschrift des Vertrages hereingebeten. Ganze drei Wochen hatte er Zeit, sich auf diesen „enorm schwierigen" Part vorzubereiten. Er war nicht sonderlich glücklich mit der Rolle. Und letztlich hatte er sie auch nur angenommen, weil Spencer Jackson, der natürlich Hauptdarsteller des Films war, sie ihm beschafft hatte. Für Justin war nun endgültig klar, dass Jackson etwas von ihm wollte. Denn ganz offenbar konnte ihn dieser einfach nicht mehr vergessen, obwohl er sich nicht mehr gemeldet hatte. Er war bereit, auf dessen Absichten einzugehen und den Köder zu schlucken. Allerdings zu seinen eigenen Bedingungen. Obwohl Justin sich danach sehnte, es mal wieder mit einem anderen Mann zu treiben, und sich nicht immer nur selbst einen zu wichsen, würde Jackson ihm schon ein paar interessantere Rollen besorgen müssen, wenn er ihn haben wollte. So leicht würde er nicht zu bekommen sein!

Als er am selben Abend noch einmal versuchte, ihn anzurufen, hatte er endlich Glück. Jackson war zunächst freudig überrascht, endlich etwas von Justin zu hören, zügelte sein überdeutliches Interesse an ihm dann aber sofort und versuchte lässig zu klingen. Sie verabredeten sich für den kommenden Freitag in einer Bar an der Vine Street. Justin musste sich nach diesem Telefonat selbst eingestehen, dass er diesen Freitag kaum noch erwarten konnte.

Der folgende Tag sollte für Justin jedoch noch einige interessante Erfahrungen bereithalten. Er hatte es Mr. Deakon zu verdanken, mit dem er nun dreimal in der Woche zusammen bei Wagners die Wäsche auslieferte, dass er von Mr. Cooper einen halben Tag frei bekam. Mr. Deakon hatte ein gutes Wort für ihn eingelegt, nachdem Justin ihm von seinem Job für den Film erzählt hatte, da er wusste, dass Mr. Deakon ein Fan von Westernfilmen war. Er beeilte sich um 12 Uhr fertig zu werden und Mr. Deakon bot sich an, ihn in seiner Mittagspause zum Studio zu fahren. Ein Angebot, das Justin nur zu gern annahm. Die Aufnahmen sollten in Halle 7 stattfinden. Dieses Mal musste Justin sich doch nach dem Weg erkundigen. Allerdings fand er wieder eine Mitfahrgelegenheit. Denn der Mann vom Wachdienst, den er fragte, musste ohnehin auf das Gelände und bot ihm freundlich an, ihn bei der Halle vorbeizufahren. Als er in das Studio kam, war er wieder einmal von der gewaltigen Kulisse beeindruckt, die man dort für den Film errichtet hatte. Vor einem gewaltigen Wandgemälde, das eine weite Prärie mit entfernten Bergen zeigte, war eine künstliche Landschaft aufgebaut worden. Felsen, Gräser, Kakteen und eine staubige Ebene - fast nichts davon war echt. Doch Justin staunte wieder einmal, wie realistisch die ganze Szenerie erschien. In einem Halbrund waren vier Planwagen aufgestellt worden, die ebenfalls zu den Kulissen zählten. Wenn man den Blick jedoch nur ein wenig zur Seite schweifen ließ, befand man sich sofort wieder in der realen Welt. Ein harter Schnitt zurück in die Wirklichkeit. In einem entgegengesetzten Halbkreis waren die Schienen des Kamerawagens davor verlegt worden, der in der Mitte davon auf seiner Position stand. Es schien noch relativ ruhig zu sein, denn nur wenige Arbeiter, Techniker und Mitglieder der Filmcrew gingen ihrer Arbeit nach. Justin holte einen Zettel aus seiner Hosentasche hervor, auf den er sich den Namen des Mannes notiert hatte, bei dem er sich melden sollte: ein Mr. Harold Dennison. Er ging forsch auf einen Mann zu, der dabei war, den Kamerawagen in eine andere Position zu schieben, um ihn zu fragen. Dieser konnte ihm zwar nicht genau sagen, wo er Mr. Dennison finden konnte, allerdings wusste er, wohin er gehen sollte:

„Gehen Sie mal nach da hinten zu den Kabinen und Stellwänden. Der Mann gehört zur Make-Up-Abteilung. Und die finden Sie da!"

Justin bedankte sich und schlug diese Richtung ein. Vor einer Reihe von Kabinen waren zwei Meter hohe Stellwände aufgebaut worden. Ein Mann mit freiem Oberkörper, mit weißer, indianischer Kriegsbemalung auf der Haut, der auch sonst ganz wie ein Apache aussah, kam ihm entgegen. Da wusste Justin, dass er auf dem richtigen Weg war. Eine junge Frau mit einem Block unter dem Arm, einer schmalen Brille auf der zierlichen Nase und nach hinten gebundenen, hellblonden Haaren trat energisch auf ihn zu.

„Halt, Moment, wo wollen Sie hin?", fuhr sie ihn barsch an.

Justin fand die Dame sofort unsympathisch und so gab er ihren rüden Ton einfach wieder zurück: „Ich habe hier eine Verabredung mit Mr. Dennison, gute Frau! Wäre toll, wenn Sie mir sagen könnten, wo ich ihn finde, anstatt sich so aufzuspielen!"

Die so Angesprochene fühlte sich in ihrer Person gekränkt und sah Justin von oben bis unten abschätzend an: „So, einen Spaßvogel haben wir da, was? Die Nummer des vorlauten Schönlings zieht bei mir aber nicht. Ich wette mal, Sie sind auch einer, der ganz scharf drauf ist 'ne Rothaut zu spielen?" Sie machte eine kurze Pause, ließ Justin jedoch gar nicht erst Zeit zu antworten. „Na, wenn ich mir Sie so ansehe, werden Sie wohl kaum in der Lage sein, etwas anderes zu spielen! Da hinten ist Mr. Dennison, Junge. Dann lassen Sie sich von ihm mal in einen richtigen Indianer verwandeln!"

Justin ging an ihr vorbei, strafte sie mit einem abwertenden Blick und konnte sich einen bissigen Kommentar einfach nicht verkneifen:

„Ich würde Ihnen einen dringenden Besuch beim Therapeuten empfehlen. Der Job hier beim Film scheint Ihnen nicht besonders gut zu bekommen!"

Jemand lachte und zog ihn beiseite. „Das hilft nichts, Junge! Sie ist schon bei einem in Behandlung und der kann ihr auch nicht helfen!"

Mr. Dennison war ein schlanker Mann mit dunklen Augenbrauen und einem kurzärmeligen Karohemd, jedoch fast noch einen Kopf kleiner als er. Nachdem sie sich gegenseitig vorgestellt hatten und Mr. Dennison Justins Namen auf seiner Liste fand, erklärte er ihm freundlich alles weitere:

„Hier, Kabine 5 ist noch frei. Da kannst du dich umziehen. Da hinten um die Wand erhältst du dein Kostüm. Aber zieh dir erst einmal nur die kleine Badehose an. Bevor du den Rest anziehst, musst du noch zu Harry in die Maske. Als Indianer brauchst du eine rote Hautfarbe und Kriegsbemalung. Die bekommst du von ihm. Danach kannst du dich dann fertig anziehen und wieder bei mir melden. Ich kontrolliere dann noch mal, ob alles okay ist, bevor gedreht wird und stell dich dann Mr. Roughson vor, unserem Regisseur."

Justin blickte ihn irritiert an. „Ich dachte Mr. Dietrich ist der Regisseur des Films?"

„Oh ja, das ist er auch!", erklärte ihm Mr. Dennison. „Aber der ist krank und fällt für ein paar Tage aus. Weil das Studio die Dreharbeiten aber nicht verzögern will, dreht der Regisseur des 2. Teams weiter. Und das ist eben John Roughson. Bei so kleinen Produktionen, die schnell fertig werden müssen, kommt das öfter vor. Aber wie ich Mr. Dietrich kenne, wird er einiges noch mal wieder neu drehen, wenn es ihm nicht gefällt. Damit hat er sich schon so manches Mal mit den Produzenten angelegt."

Justin nahm seine Kostüme in Empfang und ging in die kleine Kabine, um sich umzuziehen. Eine enge Badehose, ein lederner Lendenschurz mit indianischen Mustern darauf, lederne Mokassins und zwei Federn an einer schwarzen Sicherheitsnadel. Eine Perücke aus langen, schwarzen Haaren gehörte ebenso dazu. Wie von Mr. Dennison gewünscht, trat er mit nichts außer der Badehose bekleidet wieder aus der Kabine heraus. Keine vier Meter von ihm entfernt wartete vor einer der hohen Stellwände bereits der Maskenbildner auf ihn. Justin sah die vielen Spritzer roter Farbe an dem glänzenden Metall. Auch auf dem weißen Shirt und der hellen Hose des Maskenbildners sah er die Farbe überall. Justin musste die Augen schließen und dann begann der freundliche Maskenbildner damit, ihn mit einer Spritzpistole voll roter Farbe in eine „echte" Rothaut zu verwandeln.

„Keine Sorge, die lässt sich später leicht wieder abwaschen!", beruhigte ihn der Mann und besprühte ihn sorgfältig rundherum mit dem feinen Farbnebel. Justin musste seine Arme heben und wurde auch unter den Achseln eingesprüht. Die ganze Tortur dauerte kaum fünf Minuten. Seine Muskeln glänzten an manchen Stellen noch feucht und so nahm der

Maskenbildner einen Fön zur Hand und begann ihn damit zu trocknen. Nach einigen Minuten war auch dies erledigt und Justin wurde gebeten, zu der nächsten Stellwand nebenan zu wechseln. Ein neuer Kandidat wartete bereits darauf, ebenso schnell eine Änderung der Rassenzugehörigkeit verpaßt zu bekommen wie er.

Eine dunkelhaarige Frau, wohl Ende 30, saß hinter der zweiten Wand auf einem Hocker. Vor ihr ein offen stehender Schminkkoffer. Auf einem kleinen Tisch eine Palette mit weißer Farbe, einige Pinsel und Abbildungen von indianischen Kriegsbemalungen als Vorlage, die sie ihm auf die Haut schminken wollte. Justin wurde gebeten auf einem Stuhl vor ihr Platz zu nehmen. Er bemerkte sofort ihren heimlichen, faszinierten Blick, als sie ihn ansah.

„Hey, das ist doch endlich mal ein wirklicher Indianer! Da hat die Castingabteilung ja einen echten Volltreffer gelandet! Solche Männer male ich gern an! Bitte einfach nur still sitzen, auch wenn es etwas dauert. Und es könnte ein wenig mit dem Pinsel kitzeln. Aber die Farbe trocknet schnell!"

Justin schenkte der Frau ein Lächeln und diese begann mit ihrer Arbeit. Immer wieder sah er ihre versteckten, begierigen Blicke, wenn sie mit der Pinselspitze die weiße Farbe auf seinen athletischen Körper auftrug. Eine Arbeit, die sie sichtlich genoss. Sie plauderte dabei über belanglose Dinge, um von ihrem unübersehbar lustvollen Interesse abzulenken, bis sie nach 25 Minuten schließlich mit ihrer Arbeit fertig war und ihn fest ansah.

"Ich muss Sie das einfach fragen!", brach es da schließlich aus ihr heraus, „aber hätten Sie heute vielleicht Zeit mit mir irgendwo Essen zu gehen?" Mit einem erwartungsvollen Blick ihrer mandelbraunen Augen sah sie ihn schmachtend an.

„Das ist nett, aber es tut mit leid. Ich bin schon vergeben und möchte meiner Freundin wirklich nicht das Herz brechen!", log Justin kühl und mit einem versöhnlichen Lächeln.

„Ich beneide ihre Freundin! Wirklich. Aber ich habe mir so etwas schon gedacht. Ein Mann wie Sie ist natürlich nicht allein. Bitte entschuldigen Sie meine dreiste Frage, aber ich schätze, Sie werden ziemlich oft so etwas gefragt, oder?" Sie sah ihn mit einem nervösen Lächeln an.

„Viel seltener, als Sie glauben. Und noch nie von einer so bemerkenswerten Künstlerin wie Ihnen!" Justin stand auf und ließ sie nach diesem Kompliment sprachlos und mit einem restlos verzückten Glänzen auf ihrem hübschen Gesicht zurück. Nun konnte er endlich sein vollständiges Kostüm anziehen und ging dann als kriegerischer Apache zurück zu Mr. Dennison. Er kam sich vor wie auf einem Kostümfest, doch er versuchte seiner Rolle dennoch den nötigen Ernst abzugewinnen. Mr. Dennison korrigierte ihm seine Feder in der schwarzen Perücke noch ein wenig, und ein junger Requisiteur brachte Justin ein Messer, dessen Griff mit ledernen Sehnen umbunden war.

„Sie können sich nicht schneiden," gab er ihm als Hinweis mit auf den Weg, „es sieht zwar gefährlich aus, ist aber stumpf."

Justin nahm das Messer entgegen und ging damit zum Set. Mittlerweile herrschte ein ziemliches Durcheinander. Einige Komparsen, von denen sieben als Indianer und fünf als Cowboys kostümiert waren, standen an der rechten Seite des Sets einträchtig zusammen. Justin ging zu ihnen und beobachtete dabei alles um sich herum mit größtem Interesse. Die letzten Kabel wurden gesichert und verlegt. Der Kamerawagen stand in einem Halbkreis vor dem riesigen Set, denn dahinter hatte man auf dem Boden dünne Matten verlegt und darüber eine dicke Schicht Sägemehl gestreut. So konnten die Pferde möglichst gefahr- und geräuschlos hinter der Kamera herumgeritten werden und kamen dann jeweils wieder auf der rechten Seite des Sets ins Bild zurück. Etwas abseits brachten drei Helfer bereits einige Pferde in die Halle. Die Beleuchtung wurde überprüft, einige Reflektoren noch justiert und in der Mitte des Halbkreises konnte Justin drei schwarze Klappstühle mit Namen auf den Rückseiten der Lehnen erkennen.

Herbert Dietrich - John Wyndham - Witney Kent

Die beiden Hauptdarsteller und der Regisseur, der heute leider nicht da war. Ein Indianer-Komparse neben ihm in einer hellen Lederhose und mit ähnlicher Kriegsbemalung wie er sie trug, stand neben Justin und stieß ihm gegen die Schulter.

„Das ist mein vierter Western, bei dem ich Komparse bin. Einmal war ich auch einer der Cowboys. Ich bin Dean Franklin. Warst du auch schon mal dabei?"

Justin sah den Mann neben sich an. Er war nur ein wenig größer als er, sah gar nicht mal so schlecht aus, wie Justin fand, und war ziemlich muskulös. Justin schenkte ihm ein knappes Lächeln, als er sich ebenfalls vorstellte. In dem Moment konnten sie die Hauptdarstellerin mit John Roughson an den Set kommen sehen. Der 2. Regisseur unterhielt sich angeregt mit Witney Kent und Justin musste feststellen, dass sie wirklich so gut aussah, wie Kipp behauptet hatte. Ihr seidig schwarzes Haar war zu einem Zopf nach hinten gebunden. Ihre grau-grünen Augen leuchteten geheimnisvoll und standen beinahe im Kontrast zu ihren sinnlichen, roten Lippen. Sie trug das schlichte Kleid einer Farmersfrau mit einer schmalen, hellblauen Schärpe um den Hüften, das hinten zu einer Schleife gebunden war. Ein gestricktes, zweifarbig gemustertes Tuch, lose um ihre schmalen Schultern gebunden, vervollständigte ihr Kostüm. Doch selbst dieses schlichte Kleid vermochte ihre enorm erotische Ausstrahlung nicht zu mindern. Und Justin fand, sie sah sogar noch besser aus, als auf dem riesigen Foto in Kipps Flur.

Plötzlich hörte Justin, wie jemand hinter ihm seinen Namen rief. Es war die „nette" Dame, mit der Justin schon bei seiner Ankunft aneinandergeraten war. Er trat ihr in den Weg und meldete sich.

„Ach, Sie sind das!" fauchte sie. „Kommen Sie, na los! Mr. Roughson will mit Ihnen sprechen!"

Justin ging schnellen, energischen Schrittes über das Sägemehl zu den drei Stühlen in der Kreismitte. Witney Kent drehte den Kopf herum und sah ihn mit einem staunenden Blick von ihrem Platz aus an, den Justin heute nicht zum ersten Mal erlebt hatte. Der 2. Regisseur stand auf und trat energisch auf ihn zu:

„Sie sind Mr. Farr? Gut! Darf ich Sie kurz mit Mrs. Kent bekanntmachen und Ihnen dann ihre Aufgabe erklären."

Justin nahm galant ihre Hand entgegen, schenkte ihr eines seiner strahlenden Lächeln und versuchte ein freundliches Kompliment anzubringen:

„Freut mich sehr, Sie kennenzulernen. Ein Freund von mir ist ein wahnsinnig großer Fan von Ihnen, was ich nie so recht verstehen konnte. Aber ich schätze, jetzt hat es mich wohl auch erwischt!"

Sie erwiderte sein Lächeln und konnte dabei noch immer ihren berauschenden Blick nicht von ihm abwenden.

John Roughson trat zwischen sie und polterte mit seiner Erklärung einfach los:

„Mr. Farr, Sie werden dort bei dem mittleren Planwagen von der anderen Seite her angelaufen kommen. Ich möchte, dass Sie leicht gebückt gehen und die Klinge des Messers zwischen die Zähne klemmen. Mrs. Kent wird dort neben der Deichsel Schutz suchend und voller Angst hinter dem Rad kauern. Sie haben sie entdeckt, springen über die Deichsel, zerren sie hervor und wollen mit dem Messer auf sie einstechen. Dann fällt von hinten der Schuss und Sie stürzen tödlich getroffen zu Boden. Mir ist dabei wichtig, dass Sie voller Haß und Verachtung auf sie losgehen. Machen Sie sich klar, dass Sie ein Apache sind und die Weißen hassen. Sie sind ein Krieger und wollen nichts als töten! Und achten Sie auf den Schuss! Es wird viel geschossen und geschrien in der Szene. Es wäre aber dumm, wenn Sie in dem entscheidenden Moment nicht reagieren. Alles klar?"

Justin hatte ihm aufmerksam zugehört und nickte. Sie waren während seiner Erklärung zu dem Planwagen gegangen und Witney Kent war ihnen gefolgt. Während sie ihre Position bei dem Rad einnahm und sich rundherum die Statisten und Stuntmänner auf den Pferden ebenfalls bereit machten, trat Justin an Mr. Roughson heran.

„Warum komme ich nicht von der linken Seite etwas im Hintergrund auf einem Pferd angeritten, springe davon herunter und laufe dann auf sie zu? Das würde die Dramatik doch noch ein wenig erhöhen. Was meinen Sie?"

Der 2. Regisseur sah ihn leicht gereizt an, denn er mochte es nicht, wenn man seine Kompetenz in Frage stellte.

„Sie sind ein 50-Dollar-Kleindarsteller, Mr. Farr und nichts weiter!", belehrte ihn dieser, hielt dann aber inne, sah ihn nachdenklich an und wollte dann ziemlich hastig wissen: „Können Sie denn reiten?"

„Sicher kann ich das. Hätte ich sonst den Vorschlag gemacht? Ich bin auf einer Farm aufgewachsen, und da hatten wir auch drei Pferde. Wenn Sie also wollen ..."

„Gut! Gut! Gut!", unterbrach ihn Mr. Roughson grimmig, der nur seine Frage beantwortet haben wollte.

„Lassen Sie sich ein Pferd geben und dann versuchen wir es so! Ich spreche es mit den Stuntleuten kurz durch, dann fangen wir an."

Justin bekam ein Pferd, einen braun-weiß gescheckten Mustang. Der Mann, der ihn hielt, sah Justin ein wenig misstrauisch an. „Sie trauen sich ja einiges zu. Hier ist Ihr Pferd. Sie werden keine Probleme mit ihm haben. Er ist an diese Art von Job gewöhnt und hat schon in vielen Filmen mitgewirkt."

Justin band den Sattel los und zog ihn herunter. Der Mann fuhr ihn energisch an:

„Das sollten Sie nun aber wirklich nicht tun!" Justin blickte ihn fest entschlossen an und warf ihm dem Sattel zu, den dieser überrascht auffing.

„Ich möchte ihn aber ohne Sattel reiten. So komme ich leichter von ihm herunter. Und überhaupt; kennen Sie einen wirklichen Indianer, der sein Pferd mit Sattel reitet?"

Der verdutzte Mann erhielt ein Zeichen von dem 2. Regisseur, dass es schon in Ordnung sei und ging mit dem Sattel im Arm und einem verständnislosen Kopfschütteln davon. Justin schwang sich auf den Mustang und tätschelte beruhigend dessen Halsseite. Er ritt mit ihm an die ihm zugewiesene Position hinter der Kamera und wartete wie die anderen auch auf das Zeichen. Dabei war ihm nicht entgangen, dass Witney Kent mit sichtlicher Bewunderung die ganze Zeit zu ihm herüber gesehen hatte. Justin kannte die folgende Prozedur schon. Mr. Roughson stand in der Mitte und rief in die versammelte Runde, dass sich alle bereit für die Aufnahme machen sollten. Ein junger Mann trat mit der Klappe vor die Kamera und rief:

„Ritt über die roten Berge - 16 die Erste!", und von dem 2. Regisseur, der sich nun sichtlich in seinem Element fühlte, erscholl das „Action!" wie ein militärisches Kommando.

Indianer und Cowboys ritten sofort laut kreischend und schießend im Kreis um die Planwagen und die Kamera herum. Die Darsteller in den Planwagen und dahinter spielten ihre Rollen und Witney Kent war in ihrer Furcht einfach perfekt. Justin überraschte so ziemlich jeden mit seinem kleinen, aber doch spektakulären Auftritt. Denn alles klappte genau wie besprochen, ohne den kleinsten Fehler. Er ritt heran, riss den Mustang herum, der wiehernd zum Stehen kam, sprang herunter und lief in dem allgemeinen Kampfgetümmel mit dem Messer zwischen den Zähnen auf den

Wagen zu. Er übersprang die Deichsel, packte die schreiende Witney Kent von hinten, zerrte sie ein Stück zurück, wollte mit von Haß verzerrtem Gesicht zustechen und stürzte dann tödlich getroffen vor ihr in den Staub, als der Schuss fiel. Das „Cut!" von Mr. Roughson kam wenig später und alle waren zufrieden.

„Das können wir gleich so kopieren! Sehr gut, Mr. Farr!", hörte Justin von diesem, ehe sich der 2. Regisseur an den Rest der Darsteller wandte: „Und nun gleich zu den anderen Einstellungen!"

Doch dessen weiteren Erklärungen hörte Justin nicht mehr zu. Witney Kent stand neben ihm und blickte auf ihn herunter. Sie hielt ihm helfend die Hand entgegen, die er fest ergriff und sich von ihr hochziehen ließ.

„Sie waren fabelhaft, Mr. Farr!", schwärmte sie.

„Ich hoffe, ich habe Sie nicht zu fest gepackt, Mrs. Kent?", erkundigte sich Justin nur freundlich und um Sachlichkeit bemüht. Er hatte längst begriffen, dass sie etwas in ihm sah, dass er ihr nicht geben konnte.

„Keineswegs. Für Ihre Rolle war es gerade richtig!", schwärmte sie und sah ihn mit einem derart verzehrenden Blick an, der jeden anderen Mann um die Beherrschung gebracht hätte. Justin war froh darüber, dass Mr. Roughson ihren Avancen ein Ende machte, indem er sie höflich bat, für eine kurze Besprechung zu ihm zu kommen. Sie warf ihm noch einen letzten, glühenden Blick zu und widmete sich dann wieder ganz ihrer Rolle und der Fortführung der Dreharbeiten. Für Justin war der Job beendet. Er hatte nicht vor, diesmal noch länger zu bleiben. So aufregend und faszinierend die Begegnung mit ihr auch gewesen war, Justin hatte kein Interesse auf eine Fortsetzung hinter den Kulissen. Er wollte nur die Farbe herunterbekommen, die mittlerweile ein unangenehmes Gefühl auf der Haut verursachte. Auf der anderen Seite konnte er jetzt John Wyndham sehen, dem ein Requisiteur half, den Revolvergurt festzubinden. Während er nach hinten zu der Kabine ging, begegnete ihm seine spezielle „Feindin" von vorhin wieder. Doch diesmal nickte sie ihm anerkennend zu.

„Das war gar nicht mal so schlecht!", kommentierte sie nur.

„Ja sicher. Wenn ich eine Rolle spiele, dann auch zu 100 Prozent!", entgegnete er ihr trocken und fragte sie noch, wo er denn die Duschen finden konnte. Jetzt lächelte sie sogar.

„Nicht hier in der Halle. Sie müssen da hinten bei Eingang 2 raus und dann links in das flache Gebäude. Aber keine Sorge, die Leute hier sind es gewöhnt, dass Indianer, Außerirdische oder was auch immer auf dem Gelände herumlaufen. Man wird Sie kaum weiter beachten. Aber vergessen Sie nicht, das Kostüm wieder herzubringen."

Justin nickte und ging in die Kabine, um seine Sachen zu holen. Seine schwarzen Haare mit der Feder gab er gleich wieder zurück und machte sich dann mit seinen Kleidern über dem Arm auf den Weg zu den Duschen. Ein zweiter Indianer kam hinter ihm hergelaufen: Dean Franklin.

„Hey, warte! Ich komme gleich mit!", rief er Justin zu. Der blieb stehen, um auf ihn zu warten.

„Auch schon erschossen worden?", scherzte Justin und entlockte seinem „Stammesbruder" ein Grinsen. Der griff den Scherz bereitwillig auf und zog sich seine Perücke vom Kopf herunter.

„Ja allerdings - und skalpiert worden!" Sie lachten beide.

Tatsächlich kümmerte sich niemand um sie, als sie das kurze Stück von der Halle zu dem Flachbau mit den Duschen gingen. In einem großen Vorraum fanden sich Waschbecken und Spiegel. Fünf auf jeder Seite. Ein Raum mit Spindschränken und Bänken zum Umziehen dazwischen schloss sich an. Von dort führte eine Tür zu den Duschen. Zu beiden Seiten jeweils drei Einzelduschen. In der Mitte, an der breiten, weiß gekachelten Wand, dann die Gemeinschaftsdusche mit acht Brausen in angemessener Höhe.

Justin hatte seine Sachen draußen auf einer Bank gelassen und sich dort auch gleich sein Kostüm ausgezogen. Es war niemand außer ihnen da. In einem Regal lagen Handtücher und Seife bereit. Justin nahm beides mit und betrat nackt den angenehm temperierten Duschraum. Am unteren Rand des weißen Tuches entdeckte er das gestickte Logo der Reardon Studios, als er es an einem Haken hinter sich an die Wand hängte. Dean Franklin kam kurz nach ihm in die Dusche. Ebenso nackt und in voller Kriegsbemalung wie er selbst. Justin hatte bereits das Wasser aufgedreht und ließ es über seinen Körper strömen. In langen, roten Schlieren floß die Farbe über die Fliesen in den Abfluß. Er hatte die Augen fest geschlossen und wusch sich die Farbe unter der Brause mit beiden Händen von seinem Gesicht herunter. Er prustete und genoss das heiße Wasser auf seiner Haut. Neben sich konnte Justin hören, wie Dean Franklin das Gleiche tat. Immer wieder nahm er die Seife zur Hand und schrubbte seinen athletischen Körper kraftvoll damit sauber, bis auch der letzte Rest der Kriegsbemalung im Abfluß herunter gespült war. Plötzlich spürte Justin, wie zwei Hände zärtlich von hinten über seine muskulöse Brust und die Schultern strichen. Er riss die Augen unter dem Wasser auf und erblickte Dean Franklin, der dicht hinter ihm stand und ihn anlächelte.

„Hey, mach einfach weiter! Tu so, als wäre ich gar nicht da!", flüsterte ihm dieser zu und fuhr einfach damit fort, ihm zärtlich die Schultern und den Rücken zu massieren.

Justin spürte, dass er tatsächlich ziemlich verspannt war und Dean es verstand, diese Verspannungen mit seiner Massage zu lockern. Doch er spürte auch noch etwas anderes: er war verdammt geil! Viel zu lange schon, hatte er es nicht mehr mit einem anderen getrieben. Und der Gedanke, hier unter der Dusche von diesem hübschen, muskulösen Komparsen verwöhnt zu werden, gefiel ihm sofort. Er konnte und wollte sich gegen seine lustvollen Gefühle nicht länger wehren. Er ließ es einfach geschehen. Dennoch hegte er für einen kurzen Moment Zweifel.

„Bitte nicht! Was ist, wenn uns jemand dabei sieht?", entgegnete er verstört.

„Niemand wird uns stören. Ich habe die Tür von innen geschlossen. Wir sind vollkommen allein!"

Das waren die Zauberworte, die Justin hören wollte. Und mit einem Lächeln auf seinem wunderhübschen Gesicht gab er sich ganz den zärtlichen Liebkosungen des kräftigen Komparsen hin. Das Wasser prasselte heiß aus der Brause auf ihn nieder, während er nun spürte, wie dessen geschickte Hände über seine Brust wanderten. Gierige Lippen pressten sich auf seinen Mund und erbaten einen Kuss von ihm. Justin erwiderte diesen sofort und schenkte Dean einen wilden, stürmischen Kuss. Ihre Zungen wanden sich umeinander und Justin presste seine Hände dabei fest gegen die muskulösen Oberarme des hitzigen Komparsen. Zärtlich und kraftvoll zugleich strichen nun dessen Hände über seine bebenden Bauchmuskeln weiter nach unten. Ihre Lippen lösten sich voneinander und Justin ließ sich mit dem Rücken gegen die Kacheln fallen. Er spürte, wie sich sein Glied unter der Flut all dieser Zärtlichkeiten und lustvollen Gefühle schnell zu versteifen begann. Als er für einen kurzen Moment die Augen unter dem Wasser öffnete, konnte er Dean Franklin vor sich auf den Fliesen knien sehen. Der lächelte ihn an und umschloss dann mit seiner Hand Justins längst hart emporgestiegenen Ständer. Er begann sanft, diesen in seiner Faust zu reiben.

„Verdammt, Mann! So einen riesigen Schwanz habe ich noch bei keinem gesehen! Wie soll ich den bloß in den Mund bekommen?"

Justin grinste nur und schloss wieder seine Augen.

„Versuchs doch einfach!", war sein ganzer Kommentar. Dabei kam ihm in den Sinn, dass ihm bisher noch nie ein anderer Mann einen geblasen hatte. Er konnte sich erinnern, dass ihm in seiner Jugendzeit auf der Farm in Steaming Meadow zweimal Mädchen diesen Dienst erwiesen hatten. Doch er erinnerte sich auch, dass er dabei immer nur an Joe gedacht hatte. Das hier jetzt war etwas völlig Neues! Und es war viel besser! Dean Franklin hatte sich Justins steife 30 Zentimeter so weit als möglich in den Mund geschoben und begann nun wie ein Wilder daran zu lutschen. Justin strich sich vor rasender Erregung über seine Brust- und Bauchmuskeln und glaubte verrückt zu werden vor lauter Lust. Zu berauschend waren diese Gefühle, die wie eine tosender Orkan über ihn hereinbrachen. Viel zu lange schon, hatte Justin darauf verzichtet. Er war jetzt nicht mehr Herr seiner Sinne und gab sich ganz dieser überwältigenden Lust hin, die ihm Dean Franklin mit seinen unermüdlich wilden Künsten verschaffte. Doch schon nach zwei, viel zu kurzen Minuten, brach es völlig unkontrolliert, einem explodierenden Vulkan gleich, aus ihm hervor. Justin schrie seine Lust mit einem heiseren Schrei laut hinaus, als er dessen Mund mit seinem heißen Orgasmus überflutete. Ein weiterer Schwall seines Spermas spritzte gegen den Hals des jubelnden Komparsen und wurde dort sofort von dem heißen

Wasser fortgespült. Begierig leckte Dean Franklin noch weiter Justins zuckenden Schwanz ab, der sich wie eine tobsüchtige Schlange in seinem festen Griff wand, während ihm das Wasser ins Genick und auf den Kopf prasselte. Erschöpft, aber von einer unendlich erlösenden Leichtigkeit erfüllt, sank er dann an den Kacheln nach unten und blieb vor der Wand mit ausgestreckten Beinen sitzen. Sein Glied ragte noch immer steif zwischen seinen kräftigen Oberschenkeln empor. Und erst jetzt, da er die Säfte seiner lustvollen Begierde vergossen hatte, endeten die heißen Ströme der Dusche über ihm, wie auf ein geheimes Zeichen hin, ebenfalls. Nur noch vereinzelte Tropfen fielen auf ihn herab. Dean Franklin hockte vor ihm und setzte sich nun neben ihn an die Wand. Mit seiner Hand griff er Justin erneut an den steif aufragenden Schwanz und gab ihm dabei einen hastigen Kuss auf die nackte Schulter. Justin schlug erst jetzt seine Augen wieder auf und sah den jungen Komparsen neben sich noch immer benommen an.

„Du hast lange keinen mehr an dich rangelassen, was? Das hab ich gleich gemerkt."

Justin erwiderte nichts. Er griff sich nur an sein allmählich abschwellendes Glied und stand dann völlig unvermittelt auf. Dean Franklin blickte ihn verdutzt und ein wenig verärgert an:

„Hey, was ist los, Mann? Ich bin genauso geil wie du! Ich dachte, du lutscht ihn mir auch und revanchierst dich!?"

Justin drehte sich beim Weggehen kurz zu ihm um und griff nach seinem Badetuch: „Tja, da hast du falsch gedacht! Trotzdem danke!", sagte er nur trocken, ging zu der Tür und öffnete sie.

Der Komparse sprang fluchend auf: „Hey, verdammt, das ist nicht fair!"

„Was ist denn schon fair im Leben?", gab Justin ihm nur zur Antwort, ohne sich noch einmal umzudrehen. Da hatte er die Dusche bereits verlassen und trocknete sich auf dem Weg nach draußen in aller Ruhe ab. Justin hatte keine Eile damit. Er wusste genau, dass der kräftige Komparse genauso geil war wie er und nicht auf einen heißen Abgang verzichten konnte. Nur musste er sich den jetzt selbst besorgen. Justin konnte den jungen Kerl drinnen in der Dusche laut stöhnen hören, während er es tat. Und dabei musste er unvermittelt grinsen. Er war bereits fertig angezogen und auf dem Weg nach draußen, als sein hübscher Bläser ebenfalls aus der Dusche kam und noch einen wüsten Fluch hinter ihm herschickte:

„Verdammter Scheißkerl! Ich hoffe, du kriegst nie wieder einen hoch und verreckst dran!"

Justin ignorierte ihn einfach und verließ die Duschräume. Zum ersten Mal seit Tagen fühlte er sich wieder richtig gut. Jetzt wusste er, was ihm die ganze Zeit über gefehlt hatte und er nahm sich vor, dass ihm das nicht wieder passieren würde.

In einem Café in der Stadt fand er noch Zeit, um eine Kleinigkeit zu essen, ehe um 17.30 Uhr wieder sein Schauspielkurs begann, den er noch immer sehr streng einhielt. Von einem Mitschüler erfuhr er, dass Colleen Marks den Kurs aufgegeben hatte. Sie wollte ohnehin nie wirklich Schauspielerin werden und versuchte nun, es als Drehbuchautorin zu schaffen. Justin hatte sie bereits gestern vermisst und sich darüber gewundert. Im Stillen wünschte er ihr alles Gute. Sicherlich würde sie bei Kipp Melnick größere Chancen besitzen als er. Und da waren sie schon wieder, diese quälenden Gedanken an Kipp. Den ganzen Tag über hatte er sie verdrängen können. Schon hatte er gehofft, es heute endlich einmal zu schaffen, nicht an ihn zu denken. Aber das würde offenbar noch eine ganze Weile dauern. Selbst wenn er mit Macht versuchte, ihn aus seinem Kopf herauszubekommen. Doch er hatte irgendwie das Gefühl, dass seine Gedanken an ihn heute schon nicht mehr so weh taten wie gestern noch. Vielleicht war das ein gutes Zeichen. Er hoffte es!

Als er gegen Abend zu seiner Vermieterin zurückkam, stand ihm dann allerdings noch ein ziemliches Übel bevor. Denn es war Dienstag: Bingo-Abend! Daran hatte er gar nicht mehr gedacht. Mrs. Quentin hatte ihre Freundinnen dazu eingeladen und allen versprochen, ihnen ihren neuen Untermieter vorzustellen. Sie waren alle so gespannt, endlich den gutaussehenden, jungen Mann kennenzulernen, von dem ihnen Mrs. Quentin schon den ganzen Abend vorgeschwärmt hatte. Widerwillig machte er also gute Miene zum bösen Spiel. Fünf Damen zwischen 62 und 73 strapazierten eine geschlagene Stunde lang seine angespannten Nerven mit ihrer restlos überzogenen Begeisterung, der ausufernden Neugierde und einer geradezu aufdringlichen Freundlichkeit, die schon an Heuchelei grenzte. Gegen Ende musste er sich geradezu zwingen, nicht ausfallend zu werden und war froh, endlich von ihnen erlöst zu sein. Nachdem er endlich allein in seinem Zimmer im oberen Stockwerk war, ließ er sich erschöpft auf sein Bett fallen. Von unten konnte er sie noch eine ganze Zeitlang laut krakelen und lachen hören. Justin nahm sich vor, nie wieder an einem Dienstag schon so früh zurückzukommen! An diesem Abend konnte er sich nicht einmal dazu überwinden, noch seine Kraftübungen durchzuführen, sondern ließ die Hanteln einfach im Schrank liegen. Er wollte nur noch ins Bett und schlafen. Als er sich beim Ausziehen seiner Jeans gewohnheitsmäßig in die Taschen griff, geriet ihm eine kleine Karte zwischen die Finger, die er hervorzog. Eine weiße Karte, auf der mit blauer Schrift in einer hastigen, aber dennoch unübersehbar sehr eleganten Handschrift, ein kurzer Satz geschrieben stand:

„Bitte rufen Sie mich an! Witney." Und auf der anderen Seite eine Telefonnummer.

Justin war überrascht und hatte keine Erklärung dafür, wie die Karte in seine Hose gelangt sein konnte. Offenbar hatte er auf die hübsche Schauspielerin einen noch weitaus größeren Eindruck gemacht, als es ihm klar war. Im ersten Moment wusste er nicht, ob er die Karte aufheben oder nicht lieber gleich zerreißen sollte. Aber dann nahm er eine Reißnadel und klemmte sie zu seinen anderen „Schätzen" an die Innenwand des Schrankes hinter seine Kleider. „Wer weiß," dachte er sich, „vielleicht könnte sie mir ja noch einmal nützlich sein." Und trotz des Lärmes der Bingo-spielenden Altweiberrunde schlief er an diesem Abend ziemlich schnell ein.

Hemmungslose Lust und wahre Freundschaft

Endlich war der Freitag gekommen, dem Justin die ganze Woche über so sehr entgegenfieberte. Ein kleines Restaurant mit dem schlichten Namen „Nowhere" am kurvenreichen La Presa Drive gelegen, war der Ort, an dem er sich mit Spencer Jackson verabredet hatte. Woher der etwas ungewöhnliche Name kam, vermochte er sich allerdings nicht zu erklären. Justin war noch nie dagewesen, deshalb hatte er zur Sicherheit ein Taxi genommen. Für dieses Treffen ließ er sogar seinen Schauspielkursus ausfallen. Und er hatte sich das Beste zum Anziehen herausgesucht, das er für diesen Anlass besaß. Eine weiße Leinenhose und ein ebenfalls weißes, ärmelloses Shirt, das seine muskulösen Arme besonders gut zur Geltung brachte. Dazu im Kontrast schwarze Slipper sowie die schwarze Jacke aus seiner ersten Wohnung, die frisch gereinigt wie neu erschien. Sie sollte ihm Glück bringen, denn eigentlich war es warm genug, um auch ohne sie auszukommen. Eine schwarze Sonnenbrille hatte er sich lässig in den Ausschnitt seines Shirts gesteckt. Mit diesem Outfit hoffte er die richtige Wahl für diesen Abend getroffen zu haben. Das Restaurant lag verschwiegen in einem kleinen Wäldchen zwischen hohen Kiefern und dunklen Zedern, ein wenig abseits der Straße. Es war in einem Stil erbaut, der irgendwo zwischen rustikal und edel einzuordnen war. Das meiste davon ganz in dunklem Holz. Als er das Restaurant betrat, stand er auf einem festen Boden aus massiven Holzbohlen und vor ihm erstreckte sich ein breiter, ausladender Tresen mit goldenen Beschlägen. Eine Vielzahl von verschiedenen Torten und sonstigem Gebäck präsentierte sich in einer großen, gekühlten Glasvitrine. Eine ganze Reihe von verwinkelten Sitzplätzen, zumeist vier an einem Tisch, fanden sich zu beiden Seiten des Eingangsbereiches, zu denen man im hinteren Teil eine kleine Treppe nach unten gehen musste. Justin hatte sich ein wenig Geld eingesteckt, doch wenn er sich die Gäste in ihren noblen Anzügen und Abendkleidern ansah, wurde ihm sofort klar, ohne die Karte auch nur gesehen zu haben, dass es wohl kaum reichen würde. Doch darüber machte er sich im Augenblick noch keine weiteren Gedanken. Suchend blickte er sich zu beiden Seiten hin um, doch er konnte Jackson nicht finden. Eine hübsche, dunkelblonde Bedienung erkannte dies sofort, trat auf ihn zu und fragte höflich, ob sie ihm helfen könne.

„Ja, das hoffe ich doch. Ich bin mit jemandem hier verabredet."

„Wir haben viele Stammgäste. Besonders an den Wochenenden. Versuchen Sie es doch einfach, indem Sie mir den Namen Ihres Bekannten verraten?"

Justin zögerte einen Moment, was die Bedienung sofort erkannte und mit einem vertrauensvollen Lächeln quittierte.

„Keine Sorge, Sir. Wir haben häufig Prominente hier und sind sehr diskret. Sie können mir seinen Namen also ruhig anvertrauen!"

Justin flüsterte ihn ihr zu. Sie flüsterte amüsiert zurück:

„Oh ja, Mr. Jackson! Den finden Sie draußen hinter dem Haus auf der Terrasse. Egal zu welcher Seite Sie nach unten gehen, es führt jeweils eine Tür nach draußen. Sie können ihn dann gar nicht verfehlen."

Justin musste nun selbst über seine eigene, etwas unbeholfene Dummheit lachen und nahm sich selbst auf den Arm, indem er ihr mit einem freundlichen Grinsen ein bewusst überzogenes „Danke sehr!" zuflüsterte.

Sie revanchierte sich mit einem ebenfalls geflüsterten „Gern geschehen!" und verschwand wieder an ihre Arbeit.

Das Restaurant war an einem leicht abfallenden Hang gebaut und die Terrasse stand deshalb deutlich erhöht, ganz von Bäumen umsäumt, die angenehmen Schatten spendeten. Bei einem schnellen Blick in die Runde schätzte Justin die Anzahl der Tische auf etwa 20. Trotz dieser Menge war noch ausreichend Platz für eine freie Tanzfläche und eine kleine Kapelle, bestehend aus fünf Musikern, die an der Rückwand des Gebäudes auf einem kleinen Podium verträumte Melodien spielten. Die meisten der Tische waren besetzt. An einem kleinen Ecktisch am äußersten, linken Rand der Terrasse erkannte Justin endlich Spencer Jackson. Der trug eine dunkle Hose, das weinrote Hemd lässig am Kragen aufgeknöpft und seine schwarze Jacke einfach über die Lehne des Stuhles gehängt. Vor sich auf dem Tisch hatte er einen Drink mit viel Eis stehen. Schnell war Justin durch die Reihen der übrigen Gäste hindurchgegangen, wobei ihn der Schauspieler bereits bemerkt hatte.

Justin begrüßte ihn mit einem formlosen „Hi, Spencer!" und setzte sich zu ihm, nachdem sie sich kurz die Hand gereicht hatten.

„Schön, dass du es nicht vergessen hast!", begann der Filmheld und warf ihm ein freudiges Lächeln zu.

Justin lächelte und nahm die Karte aus einem golden schimmernden Ständer auf dem Tisch zur Hand. Die Preise überstiegen noch seine schlimmsten Befürchtungen und Spencer Jackson erkannte seinen erstaunten Blick.

„Keine Sorge. Ich zahle natürlich. Ich habe dich doch eingeladen. Und allzu lange wollen wir auch gar nicht bleiben. Also, was willst du? Such dir was aus!"

Justin bestellte einen Eiscafé, als die Bedienung kam. Spencer Jackson orderte für sich selbst noch einmal das Gleiche, trank sein Glas leer und gab es der jungen Dame gleich mit.

„Noch immer vorsichtig, was?", kommentierte er belustigt die Bestellung. Justin verstand natürlich dessen Anspielung, sah jedoch darüber hinweg und nickte nur.

„Ich bin wirklich sehr froh, dass du gekommen bist", begann Jackson dann. „Für einen Moment war ich mir nicht ganz sicher."

Justin sah ihn fragend an. „Weshalb?"

„Nun, ich habe doch ziemliche Scheiße gebaut in dieser Nacht. Und ich hätte es verstanden, wenn du mich deshalb ignoriert hättest. Ich habe es verdient."

Justin wimmelte ab: „Ach, Blödsinn! Ich habe doch gesagt, dass ich das längst vergessen habe. Wie läuft es mit deinem neuen Film?"

„Ich drehe noch nächste Woche. Dann ist mein Part beendet. Aber ich habe diesmal keine Pause. Nur das Wochenende und ein paar Tage. Danach mache ich schon den nächsten."

Justin wusste, welchen er meinte, denn er hatte bewusst darauf angespielt.

„DAS HAUS DER ABGESCHNITTENEN HÄNDE", sagte er nur.

Nun wusste es Jackson ebenfalls. Er nickte und Justin fuhr fort:

„Danke, dass du mir die Rolle besorgt hast. Auch wenn ich es nur ungern zugebe oder mir selbst eingestehe, aber ich brauche wirklich jede Rolle, die ich kriegen kann."

Jackson wiegelte ab und mimte den Samariter: „Ach, was! Ich habe doch nicht viel daran gedreht. Ich habe Mr. Chandler nur darauf hingewiesen, dass er sich dich mal ansehen sollte. Dass du gerade erst anfängst, aber echtes Talent hast. Mehr nicht. Mein Einfluß ist gar nicht so groß, wie du vielleicht glaubst. Welche Rolle hast du denn bekommen?" -

„Den Poolwart in der Eröffnungssequenz."

„Oh, dann fangen wir ja beide am gleichen Tag an. Eigentlich geht es schon am Donnerstag los, aber da drehen sie noch ohne mich. Das ist doch wirklich ein lustiger Zufall!"

Justin hatte den Eindruck, dass er es damit ehrlich meinte. Die Bedienung kam mit der Bestellung und stellte beides vor ihnen auf dem Tisch ab.

„Die Bedienung hat vorhin zu mir gesagt, dass hier öfter Prominente herkommen", versuchte Justin einen Themenwechsel.

Jackson nickte: „Das stimmt. Kurz bevor du gekommen bist, war Shane Callow hier. Gleich dahinten. Er ging gerade, als ich kam. Es ist seltsam, aber ich habe ihn noch nie mit seiner Frau Nan Gray hier gesehen. Sie filmt wieder ziemlich viel. Vielleicht liegt es daran. Aber ihre Ehe ist schon seit vielen Jahren sehr glücklich. Zweifellos ein Novum für Hollywood."

Justin sah ihn staunend an, doch er versuchte sofort, es sich nicht zu sehr anmerken zu lassen. Dennoch war es ein sagenhaft gutes Gefühl, hier zu sitzen, wo sich die großen Stars trafen, und irgendwie dazuzugehören. Schnell legte er mit einer Frage nach: „Wie viele Filme machst du eigentlich im Jahr?"

„Oh, das kommt drauf an, was mir in der jeweiligen Phase meines Lebens wichtiger ist. Arbeit oder Spaß. Wenn ich Geld brauche, mache ich fünf bis sechs Filme im Jahr. Wenn ich lieber etwas Zeit für mich brauche, reichen mir drei." Er erklärte dies mit einem überspitzt ernsten Gesichtsausdruck und grinste dann: „Nein, mal im Ernst. Auch wenn die Filme, die ich mache, schneller abgedreht sind als die wirklich großen Produktionen, kann ich mir das nicht so ganz aussuchen. Ich stehe natürlich wie jeder Schauspieler bei einem Studio unter Vertrag und muss eine feste Anzahl von Filmen machen. Nur bei der Wahl der Drehbücher habe ich ein gewisses Mitspracherecht. Allerdings bekomme ich nur die Rollen angeboten, mit denen ich gerade den meisten Erfolg habe. Denn das Studio will ja Geld verdienen. Und nur darum geht es, verstehst du. Um Geld! Um nichts anderes! Große Produzenten wie Alfred J. Reardon, T.R. Almont oder Warren Fields machen aus einem kleinen Niemand Stars. Aber sie tun es nur zu ihren Bedingungen und einzig und allein aus diesem einen Grund: Geld! Selbst die größten Stars können von einem Jahr zum nächsten von den Leinwänden verschwinden, wenn sie diese Bedingungen nicht akzeptieren. Okay, sie haben natürlich viel bessere Verträge und geniessen besondere Privilegien. Aber mehr oder weniger ist es auch bei ihnen so. Vielleicht wird es damit mal anders. Aber so ist das, Justin. Eine bittere Wahrheit, was?"

Justin hatte ihm voller Interesse zugehört. „Also nichts außer Glanz und Glamour?", stellte er ernüchternd fest und wollte es so recht nicht glauben.

„Nun ja, etwas von dem Geld wandert ja auch in meine Tasche. Und Glanz und Glamour sind gar nicht so schlecht, das kannst du mir glauben. Es hat schon eine Menge angenehmer Seiten. Also will ich die ganze Sache mal nicht ganz so schwarz malen, wie sie sich vielleicht gerade angehört hat. Doch im Grunde stimmt es. Wir Schauspieler sind Sklaven der Studios und Produzenten. Aber genug davon. Wie sieht es nun mit dir aus? Wollen wir noch etwas essen oder brechen wir gleich auf?" Jackson nahm einen Schluck von seinem Drink und blickte ihn über den Rand des Glases hinweg an.

„Was ist denn danach noch geplant?", wollte Justin neugierig und mit einem Grinsen im Gesicht wissen, denn er konnte es sich fast denken.

„Ich dachte, ich zeige dir mein Haus und wir verbringen den Abend bei mir. Es wird dir gefallen, da bin ich mir sicher!"

Justin war sich da auch ziemlich sicher, denn er hatte sich längst auf das Spiel seines Filmhelden eingelassen.

„Klingt gut. Aber ein wenig Hunger habe ich trotzdem noch!"

Jackson lächelte zufrieden und konnte die Begeisterung über Justins Zusage nur schwer hinter seiner coolen Maske der Lässigkeit verbergen. „Okay! Dann such dir was aus und wir essen noch etwas! Ich habe doch gesagt, dass ich dich einlade. Ignoriere die Preise. Zahlen können ziemlich verwirren. Such dir einfach aus, was du willst!"

Diesem Ratschlag folgte Justin. Eine gute Stunde später, nachdem sie hervorragend gegessen hatten und die Rechnung von Jackson beglichen war, verließen sie das Restaurant wieder. Sie waren beide in bester Stimmung. In einer himmelblauen Corvette Cabriolet, von der Justin ganz begeistert war, fuhren sie zu seinem Haus. Es lag ganz in der Nähe von Hollywood in einer ruhigen Gegend von Glendale. Kein riesiges Anwesen, wie er es schon bei einigen Servicefahrten mit Mr. Deakon zusammen bei so vielen Prominenten in Beverly Hills gesehen hatte. Es war ein flaches, weißes Haus versteckt hinter hohen Zedern und Eiben, von denen es beinahe ganz umgeben war. Fast schon ein wenig unscheinbar. Doch Justin sollte feststellen, dass dieser Eindruck nur nach außen hin so schien und recht trügerisch war. Sein Filmheld fuhr den Wagen in die Garage, die unmittelbar an das Haus angrenzte. Durch eine Verbindungstür konnten sie von dort direkt ins Haus gelangen. Um es ganz genau zu sagen; durch einen schmalen Flur kamen sie direkt ins Schlafzimmer. Ein großer, heller Raum mit einem runden Bett in der Mitte, das die Farbe von blaßblauem Quellwasser besaß. Die Wände waren mit asiatischen Motiven und Schriftzeichen kunstvoll, aber nicht überladen, verziert. Die azurblauen Schränke mit Lamellentüren und verspielt runden Spiegeln waren in den Wänden integriert. Drei bequeme Sessel in ebenfalls blauer Farbe standen in dem Raum verteilt. Ein großes Fenster befand sich am Kopfende des Bettes, dessen Rollos nach unten gezogen waren.

„Deshalb habe ich das Haus gekauft!", erklärte ihm Jackson mit einem Grinsen, was Justin ihm sofort glaubte. „Und weil es unten im Keller einen herrlichen Pool mit Sauna gibt! Ich bin ein Genießer. Aber ich genieße vorzugsweise unauffällig und verschwiegen. Dafür aber umso intensiver! Und wie steht es mit dir damit?"

Justin folgte seinem Beispiel und warf seine Jacke über einen Sessel in der rechten Zimmerecke. „Ich weiß nicht. Noch habe ich nicht so ein Haus", konterte er geschickt.

Jackson lachte und kam auf ihn zu: „Ja, eine gute Antwort! Aber ich finde, wir sollten den Abend nicht noch später werden lassen, als er ohnehin schon ist!"

Er kam immer näher und schon stand er direkt vor ihm. Er presste fest seine beiden Hände auf Justins Schultern und nahm sich ohne zu Fragen einen innigen Kuss von ihm. Sofort danach ließ er ihn wieder los und blickte in dessen völlig überraschtes Gesicht.

„Bitte entschuldige, Justin. Aber den ganzen Abend über habe ich an nichts anderes gedacht. Nein, das stimmt nicht! Das wäre gelogen", korrigierte er sich sofort. „Um es genau zu sagen, habe ich schon seit Wochen an nicht anderes mehr gedacht! Du bist so unglaublich schön, dass es mir den Atem verschlagen hat. Ich weiß nicht, was ich getan hätte, wenn du heute nicht gekommen wärst."

Es war nicht dessen unverhohlenes Kompliment, das Justin so sehr verblüffte. Davon hatte er schon eine ganze Menge gehört. Vielmehr war es dessen offenes Eingeständnis, wie sehr er ihn begehrte. Und er wusste nicht, was er davon zu halten hatte. Deshalb reagierte er einfach spontan darauf, ohne lange nachzudenken.

„Wenn es wirklich das ist, was du willst, dann solltest du mich noch einmal küssen! Ich küsse nämlich wesentlich besser, wenn ich vorher gefragt werde!"

Spencer Jackson trat einen hastigen Schritt vor und legte seine Hände erneut auf Justins Schultern. Ihre Lippen pressten sich fest aufeinander. Zu einem scheinbar endlosen, stürmischen Kuss. Sie konnten gar nicht voneinander lassen, so wild gingen ihre Gefühle miteinander durch. Justin wurde dabei von Spencer gegen die Wand gedrückt. Sie keuchten voller Lust. Küssten sich immer und immer wieder wie im Rausch.

„Es macht mich einfach wahnsinnig!", sagte Spencer da plötzlich zu ihm.

Justin begriff nicht ganz, was er meinte. „Dein Shirt, du dummer Junge! Wie kannst du nur so etwas anziehen? Du siehst so irrsinnig heiß darin aus! Komm, zieh es aus! Lass mich dich ansehen!"

Justin hatte nichts dagegen, zog es sich mit gekreuzten Armen über den Kopf und warf es einfach neben sich zu Boden. Spencer blickte ihn mit beinahe fassungslosem Staunen an. Jeder Zentimeter seines durchtrainierten Körpers glich wie gemeißelt dem makellosen Abbild eines Athleten aus dem antiken Rom.

Justin sah diesen Ausdruck nicht zum ersten Mal in den Augen von anderen und blieb deshalb davon unbeeindruckt. „Das ist ein Spiel, das mir gefällt. Aber wir sollten es nicht so einseitig gestalten. Was meinst du?"

Spencer brauchte keine zwei Sekunden, um eine Antwort darauf zu finden. „Ja, unbedingt!" Dann begann er sofort sein Hemd aufzuknöpfen. Und weil es ihm nicht schnell genug damit ging und er sich dabei verfummelte, riss er es einfach brutal auf und die letzten drei Knöpfe regneten zu Boden, ehe ihnen das Hemd nachfolgte.

„Komm schon! Jetzt will ich alles sehen!", sagte er voller Verlangen und ging auf das Bett zu. Justin folgte ihm dorthin und zog dabei geschickt seine Schuhe aus, die er irgendwo zur Seite hin wegkickte. Spencer blieb vor dem Bett stehen und hatte dabei keine Sekunde lang seinen Blick von Justins prachtvollem Körper abgewandt. Der hatte keine Scheu, ihm seinen Wunsch zu erfüllen. Im Gegenteil, er genoss es geradezu, sich vor den begierigen Blicken seines Filmhelden restlos auszuziehen. Er zog seine weiße Hose gleich samt dem Slip herunter und blieb für einen Moment nackt vor ihm stehen, nachdem sie neben seinen Füßen zu Boden gefallen war. Sein langes Glied stand zitternd vor Erregung, gleich einem sturmgepeitschten Fahnenmast, bereits halb steif von ihm ab. Wie Tau am frühen Morgen auf den Blättern, wenn der Nebel sich zu lichten begann, glitzerte auf der feucht glänzender Spitze ein klarer Tropfen und zeugte von seiner Lust. Er schenkte seinem Filmhelden ein verlockendes Lächeln. Dann ließ er sich übermütig rücklings auf das Bett fallen und versank beinahe in den seidigen, blauen Tüchern, die wie die Wellen eines aufgewühlten Wassers seinen Körper umschmeichelten. Diesem Anblick konnte Spencer nicht länger widerstehen. Und genau diese Reaktion hatte Justin damit provozieren wollen. Er hatte an sein Erlebnis unter der Dusche mit diesem Komparsen gedacht. Und daran, wie es wohl wäre, wenn Spencer ihm die gleichen Wonnen schenken würde. Nun brauchte er ihn nicht einmal darum bitten. Denn er warf sich neben ihn auf das Bett und überschüttete seinen Hals, seine Schulten und die Brust geradezu mit stürmischen Küssen. Dabei strich er ihm mit seiner Hand begierig und voller Zärtlichkeit immer wieder über seinen vor flammender Erregung glühenden Körper. Justin schloss die Augen und ließ sich einfach nur fallen. Ergab sich der Flut seiner Gefühle, die ihn geradezu überwältigten und mit sich fortrissen. Und die Worte des stürmischen Schauspielers, welche ihm dieser in seiner Erregung zuflüsterte, drangen nur als dumpfe Fetzen an sein Ohr und verschwanden sofort wieder aus seiner Erinnerung:

„Verdammt, hast du einen herrlichen Körper! Jetzt kann ich Hamilton verstehen, dass er dich unbedingt haben wollte. Du bist so irrsinnig schön! Schöner noch als die Sünde selbst. Und jetzt gehörst du endlich mir!"

Justin spürte dessen Zunge, die begierig über seine bebenden Bauchmuskeln nach unten glitt, während die geschickten Hände des von Lust überwältigten Schauspielers ihm fest in die Brustspitzen kniffen. Er wand sich keuchend unter diesen stürmischen Liebkosungen und schrie seine unbändige Lust laut hinaus, als ihm Spencer mit seiner Zunge über den harten Ständer leckte. Zu sehr hatte er diesen Augenblick herbeigesehnt. Viel zu oft hatte er sich in seinen feuchten Träumen genau dies immer wieder vorgestellt. Nun, da es endlich Wirklichkeit wurde, hatte er seine tosenden Gefühle nicht mehr unter Kontrolle. Spencer hatte kaum damit begonnen, sein steifes Glied in seinem Mund zu verwöhnen, als es auch schon aus ihm hervorbrach. Er schrie heiser und bäumte seinen vom

Schweiß glänzenden Körper unter ihm auf, als er dessen Mund mit seinem Orgasmus überflutete. Flirrend bunte Sterne tanzten einen ekstatischen Reigen vor seinen zitternden Augenlidern, während er für Sekunden den Bezug zur diesseitigen Welt verlor. Noch keuchte er schwer, als er ganz allmählich wieder zu Sinnen gelangte. Er spürte, wie Spencer noch immer dabei war, ihm sein leicht schmerzendes Glied mit seiner Zunge zu verwöhnen. Vollkommen erschöpft, aber unendlich glücklich und erleichtert ließ er es einfach geschehen. Dabei blickte er benommen der Decke entgegen, von der ihm ein chinesischer, halbnackter Knabe unter einem Pavillon liegend und von filigranen Ranken kreisförmig umrahmt, anlächelte. Minutenlang lag er einfach nur so da und erlangte nach und nach seine Sinne zurück. Dabei gelangte er mehr und mehr zu der sicheren Erkenntnis, dass er in dem Filmidol seiner Jugendzeit den perfekten Liebhaber gefunden hatte. Zweifellos verdankte er ihm den grandiosesten Orgasmus seines Lebens und die wundervolle Tatsache, alles andere dabei vergessen zu haben. Selbst Kipp Melnick. Plötzlich wurde er durch einen Kuss auf die Wange aus seinen süßen Gedanken herausgerissen. Spencer lag neben ihm und blickte ihn noch immer voller Verlangen aus seinen strahlend blauen Heldenaugen an. Für Justin war er in diesem Moment ein wirklicher Held. Und wie war es doch immer in fast all seinen Filmen, in denen er diese Rolle spielte? Am Ende wurde der Held für seinen Mut von der hübschen Hauptdarstellerin mit einem Kuss belohnt. Justin setzte sich mit einem Ruck auf und blickte dem überraschten Spencer ins Gesicht. Ein Gesicht, das er schon so viele Male auf der großen Kinoleinwand gesehen und bewundert hatte. Und von dem er jeden Zentimeter kannte, lange bevor er ihm überhaupt begegnet war. Er beugte sich herunter und presste ihm einen hastigen Kuss auf die Lippen. Ein flüchtiger Kuss nur, denn seine Belohnung für ihn sollte eine andere sein. Er wollte es endlich selbst einmal versuchen. Wollte von den Säften männlicher Lust kosten und ihn auf seiner Zunge schmecken. Mit fast roher Gewalt zerrte er ihm die enge Hose herunter und warf einen freudigen Blick auf den darunter zum Vorschein kommenden, längst steifen Schwanz seines Filmhelden. Dessen braungebrannter Körper war kraftvoll und muskulös. Ein Hauch dunkler Haare wuchs in der Mitte seiner breiten Brust und spross gleich einem verlockenden Weg unterhalb seines ausgeprägten Bauchnabels hinunter bis zu seiner üppigen Männlichkeit. Dabei entdeckte er die kleine Tätowierung dicht oberhalb seiner ansetzenden Scham auf der gebräunten Haut. Ein Kreis mit einem Pfeil nach rechts oben - das Symbol für Männlichkeit. Und ein Skorpion, der aus diesem Kreis hervorkroch. Justin vermutete nur, dass es sich dabei wohl um sein Sternzeichen handelte. Er küsste die Stelle sanft und leckte dann mit seiner Zunge begierig der Länge nach über den harten Schaft des steif vor ihm aufragenden Gliedes. Er roch den wundervoll, herben Duft und fand sofort Gefallen daran. Er genoss es, mit seiner Zunge die prallen Hoden zu massieren, ehe er schließlich der Versuchung nicht widerstehen konnte, das Glied seines Filmhelden in den Mund zu nehmen. Fest umschloss Justin es mit seinen Lippen und begann sofort mit seinem Spiel darauf. Bald wurden seine anfänglich sanften Bemühungen immer heftiger, als das lustvolle Stöhnen Spencers stetig lauter wurde. Nach schließlich nur wenigen Minuten fast gnadenloser Beharrlichkeit hatte Justin sein Ziel erreicht. Mit einem infernalischen Aufschrei Spencers, gipfelte seine kraftvolle Massage in dessen Höhepunkt. Justin hielt den zuckenden Schwanz mit einer Hand fest umklammert, der seinen Mund mit einer Flut köstlichen Spermas füllte. Justin schluckte alles voller Genuß und ließ sich keinen Tropfen davon entgehen, denn genau so hatte er es sich immer vorgestellt. Er konnte gar nicht genug davon bekommen. Wie ein kleines Kind, das einen verzuckerten Dauerlutscher von dem Jahrmarkt bekommen hatte, leckte er voller Begeisterung unermüdlich dessen prachtvollen Schwanz ab. Erst als dieser längst begann abzuschwellen, hielt er inne. Er schmiegte sein Gesicht auf den Bauch des Schauspielers und genoss dessen innige Nähe, als dieser ihm dankbar und zutiefst befriedigt mit seiner Hand durch die Haare fuhr.

„Du warst wundervoll, Justin!", hörte er ihn sagen. „Und du bist längst nicht nur vor der Kamera ein wirkliches Talent. Sag mir ehrlich, wie oft hast du das schon gemacht? Sicher hast du längst aufgehört es zu zählen, was?"

Justin grinste bei diesem netten Kompliment und klärte ihn dann darüber auf: „Das gerade war mein erstes Mal."

„Dann bist du wirklich ein verdammt großes Talent!", schwärmte Spencer beeindruckt.

„Was hältst du jetzt von einer kühlen Dusche und danach von einem Drink?"

Justin rutschte ein wenig höher und ließ sich von ihm in die Arme schließen. Er schmiegte sich eng an ihn und bedachte dessen rechte Brustspitze mit einem zärtlichen Kuss.

„Wenn wir noch eine Weile einfach so liegen bleiben können, ist das kein schlechter Vorschlag", entgegnete er ihm dann verträumt.

Spencer lächelte. „Sicher. Wenn du willst, kannst du die ganze Nacht über hier bleiben."

„Nein, das ist mir zu viel für den Anfang!", protestierte Justin da versonnen. „Nicht so schnell. Lass es uns langsam beginnen. Ich will einfach nur noch ein bisschen hier bei dir liegen bleiben, dass ist alles. Und nach der Dusche fährst du mich zurück."

Spencer streichelte zärtlich die nackte Schulter des jungen Mannes in seinem Arm und genoss dieses Gefühl ebenso sehr wie Justin.

„Also gut. Wenn du mir versprichst, dass wir diesen Abend bald wiederholen, fahre ich dich nachher zurück."

Justin lächelte zufrieden. „Versprochen!", flüsterte er nur glücklich.

Eine ganze Weile noch lagen die beiden jungen Männer so beieinander und genossen einfach nur die gemeinsame Nähe und Zärtlichkeit. Justin fühlte sich in seinen Armen zum ersten Mal seit langer Zeit glücklich und geborgen. Er wusste, dass er diesen Mann nicht liebte, sondern nur dessen Nähe und Körper begehrte. Aber gerade das gefiel ihm so sehr daran. Und er war sich sicher, dass Spencer ebenso fühlte wie er. Eine einfache, harmonische Freundschaft, die nur auf Sex und Zärtlichkeit ausgerichtet war und tiefere Gefühle aus dem Spiel ließ. Genau das war es, was Justin wollte. In mehr wollte er nicht investieren. Nachdem sie noch einige erfrischende Bahnen im Swimmingpool seines Hauses geschwommen waren und gemeinsam geduscht hatten, fuhr Spencer ihn wieder zurück. Als sie vor dem Haus von Mrs. Quentin hielten, war es längst dunkel. Zwei Frauen kamen auf dem Gehweg an ihnen vorbei und hielten verdutzt inne, als sie Spencer erkannten. Sie kamen etwas unsicher und verschämt auf den Wagen zu.

„Entschuldigen Sie, aber sind Sie nicht Spencer Jackson?", fragte die Blonde und etwas mutigere der beiden ihn. Spencer nickte und Justin musste grinsen. Sie bat um ein Autogramm und Spencer wiederum bat Justin aus dem Handschuhfach einen Stift herauszuholen.

„Nur wo soll ich es drauf schreiben?", fragte sie dieser dann und die beiden Frauen sahen ihn ein wenig irritiert an.

„Schreiben Sie es mir einfach auf den Rücken von meinem T-Shirt!", meinte die Blonde da einfach kurzerhand und ihre Freundin stimmte dieser Idee sofort zu. Sie kamen um den Wagen herum und stellten sich mit dem Rücken zu ihm an die Fahrertür. Spencer, der noch immer im Auto saß und nur den Motor abgestellt hatte, beugte sich vor und kritzelte seinen Namen auf ihre Rücken. Zusammen mit einer kleinen Widmung, nachdem er ihre Namen erfragt hatte.

Die beiden waren völlig begeistert. „Unterschreiben Sie auch mit drauf?", wurde Justin da von der Blonden, deren Name sich als Rosanna herausgestellt hatte, zu seiner eigenen Überraschung gefragt.

„Irgendwoher kenne ich Sie doch auch!", fügte sie noch eilig hinzu.

„Jetzt noch nicht, aber sicher schon sehr bald!", korrigierte Justin sie und bekam von Spencer den Stift gereicht.

Der grinste ihn amüsiert an. Und so kam es, dass Justin seine ersten Autogramme auf die T-Shirts von zwei jungen Frauen schrieb. Wobei er das „J." am Anfang deutlich größer heraushob und einen eleganten Schlenker versuchte. Die beiden bedankten sich voller Begeisterung bei ihnen und zogen aufgeregt miteinander über das gerade Erlebte tuschelnd davon. Spencer blickte Justin einen Moment lang amüsiert an.

„Na, das war doch ein tolles Gefühl oder?"

Justin musste zugeben, dass es ihm ziemlich gefallen hatte. Er stieg aus dem blauen Cabriolet aus und versprach sich zu melden. Er winkte ihm noch kurz nach und blieb an der Straße stehen, bis er dessen Rücklichter in der Nacht nicht mehr sehen konnte.

Am Freitag der darauffolgenden Woche kam Justin nach seinem Job bei Wagners etwas früher in seine kleine Wohnung zurück als geplant. Er hatte eine Kleinigkeit in der Stadt gegessen und war dann zu seinem Kurs gefahren. Doch dort erfuhr er, dass Mr. Scheinberg, der Kursleiter, erkrankt war und deshalb heute der Kurs ausfiel. Als er mit seinem Schlüssel die Tür zu Mrs. Quentin's Haustür aufschloß und gerade die Treppe nach oben gehen wollte, bekam er zufällig den Rest eines Telefongespräches mit, das sie nebenan gerade führte. Er blieb wie angewurzelt auf der dritten Treppenstufe stehen, als er erkannte, dass es dabei um ihn ging und hörte ihr zu. Denn offenbar hatte sie sein Hereinkommen nicht bemerkt und wähnte sich allein:

„... und du kannst dir nicht vorstellen, was ich dabei gefunden habe, Erica! Er hat da in seinem Schrank so ein widerliches Nacktfoto von einem Jungen. Na, du weißt schon, was ich meine! Eine wirklich schmutzige Obszönität, dass es mir die Sprache verschlagen hat! Er hat das alles hinter seinen Sachen im Schrank versteckt. Ich war wirklich entsetzt! Und dabei ist er ein so netter und hilfsbereiter junger Kerl! Nie im Leben hätte ich das von ihm vermutet! - Nein, ach wo denkst du hin! Ich werde ihm natürlich nichts davon sagen! Im Grunde sind es ja seine Sachen. Und sicher gibt es eine vernünftige Erklärung dafür. Ich hoffe es jedenfalls! Aber ich werde doch in Zukunft sehr genau darauf achten, welchen Umgang er pflegt. Nicht auszudenken, wenn sich herausstellt, dass er einer von diesen Kerlen ist, die sich für Geld auf der Straße oder sonstwo verkaufen! Himmel, daran will ich gar nicht denken! - Nein, nein, so ist es bestimmt nicht, Erica! Ich sage doch, ich finde schon heraus, was dahinter steckt und sicher ist es ganz harmlos."

Sie kam nach dieser Episode noch auf ein anderes Thema zu sprechen, das nicht ihn betraf sondern ihren Bingo-Abend für nächste Woche, ehe sie sich von ihrer Freundin verabschiedete und das Telefonat beendete. Justin war die ganze Zeit über an der Treppe stehengeblieben, um das Ende des Gespräches abzuwarten. Eine innere Wut war in ihm aufgestiegen und er wollte nicht damit warten, sondern sie gleich zur Rede stellen. Mrs. Quentin kam aus dem Wohnzimmer heraus und wollte in die Küche, als er ihr mit einem verbitterten Gesicht zornig entgegentrat.

„Sein Name ist Joe, Mrs. Quentin!", fuhr er sie barsch an und versetzte ihr damit einen ziemlichen Schreck. „Aber das wissen Sie ja wahrscheinlich auch, denn Sie werden seinen Namen sicherlich auf der Rückseite des anderen Fotos gelesen haben!"

„Sie haben mir zugehört?", konnte sie ihn nur voller Überraschung fragen.

„Es war nicht meine Absicht, aber das habe ich, allerdings!", entgegnete Justin rüde.

„Das ist aber nun wirklich nicht die feine Art! Höre ich Ihnen denn bei ihren Telefonaten zu?"

„Nach dieser Nummer von gerade eben bin ich mir da ziemlich sicher, dass Sie auch das tun! Und auch wenn es Ihr Haus ist; wie kommen Sie eigentlich dazu, in meinen Sachen herumzuschnüffeln!?"

Sie war über seinen wütenden Ton und die rüde Art völlig konsterniert und blickte ihn aus weit aufgerissenen Augen an, ehe sie zu einer Verteidigung ausholte: „Es, es war auch nicht meine Absicht, das versichere ich Ihnen! Es ist nur so eine Gewohnheit von mir, dass ich einmal im Monat überall durchputze. Die Zimmer oben standen eine ganze Weile leer und ich war immer darauf bedacht, sie sauber und in Ordnung zu halten, falls sich doch wieder jemand findet, der darin wohnen will. Ich habe einfach nicht daran gedacht und beim Wischen ist es dann passiert. Ich wollte es wirklich nicht! Und Sie wissen doch selbst, dass es nicht meine Art ist, in anderer Leute Sachen herumzuschnüffeln, wie Sie es nennen! Das wissen Sie doch!" Sie sah ihn energisch an.

Natürlich wusste Justin es nicht. Ihre unstillbare Neugierde hatte Justin bereits zur Genüge kennengelernt. Fast wunderte es ihn jetzt, dass es nicht schon viel früher passiert war und irgendwie hatte er ja auch selber Schuld. Er hatte plötzlich keine Lust mehr, sich mit ihr darüber zu streiten. Es würde ja doch zu nichts führen. Ändern konnte er daran jetzt nichts mehr. Und an seiner Vermieterin schon erst recht nicht! Er sah sie streng an, als er versuchte, diesen Vorfall gütlich zu beenden:

„Joe war ein Freund von mir, als ich noch auf der Farm meiner Eltern lebte. Ein sehr guter Freund und das ist eine ziemlich lange Zeit her. Als er wegging hat er mir dieses Foto von sich geschenkt. Ich war selbst ein bisschen überrascht. Aber weil es das Einzige ist, dass mich an ihn erinnert, habe ich es aufgehoben. Und das andere habe ich erst kürzlich hier in einem Fotostudio entdeckt, in dem ich Portraitaufnahmen für die Kartei meines Agenten gemacht habe. Die braucht man als Schauspieler. Eigentlich bin ich Ihnen diese Erklärung gar nicht schuldig, Mrs. Quentin! Das sind ganz allein meine privaten Angelegenheiten und ich möchte Sie bitten, das auch zu respektieren! Aber nun wissen Sie, was es damit auf sich hat. Am besten rufen Sie Erica gleich an und sagen es ihr. Nur damit sie es nicht auch überall herumerzählt. Denn Sie wissen ja, wie das ist. Am Ende kann man in so einer Geschichte den wahren Kern nicht mehr erkennen und es werden nichts als Lügen daraus! Dann werde ich allerdings wirklich ziemlich sauer, das kann ich Ihnen versprechen! Und das wollen Sie doch wohl kaum?"

Seine Vermieterin blickte ihn reumütig an und zeigte Einsicht. „Nein, natürlich nicht! Es sind Ihre Sachen! Ich habe es einfach nur vergessen. Wie ich schon sagte, es ist eine alte Gewohnheit. Aber ich will versuchen, mich in Zukunft daran zu halten. Sie tragen mir das doch jetzt nicht nach, Mr. Farr?"

Justin schüttelte den Kopf und warf ihr ein versöhnliches Lächeln zu: „Nein, ist schon okay, Mrs. Quentin. Aber ich will es wirklich nicht wieder erleben!"

„Bestimmt nicht!" versicherte sie ihm sofort.

Justin ging nach oben. Er konnte noch hören, wie sie tatsächlich sofort danach ihre Freundin anrief, um die Sache aufzuklären, doch er war nicht mehr daran interessiert sich dies anzuhören. Er wusste ohnehin längst, dass er ihre Neugierde damit nicht geändert hatte. Allenfalls würde er für die nächste Zeit davor Ruhe haben. Doch auch wenn es ihre Art war, wollte Justin dies nicht tolerieren. Sollte so etwas noch einmal vorkommen, würde er anders mit ihr reden müssen. Deutlich anders.

Es war ein trüber, düsterer Morgen. Die Nebel hingen noch schwer in der feuchten Luft. Ein Windhauch wirbelte vertrocknete Blätter auf der Terrasse der uralten, schloßähnlichen Villa am Rande der Stadt durcheinander und führte mit ihnen einen seltsamen Tanz auf. Der junge Mann in seiner blauen Arbeitshose, unter der er nur ein kurzes Hemd trug, fischte mit einem Käscher die letzten Blätter aus dem trüben Wasser des großen Schwimmbeckens. Die Saison war zu Ende und es war für dieses Jahr sein letzter Arbeitstag. Er würde das Wasser ablassen und das Becken reinigen und dann war seine Arbeit damit getan. Er beeilte sich, denn je eher er damit fertig war, desto schneller konnte er von hier weg. Die alte Villa war ihm unheimlich. Nicht wegen der vielen Geschichten, die man sich in der Stadt darüber erzählte. Vor einigen Jahrzehnten war ein Vorfahre der heute hier lebenden Familie auf äußerst seltsame Weise in den düsteren Mauern zu Tode gekommen. Man hatte ihn ermordet und es hieß, man habe der Leiche beide Hände abgeschnitten, die niemals gefunden wurden. Es war einfach die drückende, irgendwie bedrohliche Atmosphäre, die ihm jedesmal Angst machte, wenn er hierherkam. Ein Hauch des Bösen, der auf dem alten Haus lastete und den jeder spürte, der in seiner Nähe war. Da konnte ihn auch die überdurchschnittlich gute Bezahlung nicht sonderlich begeistern. Immer wieder blickte er sich bei seiner Arbeit nervös um. Als würden bohrende Augen aus dem Verborgenen heraus auf ihn starren. Da vernahm er aus dem Haus hinter sich plötzlich seltsame Geräusche. Es hörte sich an wie ein unheimliches Wispern. Nur konnte er die Worte nicht verstehen. Der junge Mann hielt in seiner Arbeit inne und drehte sich zu dem Haus um. Da war nichts. Dunkel und bedrohlich ragte die Fassade mit all ihren Dächern, Erkern und kleinen Türmchen vor ihm auf. Wie finstere Totenaugen wirkten die dunklen Fenster auf ihn. Und wieder waren da diese seltsamen, lockenden Geräusche. Jetzt legte er den Käscher an den Rand des Beckens und ging über die Terrasse auf das Haus zu. Vor dem Eingang, der offen stand, blieb er stehen und rief in den Raum hinein: „Hallo? Ist da jemand?"

Ein stimmloses Flüstern raunte ihm aus den Tiefen des Hauses als

Antwort entgegen. Trotz seiner Angst ging er weiter in das Haus hinein. Er wusste, dass er allein war. Die Herrschaften des Hauses würden erst am Nachmittag zurückkommen. Also wer konnte es sein, der sich da diesen üblen Scherz mit ihm erlaubte? Er durchquerte langsam das Zimmer und einen daran anschließenden Gang. Vor einer Wendeltreppe blieb er stehen und blickte dort den Stufen folgend in die Höhe. Noch ein zweites Mal wiederholte er seine Frage. Dieses Mal mit ein wenig Nachdruck in der Stimme. Gerade wollte er seine Suche nach den Gründen aufgeben und wieder an seine Arbeit gehen, als plötzlich aus der Dunkelheit einer Nische etwas auf ihn zuschnellte! Zwei bleiche, kräftige Hände packten ihn an der Kehle und warfen ihn gegen die Treppe. Aber es war niemand da, zu dem diese Hände gehörten! Es waren nur die Hände, die an blutigen Stümpfen endeten! Er schrie voller Panik, rang verzweifelt nach Luft und rutschte auf die Stufen herunter. Die Hände drückten gnadenlos zu und voller Verzweiflung versuche er, sie von seinem Hals loszubekommen. Doch es war aussichtslos. Die übernatürliche Kraft der unheimlichen Totenhände ließ ihm keine Chance. Er röchelte noch, dann fielen seine Arme leblos neben seinem Körper auf die untersten Stufen der Wendeltreppe und er war tot. Die Hände lösten sich nun nach vollbrachter Tat von seiner Kehle und verschwanden mit einem Sprung wieder in der Dunkelheit des Hauses, von wo sie gekommen waren. Das Grauen hatte ein neues Opfer gefunden!

„Und Cut! Wunderbar! Das war jetzt genau der Ausdruck, den ich haben wollte!", rief Regisseur Len Chandler, ein leicht übergewichtiger, großer Mann mit dunklen Haaren und eben solchem Vollbart ihm zu.

Justin stand von der Treppe auf und ein Puppenspieler, der die beiden künstlichen Mordhände an feinen Stangen mit Verbindungsdrähten bewegt hatte, ging mit diesen an ihm vorüber. Justin kam aus der Kulisse des Ganges mit der Wendeltreppe auf den Regisseur zu. Im Hintergrund wurde eine Windmaschine, die für ein Aufwirbeln der Blätter gesorgt hatte, weggefahren. Die Fassade des Hauses war nur ein großes Wandgemälde. Täuschend echt. Und die Größendimension der weitläufigen Terrasse war auch ein solcher Gemäldetrick. Nur die vordere Hälfte davon war im Studio nachgebaut worden. Tontechniker und Beleuchter gingen nun, da die Aufnahme beendet war, sofort daran, sich für die nächste Szene vorzubereiten. Die Kulisse eines prunkvollen Kaminzimmers innerhalb der Villa, in der es zu einer Dialogszene zwischen den Hauptdarstellern kommen sollte. Zu denen auch Spencer Jackson gehörte, bevorzugter Star von Regisseur Len Chandler. Er war schon am Set und hatte Justin bei seinem Auftritt aus dem Hintergrund heraus zugesehen. Als Justin an der Kamera vorbei auf ihn zuging, stellte er gerade ein Glas neben sich auf einen kleinen Tisch ab. Justin sah nur noch die Eiswürfel glänzen und wusste, dass Whisky darin gewesen war.

„Das war wirklich gut!", kommentierte Spencer seinen Auftritt derart überschwenglich, dass Justin genau wusste, wie egal es ihm im Grunde war. „Diese versteckte Furcht am Anfang und dann der Todeskampf! Hey, ich hatte wirklich einen Moment lang Angst, der Techniker mit seinen Händen würde ernst machen! Verdammt überzeugend! Ich glaube, das haben alle hier gemerkt!"

Justin wiegelte leicht genervt und mit einem verkniffenen Lächeln ab: „Ja, schon Okay! Wir haben es schließlich vorher geprobt. Was sollte ich da schon groß falsch machen!?"

Spencer klopfte ihm auf die Schulter. „Bleibst du noch eine Weile und siehst mir bei meinen Aufnahmen zu?", wollte er von Justin wissen.

„Ja, vielleicht. Aber ich geh mich erst mal umziehen", meinte er dazu nur.

„Hey, aber wir sehen uns doch morgen Abend, oder? Es ist Samstag und da drehen wir nur bis zum Nachmittag. Es bleibt doch dabei?" Spencer blickte ihn mit einem versteckten Flehen in seinen blauen Augen an.

Justin nickte. „Ja, sicher. Ich werde da sein!"

Die blauen Augen des Filmhelden gewannen ihr Strahlen zurück und er schien merklich erleichtert.

„Schön, ich freu mich schon auf dich!", und gerade, als Justin sich mit einem wissenden Grinsen von ihm abwenden wollte, zog Spencer ihn am Arm noch einmal zurück. Er blickte ihn fest an.

„Hey, Justin! Du warst wirklich gut. Klar?"

Justin nickte. Dann ging er nach hinten zu den Umkleidekabinen. Fast wollte er Spencer glauben, dass es dieser tatsächlich so meinte. Vielleicht war es ja wirklich so. Aber Justin war natürlich klar, dass er im Grunde etwas völlig anderes von ihm wollte. Und das war ja auch in Ordnung. Denn Justin hatte sich vorgenommen, an diesem Wochenende einige Forderungen mit seinen bereitwilligen Liebesdiensten an Spencer zu verknüpfen. Nach seiner Eingangsvorstellung am vorletzten Freitag, hatte er Spencer ein wenig schmoren lassen. Aus gutem Grund. Denn er wollte ihn so richtig heiß machen, um seinen Wünschen die größtmöglichen Aussichten auf Erfolg zu garantieren. Der Spaß, den er dabei auch noch bekommen würde, war ihm natürlich ebenso willkommen. Nachdem er sich umgezogen hatte, blieb Justin noch für eine kleine Weile am Set und sah den Dreharbeiten zu. Nicht nur, damit Spencer sehen konnte, dass er ihm nicht gleichgültig war, sondern einfach, weil ihn die ganze Atmosphäre des Filmdrehs irrsinnig faszinierte! Er konnte davon einfach nicht genug bekommen. Und während er Spencer in seiner Szene zusah, die relativ lang war und dreimal wiederholt wurde, träumte er davon, einmal selbst Hauptdarsteller zu sein. Er wollte dieses Ziel so bald wie möglich erreichen. Denn so sehr ihn all das auch begeisterte, so sehr verlangte sein Ehrgeiz nach größeren Rollen. Er wollte sich nicht mehr mit diesen winzigen Nebenrollen zufriedengeben. Er wollte endlich zeigen, dass er mehr konnte. Und er hoffte, diesem Ziel durch Spencer endlich näherzukommen.

Am Abend erhielt er von Gloria einen Anruf. Sie war ganz aufgeregt und verkündete ihm euphorisch, dass sie es beim Casting zu einem großen Hollywoodmelodram tatsächlich geschafft hatte! Endlich eine wirkliche Nebenrolle in einem anspruchsvollen Film. Sie war völlig aus dem Häuschen und Justin freute sich mit ihr. Am Vormittag hatte sie den Anruf erhalten, dass sie zur Unterschrift des Vertrages vorbeikommen sollte. Sie wollte sich unbedingt mit ihm treffen und war ein wenig enttäuscht, dass er morgen schon etwas anderes vorhatte. Doch er versprach ihr, dass der Sonntag wie üblich nur ihnen gehören würde und dann konnten sie in aller Ruhe gemeinsam ihren Part des Drehbuchs lesen. Dann wollte sie ihm auch ausführlich davon berichten und Justin war schon gespannt darauf. Er freute sich wirklich, dass sie es geschafft hatte. Doch gleichzeitig war er sich sicher, dass seine Stunde dafür auch schon sehr bald kommen würde.

Die klare Oberfläche des Wassers bewegte sich leicht und zauberte flirrende Lichtreflexe auf die hellblau gekachelten Wände und die Decke der Halle. Nur ein kleiner Teil der Beleuchtung war eingeschaltet und schuf so eine stimmungsvolle, fast unwirkliche Atmosphäre. Auf der einen Seite befand sich in einer geräumigen Nische eine Doppeldusche und gleich daneben zweigte eine Tür zu der Sauna ab. Hier konnte man das fast drei Meter tiefe Becken über eine seicht ansteigende Treppe im Wasser auf der einen Hälfte wieder verlassen. Der Halleneingang befand sich auf der gegenüberliegenden Seite und wurde durch eine Treppe vom Badezimmer im Erdgeschoss aus erreicht. Justin legte die vier mitgebrachten Handtücher auf einem kleinen Hocker nahe den Duschen ab. Außer einer weißen, ziemlich engen Shorts trug er nichts weiter. Es war nur ein letztes Detail des Köders, den er für sein Vorhaben ausgeworfen hatte. Und Spencer hatte ihn längst geschluckt. Nun musste er ihn nur noch an Land ziehen. Justin war an den Beckenrand getreten und blickte sich nach dem braungebrannten Filmhelden um, der eine schwarze Badehose trug und jetzt auf ihn zukam. Ohne ein Wort zu verschwenden, packte dieser ihn fest an der Schulter und nahm sich einen Kuss von ihm. Justin erwiderte bereitwillig dessen hitzige Zärtlichkeit und bohrte ihm seine Zunge in den Mund. Spencer lachte und stieß ihn mit einem kräftigen Stoß über den Beckenrand hinaus ins Wasser. Justin hatte nicht damit gerechnet und tauchte mit einem überraschten Schrei unter. Prustend kam er wieder nach oben und lachte seinen neuen Freund an.

„Hey, das war aber nicht fair!", rief er.

„Sicher nicht!", entgegnete dieser verspielt und hechtete mit einem eleganten Kopfsprung über ihn hinweg ebenfalls in die angenehmen Fluten.

Mit kraftvollen Kraulzügen schwamm Spencer voraus und Justin nahm umgehend die Verfolgung auf. Am anderen Ende des Beckens ließ sich dieser einholen. Justin tauchte ihn zur „Strafe" unter Wasser und erfuhr dafür umgehend das gleiche Schicksal. Die beiden jungen Männer lachten und Spencer versuchte erneut mit kraftvollen Zügen zu entwischen. Dieses Mal jedoch hatte er gegenüber dem deutlich jüngeren und besser trainierten Justin das Nachsehen. In der Mitte des Beckens holte ihn dieser ein. Kurz vor ihm tauchte er, packte seinen Freund an den Füßen und zog ihn unter Wasser. Ein kleiner Kampf entstand, ehe beide wieder nach oben kamen und nach Luft rangen.

„Genauso haben sie es mit mir gemacht, als ich in deinem Film dabei war! Ich dachte wirklich im ersten Moment, sie würden mich ertränken!", erzählte Justin lachend und wischte sich das Wasser aus den Augen.

„Das wäre ziemlich schade gewesen. Dann hätte ich niemals deine sagenhaften Talente kennengelernt!", witzelte Spencer und Justin verstand sofort dessen unverhohlene Anspielung. Er schwamm zwei Züge zu ihm hin und diesmal war Justin es, der sich ungefragt einen Kuss nahm. Sie hielten einander fest, gingen beinahe dabei unter und mussten wieder lachen. Diesen unbeschwerten Moment ausgelassener Heiterkeit nutzte Spencer trickreich aus und tauchte plötzlich steil vor ihm nach unten. Dabei packte er mit beiden Händen Justins Shorts und zog ihm diese mit einem schnellen Ruck ganz nach unten über die Füße weg. Als er vier Meter weiter wieder nach oben kam, schwenkte er die Shorts wie eine Trophäe jubelnd über seinem Kopf und verspritzte Wasser in alle Richtungen um sich herum. Justin gefiel dieses kleine Spiel, denn er wusste, der Moment sollte noch kommen, da er seinen Trumpf ausspielen würde. Darum ließ er Spencer mit seiner Beute auch entkommen und schwamm nur halbherzig hinter ihm her. Der erreichte die Treppe und stieg aus dem Wasser heraus. Justin war dicht dahinter und folgte ihm nach. Doch es ging längst nicht mehr um die nasse Shorts. Auch wenn die beiden athletischen Männer sich lauernd wie zwei zum Sprung bereite Tiger gegenüberstanden. Fest bohrten sich ihre Blicke ineinander. Spencer schwenkte seine Beute lockend in einer Hand und grinste. Sie lachten beide, als sie versuchten, ein bedrohliches Gesicht aufzusetzen. Justin sprang vor, doch Spencer wich seinem Angriff aus und warf die Shorts über seinen Kopf hinweg in das Becken zurück. Mit einem Klatschen fiel sie ins Wasser und war damit für beide Männer bedeutungslos geworden. Sie umklammerten sich nun wie zwei olympische Ringer. Doch aus dieser Umklammerung wurde erneut eine Umarmung, der ein langer, stürmischer Kuss folgte. Ihre nassen, muskulösen Körper schmiegten sich aneinander und Justin konnte plötzlich die Hand seines Freundes an seinem Glied spüren. Sie küssten sich noch immer und Spencer begann damit, Justins bereits halbsteifen Schwanz fest zu reiben.

„Hey, du bist ja schon wieder ganz heiß!", bemerkte Spencer scheinbar beiläufig und ließ sich von Justin auf den Hals küssen, während er weiter an dessen Glied fingerte.

„Komm, ich will, dass du ihn mir hinten reinsteckst und mich fickst!", verlangte Spencer ohne Umschweife.

Justin tat so, als hätte er dessen Bitte gar nicht gehört und spielte nun seinen Trumpf aus: „Ich will eine Rolle in deinem nächsten Film, Spencer! Aber eine wirkliche Rolle verstehst du?"

„Was?!" Spencer sah ihn irritiert an und unterbrach seine eifrigen Fingerübungen.

„Du hast mich schon verstanden. Ich will endlich eine akzeptable Rolle. Nicht diesen unbedeutenden Mist. Ich weiß, du kannst mir dabei helfen, auch wenn du das Gegenteil beteuerst. Ich will eine Rolle!", wiederholte er noch einmal mit Nachdruck seine Forderung.

Spencer löste sich von ihm und sah ihn ernst und ein wenig konsterniert an.

„Was soll das? Willst du mich etwa erpressen? So einfach ist das nicht, Justin. Wirklich nicht!"

„Aber ich weiß, du kannst es arrangieren. Du kannst deine Beziehungen spielen lassen. Ich will ja nicht gleich eine Hauptrolle. Nur einen ordentlichen Nebenpart, bei dem ich mehr tun muss als nur einen einzigen Satz sprechen und ängstlich durch die Dekoration zu schleichen!"

Jetzt sah ihn Spencer ein wenig verärgert an: „Und damit kommst du jetzt so einfach an? Ich wollte diesen Abend mit dir zusammen genießen, Justin. Einmal nicht an Film und den ganzen Dreck denken. Einfach nur mit dir zusammensein. Aber du machst diesen wundervollen Moment einfach so kaputt! Sag mir, was soll das?"

Justin wollte nicht lockerlassen und blieb beharrlich. „Was ist schlecht daran, ehrgeizig zu sein? Ich will auch ein Star werden wie du, Spencer. Ich habe dich immer bewundert. Habe all deine Filme gesehen. Du bist echt ein Held für mich. Hilf mir einfach nur. Ich weiß, du kannst es! Bitte, versprich mir, dass du mir diese Rolle beschaffst! Mehr will ich gar nicht und du kannst von mir kriegen, was immer du willst!"

Doch Spencers aufsteigende Wut konnte Justin damit nicht besänftigen. Er verschränkte seine Arme in den Hüften und kam auf ihn zu.

„Scheiße, jetzt kapier ich dein durchtriebenes Spiel, du kleiner Pisser! Du hast dich von Anfang an nur aus diesem Grunde an mich rangemacht. Verdammt, ich hätte es wissen müssen! Das war alles zu perfekt! Du bist zu perfekt! Aber nicht perfekt genug! Komm, fisch deine Shorts aus dem Wasser und verschwinde!" Spencer blickte ihn nun voll beißendem Zorn an.

Justin wusste, dass er leicht durchdrehen konnte, wenn er betrunken war. Davon hatte er gehört. Aber er hatte ihn an diesem Abend nichts trinken sehen. Justin ließ sich deshalb jedoch von seiner cholerischen Vorstellung nicht beeindrucken und versuchte stattdessen ihn zu beruhigen.

„Hey, komm schon! Das meinst du doch nicht ernst! Ich will doch nur eine Chance! Mehr nicht! Du hast doch auch mit kleinen Rollen angefangen. Und du willst mir doch nicht erzählen, dass du ein Unschuldsengel bist? Du hast doch bestimmt auch genauso Schwänze geleckt und Ärsche gefickt, um an die guten Rollen ranzukommen! Du bist ebenso verbissen und ehrgeizig wie ich und willst auch immer nur den Erfolg! Also erzähl mir nicht, dass es nicht so war und versuch mich zu verstehen! Ich bin genau wie du, erkennst du das nicht? Wir sind aus genau dem gleichen Holz geschnitzt und wollen immer nur noch weiter nach oben, egal wie hoch der Preis dafür ist. Also los, gib mir eine Chance und lass uns den Abend so beenden, wie er angefangen hat! Es tut mir leid, ich hätte dich vielleicht wirklich nicht so damit überfallen sollen. Ich mag dich, Spencer. Ich mag dich wirklich. Ich glaube, ich habe selbst noch gar nicht so richtig begriffen wie sehr."

Justin wunderte sich über sich selbst. Noch nie hatte er eine so perfekt dargebotene Heuchelei über die Lippen gebracht. Sein reumütiger Blick und der bemitleidenswerte Klang seiner Stimme waren geradezu perfekt auf diese spontane Ansprache abgestimmt. Nicht zu dick aufgetragen, sondern gerade in der richtigen Dosis. Und genau damit hatte er bei Spencer den Punkt getroffen, der seine Wut in Luft auflöste.

Der ließ stumm die Arme hängen und blickte ihn nachdenklich an. Kurz davor, ihm diesen kleinen Ausrutscher zu vergeben, der ihn so sehr in Wut gebracht hatte. Es bedurfte nur noch eines winzigen Stupses und er würde seinen Trumpf doch noch erfolgreich ausgespielt und das Spiel gewonnen haben. Und dieser Stups war ein verschmitztes Lächeln, dass er ihm schenkte. Spencer blickte ihn an und musste ebenfalls lächeln. Da wusste Justin, dass er gewonnen hatte.

„Kann sein, dass du recht hast. Vielleicht sind wir uns wirklich ziemlich ähnlich. Vielleicht hat uns das Schicksal zusammengeführt, weil wir irgendwie füreinander bestimmt sind. Jedenfalls ist das ein sehr schöner Gedanke. Er gefällt mir und ich möchte gern daran glauben. Wir kennen uns noch nicht sehr lange, aber ich denke, mir liegt auch eine ganze Menge an dir. Ja, wirklich. Eine verdammt große Menge sogar!"

Justin war überrascht, welch feinfühlig sentimentale Gefühle er damit in Spencer ausgelöst hatte. Es erschreckte ihn fast, wie leicht ihm dies gefallen war und wie groß die Wirkung ausfiel. Wenn er auch bisher immer noch ein klein wenig an seinem schauspielerischen Talent gezweifelt hatte und nie wirklich mit sich selbst zufrieden war. Nun glaubte er wirklich daran. Spencer kam auf ihn zu und klopfte ihm versöhnlich auf die Schulter.

„Ich werde dir eine Rolle beschaffen, hörst du. Das verspreche ich dir. Ich habe da gerade das Skript für einen Science Fiction bekommen. Die Vorproduktion läuft schon, aber das Casting ist erst noch am Anfang. Ich denke, da ist was zu machen."

Justin strahlte ihn begeistert an und schenkte ihm einen dankbaren

Kuss. Der allerdings diesmal nicht zu seiner Nummer zählte, sondern ehrlich gemeint war.

„Aber mit einem hast du Unrecht", meinte Spencer dann noch abschließend zu ihm. „Ich habe keine Schwänze geschleckt oder Ärsche gefickt, um so weit zu kommen. Das habe ich erst getan, als ich schon berühmt wurde. Da kommt man viel leichter an die wirklich guten Kerle ran, verstehst du!"

Justin grinste über dieses offene Geständnis. „Außerdem habe ich noch keinen Produzenten oder Regisseur kennengelernt, der es mit Kerlen treibt. In dieser Hinsicht haben unsere weiblichen Kolleginnen einen unerhörten Vorteil!"

Justin lehnte sich mit einem Arm lässig gegen die Wand und warf Spencer einen verspielt, fordernden Blick zu: „Okay, was ist nun?"

Der sah ihn ein wenig irritiert an und Justin konkretisierte sein Vorhaben: „Ich dachte, wir wollten den Abend so wundervoll beenden, wie er begonnen hatte, oder? Nun, dann solltest du aber langsam deine Badehose ausziehen!"

Spencer grinste glücklich und voller Vorfreude und kam eilig Justins Aufforderung nach.

„Doch ich sag dir gleich, dass diese Nummer auch für mich neu ist. Ich mach's zum ersten Mal einem Kerl von hinten!", er lachte und steckte Spencer damit an.

„Na, wenn du darin genauso viel Talent hast, wie neulich Abend, mache ich mir darüber keine Gedanken. Dann gewinnst du den Oscar für den besten Arschfick sicher sofort und ohne Nominierung!"

Beide mussten sie über diesen Scherz lachen, hechteten dann aber noch einmal in einem fast perfekten Synchronsprung zusammen in den Pool, um sich abzukühlen. Sie veranstalteten ein kleines Wettschwimmen, doch am Ende musste sich Justin mit einer halben Bahnlänge und ziemlich außer Atem geschlagen geben. Spencer saß längst am Rand des Beckens, als Justin auf ihn zugeschwommen kam.

„Du bist zwar eine ganze Reihe von Jahren jünger als ich und ziemlich gut in Form, hattest aber trotzdem keine Chance gegen mich. Aber um dein jetzt vielleicht angeknacktes Ego wieder aufzubauen will ich dir sagen, dass ich Leistungsschwimmer war, bevor ich für den Film entdeckt worden bin. Schade, eigentlich hatte ich gedacht, dir eine volle Bahn abnehmen zu können. Ich war auch schon mal besser in Form."

Justin schwang sich neben ihn auf den Beckenrand und fand langsam seinen Atem wieder. „Stimmt, ich glaube, das habe ich irgendwann mal wo gelesen. Du hast dreimal den Tarzan gespielt, das weiß ich noch. Waren gar nicht schlecht die Filme!"

Spencer bekam einen nostalgischen Glanz in seinen Augen: „Ja, allerdings. Das war meine erste Hauptrolle. Aber ich bin frühzeitig davon weggekommen und konnte etwas ernstere Sachen machen. Ich wollte nicht immer nur halbnackt durch den Urwald jagen und am Ende nichts anderes mehr spielen können, verstehst du. Das passiert schnell. Okay, auf der Heldenrolle bin ich bisher trotzdem sitzengeblieben. Doch vielleicht kann ich ja mal demnächst einen Schurken spielen. Darauf hoffe ich immer noch."

Justin ließ sich von seinen nostalgischen Gedanken anstecken. „Du hast mir aber damals als Tarzan eine Menge feuchter Träume beschert, das kann ich dir sagen. Ich fand dich echt riesig. Verdammt, das kommt mir wie eine Ewigkeit vor, dabei ist es doch erst ein paar Jahre her."

„Ja, das geht mir genauso. Die Zeit vergeht so schnell in Hollywood. Hier hat alles irgendwie seine eigenen Gesetze. Ich drehe seit damals einen Film nach dem anderen. Manchmal habe ich mich schon gefragt, ob ich nicht mal Pause machen sollte. Einfach um Luft zu holen, verstehst du? Aber dann denke ich wieder: halt, Spencer! Solange du so erfolgreich bist, wäre es dumm, damit aufzuhören. Wer weiß, ob ich nach einer so langen Pause wieder reinkomme. Außerdem würde ich mich selbst belügen, wenn ich behaupte, dass ich das alles hier nicht irgendwie brauche. Es ist ein Job, von dem viele träumen. Und ich bin ein Teil dieser Träume. Der ganze Ruhm, die Bewunderung der Leute. Das ist schon ein tolles Gefühl. Und man wird irgendwie abhängig davon. Auch wenn man es nicht wahrhaben will, aber langsam still und leise passierte es einfach. Ist schon komisch. Ich habe schon eine ganze Weile nicht mehr so darüber nachgedacht. Viel zu viele Dinge sind einfach selbstverständlich geworden."

Justin hauchte ihm einen zärtlichen Kuss auf seine nackte Schulter. „Komm!", sagte er nur. „Ich hab jetzt Lust auf dich!"

Spencer lächelte versonnen. Er ließ sich in das Wasser gleiten und schwamm bis zu der Treppe zurück. Justin folgte ihm wortlos. Die Stufen waren breit und führten flach in das Becken. Spencer kniete sich auf der vorletzten von oben nieder und beugte sich vor, so dass Justin seine pralle Kehrseite bewundern konnte. Der stieg hinter ihm aus dem Wasser und blieb stehen. Er beugte sich vor und küsste abwechselnd die beiden Seiten dieses anbetungswürdigen Arsches. Er strich mit beiden Händen über dessen Rücken hinweg und bohrte seine Zunge in diesen herrlichen Hintern, der sich ihm dort darbot. Er fand Zugang zu dem Arschloch und brachte Spencer damit zum Stöhnen. Dabei rieb er seinen eigenen Schwanz eifrig in der Hand und brachte ihn blitzartig zum anschwellen. Spencer beugte sich nun noch weiter vor, streckte seine Arme über die Fliesen aus, während Justin noch zwei Stufen höher kam und sich dicht hinter ihn stellte. Es war keine Lüge gewesen, als er ihm erzählt hatte, es vorher noch nie auf diese Weise getan zu haben. Aber dennoch wusste er irgendwie sofort, was er zu tun hatte, auch wenn er noch ein wenig unsicher war.

„Schieb ihn mir einfach rein", meinte Spencer ermutigend, denn er hatte dessen kurzen Moment der Unsicherheit sehr wohl bemerkt. „Ganz tief, verstehst du! Und stoß richtig fest zu! Hör nicht auf damit, ganz egal, wie laut ich schreie! Und wenn du kommst, halt ihn nur ja fest in mir drin, damit ich es spüren kann! Es ist ganz einfach."

Justin vertraute ihm und drückte sein steif angeschwollenes Glied gegen dessen kleine Öffnung. Er konnte spüren, wie sich diese weitete, je mehr er seinen harten Ständer nach vorne drückte. Als er dies bemerkte, entschloss er sich zu einem schnelleren Vorstoß. Kraftvoll rammte er sein steifes Glied durch den engen Schließmuskel seines Filmhelden und trieb ihn mit einem Ruck nach vorne. Spencer schrie dabei laut und forderte Justin zugleich auf, nur nicht damit aufzuhören. Justin schloss für einen Moment die Augen, als er sein hartes Organ tief in dessen Innerstem gefangen fühlte. Eine wohlig warme Enge umschloss ihn. Er hielt nun mit beiden Händen fest dessen Hüften umklammert und begann mit seinem Ritt. Langsam zog er seinen Schwanz ein kleines Stück wieder aus dessen praller und vom Wasser nassen Kehrseite heraus. Nur um erneut mit ganzer Kraft nach vorne zu preschen und seinem athletischen Filmhelden einen lustvollen Schrei zu entlocken. Schnell wurde er in seinen Bemühungen mutiger. Und unter den jubelnden Anfeuerungsrufen bald immer härter, fast schon brutal. Nach wenigen Minuten konnte er seine eigene Lust nicht länger zurückhalten. Der Ritt in Spencers herrlichem Arsch überflutete ihn mit einer derartigen, völlig neuen Lust, dass er es einfach nicht unter Kontrolle hatte. Er schrie in hemmungsloser Ekstase laut auf und stieß dabei mit unbändiger Härte nach vorne, als er seine eruptionsartigen Ströme heißen Spermas in Spencers Arsch ergoß. Er klammerte sich an dessen Rücken fest und fiel regelrecht über diesen hinweg. Er drückte ihn nach unten auf die Fliesen in das seichte Wasser, während er weiter in ihm abspritzte und brüllte mit ihm um die Wette. Er konnte nicht aufhören, stieß immer wieder erneut zu und bekam dafür Spencers Dank in Form von lautem Stöhnen geschenkt. Dann endlich zog er sein zuckendes Glied aus ihm heraus und rutschte neben ihm ein wenig in das Wasser zurück. Spencer rollte sich auf den Rücken herum und blieb mit ausgestreckten Armen auf den Fliesen liegen. Sperma glänzte noch auf seinem steifen Glied und klebte an seinem Bauch. Als Justin dies bemerkte, kam er wieder nach oben und beugte sich darüber, um dessen vergossene Säfte von seiner Haut zu lecken. Spencer grunzte voll wonniger Befriedigung, als Justin ihn derart verwöhnte. Dann fielen sie einander in die Arme und küssten sich. Spencer konnte noch seinen eigene Samen auf den Lippen seines Geliebten schmecken.

„Verdammt, das war irre, Justin! Ich dachte, du würdest mich aufspießen mit deinem Riesending!" Er lachte amüsiert. Dann standen sie auf und liefen zu den Duschen. Nur um sich danach auf den Liegestühlen zur erholsamen Ruhe auszustrecken. Justin hatte glücklich die Augen geschlossen, als Spencer neben ihm nach seiner Hand griff und diese festhielt.

„Bleib bei mir heute Nacht!", hörte er ihn flüstern.

Justin lächelte glücklich. Diesmal konnte er seinem Freund diesen Wunsch einfach nicht abschlagen.

Feine Strahlen hellen Lichts ergossen sich in das Zimmer und zauberten durch die Lamellen des Rollos ein Streifenmuster auf das glänzende Seidenbett. Verschlafen räkelte sich Justin unter dem kühlen, dünnen Laken und kniff für einen Moment die Augen zusammen, als das Licht der Morgensonne ihm ins Gesicht fiel. Er wandte den Blick zur Seite und sah Spencer neben sich liegen. Das blaue Seidenlaken in Falten, nur bis dicht unter seinen Nabel hinaufgezogen. Eine Hand lag auf seinem Bauch, der sich vom ruhigen, stillen Atmen leicht auf und ab senkte. Er schlief noch. Justin legte sich zurück auf das Kissen und blickte hinauf zu dem Motiv unter der Zimmerdecke. Er fühlte sich so glücklich wie seit langem nicht mehr. Welch wundervolles Gefühl es doch war, in den Armen eines anderen Mannes einzuschlafen und am Morgen neben diesem wieder zu erwachen. Ein Gefühl, nach dem er sich so sehr gesehnt hatte. Ein Moment, von dem er immer geträumt hatte. So voller Ruhe und Harmonie. Voller Geborgenheit und Wärme. Auch wenn es nicht der Mann war, den er sich wünschte, das Gefühl war für ihn dennoch voller Zauber. Er schloss die Augen und ein zufriedenes Lächeln huschte über sein Gesicht. Er wollte dieses wundervolle Gefühl des beinahe vollkommenen Glücks so lange wie möglich festhalten. Dies und die Gedanken an den vergangenen Abend mit Spencer, führten unweigerlich zu einer morgendlichen Versteifung seines Gliedes, die sich deutlich unter der blauen Seide abzeichnete. Er sank zurück in diese süßen Gedanken und glitt hinüber in einen sanft dösenden Halbschlaf. Bis irgendwann eine Hand zärtlich über seinen Bauch strich und er durch einen sanften Kuss wieder geweckt wurde. Als er die Augen aufschlug, sah er Spencer, der sich über ihn beugte und anlächelte.

„Guten Morgen, mein Hübscher!", flüsterte ihm dieser zu und Justin schenkte ihm zum Dank ebenfalls ein Lächeln. Er konnte dessen Hand spüren, die nun über dem seidenen Laken tiefer wanderte und schließlich auf seinem harten Ständer verharrte.

„Wie ich sehe, bist auch du noch mit deinen Gedanken bei der letzten Nacht, was? Glaub mir, es ist wahr, wenn ich dir sage, dass es die wundervollste Nacht meines Lebens war und ich mit dir so glücklich wie noch mit keinem vorher bin. Ich glaube, ich habe mich in dich verliebt, Justin!"

Justin grinste verlegen angesichts dieses Geständnisses. „Du glaubst es nur?", wollte er wissen.

„Ja, man spricht sehr schnell von Liebe, verstehst du. Und der Unterschied zwischen Verlangen und echter Liebe ist oftmals nur sehr klein und schwer zu erkennen. Wir sind erst das zweite Mal zusammen und kennen uns noch nicht sehr lange. Ich weiß eins aber ganz sicher - und das meine ich ehrlich; du bist der Mann meiner Träume, Justin. Der Mann, auf den ich immer gewartet habe. Ich kann dir gar nicht sagen, wie groß mein Verlangen nach dir ist! Und ich bin so unendlich glücklich, dass ich hier mit dir zusammen aufwachen darf! Es ist, als würde ich in einem kleinen Gewächshaus voller Orchideen stehen. Und ihr wundervoller Duft umschließt wie ein magischer Hauch mein Herz und meine Seele. Geht es dir nicht genauso?"

Justin musste unwillkürlich grinsen. Zweifellos fühlte er ebenso wie Spencer, auch wenn es keine Liebe war, die ihn mit ihm verband. Doch dessen seltsam poetischen Vergleich fand er ein wenig lächerlich. Aber er sah darüber hinweg und genoss das Gefühl von dessen streichelnder Hand auf seinem Ständer. Justin rückte noch näher an ihn heran. Ihre Lippen fanden ohne ein weiteres Wort zueinander und sie küssten sich voller Leidenschaft. Spencer zog das seidige Laken mit einem Ruck zur Seite und griff begierig nach Justins erregter Pracht. Sie wälzten sich im lustvollen Taumel verspielt auf dem Bett umher und Justin ergab sich bereitwillig Spencers Verlangen.

Nachdem sein morgendlicher Orgasmus über Spencers Finger auf das Laken gespritzt war, standen sie beide auf und gingen gemeinsam unter die Dusche. Dort revanchierte er sich bei seinem wollüstigen Filmhelden und trank noch vor dem anschließenden Frühstück begierig von dessen köstlichem Sperma. Dem folgte wenig später frisch ausgepreßter Orangensaft und schwarzer Kaffee. Spencer hingegen genoss nach einem Brötchen mit Honig zum Abschluss des Frühstücks noch ein Glas Bourbon von der eigenen Bar im Wohnzimmer.

„Nun, wonach steht dir für heute der Sinn? Es ist Sonntag und wir können machen, was immer wir wollen!", meinte Spencer unternehmungslustig und kam mit dem Glas in der Hand auf ihn zu.

Justin durchfuhr ein Schreck bei Spencers Bemerkung, als hätte ein elektrischer Schlag ihn getroffen. Jetzt erst blickte er auf die Uhr und stellte zu seinem Entsetzen fest, dass es bereits kurz nach Zwölf war! Vor drei Stunden hatte er mit Gloria eine Verabredung gehabt. Sie wollten eigentlich gemeinsam frühstücken. Justin verzog verärgert über sich selbst das Gesicht.

„Was ist? Habe ich etwas Falsches gesagt?", fragte ihn Spencer irritiert.

„Nein, nein! Es ist nicht deine Schuld!", beschwichtigte Justin ihn eilig. „Ich hatte gestern gar nicht geplant bei dir zu übernachten und war vor drei Stunden mit einer guten Freundin zum Frühstück verabredet. Wir haben beide meist nur Sonntags wirklich Zeit und deshalb haben wir den Sonntag zu unserem gemeinsamen Tag gemacht. Jetzt habe ich sie versetzt und ich schätze, sie wird ziemlich sauer auf mich sein."

„Hey, wenn sie eine wirklich gute Freundin ist, wird sie das nicht sein!"

Justin sah ihn etwas unsicher an: „Meinst du?"

„Ganz bestimmt! An solchen Kleinigkeiten zerbrechen nur Freundschaften, die es nicht wert sind. Ruf sie an, na los!"

„Dir ist aber doch klar, dass ich sie nicht noch mal versetzen kann, wenn sie danach fragt, ob ich sie später noch treffe, oder?"

Spencer stellte sein leeres Glas auf einem Servierwagen ab und kam langsam auf ihn zu. „Ja, sicher. Ich wäre natürlich schon sehr gern auch den Rest des Tages mit dir zusammen. Jede Stunde gemeinsam mit dir ist wie ein wundervolles Geschenk für mich. Aber ich fahre dich trotzdem hin, wenn du es willst. Weiß sie, dass du nur auf Männer stehst?"

Justin nickte: „Ja, und sie akzeptiert es total. Das macht unsere Freundschaft ja so besonders."

„Dann erzähl ihr von uns. Erzähl ihr von deinen Gefühlen. Und sie wird es verstehen. Da bin ich mir sicher!"

„Das wird ihre Welt aber ziemlich erschüttern, fürchte ich! Sie ist ein großer Fan von dir. Darauf sollte ich sie besser behutsam vorbereiten." Justin sah Spencer mit einem großen Fragezeichen in den Augen an.

„Dann erzähl ihr einfach noch nicht, mit wem du es treibst. Vielleicht hast du sogar recht. Ich war ein wenig voreilig. Aber bitte, mach es wie du willst!"

Justin hatte ihre Nummer im Kopf. Er hatte zuerst Samantha am Apparat und musste diese bitten, Gloria herzuholen. Er konnte durch das Telefon hören, dass Gloria sich weigerte mit ihm zu sprechen, was Samantha ihm sinngemäß ausrichtete. Aber Justin wollte nicht lockerlassen. Schließlich kam sie doch ans Telefon und gab ihm Gelegenheit, seine Entschuldigung loszuwerden:

„Hey, Gloria! Ich weiß, ich hab Scheiße gebaut. Ich hätte mich melden können. Aber gib mir Gelegenheit es zu erklären. Ich hab jemanden kennengelernt, weißt du. Einen echt heißen Kerl. Aber davon will ich dir nicht hier am Telefon erzählen. - Ja, er steht noch hier neben mir und hört uns zu! Also, wie sieht es aus? Treffen wir uns noch? - Wunderbar! Dann bin ich in einer Stunde da. Ich wusste, du würdest es verstehen. Aber ich bin trotzdem froh und erleichtert, dass du mir nicht böse bist! - Ja sicher, bring dein Skript mit. Ich hab dir doch gesagt, dass ich ganz gespannt drauf bin! Bis nachher dann!"

Nach nicht einmal drei Minuten legte er den Hörer wieder auf. Spencer, der alles mit angehört hatte, sah ihn verständnisvoll an. „Ist schon Okay. Ich fahr dich hin!"

Justin sah ihn glücklich an. „Danke, Spencer. Ist wirklich toll, dass du das verstehst. Und ich versprech dir, das ich's wieder gutmache!"

Spencer grinste: „Ich nehme dich beim Wort!"

Justin stürzte auf ihn zu. „Das will ich doch wohl hoffen!", sagte er mit gespieltem Ernst und einem Lachen in den Augen. Dann küssten sie sich und fielen dabei fast noch über einen Sessel, als sie unvorsichtig einige

Schritte rückwärts taumelten.

Eine knappe Stunde später setzte ihn Spencer am Rande des Griffith Parks ab. Ein Stück weit von dem verabredeten Platz entfernt. Bevor er losfuhr, sah er Justin noch einmal sehnsuchtsvoll aus seinen blauen Augen an: „Und es bleibt bei Freitagabend!", vergewisserte er sich bei ihm.

Justin nickte zur Bestätigung: „Ja, wie besprochen."

Spencer seufzte gequält.

„Ich vermiss dich schon jetzt!", sagte er dann nur und schon brauste er mit heulendem Motor davon. Justin sprang hastig zurück, denn er wollte von der aufgewirbelten Staubwolke nicht eingehüllt werden.

Er musste noch ein Stück gehen, dann sah er Gloria auf einer Bank sitzen. Das Skript lag neben ihr oben auf einem Picknickkorb. Sie stand auf und kam auf ihn zu. Ihr langes, blondes Haar trug sie offen und es leuchtete beinahe im gleißenden Schein der Mittagssonne. Sie versuchte ein grimmiges Gesicht zu machen, musste aber lachen, weil es ihr nicht so recht gelingen wollte. Sie begrüßten sich mit einer kurzen Umarmung, dann sah Gloria ihn neugierig an.

„Na, nun erzähl mir mal von deinem neuen Freund? Er muss ja ganz wahnsinnig aufregend sein, wenn du gleich die Nacht mit ihm verbringst und mich dabei so einfach vergisst!"

„Ja, aufregend ist er. Das ist wahr. Er ist ein wirklich toller Typ."

Gloria sah ihren Freund verwundert an: „Hey, höre ich da etwa ein Aber heraus? Das klingt ja nicht gerade so irrsinnig begeistert!"

Justin sah seine Freundin mit einem schweren Blick an: „Ja, so ganz unrecht hast du damit wohl nicht. Es ist nicht so einfach, weißt du ..."

Gloria sah ihn an und verdrehte dabei die Augen.

„Oh, welche Beziehung zwischen zwei Menschen ist schon einfach?! Komm, lass uns in den Park gehen und uns ein lauschiges Plätzchen suchen. Ich habe uns was Leckeres mitgebracht. Dabei kannst du es mir dann erzählen. Und diesmal bist du mir jedes Detail schuldig, wenn ich bitten darf!", fügte sie noch schnell hinzu. Sie drückte ihm den Korb in die Hand und gemeinsam gingen sie los, während Justin mit seiner Erklärung begann:

„Weißt du, er ist ein wirklich toller Typ! Ich mag ihn echt und bin wahnsinnig gern mit ihm zusammen. Ja, ich bewundere ihn! Er sieht sehr gut aus. Er hat ein tolles Haus, 'ne Menge Geld und einen heißen Wagen. Er ist auch im Filmgeschäft und kann mir sicher einige gute Rollen besorgen. Das Problem ist nur; er hat sich total in mich verknallt, aber für mich ist außer Sex und Freundschaft nicht mehr dabei drin."

Gloria sah ihn kritisch an. „Aber das willst du ihm natürlich nicht sagen, denn es könnte ja sein, dass er deiner Karriere dienlich sein könnte, stimmt's?" Es war ihr nicht sonderlich schwer gefallen, ihn zu durchschauen und Justin nickte.

„Was ist dabei das Problem? Ich meine, du hast ihn doch gerade erst kennengelernt. Und wenn du deinen Spaß mit ihm hast und er dir tatsächlich die eine oder andere Rolle besorgen kann, ist das doch klasse! Ich würde noch eine Weile damit warten, bis du dich entscheidest, es ihm zu sagen. Es kann doch durchaus sein, dass du dich auch noch in ihn verliebst. So was passiert nicht immer gleich beim ersten Augenaufschlag. Vielleicht brauchst du dafür noch ein wenig Zeit, wenn alle anderen Voraussetzungen sonst stimmen? Warte noch ein paar Wochen damit. Aber wenn du merkst, dass für dich nicht mehr draus werden kann, solltest du ihm gegenüber damit auch ehrlich sein."

„Das klingt so einfach?"

Gloria nickte. „Ist es aber nicht, ich weiß! Wenn du zu lange wartest, kann es natürlich sein, dass er annimmt, du hättest ihn nur ausgenutzt. Damit würde er ja noch nicht einmal ganz unrecht haben. Aber weißt du was?"

Justin sah seine Freundin kopfschüttelnd an.

„Sieh bloß zu, dass er dir die Rollen beschafft! Und falls dir noch eine interessante Rolle für mich dabei auffallen sollte ..."

Justin stieß Gloria lachend an: „Hey, du bist ja ein ganz durchtriebenes Luder!"

Sie konterte umgehend: „Ja sicher! Wusstest du das etwa noch nicht? Wir wollen beide Karriere machen, oder? Ich hab meine Chance vielleicht gerade in der Tasche und du solltest jede ergreifen, die sich dir bietet. Eine bessere kannst du doch gar nicht bekommen, wenn er dir eine Rolle beschaffen kann. Was ist er denn? Agent, Produzent oder was?"

Justin wurde bei ihrer Frage deutlich stiller, blieb aber nichts desto trotz weniger zu Scherzen aufgelegt.

„Ehe ich dir das erzähle, sollten wir uns erst einmal setzen, denn sonst haut es dich bestimmt von den Füßen!"

Glorias Augen wurden riesig vor Erstaunen angesichts dieser geheimnisvollen Andeutung. Ihre Neugierde allerdings übertraf diesen Zustand noch um Längen.

„Was? Du hast dir doch nicht etwa einen Filmstar geangelt? Verdammt, Justin, jetzt wundert mich bei dir überhaupt nichts mehr! Komm erzähl schon! Wer ist es?"

Justin trat seiner Freundin in den Weg und blickte sie nun ernst an: „Du musst mir aber versprechen, es wirklich keinem zu erzählen! Du weißt schon weshalb. Wenn die Leute erfahren, dass er auf Kerle steht, ist das Ende seiner Karriere besiegelt. Innerhalb des Studios wissen es natürlich einige. Aber es wird ziemlich darauf geachtet, dass davon nichts nach draußen gelangt. Also, versprich es mir!"

„Ja sicher! Ich versau dir doch nicht deine Chancen! Ehrlich, ich schwör's dir, Justin! Auch wenn du mal nicht mehr mit ihm zusammen bist, weil er doch nicht der Richtige war oder weshalb auch immer; Egal - von mir erfährt keiner was!"

Justin brauchte gar nicht lange darüber nachdenken. Er war überzeugt davon, dass er ihr vertrauen konnte. Auch wenn sie als Frau immer zu einer kleinen Risikogruppe gehörte und sie sich noch nicht so wirklich lange kannten. Aber bei ihr hatte er das sichere Gefühl, dass sie nichts verraten würde, wenn er sie darum bat. Ganz gleich, worum es sich handelte! Sie war einfach der erste Mensch, dem er wirklich vertraute. Und er war sich sicher, dass sie ihn nicht enttäuschen würde.

„Komm, da oben auf der Wiese bei den vier Bäumen ist ein schattiger Platz. Da können wir uns hinsetzen", meinte er nur und sie schlugen gemeinsam diese Richtung ein.

Gloria konnte ihre Neugierde kaum noch bändigen. „Kenne ich ihn? Ach, wie blöd von mir! Natürlich kenne ich ihn!! Bin ich ihm auch schon begegnet? Komm, Justin, sag es mir schon! Du weißt doch, dass ich wirklich nichts ausplappere!"

„Du kennst ihn nicht nur, du hast sogar schon mit ihm gedreht!", gab Justin ihr einen letzten Hinweis auf das Rätsel.

Sie blickte ihn völlig verdutzt an, ehe sie begriff, wen er meinte. Dann schlug ihr Gesichtsausdruck in fassungsloses Erstaunen um: „Verdammt! Du kannst doch nicht allen Ernstes Spencer Jackson meinen?!"

Justin nickte grinsend, als Gloria ihn mit dem Manuskript in der Hand vor Überraschung anstieß: „Das ist ja wirklich unglaublich! Filmheld und Frauenschwarm Spencer Jackson steht auf Kerle! Da würden aber eine Menge weiblicher Fans ziemlich enttäuscht sein, wenn das bekannt würde!"

„Ja, er war auch mein ganz großer Filmheld. Und du kannst dir denken, wie erstaunt ich war, als ich das herausfand! Deshalb ist es doch wohl auch klar, dass es nicht bekannt werden darf! Das Studio schweigt, weil es eine Menge Geld mit ihm verdient. Oder sie wollen es einfach nicht wissen. Spencer weiß natürlich, dass er sofort seinen Job los ist, sobald es bekannt wird oder wenn seine Filme mal nicht mehr so gut ankommen. Auch wenn er verdammt locker damit umgeht und sich davon nichts anmerken lässt. Er ist schon fast zu leichtsinnig, wie ich finde! Aber das ist schließlich seine Sache. Ich mag ihn jedenfalls echt und will nicht, dass so etwas passiert."

„Auf mich kannst du dich verlassen! Ganz sicher, Justin!"

Im Schatten von zwei großen Akazien setzten sie sich nebeneinander auf der Wiese hin. Den Korb zwischen sich gestellt, begann Gloria ihn auszupacken, nachdem sie ein weißes Tuch auf das Gras gelegt hatte. Für jeden zwei belegte Sandwiches, einen Salat in einer kleinen Schale, zwei Flaschen Cola, verschiedene Donuts und etwas Obst. Gemeinsam fielen sie hungrig über den Inhalt des Picknickkorbes her, während Gloria Justin neugierig nach weiteren Details ausfragte. Die er ihr auch freimütig erzählte, ohne allzu schlüpfrige Einzelheiten dabei preiszugeben, die sie auch gar nicht wissen wollte. Nachdem so ziemlich alles bis auf den letzten Krümel verzehrt war, reichte Gloria ihm das Drehbuch. Sie blickte ihn voller Stolz an.

„Ich hatte schon ein Gespräch mit dem Regisseur, als ich für die Rolle unterschrieb. Gabor Mate wird den Film machen! Er ist ein toller Mann. Groß, dunkel und sehr elegant. Und die Ruhe selbst. Vielleicht weil er schon so lange Filme macht. Es ist ihm sehr wichtig mit den maßgeblichen Darstellern seiner Filme vor Drehbeginn Gespräche zu führen, um ihnen schon im Vorfeld zu erklären, was ihm an der Figur wichtig ist und wie er sich diese vorstellt. Das hat mir echt geholfen, denn nun weiß ich genau, wie er es haben will. Das Schöne ist aber, dass er mir auch genug Freiraum einräumt, um die Figur selbst zu gestalten. Er meint, das letztlich ich es bin, die die Figur zum Leben erwecken und für das Publikum glaubhaft verkörpern muss. In zwei Wochen habe ich einen ersten Termin für eine gemeinsame Lesung. Das ist wohl seine Art, sich mit seinen Darstellern auf die Dreharbeiten einzustimmen. Ich bin schon ganz gespannt drauf! Du kannst dir nicht vorstellen, wer die Hauptrolle spielt und auch da sein wird!"

Justin sah seine Freundin gespannt an, die nicht lange zögerte, das Geheimnis preiszugeben:

„Shane Callow! Ist das nicht der helle Wahnsinn!" Justin war sprachlos und blickte sie begeistert an.

„Das ist ja wirklich irre! Verdammt, Callow ist fast schon eine Legende. Er hat in den 40ern zweimal den Oscar bekommen! Er ist ein echter Star! Scheiße, ich wünschte echt, ich könnte dabei sein!"

„Ich bin auch wirklich schon ganz aufgeregt und will natürlich bis dahin unbedingt meine Rolle so perfekt wie nur möglich beherrschen. Mr. Mate meinte zwar, dass es nur ein lockeres Lesen und Kennenlernen sein wird, aber ich kann mir das einfach nicht so entspannt vorstellen!"

Justin sah Gloria noch immer begeistert an und nahm sie jetzt fest in den Arm. Er drückte sie an sich und verpasste ihr einen freundschaftlichen Kuss auf die Wange: „Hey, ich freue mich riesig für dich! Wirklich! Wenigstens einer von uns hat den Einstieg geschafft! Komm, erzähl mir von deiner Rolle!"

Er rutschte auf der Wiese herum und setzte sich dann ihr gegenüber, um sie ansehen zu können. Ein dumpfes Grollen in der Ferne ließ sie aufhorchen. Sie wandten sich dem Himmel entgegen, doch noch immer schien ringsherum die Sonne.

„Vielleicht kriegen wir noch ein Gewitter", meinte Gloria nur und sah ihren Freund mit sorgenvollem Gesicht an.

„Ja, vielleicht aber auch nicht! Warten wir es einfach ab", entgegnete dieser optimistisch und lächelte verschmitzt. „Komm, jetzt erzähl schon! Ich will unbedingt wissen, mit welcher Rolle meine beste Freundin in

Hollywood zum Star wird!", meinte Justin mit überzogenem Humor. Dafür erntete er von ihr einen verspielten Faustschlag, dem er geschickt nach hinten auswich, auch wenn er ihn gar nicht getroffen hätte. Sie lachten beide, doch schnell wurde Gloria wieder ernst. Sie legte ihre Hände in den Schoß und blickte ihn voller Begeisterung für ihre Rolle an.

„Zunächst mal musst auch du mir etwas versprechen. Ich musste nämlich dafür unterschreiben, keinem etwas über den Film zu erzählen oder ihm womöglich das Skript zu zeigen."

„Sicher, kein Wort!", versprach er sofort. „Hey, ist doch klasse!" meinte er dann noch schnell. „So haben wir uns quasi gegenseitig in der Hand. Keiner verrät das Geheimnis des anderen! Was soll da noch passieren?" Er setzte einen finsteren Blick auf und Gloria musste grinsen. Dann begann sie von ihrer Rolle zu erzählen.

„Ich habe zwar eine ganze Reihe von Szenen in dem Film, aber nur wenig Dialog. Es ist nicht die Hauptrolle, aber die zentrale Figur des ganzen Films und darauf bin ich besonders stolz! Pauline ist eine junge Frau, die Zeugin eines entsetzlichen Mordes wurde und den Täter gesehen hat. Sie war schon seit jeher ziemlich labil und empfindsam. Sie hat eine schlimme Kindheit hinter sich. Ihre Eltern wurden von einem Unbekannten umgebracht. Und dieser neue Mord hat sie nun vollkommen aus der Bahn geworfen. Sie spricht kaum noch ein Wort und hat sich völlig in sich zurückgezogen. Ein mit dem Fall betrauter Polizist, den Shane Callow spielt, und eine Psychoanalytikerin versuchen die Wahrheit aus ihr herauszubekommen, um gemeinsam den Täter zu fassen. Denn es besteht die Gefahr, dass er versuchen wird, auch sie zu töten, wenn er erfährt, dass sie ihn beobachtet hat und möglicherweise identifizieren kann. Der Clou bei der Story ist, dass man am Ende erfährt, dass es gar keinen anderen Täter gibt. Pauline selbst hat nämlich den Mann umgebracht. Und sie hat ebenfalls ihre Eltern auf dem Gewissen, von denen sie mißhandelt wurde. Sie ist eine gestörte Persönlichkeit. Erst im ziemlich dramatischen Finale habe ich dann Dialog, wenn Pauline die Sprache wieder erlangt."

Justin sah seine Freundin ziemlich verblüfft an. „Das klingt ja eher nach einem Thriller, als einem Drama! Hey, das gefällt mir immer besser!"

„Ja, irgendwie ist es eine Mischung aus beidem. Nach der Lesung werde ich für zwei Tage in einem Sanatorium so eine Art Informationspraktikum absolvieren, um das richtige Gefühl für die Figur zu bekommen. Mr. Mate fand das für die Rolle sehr wichtig. Der Arzt, der die Dreharbeiten fachlich berät, ist Leiter in diesem Sanatorium. Ich sage dir, das ist wirklich eine völlig andere Art zu arbeiten. So viel Vorbereitungen für eine einzige Rolle ist schon etwas Neues für mich. Aber ich nehme die Sache absolut ernst, denn ich will unbedingt zu 100 Prozent überzeugend wirken, wenn ich Pauline spiele. Gerade jetzt, wo ich so eine wichtige Rolle bekommen habe, will ich keinen Fehler machen. Du kannst dir gar nicht vorstellen, wie aufgeregt ich jetzt schon bin! Ich möchte gar nicht daran denken, wenn es erst soweit ist und wir mit den Dreharbeiten tatsächlich loslegen!"

Das Grollen des herannahenden Gewitters wurde langsam deutlicher, als Justin sie nach dem Termin für den Beginn fragte.

„Ende März geht es los. Himmel, das sind nicht einmal mehr sechs Wochen!"

Gemeinsam begannen sie dann ihre Rolle im Finale zu lesen. Justin übernahm dabei den Part, den später im Film Shane Callow und Clare Corrigan spielen würden und er sah dabei den fertigen Film beinahe schon vor sich. Er war so stolz auf Gloria. Aber gleichzeitig war ihr Erfolg ihm Ansporn, es nun ebenfalls mit aller Macht weiter zu versuchen. Er würde Spencer auf sein Versprechen festnageln. Und er würde nicht eher Ruhe geben, bis auch er seine Chance in einer anständigen Rolle bekam. Das schwor er sich im Stillen, während er mit Gloria gemeinsam zwischen den Bäumen voller Begeisterung das Finale durchging, bis der plötzlich und mit großer Heftigkeit einsetzende Regen ihren Proben ein jähes Ende bereitete. Donner grollte am Himmel, aber noch immer schien dabei strahlend die Sonne, während sich ein heftiger Regenschauer über sie ergoß. Gloria versuchte dicht an den Stämmen der Akazien ein wenig Schutz zu finden und stopfte sich das Skript unter ihre Bluse. Auch Justin folgte zunächst ihrem Beispiel. Aber er stellte schnell fest, dass es wenig Sinn hatte, weil es unablässig und immer stärker von dem Baum heruntertropfte. Also nahm er das Gewitter schließlich mit Humor. Er lief in den warmen Regen auf die Wiese hinaus und genoss es ganz einfach. Ausgelassen und vergnügt ließ er sich das vom Himmel regnende Wasser auf sein Gesicht prasseln. Schon nach wenigen Augenblicken klebten seine völlig durchnäßten Kleider an seinem Körper und er zog sein Shirt einfach übermütig aus. Er lief johlend auf Gloria zu und forderte sie auf, es ihm gleichzutun. Hatte sie ihm anfangs noch belustigt zugesehen, ließ sie sich nun von seiner fröhlichen Art einfach anstecken. Sie legte das Skript verdeckt von dem Korb dicht an einen der Baumstämme ab, damit es möglichst trocken blieb und lief zu ihm. Es war einfach herrlich. Wie zwei frisch Verliebte tollten sie in dem strömenden Regen durch den Park. Sie hielten sich an den Händen fest und sprangen in wildem Tempo durch alle Pfützen. Dabei lachten und kreischten sie immer wieder und scherten sich nicht im Geringsten um die mißbilligenden Blicke der anderen Parkbesucher. Als der Regen allmählich weniger wurde, machten sie sich auf den Weg zurück zu den Bäumen, um Glorias Skript zu holen. Der Donner hatte längst aufgehört und die Sonne schien noch immer. Justin hatte seinen Arm um ihre Schultern gelegt und Gloria den ihren um seine nackte Hüfte geschlungen. Ihr zierlicher Busen zeichnete sich nun deutlich unter der nassen Bluse ab, während ihre blonden Haare wirr an ihrem Kopf klebten und die deutlich weniger werdenden Regentropfen über Justins athletischen Körper flossen. Sie lachten noch immer beide ausgelassen und niemand, der sie so zusammen sah, hätte vermutet, dass sie nur gute Freunde waren und nicht ineinander verliebt. So schnell wie der Regen gekommen war, hörte er schließlich auch wieder auf. Als sie sich auf dem Weg zurück befanden, mussten sie noch immer grinsen.

„So können wir aber auf keinen Fall in Samanthas Wagen steigen!", bemerkte Gloria dabei und fügte schnell noch hinzu: „Von meiner ersten richtigen Gage kaufe ich mir sofort einen eigenen Wagen. Das kannst du mir glauben!"

„Ich hoffe, sie hat eine Decke oder etwas in der Art im Wagen, damit wir nicht alles völlig naß machen!"

„Ach, das kriegen wir schon irgendwie hin!", beschwichtigte Justin sie grinsend und Gloria sah ihn mit gespieltem Entsetzen an, als sie seine Gedanken erriet.

„Auf keinen Fall werde ich mich ganz ausziehen! Oh, nein Mr. Farr! Das kommt überhaupt nicht in Frage!"

Justin mimte Entrüstung. „Was glaubst du denn nur von mir? Aber Gloria! Nein, wirklich!"

„Ja, tu nur nicht so scheinheilig! Ich kenne deine Gedanken! Dabei wundert es mich bei dir direkt!"

Justin grinste nur und schwieg. Sie fanden eine Decke. Gloria als Fahrerin setzte sich darauf, nachdem sie Justin so gut als es eben ging damit abgetrocknet hatte. Er zog seine nassen Sachen aus und behielt nur mutig seine Unterhose an. Was Gloria die ganze Fahrt über zu einer ganzen Reihe von belustigten Kommentaren und Scherzen herausforderte, über die sie beide pausenlos lachen mussten. Doch sie hatten Glück und kamen, ohne von einem Polizisten angehalten zu werden, wieder zurück.

„Willst du nicht doch lieber erst noch mit zu mir kommen, um deine Sachen wieder zu trocknen? Deine Vermieterin wird ziemlich dumm aus der Wäsche glotzen, wenn sie dich in diesem Aufzug hereinspazieren sieht!"

„Das ist mir egal, weißt du! Sollen ihr doch die Augen rausfallen!" Justin musste angesichts dieser Vorstellung lachen. „Ja, wenn ich das sehen könnte, würde ich sogar noch den Rest ausziehen! Das wäre es mir wert!"

Gloria musste grinsen. Sie hatte Mrs. Quentin noch nicht kennengelernt, aber schon einiges durch Justin von ihr gehört. Doch schließlich konnte sie ihn doch dazu überreden, zumindest die nasse Hose wieder anzuziehen. Sie reichte ihm die anderen Sachen durch das heruntergekurbelte Fenster nach draußen. Barfuß auf dem nassen Asphalt stehend, seine Schuhe und das Shirt in der Hand, verabschiedete er sich von ihr. Gloria sah ihn durch das Fenster hindurch noch einmal an: „Ich ruf dich an. Vielleicht hast du ja die Woche über auch mal Zeit und denkst nicht nur pausenlos an deinen Spencer!"

„Keine Angst, das passiert schon nicht! Ich hab dir doch gesagt, dass ich ihn nicht liebe."

„Ach, wart's nur ab! Das kommt schon noch! Und dann ist es doppelt so schön!", sie grinste hintersinnig und Justin legte überrascht seine Hand auf den Türrahmen.

"Hey, woher willst du das wissen? Ich dachte, dir ist der Richtige noch nicht über den Weg gelaufen!"

„Das stimmt! Aber ich habe nie behauptet, dass ich noch nicht verliebt war. Ein paar Erfahrungen habe ich auch schon gesammelt, du Nimmersatt!" Sie lachte und fuhr rasant an, so dass Justin hastig zurückspringen musste.

„Darüber müssen wir unbedingt nächstes Mal reden!", rief er ihr noch laut hinterher. Sie winkte ihm mit der linken Hand aus dem Fenster zu und entlockte Justin damit ein Grinsen.

Auf die neugierigen Augen von Mrs. Quentin hoffte er jedoch vergeblich. Sie war gar nicht zu Hause. Am Geländer der Treppe nach oben fand er einen angehefteten Zettel von ihr, blieb kurz stehen und las:

„Bin gegen 20 Uhr wieder zurück. Im Ofen steht noch etwas Hackbraten. Wollen wir heute zusammen Fernsehen?"

Justin riss beim Hochgehen den Zettel ab und schüttelte fassungslos den Kopf. Er konnte sich wirklich nichts Schöneres vorstellen, als mit seiner Vermieterin zusammen auf dem Sofa zu sitzen und einen herrlich langweiligen Fernsehabend mit ihr zu verbringen! Allem Anschein nach steigerte sie sich mehr und mehr in den Gedanken hinein, er könnte ihren Sohn ersetzen. Aber auf dieses Spiel wollte er gar nicht erst einsteigen! Seine nassen Sachen hängte er zum Trocknen im Bad auf und gönnte sich danach eine ausgiebige Trainingseinheit, die ihn schnell zum Schwitzen brachte. Die Dusche im Anschluss daran war eine wirkliche Wohltat. Dabei musste Justin wieder an Spencer denken und an den vergangenen Abend mit ihm. Und ihm kamen seine letzten Worte zum Abschied von heute Mittag wieder in den Sinn. Auf gewisse Weise erging es ihm ähnlich. Auch er vermisste ihn. Allerdings aus einem anderen Grund. Er hatte Sehnsucht nach seinen zärtlichen Berührungen und seinem herrlichen Körper. Er hätte es schon wieder mit Spencer treiben können. Und für einen kurzen Moment dachte er daran, ihn anzurufen. Doch er überwand sich und ließ es bleiben. Sein hübscher Filmheld war schon mehr als genug in ihn verliebt. Das musste er nicht noch unnötig verschlimmern! Als er sich aus dem Schrank ein frisches Hemd nehmen wollte, hielt er für einen Moment inne. Er schob seine Sachen auf den Kleiderbügeln zur Seite und sah auf die angeheftete Sammlung von Zetteln und Fotos. Sein Blick fiel auf die Nummer von Kipp Melnick. Und plötzlich stellte er zu seiner eigenen Überraschung fest, dass er nichts dabei empfand. Er konnte dessen Gesicht vor seinen Augen sehen, aber es tat nicht mehr weh. Der Schmerz war vorüber. Viel schneller, als er gedacht hatte. Er riss den Zettel von der Rückwand des Schrankes ab und zerknüllte ihn zwischen seinen Fingern. Mit einem gekonnten Wurf landete die Nummer zielsicher in dem Papierkorb. Vorbei. Aus. Damit sollte Schluss sein. Endlich hatte er sich von ihm befreien können. Er wollte nicht wieder an ihn denken und ihn nun endgültig vergessen. Gerade wollte er die Bügel wieder zurückschieben, als sein Blick noch auf einer anderen Nummer hängen blieb. Der kleinen Karte von Witney Kent. Er hatte sie gleich neben den Zettel mit Kipps Nummer angeheftet. Zweifellos völlig unbewußt. Aber jetzt auf einmal wurde ihm klar, dass er dies doch nicht völlig ohne Grund getan hatte. Kipp hatte immer von ihr geschwärmt. Aber offenbar hatte er nie den Mut gefunden, sein Glück einmal bei ihr zu versuchen. Warum sollte Justin diesem Glück nicht ein wenig nachhelfen? Ganz plötzlich schoß ihm dieser Gedanke durch den Kopf! Ja, warum eigentlich nicht? So würde er ihm vielleicht beweisen können, dass er ihm wegen seiner heftigen Reaktion auf sein unbeholfenes Liebesgeständnis nicht mehr böse war. Und wenn es schief ging, war sowieso alles egal! Dann würde ihn Kipp ganz einfach nur noch ein wenig mehr verachten als ohnehin schon. Also konnte er gar nichts dabei verlieren! Außerdem gefiel ihm der Gedanke, Schicksal zu spielen. Und wenn er ihn dadurch vielleicht sogar glücklich machen konnte ... Justin überlegte nicht mehr lange. Er nahm die Karte der Schauspielerin, fischte den Zettel mit Kipps Nummer wieder aus dem Papierkorb und strich ihn auf dem Bett glatt. Dann lief er nach unten zum Telefon. Mrs. Quentin war noch nicht zurück. So würde er seinen kühnen und etwas verrückten Plan ungestört in die Tat umsetzen können. Er wählte ihre Nummer und hatte Glück. Sie war wirklich da. Nachdem sie sich gemeldet hatte, zog Justin voller Hingabe seine schnell zurechtgelegte Show bei ihr ab.

„Hallo, Miss Kent. Sie erinnern sich vielleicht nicht mehr an mich. Es ist schon eine Weile her und unsere Begegnung war auch nur sehr kurz. Aber verdammt, Sie sind mir nicht mehr aus dem Sinn gegangen, so sehr ich es auch versucht habe! Hier ist der Indianer, der Ihnen die Kehle durchschneiden wollte und dem Sie dafür das Herz durchbohrt haben!"

Für einen kleinen Moment lang war nichts außer Schweigen am anderen Ende der Leitung. Er konnte ihr Atmen hören, wie sie nach Fassung rang. Aber dann meldete sie sich wieder.

„Oh, doch ich erinnere mich sehr gut an Sie! Ich bin nur wirklich überrascht. Ich habe nicht mehr damit gerechnet, noch einmal wieder etwas von Ihnen zu hören. Ich bin es um ehrlich zu sein nicht gewohnt, so lange auf eine Antwort zu warten. Nicht jedem stecke ich gleich bei der ersten Begegnung meine Nummer zu. Ich habe sofort gespürt, dass Sie etwas ganz Besonderes sind, Mr. ... Farr?! Richtig?"

„Ja, das ist richtig. Aber eigentlich sollte ich Ihnen Komplimente machen und nicht umgekehrt! Bitte geben Sie mir Gelegenheit dies Versäumnis nachzuholen! Ich weiß, Sie trifft natürlich keine Schuld - aber Sie haben mich in den letzten Tagen einfach wahnsinnig gemacht! Ich kann an nichts anderes mehr denken, außer an Sie, Miss Kent! Bitte machen Sie meinem Wahnsinn ein Ende! Bitte lassen Sie mich Sie einladen. Ganz egal wohin. Nur sagen Sie ja!"

„Ich sage sehr gern, Ja, Mr. Farr. Ich hätte es nur viel lieber schon wesentlich früher getan. Wenn ich Ihren Wahnsinn heilen soll, wird das allerdings nicht ganz so billig für Sie werden. Können Sie sich das leisten?"

Justin konnte die heiße Begierde in ihrer Stimme förmlich brodeln hören. Sicher wickelte sie sich gerade lustvoll das Telefonkabel um das Handgelenk und verschmierte mit ihrem Lippenstift die Sprechmuschel. Schnell hauchte Justin ihr ein inbrünstiges „Ja!" als Antwort zu.

„Dann Dienstagabend um acht. Kennen Sie das Nowhere?"

„Ja, draußen am La Presa Drive."

„Ganz richtig. Ich werde da sein. Zügeln Sie Ihren Wahnsinn bis dahin nicht zu übermäßig und bringen Sie ausreichend Appetit mit. Einen schönen Abend noch, Mr. Farr. Ihr Anruf hat mich sehr gefreut!"

Sie legte auf, ehe er ihr antworten konnte. Doch das war egal, denn er hatte erreicht, was er wollte. Nun sollte der zweite Schritt seines Planes folgen. Und er hoffte, dieser würde ebenso glatt laufen. Er wählte Kipps Nummer. Es dauerte einen Moment, doch dann meldete auch er sich. Justin fiel sofort mit der sprichwörtlichen Tür ins Haus, denn er wusste genau, dass Kipp sonst sofort auflegen würde:

„Hier ist Justin, Kipp. Und bitte leg jetzt nicht gleich wieder auf, denn was ich dir zu sagen habe, ist wirklich wichtig und hat nichts mit uns zu tun!"

„Ich kann mir nicht vorstellen, was das sein sollte! Verdammt, habe ich dir nicht klar und deutlich gesagt, was ich von dir halte? Ich will nichts mehr von dir hören, kapier das endlich!"

„Es geht um Witney Kent!", rief Justin schnell in den Hörer, ehe Kipp wieder auflegen konnte.

„Was meinst du damit? Ist das irgend so ein blöder Trick von dir?", argwöhnte er sofort.

„Nein! Bitte lass es mich erklären! Ich habe einen Fehler gemacht, Kipp! Ich hab mich wirklich voll Scheiße benommen. Ich wusste doch, dass du auf Frauen stehst und habe es trotzdem versucht. Okay, ich war verliebt in dich und hab die Kontrolle verloren. Aber was ich dir sagen will, hat damit wirklich nichts zu tun! Also hör mir bitte einfach nur zu!"

„Okay, also was ist mit Witney Kent?"

„Ich hab sie vor kurzem bei Dreharbeiten kennengelernt. War nur 'ne ganz winzige Rolle. Aber sie hat mir verdammt heiße Augen gemacht und mir ihre Nummer zugesteckt. Sie konnte ja nicht wissen, dass ich an ihr schon grundsätzlich kein Interesse habe. Ich weiß selbst nicht, weshalb ich sie trotzdem aufgehoben habe. Nun, jedenfalls habe ich sie gerade angerufen und mich mit ihr für Dienstagabend im Nowhere verabredet. Aber ich werde natürlich nicht hingehen!"

„Was, was soll das? Moment, das ging mir alles zu schnell. Was habe ich daran jetzt nicht kapiert? Du hast dich mit Witney Kent verabredet und sie hat Ja gesagt? Und du willst nicht hingehen?"

„Ja, ganz genau. Weil du nämlich an meiner Stelle hingehen wirst, Kipp!"

Justin konnte dessen Verwirrung förmlich spüren und setzte deshalb schnell mit einer Erklärung hinterher: „Du kannst mich jetzt natürlich wieder für verrückt halten und mich von mir aus auch weiter so mit Verachtung strafen. Das ist mir ganz egal! Aber dein Glück ist mir nicht egal! Wenn ich es so genau überlege, klingt das wirklich verrückt! Ich hab dich geliebt und wünsch mir jetzt nur, dass du glücklich wirst! Das ist verrückt! Aber, hey, ich weiß doch, wie sehr du diese Frau liebst! Es war nicht einfach und hat eine Weile gedauert, aber das habe ich jetzt begriffen! Du liebst sie! Und verdammt, erzähl mir nicht, dass es nicht so ist! Denn dann weiß ich es besser als du! Also, du wirst am Dienstag dort hingehen! Du wirst dich von deiner besten Seite zeigen und ihr erklären, dass du einen Freund vertrittst, der nicht kommen konnte und dich um diesen Gefallen bat, an seiner Stelle zu gehen. Sie hat keine Ahnung, dass ich nicht auf Frauen stehe. Oder denk dir von mir aus etwas anderes aus! Du schreibst Drehbücher! Da wird dir doch wohl etwas einfallen! Ich gebe dir die Chance, deine Traumfrau kennenzulernen, Kipp. Was du daraus machst, kann mir ja eigentlich egal sein ..."

Ein langes Schweigen entstand, ehe Kipp ihm zögerlich antwortete:

„Ich weiß gar nicht, was ich dazu sagen soll, Justin. Ich glaube aber, ich muss mich bei dir entschuldigen. Wir haben wohl beide Fehler gemacht."

Diese stillen und eindringlichen Worte von Kipp kamen Justin einer Erlösung gleich.

„Allerdings, das haben wir. Ich habe meine große Liebe noch nicht gefunden, du schon. Lass dir diese Chance nicht entgehen und halt sie fest. Geh hin, hol dir deine Traumfrau und werde mit ihr glücklich. Das wünsche ich dir ganz ehrlich, Kipp! Also Dienstag, okay? Um 20 Uhr im Nowhere."

„Ja, du kannst sicher sein, dass ich da sein werde. Wahnsinn, Justin! Wirklich Wahnsinn! Ich hab mich echt in dir getäuscht. Ich weiß gar nicht, wie ich dir danken soll? Rufst du mich wieder mal an?"

„Da kannst du sicher sein! Ich will doch wissen, wie es ausgegangen ist! Also viel Glück! Ich denk am Dienstag an dich und drück dir beide Daumen! Mach's gut!"

„Ja du auch! Und vielen Dank! Vielen Dank für deinen Anruf!"

Als Justin den Hörer auflegte, schloss er für einen Augenblick die Augen und ein zufriedenes Lächeln ließ sein hübsches Gesicht in einem fast magischen Glanz erstrahlen. Er war glücklich und fühlte sich gut. Er fühlte sich irgendwie befreit von einem unerklärlichen Druck, der seit Wochen auf seiner Seele gelastet hatte. Er war froh, dass Kipp ihn nicht länger hasste. Auch wenn er sich keinen Illusionen hingab, dass dieser ihn deshalb schon völlig akzeptierte, so wie Gloria es tat. Er hatte keine Ahnung, ob dies überhaupt jemals der Fall sein würde. Aber dennoch war wieder Frieden zwischen ihnen eingekehrt. Frieden und Verständnis. Das war das Wichtigste und ein guter Anfang. Vielleicht würden sie ja irgendwann sogar noch Freunde werden. Justin wünschte es sich jedenfalls.

Am Donnerstag der darauffolgenden Woche erhielt Justin am frühen Abend einen Anruf aus dem Büro seines Agenten. Mrs. Quentin rief zu ihm nach oben und Justin kam eilig die Treppe herunter. „Scheint sehr dringend zu sein. Die Dame ist völlig aufgelöst und verzweifelt", meinte seine Vermieterin mit einem mißmutigen Blick, ehe sie ihm den Hörer reichte. Sie blieb neben ihm stehen, was Justin in diesem Moment jedoch nicht weiter interessierte, auch wenn er sie mit einem kurzen, ermahnenden Blick bedachte.

Die Frau am anderen Ende der Telefonleitung stellte sich als Mr. Morgans Sekretärin, Mrs. Hensleigh, heraus. Sie schien in der Tat völlig aufgelöst zu sein und kämpfte mit schwindendem Erfolg gegen einen Weinkrampf an.

„Oh, Mr. Farr! Ich bin so froh, dass ich Sie erreiche! Es ist so furchtbar und ich dachte einfach, dass ich es Ihnen sagen muss. Schließlich hat er Sie so sehr gemocht!"

„Was ist denn nur passiert, Mrs. Hensleigh?"

„Harris - Mr. Morgan, er liegt im Krankenhaus! Sie haben ihn heute Nachmittag abgeholt. Ich war nur kurz draußen um die Post zu erledigen und als ich zurückkam, lag er vor seinem Schreibtisch und hat kaum noch geatmet! Es ist so furchtbar, gütiger Himmel! Ich weiß gar nicht, was ich jetzt ohne ihn tun soll!"

Nun brach sie doch noch in Tränen aus und Justin versuchte vergeblich, sie zu beruhigen. Als ihm dies nach minutenlangem Zureden schließlich doch ein wenig gelang, wagte er es, sie nach dem Grund für dieses Unglück zu fragen.

„Sie sagen, es sei ein schwerer Herzanfall. Der Alkohol und die jahrelange Raucherei dieser verteufelten Zigarren! Ich habe es ihm immer wieder gesagt, aber er wollte ja einfach nicht auf mich hören! Es tut mir so leid, Mr. Farr! Er hat Sie so sehr gemocht. Mehr, als er sich selbst eingestehen wollte! Sie waren sein ganzer Stolz und seine letzte Hoffnung. Aber es sieht nicht gut um ihn aus."

Justin überlegte nicht lange. Angesichts dieser erschreckenden Neuigkeit und ihrer verzweifelten Beichte, wollte er sie nicht allein lassen. Zumal er genau wusste, dass sie viel mehr als nur seine Sekretärin war. Sie liebte ihren Chef, auch wenn sie ihm dies offenbar in all den Jahren niemals gestanden hatte. Und weil er ahnte, dass sie sonst niemanden zu haben schien, mit dem sie ihren verzweifelten Schmerz teilen konnte, fragte er sie nach der Adresse des Krankenhauses, um sofort kommen zu können. Sie gab ihm die Adresse, wiegelte aber sogleich sein Angebot ab und versuchte die Fassung wieder zu erlangen:

„Nein, nein! Es hat doch keinen Sinn! Ich kann doch auch nur hier sitzen und beten. Nur die Ärzte können ihm jetzt noch helfen oder der Allmächtige. Ich werde Sie wieder anrufen, sobald ich mehr weiß. Ich wollte nur, dass Sie dies wissen. Ich fand einfach, dass Sie es erfahren sollten."

Sie legte auf, ohne eine Antwort von ihm abzuwarten. Justin sah Mrs. Quentin verstört an. Ohne auf eine neugierige Frage von ihr zu warten, erklärte er ihr, was geschehen war.

„Können Sie mich wohl bitte in das Krankenhaus fahren, Mrs. Quentin?", bat er sie dann. „Ich kann Mrs. Hensleigh jetzt nicht so alleine lassen, auch wenn ich sonst vielleicht nichts weiter tun kann."

Sie stimmte ihm sofort zu, nahm die Wagenschlüssel aus ihrer Manteltasche und ging mit ihm nach draußen in die Garage. Kaum zwanzig Minuten später ging Justin den Flur des Krankenhauses entlang, zu dem ihm eine hilfreiche Schwester den Weg erklärt hatte. Ganz am Ende konnte er die mollige Sekretärin auf einem Stuhl nahe der breiten Doppeltür sitzen sehen. Auf dem Glas der Scheibe las er das Wort „Intensivstation" und ihm wurde sofort klar, wie ernst die Lage war. Als er nur noch wenige Schritte von ihr entfernt war, hob sie den Kopf und blickte ihn aus verweinten, von Tränen geröteten Augen an. Die Brille lag neben ihr auf einem zweiten Stuhl und mit ihrer Hand umklammerte sie krampfhaft ein Taschentuch. Sie stand zitternd auf und kam ihm zwei Schritte entgegen, ehe Justin bei ihr sein konnte und sie fest in den Arm nahm.

„Oh, Mr. Farr, Sie sollten doch nicht herkommen!", schluchzte sie und war doch froh, ihn zu sehen. Sie vergrub ihr pausbäckiges Gesicht an seiner Schulter und konnte einen neuerlichen Anfall von Tränen nicht zurückhalten.

„So ein Unsinn! Haben Sie wirklich gedacht, ich würde zu Hause bleiben? Gibt es schon etwas Neues?"

Als Antwort erhielt er von ihr nur ein Kopfschütteln. Er führte sie zurück zu ihrem Stuhl und setzte sich neben sie. Dabei legte er seinen Arm um ihre Schulter. Sie dankte es ihm mit einem zaghaften Lächeln.

„Sie müssen es ihm verzeihen," begann sie ganz plötzlich nach einer kleine Weile, „aber er hat es ganz sicher nicht mit Absicht getan. Er wusste genau, welch ein großes Talent Sie sind und er hat in Ihnen viel mehr als nur einen guten Schauspieler gesehen. Für ihn waren Sie fast wie sein Sohn, auch wenn er mir das in dieser Deutlichkeit natürlich niemals gesagt hätte. Ich begreife ihn manchmal selbst nicht. Auch wenn ich ihn wohl besser verstehe, als es sonst jemand könnte. Er hatte daran gedacht mit allem aufzuhören, wissen Sie. Aber ich weiß genau, er hätte es niemals gekonnt. Sein Herz hängt einfach zu sehr an dieser verrückten Filmwelt. Wussten Sie, dass er früher selbst einmal Schauspieler war?"

Justin schüttelte erstaunt den Kopf. Er merkte sofort, dass es ihr guttat, wenn er einfach nur bei ihr war und ihr zuhörte.

„Ja, das ist sehr lange her. Damals wurden die Filme noch stumm gedreht. Er bewahrt die Fotos von sich aus dieser Zeit in einer kleinen Kiste im Wandsafe auf. Er hat mir ein paar davon einmal in einem sentimentalen Moment gezeigt. Er sah sehr gut aus, damals. Er war sogar in einem Film der großen Garance Fossard dabei, als diese Ende der Zwanziger zum Star wurde. Eine kleine Rolle natürlich nur. Aber er war sehr stolz darauf!" Sie lächelte versonnen, während sie Justin davon erzählte.

„Warum hat er damit aufgehört?"

„Ich weiß nicht genau, was passiert ist. Er hat immer ein Geheimnis darum gemacht und es nie erzählt. Aber es war ihm immer ein besonderes Anliegen, nachdem er Agent geworden war, junge Schauspieler zu entdecken und ihnen zu helfen, Stars zu werden. Das lag natürlich nicht wirklich in seiner Macht. Aber er bildete es sich ein und versuchte es immer wieder. Nicht sehr viele von denen sind allerdings tatsächlich wirklich berühmt geworden. Doch einige haben es geschafft. Aber Sie wissen ja, wie stolz er darauf war. Irgendwie hat er im Leben immer nur den kleinen Teil des Kuchens abbekommen. Die Welt der Billigfilme ist zu seiner Bestimmung geworden. Weiter hat er es nie wirklich geschafft."

Justin saß lange so bei ihr und hörte ihren Erinnerungen geduldig und voller Interesse zu. Irgendwann trat ein Arzt auf sie zu und erklärte ihnen, dass Mr. Morgan den kritischen Punkt überstanden hatte, und außer Lebensgefahr war. Barbara Hensleigh weinte vor Glück und Erleichterung bei dieser Nachricht und Justin musste sie abermals in den Arm nehmen und trösten. Er konnte sie schließlich dazu überreden, mit ihm das Krankenhaus für diese Nacht zu verlassen. Sie gingen zu ihrem Wagen, doch er nahm ihr die Schlüssel ab und fuhr sie nach Hause. Es war ihm egal, ob er dabei erwischt wurde oder nicht. Er sagte es ihr gar nicht. Als er sich von ihr verabschiedete, versprach er, sich bei ihr zu melden. Sie schrieb ihm ihre private Nummer auf einen Zettel und dankte ihm noch einmal. Zurück nahm er ein Taxi und war die ganze Fahrt über in tiefe, sehr ernste Gedanken versunken.

Morgans Vermächtnis

Spencer Jackson sollte recht behalten. Die Zeit hatte in Hollywood eine andere Bedeutung. Schon war es März. Und in nur fünf Wochen hatte sich vieles verändert. Mr. Morgan hatte seinen Herzanfall überstanden und befand sich in einer Rehabilitationsklinik immer weiter auf dem Weg der Besserung. Er hatte auf Anordnung der Ärzte auf seine beiden Laster verzichten müssen, was ihm noch immer sehr schwer fiel. Fast täglich wurde er von Barbara Hensleigh besucht, die endlich nach all den Jahren den Mut gefunden hatte, ihm ihre Liebe zu gestehen und die nun unnachgiebig darauf achtete, dass er die Anordnungen der Ärzte auch erfüllte. Sie hatte ihn mit ihrem Geständnis ziemlich überrascht und einen anderen Menschen aus ihm gemacht. Ihr zuliebe wollte er den Alkohol aufgeben und für seine Agentur einen Nachfolger suchen, um seinen wohlverdienten Ruhestand mit ihr zu geniessen. Auch wenn Mrs. Hensleigh noch nicht daran glauben wollte, dass er sich tatsächlich ganz aus dem Filmgeschäft zurückzog, versprach sie ihm doch, ihn in seinem Vorhaben zu unterstützen. Nur seinen geliebten Zigarren wollte er einfach nicht entsagen. Immer wieder fand er einen Weg, heimlich eine davon zu rauchen. Selbst unter den strengen Augen von Barbara Hensleigh, deretwegen er sich immer neue Tricks einfallen lassen musste, um seinem letzten Laster - zumindest ab und zu - genussvoll frönen zu können.

Gloria hatte ihr Rollenstudium in der psychiatrischen Anstalt eine volle Woche lang verbissen durchgezogen und sich alles nur irgendwie Wissenswerte für ihre Rolle der Pauline angeeignet. Sie hatte viel an der Figur gearbeitet und Justin bei ihren gemeinsamen sonntäglichen Treffen voll schwärmerischer Begeisterung von den Lesesitzungen mit Shane Callow, dem Regisseur und den anderen Schauspielern erzählt. Doch sie hatte durch ihre Vorbereitungen nur noch sehr wenig Zeit, was Justin zwar bedauerte, aber vollkommen verstand. Er war noch immer sehr glücklich darüber, dass sie es geschafft hatte. Und er musste sich eingestehen, sogar ein wenig stolz deshalb zu sein.

Spencer steckte bereits mitten in den Dreharbeiten zu einem neuen Film. Diesmal ein Abenteuerstreifen. Und er hielt sein Versprechen ein, das er Justin gegeben hatte. In dem nächsten Film von Regisseur Len Chandler hatte er ihm eine Rolle besorgt. Einem Science Fiction mit dem Titel: SIE WARTEN NICHT VON DIESER WELT. Justin würde darin den Assistenten eines Wissenschaftlers spielen, der von Außerirdischen entführt wird und als unheilvoller Doppelgänger zurückkehrt. Keine sehr anspruchsvolle Rolle, aber eine deutlich größere als die letzten. Die Dreharbeiten sollten im April beginnen. Justin zeigte sich nur zu gern dankbar für diese Rolle und traf sich mit Jackson mittlerweile oft zweimal in der Woche. In der Regal waren dies der Freitag- und Samstagabend. Doch wann immer Jackson innerhalb der Woche Zeit hatte, trafen sie sich auch dann. Dessen sexuelle Vorlieben kannte Justin mittlerweile hinreichend und befriedigte diese mit zunehmendem Vergnügen. Ohne seine Gefühle für den gutaussehenden Schauspieler jedoch auch nur einen Moment lang zu vertiefen. Er konnte sich kaum noch vorstellen, dass es mal eine Zeit in seinem Leben gegeben hatte, in der er es sich für derartige Vergnügungen wochenlang nur selbst besorgt hatte. Die Befriedigungen seiner sexuellen Gelüste nahm für ihn mehr und mehr an Bedeutung zu. Und Spencer Jackson konnte ihm auf geradezu ideale Weise genau das geben.

Doch auch noch etwas anders hatte in diesen letzten Wochen zugenommen. Die Neugierde seiner Vermieterin Mrs. Quentin. Er hatte sie ein weiteres Mal beim Herumstöbern in seinem Zimmer erwischt und es war zu einem ziemlich häßlichen Streit deshalb gekommen. Er hoffte, sie nun endgültig davon überzeugt zu haben, dass sie dort nichts zu suchen hatte. Auch wenn es ihr eigenes Haus war, wollte er ihr dies ein drittes Mal nicht durchgehen lassen. Doch er hoffte, dass es nicht dazu kam, denn er hatte keine Lust, schon wieder umzuziehen.

Kipp Melnicks Bekanntschaft mit Witney Kent schien sich nach anfänglichen, kleinen Schwierigkeiten zu einer ernsthaften Beziehung zu entwickeln. Aus einer glühenden Schwärmerei für die gutaussehende Schauspielerin war mittlerweile eine innige Liebe geworden, nachdem sie sich näher und deutlich intensiver kennengelernt hatten. Eine Liebe, die sie zu seinem restlosen Glück auch ebenso erwiderte. Es schien, als seien sie vom Schicksal schon immer für einander bestimmt gewesen. Doch über sein Glück hatte Kipp seinen einstigen Freund Justin fast völlig vergessen. Was dieser ihm jedoch nicht übel nahm, denn im Grunde hatte er fast nichts anderes erwartet. Witney Kent hingegen schien dies keinesfalls getan zu haben. Sie bedankte sich auf ihre ganz persönliche Weise bei ihm, indem sie ihm ein kleines Geschenk zugeschickt hatte. In einer kleinen Schachtel, die ein Bote bei Mrs. Quentin abgegeben hatte, fand Justin eine Flasche Parfüm. Und eine Karte, auf der er in eleganter Schreibschrift lesen konnte:

„*Ein ganz besonderer Duft für einen ganz besonderen Mann. Von einer Freundin, die Ihnen in ewiger Dankbarkeit verbunden sein wird. Witney Kent.*"

Justin war sehr erstaunt darüber und nahm sich vor, es nur zu besonderen Anlässen zu verwenden. So gab er sich damit zufrieden, dass es ihm gelungen war, Kipp glücklich zu machen. Vielleicht würde eines Tages auch er dieses Glück finden.

Es war ein Sonntagabend. Der erste Sonntag in diesem Monat, den er wieder ganz mit Gloria verbracht hatte. In der kommenden Woche würden die Dreharbeiten zu Gabor Mates neuen Film beginnen. Gloria hatte am Donnerstag ihren ersten Einsatz und war sehr froh darüber, dass sie in dem Café, in dem sie bislang immer noch arbeitete, frei bekommen hatte. Auch, wenn ihr dies von ihrem Urlaub abgezogen wurde und sie natürlich keinen Lohn für die Ausfallzeit erhielt. Aber sie behielt ihren Job, denn sie wusste nicht, ob sie es sich leisten konnte, diesen schon ganz aufzugeben. Diese Entscheidung wollte sie erst nach Ende der Dreharbeiten treffen.

Für den Abend hatten sich Justin und seine Freundin etwas ganz besonderes vorgenommen. Einen gemeinsamen Kinobesuch. Aber natürlich nicht irgendeinen. DER SCHRECKEN LAUERT IN DER TIEFE war an diesem Wochenende angelaufen, und natürlich durften sie sich dieses Vergnügen auf gar keinen Fall entgehen lassen. Es war ein warmer Abend und beide trugen unbeabsichtigt rote Shirts mit kurzen Ärmeln und sahen damit fast wie ein Zwillingspaar aus. Der Schlange an der Kinokasse nach zu urteilen, schien der Film ein voller Erfolg zu sein. In den meisten Fällen waren es junge Paare, die sich den Film gemeinsam ansahen. Somit schienen Gloria und Justin auf den ersten Blick genau in das Bild zu passen. Während sie beide geduldig in der Schlange vor dem Kassenhäuschen standen und warteten, analysierte Justin fachmännisch den Erfolg des Filmes, als er mit Gloria darauf zu sprechen kam:

„Natürlich liegt es in erster Linie an Spencer Jackson. Er ist einfach ein Publikumsmagnet. Und zum anderen sind Horrorfilme derzeit ganz einfach überall ein Renner. Diese Kombination muss ja zwangsläufig zu einem Erfolg führen."

Nach fünfzehn Minuten waren sie schließlich an der Reihe und lösten bei der freundlichen Dame an der Kasse ihre Eintrittskarten. Im hell erleuchteten Foyer blieben sie dann vor einem der ausgehängten Filmplakate stehen. Eine schreiende Frau in Badeanzug, die am Ufer lag und eine riesige Krallenhand, die im Vordergrund aus dem Wasser stach, waren das Motiv. Und natürlich stand in großen Lettern über dem in grün-gelben Buchstaben geschriebenen Titel der Name von Spencer Jackson. Sie kauften sich zusammen eine Tüte Popcorn und betraten den Saal. Er war schon gut gefüllt, doch sie bekamen dennoch recht ordentliche Plätze im mittleren Bereich weiter vorne. Es dauerte noch einige Minuten, bis schließlich fast alle Plätze des Kinos besetzt waren und langsam das Licht ausging. Neben Justin saß ein junger Kerl, der hartnäckig versuchte, seiner Freundin wilde Küsse aufzudrängen. Sie lachte dabei nur und wehrte ihn mehr oder weniger erfolgreich ab. Die Vorstellung begann mit drei Trailern zu kommenden Filmen. Auch DAS HAUS DER ABGESCHNITTENEN HÄNDE wurde dabei bereits angekündigt und Justin war freudig überrascht, dass man dabei kurz seine Szene verwandt hatte, in der ihn die Hände würgten und er tot auf die Treppe sank. Gloria stieß ihn heftig von der Seite an, als sie ihn auf der Leinwand sah, doch er grinste nur brummig. Er hatte von dieser winzigen Rolle von Anfang an nicht viel gehalten. Dann endlich begann die Vorstellung des Hauptfilmes. Justin blickte sich im Dunkel des Kinosaales flüchtig nach hinten um. Eine kleine Eigenart von ihm, die er sich schon damals in dem kleinen Kino in Steaming Meadow angewöhnt hatte. Die bleichen, von der Projektion der Leinwand hell angestrahlten Gesichter, die zu hunderten gebannt nach vorne starrten, übten schon immer eine eigenartige Faszination auf ihn aus. Doch an diesem Abend gefiel ihm dieser

Anblick ganz besonders gut. Gloria zog unruhig an seinem T-Shirt. Sofort reihte er sich wieder in die Masse der Gesichter ein und blickte nach vorn auf die Leinwand.

„Du verpaßt noch unseren Auftritt!", wisperte sie ihm aufgeregt zu.

Der Film begann mit einer fast typischen Laborszene. Horrorfilmstar Clifford Rabin, der hier nur in einer Nebenrolle als Wissenschaftler auftrat, verrichtete geheimnisvolle Experimente. Dabei blickte er in ein riesiges Bassin, in dem sich ein bedrohlicher Schatten mit menschlichen Formen bewegte, den das Publikum nur verschwommen zu sehen bekam. Ein Assistent half ihm dabei. Doch irgendetwas lief schief. Es gab eine Explosion. Feuer brach aus. Der Assistent starb in den Flammen. Das Bassin zerbarst und eine Flutwelle ergoß sich in das Labor. Die Kreatur kam frei, wurde allerdings dank geschickter Kameraführung noch immer nicht richtig gezeigt. Sie fiel den Wissenschaftler an, der schließlich bewußtlos zu Boden sank und von herabstürzenden Trümmern begraben wurde. Im sumpfigen Boden vor dem brennenden Haus folgte die Kamera einigen in den Morast gedrückten, monströsen Fußspuren, ehe man im Wasser einige Blasen verschwinden sehen konnte. Die Kreatur war entkommen. Der Titelvorspann des Filmes begann mit bedrohlicher Musikuntermalung. Kaum war der Name des Regisseurs als letzter auf der Leinwand verschwunden, sah man aus der Vogelperspektive einen Wagen durch ein Waldgebiet fahren. Und schon bekam Justin von rechts erneut einen Stoß gegen den Arm, als Gloria sich erkannte. Der Film hatte eine gute Kameraführung. Man hatte wirklich nicht den Eindruck, dass alles nur in einer Kulisse gedreht worden war. Gloria und Justin mussten beide unwillkürlich loslachen, als sein Sprung in das Wasser zu sehen war. Sie wurden sofort wieder an die Pannen bei den Dreharbeiten erinnert, die natürlich nicht zu sehen waren. Von einem verärgerten Pärchen eine Reihe hinter ihnen wurden sie dafür mit einem rüden Kommentar um Ruhe gebeten. Gloria kicherte trotzdem ungehemmt weiter und vergrub ihr Gesicht für einen kurzen Moment an Justins Schulter, weil sie einfach nicht damit aufhören konnte. Um sie herum kreischte der weibliche Anteil des Publikums laut auf, als das Monster seine erste Attacke startete und Justin auf der Leinwand in die Tiefe zog. Als Gloria sich wieder beherrschen konnte, war die Szene vorbei. Aufrecht saß sie wieder neben Justin, der sich ein Grinsen nicht verkneifen konnte, als sie ihn reumütig ansah. Unmittelbar darauf folgte Glorias Auftritt mit Spencer Jackson, den sie mit einem selbstkritischen Kommentar begleitete.

„Das hätte ich auch noch besser hingekriegt!", flüsterte sie Justin abschließend zu. Den Rest des Filmes genossen sie wie jeder andere im Dunkel des Kinosaales. Mit Ausnahme des lauten Kreischens, wenn das Monster seine dramatischen Auftritte hatte. Sie hatten den Darsteller der Kreatur schließlich kennengelernt und wussten, dass alles nur Maskerade war. Besonders Justin wurde jedoch bei dem Film von einer Flut nostalgischer Gefühle und Erinnerungen übermannt. Er fühlte sich zurückversetzt in jenes kleine Kino, damals in Steaming Meadow. Er hatte all die Monster- und Abenteuerfilme geliebt. Und wenn Spencer Jackson der Hauptdarsteller war, hatte er sie sich oft noch mehr als nur einmal angesehen. Manchmal hatte er sich sogar heimlich in die Stadt schleichen müssen, um ins Kino zu gehen, denn seine Eltern hatten für seine Filmleidenschaft überhaupt kein Verständnis aufgebracht. Als das Wort „Ende" auf der Leinwand erschien und das Licht im Saal wieder anging, wurde Justin aus seinen Gedanken herausgerissen. Einen Moment lang blieb er dennoch einfach sitzen und blickte versonnen auf den Abspann des Filmes, während sich der schwere, rote Vorhang langsam wieder vor der Leinwand schloss.

„Du hast jetzt gerade nicht mitgekriegt, wie sie das Monster getötet haben, was?", wurde er von Gloria mit einem Grinsen gefragt.

„Nein ..., doch schon! Ach, ich dachte nur gerade zurück, als ich noch als Junge immer diese Filme bei uns in der Stadt gesehen habe. Aber du hast natürlich viel lieber die Liebesfilme gesehen, habe ich recht?"

„Ja, natürlich!", gab Gloria ihm ehrlich zurück. „Aber Horrorfilme mag ich auch. Jedenfalls die, in denen ich selbst dabei war. Der hier wird aber immer mein Lieblingsfilm bleiben! Er wird mich immer daran erinnern, wie wir uns begegnet sind!"

Sie schenkte ihm ein Lächeln, während sie sich beide der Masse, der zum Ausgang strömenden Zuschauer anschlossen. Eine junge Frau, die ihren Freund untergehakt hielt und neben ihr ging, hatte Glorias Worte mit angehört und blickte sie jetzt erstaunt und prüfend an.

„Hey, waren Sie das nicht am Anfang des Films?", wurde sie schließlich neugierig von dieser gefragt. Gloria nickte schnell und ein wenig verlegen. Sie hatte nicht damit gerechnet, in so einer kleinen Rolle erkannt zu werden. Dichtgedrängt erreichten sie das Foyer und auch ihr Freund wurde nun darauf aufmerksam, als sie ihn in ihrer Begeisterung anstieß.

„Mensch, das ist ja irre! So was ist mir ja noch nie passiert! Hey, Stan, sieh doch nur mal! Das hier ist die Schauspielerin vom Anfang aus der Szene am See! Oh, bitte, kann ich wohl ein Autogramm haben?"

Gloria schüttelte beiden die Hand und warf Justin einen hastigen Blick zu. Es war das erste Mal, dass man sie erkannt hatte. Und es war ihr beinahe schon ein wenig peinlich. Diese Ehre wollte sie allerdings nicht allein für sich in Anspruch nehmen, legte ihren Arm um Justin und drückte ihn lächelnd nach vorne.

„Das hier ist mein Freund. Ihr habt ihn sicher auch in der Szene erkannt. Wenn ihr es nicht weiter verratet, hole ich uns an der Kasse schnell einen Stift, dann können wir ja auf euren Kinokarten unsere Namen schreiben, wenn ihr unbedingt wollt."

„Ja, riesig!", jubelten die beiden und Gloria verschwand in Richtung Kasse, wobei sie Justin belustigt einen hämischen Blick zuwarf. Er ging mit den beiden ebenfalls in Richtung Ausgang und beantwortete ihnen dabei geduldig und sichtlich amüsiert einige Fragen zu seiner Szene im Film. Nachdem sie ihnen die Autogramme gegeben hatten, mussten sie der Kassiererin auch noch jeder eines schreiben und verschwanden dann eilig den Boulevard hinunter zu ihrem Wagen, ehe sie am Ende von noch jemandem erkannt wurden.

„Ist ein tolles Gefühl, erkannt zu werden", meinte Gloria begeistert. „Ich könnte mich ganz bestimmt daran gewöhnen!"

„Das behauptest du nur so lange, bis du vor lauter Autogrammeschreiben ein neues Handgelenk brauchst!"

„Oh, wenn ich erst einmal so berühmt bin, ist mir das egal. Oder es kriegt einfach nicht mehr jeder eins. Was soll's. Es war jedenfalls ein irrsinnig toller Abend. Wirklich. Es hat mir heute wahnsinnig viel Spaß mit dir gemacht."

„Ja, mir geht es genauso. Wenn dein erster richtiger Film in die Kinos kommt, lädst du mich aber doch zur Premiere ein, oder? Ich glaube kaum, dass du dich dann wie alle anderen für eine Vorstellung anstellen musst!"

Gloria wiegelte bescheiden ab. „Ach Blödsinn! Es ist doch auch nur eine Nebenrolle! Und bis dahin ist es noch lange hin!"

Die ganze Fahrt über waren sie mit ihren Gedanken auch weiterhin noch bei dem Kinobesuch und als sie sich im Dunkeln vor dem Haus von Mrs. Quentin verabschiedeten, versprachen sie sich, dies so bald als möglich noch einmal zu machen.

Am Sonntag der darauf folgenden Woche zog Justin durch die Nacht. Er hielt es einfach nicht in seiner Wohnung aus. Er hatte Spencer nicht erreichen können, der ihm zu seinem eigenen Bedauern für diesen Tag eine Absage erteilen musste, weil der Produzent seines letzten Filmes überraschend einen Nachdreh angesetzt hatte. Dies war für einen Sonntag gänzlich unüblich, aber vertraglich war er dazu verpflichtet. Justin musste unentwegt an Gloria denken, die nun schon drei Drehtage für ihre Rolle vor der Kamera stand, sich aber noch nicht bei ihm gemeldet hatte. Er war mit dem Bus nach Los Angeles hineingefahren, um das Nachtleben kennenzulernen und einfach mal alles zu vergessen. Er war den Wilshire Boulevard nach unten geschlendert, um in die City zu kommen. Nachdem er diversen Bars und Nachtclubs in der Stadt einen mehr oder minder kurzen Besuch abgestattet hatte, war er irgendwie nach Chinatown geraten und landete dort in einem Club, der ihm fremd, aber interessant erschien. Es war eine etwas verrufene, aber zugleich völlig bunt und schrill anmutende Gegend von Los Angeles, die ihren ganz eigenen Charme besaß. Er ging dort eine kleine Treppe nach oben und betrat einen weitläufigen, verwinkelten Raum, der in eigentümliches Dämmerlicht versunken war. Unter der Decke hingen über jedem Tisch Lampions mit langen, unentwegt zitternden Fransen und tauchten jeden Platz in einen goldenen Schein. Ein leichter Dunst hing in der Luft, der durch eine Reihe von Räucherstäbchen herrührte, die auf den kleinen Tischen verteilt abbrannten und den Raum in einen exotischen Duft hüllten. Genau in der Mitte befand sich eine viereckige Bar, um die man ganz herumgehen konnte. In deren Mitte, etwas erhöht, war eine kleine Bühne angelegt, auf der hübsche, chinesische Paare in prachtvollen Gewändern verführerisch anmutende Tänze und akrobatische Darbietungen zur allgemeinen Unterhaltung der Gäste aufführten. Die Wände rund herum waren mit einer Vielzahl kunstvoll, filigraner Malereien verziert, die typisch chinesische Motive zeigten. Ein wenig wurde Justin an das Schlafzimmer von Spencer erinnert und er dachte sofort, dass sich dieser hier sicher wohl fühlen würde. Schließlich hatte Spencer ein Faible für alles Asiatische. Die einzelnen Tische wurden durch spanische Wände in roter Farbe voneinander getrennt, in denen sich ausgeschnittene Silhouetten von chinesischen Figuren befanden. Die Musik war zweifellos gewöhnungsbedürftig, doch die keineswegs nur asiatischen Gäste, die auch an der Bar verteilt saßen, schienen sich hier ganz offensichtlich bestens zu amüsieren. Der Club war gut besucht und überall lief eine Vielzahl von Kellnern, in landesüblicher Tracht gekleidet, emsig umher. Justin bekam von einer hübschen Chinesin, die beinahe wie eine traditionelle Geisha wirkte, einen Platz zugewiesen. Auf ihre Frage hin, was er denn trinken wolle, ließ er sich von ihr beraten. Dabei wies sie ihn in ihrer geradezu bezaubernd, permanenten Freundlichkeit darauf hin, dass es sich hier um einen Club für einsame Herzen handelte und erklärte ihm lächelnd die Regeln. So erfuhr Justin, dass jeder Platz mit einer Nummer versehen war. Vor ihm auf dem Tisch befanden sich in einem Ständer kleine Kärtchen. Hatte er in dem Club jemanden entdeckt, den er kennenlernen wollte, konnte er diesem eine Nachricht auf die Karte schreiben, die dann von einem der vielen Kellner auf einem Tablett zugestellt wurde. Auf der Rückseite der Karten stand jeweils vorgedruckt die Nummer des jeweiligen Platzes. Wünsche jeder anderen Art wurden dabei selbstverständlich ebenfalls übermittelt oder erfüllt. Justin hatte sich schon ein wenig gewundert, weshalb alle Tische immer nur für zwei Personen Platz boten, fand diese Idee aber wunderbar. Er bedankte sich bei der netten Geisha für die Erklärung, die lächelnd verschwand, um ihm kurz darauf seinen Drink zu bringen. Gleich darauf sah er sich in dem dämmrigen Club neugierig, aber dezent, um. Wenig später kam einer der Kellner auf ihn zu und reichte ihm lächelnd sein Tablett entgegen, auf dem verdeckt eine Karte lag. Justin nahm diese herunter. Der Kellner verschwand, immer noch unermüdlich lächelnd, während Justin die Nachricht las:

„*Wie ich sehe, haben Sie den gleichen Geschmack wie ich, was den Drink betrifft.*

Sie sind mir sofort aufgefallen, als Sie hereinkamen. Hat es Sie auch zufällig hierher verschlagen, so wie mich? Ich bin Carmelita und würde sehr gern mehr von Ihnen erfahren. Denn ich kann mir einfach nicht vorstellen, dass ein so gutaussehender Kerl wie Sie einsam sein soll! Verraten Sie mir ein paar kleine Geheimnisse von sich?"

Justin blickte hinüber auf die andere Seite zu dem Tisch mit der Nummer 14. Eine sehr hübsche, schwarzhaarige Mexikanerin saß dort in einem weißen Kleid und warf ihm einen schmachtenden Blick zu. Justin wollte gerade nach einer Karte greifen um ihr ein Kompliment und eine Antwort darauf zurückzugeben, als erneut ein Kellner vor seinem Tisch erschien und ihm das Tablett entgegenhielt. Justin nahm abermals eine Karte davon herunter und las den nicht ganz fehlerfreien, recht ordinären Text:

„Verdammt, ich dachte gerade, ich könnte meinen Augen nicht trauen, als ich Dich sah! Hier kommen sonst immer nur dürre Chinesen und langweilige Amerikaner her. Dieses kleine Kartenspiel ist eine nette Sache, aber ich mag es nicht, eine lange Angelegenheit daraus zu machen. Besonders nicht, wenn mir jemand so gut gefällt wie Du! Wenn Du deinen Drink ausgetrunken hast, würde ich Dich sehr gern in einer tiefergehenden Konvistation näher kennenlernen. Sehr tief, wenn Du mich verstehst! Ich kenne einen lauschigen Platz ganz in der Nähe, wo wir gemeinsam feststellen können, wie tief Du gehen kannst. Bitte wart nicht lange mit dem Austrinken und schick mir eine Karte mit Deiner Antwort. Du würdest mich sehr glücklich machen und ich bin sicher, wir hätten eine Menge Spaß zusammen!"

Justin hielt Ausschau nach dem Tisch mit der Nummer 19 und entdeckte diesen auf der halblinken Seite. Hinter einem Bambusstrauch winkte ihm begehrlich eine dralle Blondine eifrig lächelnd zu und klimperte geradezu maßlos mit ihren übertrieben langen, künstlichen Wimpern. Justin wollte ihr gerade eine knappe Absage auf die Karte vor sich schreiben, auf welche er eigentlich die Antwort von der zuvor erhaltenen notieren wollte, als erneut ein Kellner lächelnd mit einem Tablett vor ihm stand. Justin las die Nummer 23 auf dem Rücken der verdeckten Karte und verlor langsam die Geduld an diesem Spiel. Dennoch nahm er sie herunter, um den Kellner loszuwerden und las erneut:

„Da versuche ich nun schon so lange auf diese Weise meinen Traummann zu finden und bin doch bisher mit meiner Wahl immer nur enttäuscht worden. Wenn ich Ihnen gefalle und Sie ehrlich bereit sind, mich nicht zu enttäuschen, würde ich Sie sehr gern kennenlernen. Mein Name ist Miranda. Verraten Sie mir auch ihren?"

Justin ließ seinen Blick schweifen. Eine kleine, etwas unscheinbare Brünette winkte ihm scheu hinter der roten Trennwand ihres Platzes zu und setzte voller Hast entsetzt ihre Brille ab, um ihm so besser zu gefallen. Justin lächelte ihr zu. Doch es war nur eines seiner üblichen Standardlächeln, um höflich zu sein. Endlich schaffte er es, für die Blondine eine Antwort zu schreiben und noch schnell einen Schluck von seinem Drink zu nehmen. Er brauchte keinen Boten heranrufen. Denn es stand schon wieder einer vor seinem Tisch und lächelte ihn über sein Tablett hinweg freundlich an. Auf dem natürlich schon wieder eine Karte für ihn lag. Mittlerweile leicht genervt, nahm er sie herunter und legte seine darauf. Er schwor sich, dass es die Letzte war, die er entgegennahm. Zwei lagen nun noch vor ihm auf dem Tisch. Die gerade erhaltene Vierte mit der Nummer 5 drehte er herum und las:

„*Langweilen Dich diese aufdringlichen Damen nicht auch so? Ich bekomme den ganzen Abend schon ständig solche Karten und muss sie höflich ablehnen. Ich bin zum ersten Mal hier und dachte, versuchen kann ich es ja mal. Bin ich ein hoffnungsloser Fall, der endlich damit aufhören sollte, ausgerechnet immer wieder auf derart heimliche Art einen netten Mann zu finden? Ja wahrscheinlich! Aber obwohl ich doch jetzt schon weiß, dass ich bei einem so tollen Typen wie Dir erst recht keine Chance habe, muss ich es doch einfach versuchen! Wenn Du also meine Karte zerreißt, weiß ich, dass ich mir keine Hoffnungen machen brauche. Wenn nicht, warte ich draußen vor dem Club auf Dich und würde Dich sehr gern kennenlernen. Robert*"

Diese Zeilen überraschten ihn ungemein und machten ihn neugierig auf den Verfasser. So richtete er suchend seinen Blick auf die Reise durch den Club. Ganz in der Nähe der Eingangstür erkannte Justin einen jungen Kerl etwas versteckt an dem Tisch mit der Nummer 5 sitzen. Etwas scheu, aber unübersehbar gebannt, blickte er zu ihm rüber. Er mochte ein wenig älter sein als er selbst und seine dunklen Haare fielen ihm auf ähnliche Weise in das zweifellos hübsche Gesicht und verdeckten seine Augen, wie es bei Justin der Fall war. Justin glaubte eine tiefe, verzweifelte Sehnsucht in dessen Gesicht erkennen zu können, die geprägt zu sein schien von Unsicherheit und Angst. Doch etwas hatte dieser junge Mann an sich, dass Justin gefiel. Als sich ihre Blicke durch den großen Raum hindurch trafen, hielt Justin unauffällig, aber für ihn deutlich erkennbar, dessen Karte in seiner Hand ein wenig hoch und steckte sie sich mit einem Lächeln in seine Hemdtasche. Ohne sie zu zerreißen! Er sah, wie der junge Mann voller Überraschung fest sein Glas umklammerte und dann vor Erleichterung aufatmete. Für einen Moment schloss er seine Augen, um sich dann nach hinten gegen das Polster fallen zu lassen. Doch sofort beugte er sich wieder nach vorne, wischte sich seine Haare aus dem Gesicht und rief einen der Kellner heran, um zu zahlen. Als der Kellner sich höflich für das erhaltene Trinkgeld bedankte, konnte Justin sehen, wie ihm der junge Kerl ein scheues Lächeln zuwarf, als er aufstand, um den Club zu verlassen. Noch immer ganz offensichtlich fassungslos vor Glück! Einen Augenblick lang geriet Justin darüber ins Grübeln, als er ihn nach draußen gehen sah, ob er auch wirklich das Richtige getan hatte. Fühlte er sich wirklich bereit, schon wieder so schnell ein solches Wagnis einzugehen? Auch wenn er diesmal wusste, dass er damit zumindest an einen Kerl geraten war, der ebenso fühlte wie er? Justin zweifelte mit sich selbst. Noch nie war er sich so unsicher über die Richtigkeit einer Entscheidung gewesen. Eine stille Furcht beschlich ihn, dass er vielleicht wieder nur eine neue Enttäuschung erleben würde. Und dabei hatte er sich doch selbst geschworen, erst wieder ein solches Wagnis einzugehen, wenn er sich seinen Traum erfüllt hatte! Doch gleichzeitig war er neugierig darauf, jemanden kennenzulernen, der seine Gefühle teilte und verstand. Und wie oft würde sich ihm eine solche Gelegenheit schon bieten? Vielleicht war es ja nun endlich einmal an der Zeit, dass auch er Glück damit hatte? Er hörte auf, sich verrückt zu machen und entschloss sich, es einfach passieren zu lassen. Er nahm zwei Karten aus dem Ständer vom Tisch und schrieb eilig mit knappen, aber freundlichen Worten Antworten für Nummer 14 und 23 darauf. Er winkte einen der Kellner heran, bezahlte gleich seinen Drink mit einem halben Dollar als Trinkgeldzugabe und legte ihm seine Karten zur Überbringung auf das Tablett. Dann stand er auf. Als er an Platz Nummer 23 mit der verschreckt lächelnden Miranda vorbeikam und sah, dass sie seine Karte noch nicht erhalten hatte, weil der Kellner erst die andere auslieferte, klopfte er im Vorbeigehen auf ihren Tisch und sah sie aufmunternd an:

„Bitte nicht traurig sein! Und auf keinen Fall aufgeben! Ich bin sicher, Sie werden ihren Traummann noch finden! Nur leider bin ich es nicht."

Er verließ den Club und überließ Miranda ihren Tränen, die sie reichlich in ihr Taschentuch vergoß, als sie seine Karte erhielt und las. Selbst hier draußen war die Luft noch angefüllt mit diesem Gemisch aus süßlichem, stechenden Duft asiatischer Gewürze. Die bunten Lichter der Leuchtreklamen mit ihren chinesischen Schriftzeichen und den Lampions, die sich über die Straße gespannt leicht im Wind bewegten, empfingen ihn. Eine Polizeisirene heulte irgendwo. Autos hupten auf der auch jetzt noch dicht mit Menschen gedrängten Straße. Längst war es dunkel. Benzin spiegelte sich schillernd in einer Pfütze am Ende der Treppe, als er über die letzte Stufe trat. Die Luft war warm und trotz des leichten Windes drückend. Ein Gewitter lag in der Luft. Justin spürte, wie sich auf seinem Rücken der Schweiß unter dem Hemd sammelte und den Stoff an seiner Haut kleben ließ. Er atmete tief durch und blickte sich um. Auf der gegenüberliegenden Straßenseite sah er seine geheimnisvolle Bekanntschaft stehen und auf ihn warten. Ein Strahlen erhellte sofort dessen Gesicht, als dieser ihn aus dem Club kommen sah. Der junge Mann trug ein weißes Hemd mit kurzen Ärmeln. Trotz der Wärme bis an den Kragen zugeknöpft. Eine beigefarbene Hose mit einem dunklen Gürtel als Kontrast rundeten sein schlichtes, aber elegantes Auftreten ab. Das Armband einer silbernen Uhr blitzte an seinem Handgelenk im Licht der Lampions. Er stand neben dem Gemüsestand eines alten Chinesen, den dieser gerade zusammen mit einem anderen abräumte. Sie trugen die Kisten in den kleinen Laden hinter sich. Er versuchte locker zu wirken, als Justin über die Straße auf ihn zukam, war aber sichtlich nervös. Justin hielt seine kleine Karte in der Hand und ging entschlossen durch die an ihm vorübergehenden Menschen auf ihn zu. Er versuchte ihm seine Nervosität mit einem lockeren Spruch bei der

Begrüßung zu nehmen:

„Hey, das war doch gar nicht so schwer oder meinst du nicht? Man braucht nur ein bisschen Mut."

Sein Gegenüber antwortete ihm mit einem zaghaften Lächeln: „Ja, da hast du wohl recht. Es war so einfach, dass ich es noch gar nicht fassen kann, dass es wirklich funktioniert hat! Nur weißt du, wegen diesem bisschen Mut habe ich mir schon zweimal verdammt heftig Prügel eingefangen. Und da wird man ziemlich vorsichtig, anderen gegenüber seine Gefühle so einfach zu zeigen, wenn du mich verstehst? Aber als ich dich sah, musste ich es einfach wagen! Ich hatte es irgendwie im Gefühl, das es klappen könnte, auch wenn mein Verstand ganz und gar anderer Meinung war."

Justin nickte. „Ja, das ist sicher ziemlich übel. So direkt habe ich die Ablehnung zwar noch nicht erlebt, aber ich verstehe schon, was du meinst. Ich bin übrigens Justin. Justin Farr. Und wie heißt du?" -

„Robert Donnelly." Jetzt musste er abrupt lachen, weil er sein Glück einfach noch immer nicht fassen konnte. „Verdammt, ich kann einfach noch immer nicht glauben, dass es so einfach geklappt hat!"

„Warum?" Justin sah ihn verwundert an. Ehe er jedoch begriff, was er damit meinte, war sein Gegenüber aber bereits schon ziemlich verblüfft mit einer Antwort dabei.

„Na, hör mal! Ich hätte echt nie im Leben geglaubt, dass ausgerechnet ein Kerl wie du so fühlen könnte wie ich! Und wenn du wüßtest, wie lange ich darauf gehofft habe, mal jemanden wie dich zu treffen, könntest du mich erst recht verstehen! Du bist echt ein absoluter Traum, weißt du das?"

„Ja, das kriege ich ziemlich oft zu hören."

„Das wundert mich nicht! Aber wahrscheinlich auch immer nur von den Falschen, habe ich recht?"

Justin stimmte ihm zu und erhielt dafür ein bestätigendes Nicken.

„Und du meinst, dass du nicht der Falsche bist?", wollte es Justin genau wissen.

„Ich weiß nicht. Das musst du wohl selbst herausfinden, um die Frage beantworten zu können. Aber wie wäre es, wenn du es einfach versuchst? Immerhin hast du die Karte ja nicht zerrissen."

„Ja, ich denke, genau das will ich", gab ihm Justin versonnen zur Antwort.

„Wollen wir ein Stück gehen und irgendwo was zusammen essen? Ich meine, wenn du Zeit hast?"

Justin musste grinsen. „Ja sicher habe ich Zeit! Hätte ich dir sonst geantwortet?" Ihm fiel die Karte wieder ein, die er noch immer in der Hand hielt. „Ach, wie ist es damit? Ich hab sie fast vergessen. Die willst du doch sicher als kleine Erinnerung wiederhaben, was?" Justin steckte sie ihm, ohne eine Antwort abzuwarten, einfach in die Brusttasche von seinem Hemd.

„Kennst du ein Restaurant hier?", fragte er ihn dann schnell. „Ich bin erst seit knapp fünf Monaten in der Stadt und war noch nie hier in Chinatown."

Robert lachte und hatte seine Scheu allmählich überwunden. „Ja, sicher. Ich kenn mich ganz gut hier aus. Vertrau mir nur ruhig!"

Sie gingen gemeinsam die Straße nach unten und bogen irgendwann nach rechts ab. Robert musste seinem Glück dabei einfach Luft machen, als er lachend meinte: „Verdammt! Ich glaube, das ist die Nacht meines Lebens! Spürst du es auch? Diese irrsinnige Spannung in der Luft? Ich könnte die ganze Welt umarmen!"

„Die ganze Welt ist vielleicht ein bisschen viel", entgegnete Justin spontan und sprach seine Wünsche unbekümmert aus. „Aber du könntest ja erst einmal mit mir anfangen. Ich würde dich sehr gern küssen."

Robert blieb stehen und blickte ihn aus großen Augen erstaunt und irgendwie ein bisschen erschrocken an. „Hey, mir geht's ja genauso. Das würd ich auch echt gern tun. Aber wir sollten darüber wirklich nicht so offen hier auf der Straße reden. Das kann ziemlichen Ärger geben, wenn es die Falschen hören!"

Justin wusste zwar, was er meinte, konnte dessen Furcht aber nicht verstehen. „Reagierst du da nicht ein bisschen übertrieben? Ich hatte ja nicht vor, dich gleich hier und sofort zu küssen! Vielleicht können wir ja nach dem Essen noch irgendwo hingehen?"

Robert lächelte versöhnlich. „Ja, das können wir. Das wäre sogar sehr schön. Tut mir leid, aber ich habe da schon ziemlich üble Erfahrungen gemacht und bin nicht scharf drauf, das zu wiederholen!"

„Okay, schon klar. Ich werde mich bremsen. Ich glaube, meine Gefühle sind einfach mit mir durchgegangen. Ich sage meist, was mir durch den Kopf geht. Das ist manchmal gar nicht gut für mich. Also, gehen wir erst einmal zusammen essen! Das geht wohl sonst auch alles zu schnell, was?" Justin blickte seinen neuen Freund mit fragendem Blick an.

„Ich denke, damit hast du recht", stimmte ihm Robert zu, versuchte sich jedoch sofort zu korrigieren. „Nicht, dass ich es nicht auch gern wollte! Versteh das bitte bloß nicht falsch! Ich habe so lange drauf warten müssen, einmal den Richtigen zu finden, dass ich es jetzt eigentlich gar nicht abwarten kann, nur .... Ich glaube, das überfordert mich jetzt doch alles irgendwie ein bißchen!" Um Verständnis bittend blickte Robert ihn aus seinen dunklen, braunen Augen an.

„Nein, ist schon okay. Lassen wir es langsam beginnen. Ich muss gestehen, dass ich es eigentlich gar nicht schon wieder versuchen wollte. Ich bin gerade erst über eine ziemlich kurze und unglückliche Liebe weggekommen. Als ich vorhin dort in diesem chinesischen Club saß und dir meine Antwort gegeben hatte, war ich für einen Moment selbst am

Zweifeln, ob ich das Richtige getan habe. Aber jetzt bin ich sehr froh darüber. Irgendwie habe ich das Gefühl, dass es vielleicht mit uns klappen könnte. Jedenfalls möchte ich es sehr gern versuchen. Bin ich schon wieder zu schnell? Du musst es mir sagen!"

„Nein! Überhaupt nicht! Deine Offenheit gefällt mir sogar. Und ich fange schon fast an, dich wegen deiner lockeren und mutigen Art zu beneiden. Ich wollte, ich wäre so. Aber ich habe eigentlich immer nur Ablehnung kennengelernt wegen meiner Gefühle. In meiner Familie, in der Highschool, später im College und bei meinen Freunden. Eigentlich gab es fast niemanden, dem ich es offen sagen konnte. Und irgendwann wird man dann einfach ziemlich vorsichtig und faßt nicht so leicht Vertrauen zu anderen. Weshalb mir das bei dir nicht so geht, verstehe ich selbst nicht? Du bist irgendwie anders. Nicht nur, weil du genau das Gleiche empfindest ... Ich fühl mich heute einfach nur gut! Wirklich seit langem wieder richtig gut."

„Dann sollten wir unbedingt dafür sorgen, dass sich das so schnell nicht ändert!", meinte Justin aufmunternd, als Robert mit seiner Hand nach vorne wies.

„Da vorn am Ende der Straße ist es! Ich komme fast immer her, wenn ich hier in Chinatown bin. Nicht nur, weil das Essen dort wirklich erstklassig ist, auch wenn man das auf den ersten Eindruck nicht sieht. Nein, ich kenne den Inhaber sehr gut. Er ist einer der wenigen Freunde, denen ich vertraue. Er kennt meine Gefühle und es ist ihm egal, verstehst du. Er meint immer, dass es unwichtig ist, wen und wie man liebt. Wichtig ist nur, dass man überhaupt jemanden liebt und geliebt wird. Denn ohne Liebe verdorrt der Mensch wie ein Mandelzweig ohne Wasser."

Justin wurde für einen Moment an Gloria erinnert. Und an ihr erstes Gespräch in diesem Café. Sie hatte damals etwas ähnliches zu ihm gesagt. Wenn auch mit etwas weniger Poesie. Justin wollte Robert gerade danach fragen, was er denn für einen Job machte, als plötzlich aus einer schmalen Seitenstraße ein Typ auf beide zukam. Er hatte dort neben einer Tür, aus der ein heller Lichtschein auf den Asphalt fiel, gestanden und hatte sie kommen sehen. Was jedoch weder Justin noch Robert aufgefallen war, weshalb sie ziemlich von ihm überrascht wurden, als er so plötzlich aus dem Schatten auf sie zugestolpert kam.

„Hey ihr zwei? Wie sieht's aus, habt ihr vielleicht Lust auf 'ne hübsche Nummer? Drei Dollar für jeden und ihr könnt mich von hinten haben. Für Fünf pro Nase lutsch ich euch auch den Schwanz! Und ihr könnt mir glauben, ich mach's verdammt gut!"

Der Kerl war ein wenig größer als Justin und seine neue Bekanntschaft. Sein strähniges Haar klebte ihm wirr im Gesicht und nur dürftig hatte er sich rasiert. Seine Augen waren stark gerötet und schienen tief eingefallen. Als er Justin mit seiner Hand anstieß und ihm ein schmieriges, aufgesetztes Lächeln entgegenwarf, konnte dieser den strengen Duft riechen, den er verströmte. Ein übler Geruch aus Alkohol, Schweiß und süßlichem Parfüm. Justin stieß den Mann rüde von sich weg, der schwerfällig zurücktaumelte und dabei Mühe hatte das Gleichgewicht zu halten. Gerade wollte er ihn mit einer wüsten Beschimpfung zur Hölle wünschen, als er erschrocken inne hielt. Sein eleganter, junger Begleiter bemerkte seine Verwirrung, verstand aber nicht dessen Ursache.

„Hey, was ist Justin?", fragte er nur.

Doch er gab ihm keine Antwort, sondern ging nur einfach wie benommen zwei Schritte auf den jetzt wütenden Mann zu, der begann sie lauthals anzupöbeln:

„Verdammte Scheißkerle! Was ist los mit euch? Ich bin wirklich der Beste, verdammt! Ich hab's schon mit so vielen Kerlen und Weibern getrieben, dass es die ganze beschissene Stadt sein könnte. Ich weiß echt, was Spaß macht! Kommt schon! Ich mach's euch auch für'n Dollar weniger. Ich brauch das Geld verdammt!"

Der Mann war zurück in das Licht getaumelt, als Justin auf ihn zugekommen war.

„Joe?" fragte er diesen jetzt und konnte es selbst kaum glauben. „Verdammt, Joe, bist du es wirklich?"

Der junge Mann beruhigte sich beinahe schlagartig und blickte ihn irritiert an. Das helle Licht einer Neonlampe übergoß ihn und ließ seine hagere Erscheinung noch elender aussehen.

„Wer will das wissen? Ich bin Johnny. Joe hat mich schon lange keiner mehr genannt. Wer bist du? Scheiße, ich kenn dich doch irgendwie?"

Da wusste Justin, dass er es tatsächlich war und ein freudiges Lächeln angesichts dieses unglaublichen Zufalls breitete sich auf seinem Gesicht aus.

„Ja, sicher kennst du mich! Damals in Steaming Meadow hast du in diesem Eiscafé gejobbt. In diesem Sommer habe ich so viel Eis gegessen, wie in meinem ganzen Leben nicht, nur weil ich dich immerzu sehen wollte. Du hast mir ein Foto von dir geschenkt, als du damals mit dem Bus weg bist und mir den Rat gegeben, es ebenfalls zu tun. Nun, wie du siehst, habe ich es auch gemacht."

Justin klopfte ihm freundschaftlich auf die Schultern und konnte es noch immer nicht fassen. Joe lächelte nun ebenfalls, als er begann, sich zu erinnern. Auch Robert war nun näher gekommen, stand ein wenig zurückhaltend hinter Justin und blickte sie beide an.

„Ein Freund von dir?", wollte er wissen.

Justin drehte sich kurz zu ihm herum und blickte ihn freudig an: „Na ja, nicht direkt. Ich kenne ihn aus meiner Heimatstadt. Er war der erste Typ, in den ich mich verliebt habe. Wir haben nie wirklich ein Wort miteinander gesprochen um uns vielleicht mal richtig kennenzulernen. Einfach, weil ich mich nicht getraut habe und noch nicht so recht wusste, was mit mir los war.

Das muss jetzt fünf oder sechs Jahre her sein. Ja, ganz bestimmt! Eine verdammt lange Zeit."

Joe sah ihn aus großen leuchtenden Augen an, die voller Traurigkeit und Wehmut waren.

„Ja, sicher. Genau so war es. Jetzt weiß ich es wieder. Du warst der einzige Junge, der mich immer mit so einem seltsam begierigen Blick angestarrt hat, dass mir ganz heiß dabei wurde. Ich wusste gleich, was du fühlst. Habe aber auch nie den Mut gefunden, es dir zu sagen. Vielleicht war das ein Fehler. Ich weiß es nicht. Du warst sehr jung damals. Und ganz sicher hätten sie mich sofort am nächsten Baum aufgeknüpft, wenn wir was miteinander angefangen hätten und es herausgekommen wäre. Ja, ich hatte wohl Angst. Genau wie du. Deshalb bin ich auch weggegangen. Weil ich es nicht mehr ausgehalten habe. Verdammt, du siehst heute noch besser aus als damals!"

„Sei mir nicht böse, aber das kann ich von dir leider nicht unbedingt behaupten, Joe. Du siehst ziemlich schlecht aus. Verdammt, was ist nur passiert? Wie lange geht das schon so?"

„Oh, eine Weile. Aber ich will dir meine schmutzige kleine Geschichte wirklich nicht hier erzählen. Ich glaube kaum, dass du sie hören willst. Und du bist ja auch mit einem Freund unterwegs, wie ich sehe. Da will ich wirklich nicht stören. Vielleicht hast du ja zwei oder drei Dollar für mich übrig. Ich nehm's dir aber auch nicht krumm, wenn du mir nichts geben willst. Ich weiß, dass ich echt Scheiße drauf bin. Aber ich komm da allein nicht mehr raus, verstehst du. Es ist besser, wenn du einfach mit deinem Freund weitergehst und mich vergisst. Ich bin sowieso am Ende."

Justin war von seinen Worten und seiner deprimierenden Selbstaufgabe entsetzt.

„Was redest du da für einen Blödsinn! Du bist überhaupt nicht am Ende! Egal, was auch passiert ist, es ist doch niemals zu spät, sein Leben zu ändern und wieder in den Griff zu kriegen, wenn man es nur will. Hör zu, du kommst heute mit zu mir und erzählst mir alles. Und dann finden wir gemeinsam eine Lösung für deine Probleme! Verstanden?!"

Justin war wild entschlossen, ihn nicht im Stich zu lassen und ihm zu helfen. Doch Joe gefiel dieser Vorschlag gar nicht und wiegelte sofort ab.

„Nein, das ist wirklich keine gute Idee. Ich weiß, du meinst es gut. Aber so viele Probleme wie ich habe, kannst du unmöglich wieder grade rücken. Ich stecke wirklich bis zum Hals in der Scheiße und will nicht noch jemanden da mit reinziehen! Ich bin auf Drogen und brauch mein Zeug, verstehst du. Ich trinke, um es zu vergessen, wenn ich nichts kriege und ich treib's mit jedem, der mir ein paar Dollar dafür zahlt, um es mir beschaffen zu können. Du handelst dir eine Menge Ärger ein, wenn du mir hilfst."

Justin aber hielt energisch an seinem Vorhaben fest und ließ sich nicht umstimmen.

„Das ist mir egal, Joe. Ich lass dich hier nicht so auf der Straße zurück, nachdem wir uns wiedergetroffen haben. Du kannst mir erzählen, was du willst, aber ich werde dir helfen, kapiert?!"

„Scheiße, nein! Ich will das nicht! Ich will dir keinen Ärger machen. Und den kriegst du, wenn du mir hilfst. Lass mich doch einfach nur in Ruhe, hörst du! Zisch mit deinem hübschen Freund ab und lass mich einfach nur in Ruhe! Ich bin es echt nicht wert, kapier das doch!?"

Joe blickte ihn jetzt beinahe wütend an. Doch auch Justin war nun allmählich verärgert über sein selbstzerstörerisches Verhalten.

„Verdammt, nein! Du kommst jetzt gefälligst mit zu mir. Du erzählst mir, was mit dir passiert ist, damit ich dich verstehen kann. Und dann suche ich für dich eine Klinik, wo sie dich von den Drogen runterholen. Du kannst es schaffen, verdammt! Lass dir bitte von mir helfen, Joe!"

„Und wer bitte soll das bezahlen? Kannst du das? Hast du soviel Kohle?"

„Ich habe dir gesagt, dass ich dir helfe! Ich werde auch dafür schon eine Lösung finden, dass kannst du mir glauben! Und wenn du jetzt verdammt noch mal nicht mitkommst, schlage ich dir einen über den Schädel und schleife dich an den Füßen zu mir. Und wenn es die ganze Nacht dauert!"

Wie zwei lauernde Hunde standen sich Joe und Justin gegenüber. Jetzt trat Robert an Justins Seite, der sich bisher aus diesem kleinen Disput herausgehalten hatte, und baute sich ebenfalls drohend vor Joe auf. Dieser stand nun im wahrsten Sinne mit dem Rücken zur Wand.

„Du solltest besser auf deinen Freund hören und seine Hilfe annehmen. Du scheinst gar nicht zu kapieren, was für ein Glück du hast! Es gibt nicht viele, die das tun würden. Ich hatte nie das Glück, Hilfe zu bekommen, wenn ich sie mal wirklich gebraucht habe. Und außerdem sind wir jetzt zwei gegen einen. Willst du es mit uns beiden aufnehmen? So betrunken wie du bist?"

Justin warf Robert einen dankbaren Blick zu. Er hätte wirklich nicht mehr gewusst, wie er Joe noch überzeugen sollte, außer seine Fäuste zu gebrauchen, um ihn zu seinem Glück zu zwingen. Joe gab seine Gegenwehr auf und setzte sich auf den Deckel einer Mülltonne, die neben der Tür stand.

„Du bist ein verdammter Dickschädel, was? Kriegst du immer, was du haben willst?", wollte er wissen. Auf dem Deckel einer zweiten Tonne stand eine halbvolle Flasche Whisky. Joe griff mit zitternden Fingern nach ihr und trank einen langen Schluck daraus, während er Justin fest anstierte.

„Meistens schon", gab ihm Justin zur Antwort und atmete erleichtert auf.

„Ich habe meinen Wagen unten an der Ecke beim Restaurant. Wenn du willst, kann ich dich mit ihm nach Hause fahren", bot ihm Robert sofort bereitwillig an.

„Das ist wirklich toll! Ich hoffe, du bist nicht sauer auf mich, dass aus unserem ersten gemeinsamen Abend jetzt nichts wird."

Doch Robert wiegelte nur ab. „Ach, Unsinn! Wir haben uns doch gerade erst kennengelernt. Ich hatte heute sowieso schon mehr Glück als ich je zu hoffen gewagt habe. Wir holen es einfach nach. Außerdem hätte ich genau das Gleiche getan, wenn er mein Freund wäre."

Justin vergaß seine Versprechungen von vorhin und tat einfach, was er immer tat, wenn seine Gefühle mit ihm durchgingen. Er drehte sich zu seinem neuen Freund um, zog ihn an sich heran und küsste ihn. Er hatte den verdutzten Robert damit so überrascht, dass der sich gar nicht dagegen wehren konnte. Als er Justin dann völlig entgeistert anblickte, fand er nicht einmal Worte dafür. Denn die Beine schienen ihm ganz weich zu werden und er glaubte vor Glück einen halben Meter über der Erde zu schweben. Und Justins Worte ließen ihn schließlich endgültig auf rosaroten Wolken tanzen.

„Danke, Robert! Wirklich, jetzt weiß ich bestimmt, dass du genau der Mann bist, auf den ich immer schon gewartet habe! Auf ein paar Tage kommt es da jetzt nicht mehr an. Wir haben uns gefunden. Nur das ist wichtig."

Joe kam mit seiner Flasche in der Hand auf Justin zu.

„Scheiße. Da haben wir uns aber wohl einen ziemlich dummen Moment für ein Wiedersehen ausgesucht, was?!"

„Nein, Unsinn! Für ein Wiedersehen gibt es niemals einen dummen Moment!", entgegnete Justin ihm schnell.

Er musste ihn kurz stützen, denn er stolperte fast über eine weggeworfene Dose. Doch Joe fing sich sofort wieder und gemeinsam traten sie aus der Gasse heraus und gingen die schmale Straße weiter nach unten.

„Tut mir echt leid, dass ich euch vorhin so blöd angemacht habe. Normalerweise sehe ich mir die Leute vorher an, ehe ich sie anquatsche. Aber ich glaube fast, ich habe heut ein wenig zu viel gehabt. So ziemlich von allem zuviel."

„Ach vergiss es! Ist schon okay", entgegnete Robert nur und kam Justin damit zuvor, der Joe jetzt mit einem besorgten Blick ansah. „Was nimmst du denn für Zeug?", wollte er wissen.

„Ach, so ziemlich alles, was irgendwie reinknallt. Hauptsache, ich bin weg und halt's für 'ne Weile aus", gab ihm Joe knapp zur Antwort.

Danach wurde er schweigsam, als Justin ihm keine weiteren Fragen stellte und sie sich alle drei auf der Fahrt zurück nach Hollywood befanden. Justin hatte auf dem Rücksitz des dunkelgrünen 55er Plymouth neben Joe Platz genommen. Als er Robert das Fahrtziel nannte, horchte dieser interessiert auf.

„Hey, sag nur nicht, du bist beim Film?", meinte er erstaunt.

„Bingo!", scherzte Justin überführt. „Ich schätze, das ist ein Punkt für dich. Ich hab einen Job in 'ner Wäscherei. Aber ich versuche wirklich Schauspieler zu werden. Ich nehme Unterricht und habe sogar schon drei kleine Rollen gespielt. Nichts aufregendes. Aber das ist mein großer Traum."

Ehe Robert jedoch voller Begeisterung eine weitere Frage stellen konnte, platzte ihm Joe mit düsterer und trübsinniger Miene dazwischen: „Ja, das war auch mein Traum, als ich hier ankam. Meiner hat sich sogar erfüllt. Nur leider so ganz anders, als ich mir das vorgestellt hatte."

Er lachte abgehackt und voller Bitterkeit auf und trank einen großen Schluck aus der Whiskyflasche. Justin vermied es, ihn weiter danach zu fragen. Und auch Robert sah ein, dass es wohl der falsche Zeitpunkt war, seinen Traummann weiter auszufragen, auch wenn er ihn unbedingt besser kennenlernen wollte. Er stellte das Radio an und schwieg. Als sie vor dem Haus von Mrs. Quentin hielten, blieb Joe nur einfach stumm neben Justin sitzen. Er hatte seinen Kopf nach hinten auf die Rücklehne gelegt und dabei die Augen geschlossen. Schweiß glitzerte auf seiner Stirn, sein Atem ging schwer und er hustete gelegentlich. Robert stieg aus und kam herum, um ihm die Tür zu öffnen.

Justin stieß ihn an der Schulter an. „Hey, wir sind da. Alles klar, Joe?"

Der zwang sich mühsam ein Lächeln ab, ehe er ihm antwortete, was Justin jedoch nicht wirklich überzeugen konnte. „Ja, sicher! Mir ist es zwar schon mal besser gegangen, aber es wird schon gehen."

Robert half ihm nach draußen, doch Joe wehrte sich dagegen und riss sich verärgert los. Dabei verlor er die Flasche, die über den Asphalt rollte und den letzten Rest ihres goldbraunen, hochprozentigen Inhaltes vergoss. Dieses Mißgeschick verärgerte ihn nur noch mehr.

„Scheiße, verdammte! Das war der letzte Rest. Sieh nur hin, was du gemacht hast!", blaffte er Robert ziemlich benommen an. Wobei der Alkohol seine Stimme ziemlich aufgeweicht hatte und nun endgültig seine Sinne vernebelte.

Robert wich einen Schritt zurück, um einer Konfrontation aus dem Weg zu gehen und zuckte nur mit den Schultern.

Justin warf ihm einen verständnisvollen Blick zu und legte seinen Arm um Joe, der sich gegen den Wagen lehnte.

„Die brauchst du heute nicht mehr, Joe. Du hast genug davon gehabt. Komm, lass uns zu mir reingehen!"

„Ach, was weißt du schon, was ich brauche und wann ich genug habe!? 'ne schöne Dröhnung Koks wäre jetzt das Richtige. Und dann ein hübscher Männerarsch für'n anständigen Fick. Ich kann die ganzen Weiberfotzen nicht mehr sehen! Ich hab echt genug davon! Verstehst du mich?"

„Ja, ist okay, Joe! Du hast wirklich genug! Und jetzt lass uns reingehen!"

Endlich gelang es Justin, ihn zu beruhigen. Joe hatte Mühe, sich noch auf den Beinen zu halten. Justin half ihm dabei. Er sah Robert mit einem ernsten Blick an.

„Ich hoffe nur, meine Vermieterin schläft schon! Könnte ihr nicht gefallen, wenn ich mit Joe in diesem Zustand aufkreuze."

„Soll ich dir mit ihm helfen?", fragte Robert sofort.

Aber Justin wiegelte dankbar ab. „Nein, lass mal. Ich komme schon mit ihm klar. Und diesen Abend, den holen wir bald nach! Du bist mir auch wirklich nicht böse, weil es damit heute nicht so gelaufen ist?" Justin blickte ihn mit einem Flehen in den Augen an.

„Nein, das habe ich dir doch schon gesagt. Kümmere du dich um deinen Freund und dann melde dich bei mir, wenn du Zeit hast. Aber warte bitte nicht zu lange damit! Oh, ich schreib dir nur noch schnell meine Nummer auf!"

Er lief zu seinem Wagen und zog einen Zettel aus dem Handschuhfach, auf dem er sie aufschrieb. Justin musste grinsen, als Robert ihm den Zettel reichen wollte, denn er hatte wegen Joe keine Hand mehr frei.

„Steck sie mir in die Hosentasche!", forderte Justin ihn kurzerhand auf. Aber Robert tat sie ihm lieber etwas zaghaft in die Brusttasche seines Hemdes. Justin grinste erneut.

„Meine habe ich dir auf die Rückseite der Karte geschrieben. Auch die Adresse", fügte er dann schnell hinzu. Robert lächelte voller Glück ein wenig verschämt und suchte nach passenden Worten zum Abschied.

„Du küsst wirklich toll", sagte er dann nur ein wenig unbeholfen und wunderte sich im nächsten Moment über sich selbst, denn er hatte gar nicht vorgehabt, dies zu sagen.

Justin war das nicht entgangen und es gefiel ihm. Schnell ließ er einen lockeren Spruch als Antwort folgen: „Das muss ich doch. Schließlich will ich zum Film. Und für Rollen als Liebhaber ist Küssen das Erste, dass man beherrschen muss! Wenn wir das nächste Mal mehr Zeit haben, zeige ich dir, wie gut ich es wirklich kann!"

„Du bist sicher längst perfekt", erwiderte Robert und ging auf seinen kleinen Scherz ein.

„Allerdings! Das nächste Mal kannst du dich selbst davon überzeugen!"

Robert lächelte erneut. „Okay, ich freu mich schon drauf! Mach's gut, Justin!"

„Du auch, wir sehen uns!" Robert stieg in seinen Wagen und Justin schleifte Joe durch den Vorgarten auf die Haustür zu. Der war mittlerweile fast völlig weggetreten und faselte nur noch unverständlichen Kauderwelsch. Justin hatte Mühe, seinen Schlüssel aus der Hosentasche herauszukramen, ohne Joe fallenzulassen, der sich wie eine Klette an ihm festklammerte. Als er es endlich geschafft hatte und mit Joe im Dunkeln die Treppe nach oben schleichen wollte, kam er gerade bis zur Mitte, als plötzlich das Licht anging. Als ob er es nicht geahnt hätte! Mrs. Quentin kam auf die Treppe zu und blieb unten stehen. Sie trug ein Nachthemd mit ihrem rosafarbenen Morgenmantel darüber und blickte mit grimmigen Blick zu ihm hinauf.

„Wen haben sie denn da um Himmels willen mitgebracht?", wollte sie entgeistert von ihm wissen.

„Einen Freund, Mrs. Quentin. Er hat zu viel getrunken und es geht ihm gar nicht gut. Er kann nicht nach Hause und schläft diese Nacht bei mir. Ich habe sie doch nicht etwa geweckt, oder doch?"

„Nein, ich wollte gerade ins Bett gehen. Aber ich kann nicht so einfach dulden, dass sie fremde Männer mit in mein Haus bringen, Mr. Farr. Noch dazu mitten in der Nacht!", ermahnte sie ihn ernst.

„Er ist ein Freund, Mrs. Quentin!", versicherte Justin ihr gereizt. „Ich garantiere Ihnen, dass es völlig harmlos ist und nichts passieren wird. Es ist nur für diese eine Nacht. Oder waren Sie etwa noch nie betrunken?"

Er schüttelte den Kopf, als er selbst einsah, wie dumm seine Frage gewesen war, denn zweifellos war dies sicher bei ihr noch niemals der Fall gewesen! Schnell versuchte er deshalb, vor ihr davonzukommen.

„Ich muss ihn jetzt aber wirklich nach oben bringen, sonst kann es sein, dass er Ihnen hier die Treppe vollkotzt! Und das wollen wir doch alle nicht!"

Justin trug den noch immer wirr vor sich hinschwafelnden Joe jetzt eilig weiter nach oben und dort in das kleine Badezimmer. Seine Vermieterin kam empört hinter ihm her und blieb in der Tür zum Badezimmer stehen, wo Justin den Wasserhahn aufgedreht hatte und nun begann, Joe das Hemd auszuziehen.

„Hören Sie mal, so geht das aber nicht! Ich möchte nicht, dass dieser Kerl hier bleibt. Ich werde vor Angst ja kein Auge zu bekommen!"

Justin entdeckte beim Ausziehen von Joe dunkle Flecken an seinem Körper, die offenkundig von üblen Schlägen herrührten. Aber viel schlimmer noch waren die Einstiche, die er an der Innenseite seines linken Armes fand. Plötzlich hielt er es für keine gute Idee mehr, ihn so einfach auszuziehen und hielt darin inne, damit Mrs. Quentin es nicht mitbekam. Gerade in diesem Moment kam Joe wieder ein wenig zu sich. Er kroch auf die Toilette zu und erbrach sich würgend über den Rand in das Becken. Justins Blick wanderte hastig von Joe zurück zu der noch immer in der Tür stehenden Mrs. Quentin.

„Bitte! Sie sehen doch wie schlecht es ihm geht! Sie können nicht verlangen, dass ich ihn wieder zurück auf die Straße bringe!"

„Nun, so wie der aussieht, gehört er da aber offenbar sehr wohl hin! Sie haben ihn doch nicht etwa wirklich dort aufgelesen, oder?", entrüstete sich Mrs. Quentin nun mit aufkeimendem Entsetzen.

„Nein!", log Justin spontan und verlor allmählich die Geduld.

„Bitte lassen Sie mich jetzt verdammt noch mal mit ihm in Ruhe! Ich werde ihn unter die Dusche stellen und dann ins Bett stecken. Und Sie werden sehen, morgen geht es uns allen wieder viel besser und ich werde ihn zurück nach Hause bringen", erwiderte er gereizt und mit einem süßlichen Ton voll bitterem Sarkasmus in der Stimme.

„Warum haben Sie das nicht gleich gemacht?", keifte sie erneut los.

„Weil er vielleicht zu betrunken ist, um mir das noch zu sagen und ich leider nicht weiß, wo er wohnt! Ist das jetzt genug?" Justin sah sie mit einem stechenden Blick an und spürte, dass er gleich die Beherrschung verlieren würde, wenn sie jetzt nicht auf der Stelle verschwand und ihn in Ruhe ließ.

„Nein, das ist es nicht! Aber Sie scheinen ja heute nicht sehr einsichtig zu sein, darum gehe ich. Aber morgen werden wir darüber noch zu reden haben, Mr. Farr!"

Die Zornesröte stand ihr im Gesicht geschrieben. Sie machte auf der Schwelle kehrt und zog krachend die Tür zu.

„Gute Nacht!", brüllte Justin ihr noch hinterher und hörte sie die Treppe nach unten gehen. Dann war er endlich allein und atmete erleichtert durch. Joe lag halb auf dem Boden, mit dem Rücken an die Toilette gelehnt. Etwas Erbrochenes war ihm über das Kinn den Hals herunter und auf die nackte Brust geflossen. Er röchelte schwer.

„Scheiße, was mach ich hier bloß? Hey, Justin? Noch Lust auf 'ne kleine Nummer? Ohhh Gott, ist mir schlecht ..." Er drehte sich ruckartig herum und erbrach sich erneut in das Toilettenbecken.

Justin schleifte ihn danach unter die Dusche und drehte kalt die Brause auf. Sein betrunkener Freund schrie laut auf, als das kalte Wasser über ihn hereinbrach, doch er war kaum noch in der Lage, sich dagegen zu wehren und ließ es schließlich geschehen. Justin stand über ihm und wusch ihn sauber. Danach trocknete er ihn ab und trug ihn nach nebenan in sein Zimmer. Er zog ihm nur noch die Schuhe aus, zerrte ihm die Hose und den Rest seiner Klamotten herunter und deckte ihn zu. Er selbst entschloss sich kurzerhand die Nacht auf dem Boden vor dem Bett zu verbringen. Er nahm ein Kissen von dem Sessel sowie eine Decke aus dem Schrank und legte sich zum Schlafen einfach auf den Teppich, nachdem er sich im Bad nebenan selbst noch umgezogen und eilig fertig gemacht hatte. Während er noch wach lag, konnte er im Dunkel des Zimmers Joe unruhig im Schlaf reden hören. Und was er da von ihm zu hören bekam, gefiel ihm ganz und gar nicht und ließ ihn Schlimmes vermuten ...

Am nächsten Morgen rief Justin früh bei Wagners an und meldete sich für einen Tag krank. Eine heftige Magenverstimmung, die er hoffte bis morgen in den Griff bekommen zu können. Eine Lüge zwar, aber eine die ihm abgenommen wurde. Das verschaffte ihm die Zeit, die er brauchte, um sich um Joe zu kümmern und die Sache mit seiner Vermieterin wieder einzuränken. Letztere wollte sich nicht auf einen ausgleichenden Kompromiss einlassen. Mrs. Quentin war noch immer ziemlich wütend auf ihn und wollte seine Frechheit einfach nicht dulden. So gingen sie ohne eine einvernehmliche Lösung gefunden zu haben erneut voll gegenseitigem Unverständnis auseinander. Gleich nach dem Telefonat hatte er die Sachen von Joe gewaschen und zum Trocknen aufgehängt. Er ließ ihn schlafen. Er ging an den Schrank, heftete den Zettel von Robert zu den anderen an die Rückwand und nahm die beiden Fotos von Joe heraus. Er setzte sich damit an das Bett und blickte wechselweise auf die Fotos in seiner Hand und auf seinen schlafenden Freund. Er hatte sich seit damals wirklich sehr verändert. Es waren nicht allein die fünf Jahre, die vergangen waren. Es war vor allem sein offenbar zügelloses Leben, das ihn so sehr gezeichnet hatte. Dabei sah er jetzt, wo er dort so friedlich vor ihm schlief, schon längst nicht mehr so schlimm aus, wie gestern abend noch. Es war gegen halb elf, als Joe schließlich wach wurde. Justin saß noch immer an seinem Bett und hing verträumt den Erinnerungen an die damalige Zeit in Steaming Meadow und den Gedanken an die vergangene Nacht nach. Joe räkelte sich in dem Bett herum und blickte ihn verschlafen an. Seine Haare klebten ihm wirr im Gesicht. Als er versuchte sich aufzusetzen, fiel er sofort stöhnend zurück auf das Kissen und hielt sich mit verzerrtem Gesicht beide Hände an den Kopf.

„Oh, verdammt! Ich glaube, mein Schädel explodiert gleich! Ich fühle mich beschissen."

„Du warst ja auch ziemlich fertig gestern. Aber das geht schon wieder vorüber! Ich werde dir einen ordentlichen Kaffee holen und danach ist eine Dusche fällig! Deine Sachen dürften inzwischen schon fast trocken sein. Guten Morgen übrigens!"

Joe lächelte verkniffen und voller Qual. „Hey, Justin!" Er setzte sich trotz seiner Kopfschmerzen auf und sah seinen Freund fest an.

„Ich habe dir noch gar nicht für all das gedankt, was du für mich getan hast."

Justin lächelte. „Ist schon okay! Du bist mein Freund. Auch wenn wir uns lange nicht mehr gesehen haben. Und ich finde, Freunde sollten einander einfach helfen. Außerdem: viel habe ich noch nicht getan. Damit fange ich erst noch an!"

Joe sah ihn mit einem dankbaren Blick beinahe reumütig an.

„Was hast du da?", wollte er dann wissen, als er die Fotos in seinen Händen sah. Justin drehte sie herum und hielt sie ihm hin. Joe kam voller Erstaunen mit einem plötzlichen Ruck in die Höhe und verzog sofort wieder gequält das Gesicht.

„Du hast das Bild noch, das ich dir gegeben habe?" Er konnte es kaum fassen.

„Ja, wie du siehst. Du hast mir eine Menge bedeutet, Joe. Viel mehr als du dir vorstellen kannst. Wann immer ich mich einsam und verlassen fühlte, habe ich damals dein Foto aus meinem Versteck geholt und mich an dich erinnert. Du hast mir eine Menge Kraft gegeben, auch wenn du nicht da warst. Und letztlich warst du auch mit ein Grund dafür, weshalb ich den Mut gefunden habe, abzuhauen."

Joe war angesichts dieses unerwarteten Geständnisses schlicht sprachlos. Er nahm von Justin zitternd sein Foto in die Hand und sah sich darauf an. Er konnte es kaum glauben.

„Das hier habe ich kürzlich in einem Fotostudio gefunden. Du kannst dir kaum vorstellen, wie überrascht ich war, als ich es fand." Justin reichte ihm auch das andere.

Joe sank mit beiden Bildern in den Händen zurück in das Kissen und schloss die Augen. „Das ist alles so lange her. Es kommt mir wie eine Ewigkeit vor. Ich weiß echt nicht, was ich sagen soll. Aber irgendwie macht es mich schon ein wenig stolz, dass ich so etwas unglaubliches bewirkt habe, ohne dafür etwas zu tun. Aber es ist vorbei. Der Mann auf den Fotos existiert nicht mehr."

Er vergrub sich mit seinem Gesicht in dem Kissen und Justin sah ein, dass es noch zu früh war, ihn danach zu fragen. Er ging um das Bett herum und half ihm hoch.

„Komm schon! Eine Dusche wird jetzt genau das Richtige sein!"

Joe ließ sich von ihm hochziehen und setzte sich auf. Dabei stellte er erst jetzt fest, dass er nackt war, ignorierte diese Tatsache jedoch, weil sie ihn nicht weiter störte. Er sah Justin nur mit einem bitteren Grinsen an.

„Du willst einfach nicht aufgeben, mich zu retten, was?"

„Genau so ist es! Ich kann verdammt hartnäckig sein, wenn ich mir mal etwas in den Kopf gesetzt habe!"

„Das scheint mir mittlerweile auch so. Aber ich weiß nicht, ob ich das alles auch verdiene."

„So ein Unsinn!", meinte Justin nur und zeigte ihm den Weg ins Bad. „Fang nicht schon wieder damit an! Ich dachte, wir hätten das gestern Abend hinreichend ausdiskutiert?! Rede dir so einen Schwachsinn bloß nicht ein! Und jetzt Schluss damit! Handtücher findest du dort im Regal."

Joe lächelte mühsam. „Danke!", sagte er nur.

Und ehe er die Tür schloss, meinte er noch hastig: „Ach, ich glaube, ich habe die Nacht irgendwann in deinen Schrank gekotzt. Tut mir leid!"

Justin verzog nur die Schultern. „Was soll's! Dusch erst mal. Ich bring dir dann gleich deine Klamotten!" Er hörte noch Joes entsetzten Schrei, als er auf den Weg nach unten war, weil dieser oben das kalte Wasser aufdrehte. Dann holte er Joes Sachen draußen von der Wäscheleine herein. Sie waren wirklich schon trocken. Als er wieder nach oben gehen wollte, begegnete ihm Mrs. Quentin. Sie war gerade auf dem Weg in die Stadt zum Einkaufen.

„Kann ich mit meinem Freund in der Küche frühstücken?", fragte er sie höflich.

„Ja, bitte sehr. Aber wenn ich nachher wieder zurück bin, will ich ihren Freund hier nicht mehr sehen! Mein Haus ist kein Asyl für Obdachlose oder sonst irgendwelche verkommenen Subjekte!"

Justin entgegnete nichts und schluckte seine verärgerte Antwort auf ihre unverschämte Beleidigung, die ihm auf der Zunge lag, schnell herunter. Eilig lief er die Treppe nach oben, um ihr seine Meinung nicht mitten ins Gesicht zu sagen. Er brachte Joe die Sachen, der noch immer unter der Dusche stand. Als er wieder nach nebenan kam, öffnete er erst einmal das Fenster. In der obersten Schublade des kleinen Nachtschrankes an seinem Bett entdeckte er dann tatsächlich die Bescherung. Er war nur froh, dass er nichts darin liegen hatte und machte es schnell sauber. Dann ging er nach unten, um das Frühstück vorzubereiten. Als sie einander am Tisch in der Küche gegenübersaßen, wagte Justin es noch einmal, Joe darauf anzusprechen.

„Du hast gestern im Auto auf der Fahrt hierher gesagt, dass es auch dein Traum war, Schauspieler zu werden. Aber das es damit nicht so geklappt hat, wie du es dir vorgestellt hattest. Was ist passiert?"

Joe blickte ihn mit düsterem Blick über den Rand seiner Kaffeetasse hinweg an. „Das ist eine ziemlich widerliche Geschichte. Willst du sie wirklich hören?"

Er stellte die Tasse ab und lehnte sich zurück.

„Ja, Joe! Wenn du sie mir erzählen willst!"

Der nickte. „Na gut. Ich versuch 'ne Kurzfassung draus zu machen. Ich schätze mal, du wirst sowieso nicht eher Ruhe geben, bis du sie aus mir rausgequetscht hast! Als ich hierher kam, war ich voller Hoffnungen. Ich wollte unbedingt ins Filmgeschäft. Ich habe einen Agenten gefunden, der mir einige Jobs als Fotomodel besorgt hat. Aber der Kerl war ein mieses Schwein. Doch das hab ich hinterher erst kapiert. Ich war bei vielen Fotografen. Einige waren durchaus okay. Einer wollte dann Nacktaufnahmen machen. Ich hatte nichts dagegen, denn er hat ordentlich dafür bezahlt. Außerdem hatte ich noch nie große Scheu, mich vor anderen zu zeigen. Die Fotos hat auch mein Agent bekommen. Der hat sie Lyon Hamilton gezeigt, weil er ein billiger kleiner Talentsucher für ihn war und dafür bezahlt wurde. Und damit hat alles angefangen. Er hat mich Hamilton vorgestellt und der war ganz begeistert von mir. Ich war beeindruckt von seinem Leben. Beeindruckt von ihm. Ich hab mit ihm geschlafen und wurde sein Liebhaber. Er steht auf gutaussehende Kerle mit großen Schwänzen. Und ich hab nun mal einen ziemlich großen Prügel. Das hat ihm gefallen. Er hat mich gefragt, ob ich es auch vor einer Kamera mit anderen treiben würde und hat mir 'ne Menge Kohle dafür gezahlt. Ich hab's gemacht, weil ich in ihn verknallt war und das Geld gut brauchen konnte. Anfangs war es eine echt tolle Zeit. Das will ich gar nicht bestreiten. Ich hab ständig mit anderen Kerlen gefickt, wohnte in seinem Haus und wurde auch noch dafür bezahlt. Fünf Filme die Woche waren nicht die Seltenheit. Ja, er hat mich zu einer Art Star gemacht. Die Streifen mit mir verkauften sich wie blöd. Aber es waren eben nur Insider, die mich kannten, denn die Sachen, die er dreht, sind schließlich verboten. Und irgendwann hatte er einen neuen Lover, der natürlich jünger war als ich. Er hat mit ihm die gleiche Nummer abgezogen und mich nach und nach abserviert. Da habe ich erst sein wahres Gesicht hinter dieser schönen Maske kennengelernt und begriffen, was für ein Schwein er ist. Auch wenn die meisten seiner Filmstars bei ihm oder in einer seiner Wohnungen in der Stadt wohnten. Ich hatte es nie kapiert, war wirklich ziemlich naiv und dumm. Aber ich hatte einen Vertrag mit ihm. Auch wenn der natürlich illegal war. Aber wenn man mit Lyon Hamilton einen Vertrag hat, dann steigt man nicht so einfach aus, verstehst du. Ich musste es jetzt auch mit Frauen vor der Kamera treiben. Manchmal mit mehreren und manchmal echt perverse Sachen. Ich hab es gehasst. Ich hab Hamilton gehasst. Aber ich konnte nicht weg. Er hat üble Schläger, die alles tun, was er sagt. Glaub mir, ich hab's herausgefunden! Also hab ich weitergemacht. Aber wenn du zehn oder zwanzig mal in der Woche auf Kommando abspritzen sollst, musst du irgendwann anfangen, Mittel zu schlucken, damit es überhaupt noch klappt. Zum Schluss hab ich kaum noch einen hochgekriegt, wenn ich nicht mit dem Zeug vollgedröhnt war und die Kameras liefen. Und dann hat er mich einfach weggeschmissen, wie ein dreckiges Stück Vieh. Aber ich brauchte das Zeug und von ihm hab ich es nicht mehr bekommen. Also hab ich angefangen, mich auf der Straße zu verkaufen. Denn alles, was ich wirklich gut konnte war ficken. Für eine Weile gab es eine Zeit, da hab ich es mit jedem getrieben, der mich dafür bezahlt hat. Egal, was sie wollten. Egal, was sie gezahlt haben. Ich war echt am Ende. Und ich hab mich dafür selbst gehasst. Ich war deshalb natürlich auch mal im Knast, wenn sie mich aufgegriffen haben. Doch irgendwie lernt man 'ne Menge einzustecken und zu überleben. Jetzt hab ich das Zeug besser im Griff. Und ich lass die ganz widerlichen Typen und Weiber nicht mehr an mich ran. Aber ich mach mir keine Illusionen mehr. Mein Traum ist ausgeträumt, verstehst du? Und zwar endgültig."

Justin sah seinen Freund nach dieser erschütternden Geschichte stumm an. Der grinste nur bitter.

„Ist verdammt heftig, ich weiß. Heute ist mir eine Menge klar. Heute weiß ich, was Hamilton für ein elendes Schwein ist. Ich kann dir wirklich nur raten, dich nie mit ihm einzulassen, solltest du ihm mal begegnen!"

Justin senkte seinen Blick und meinte dann flüsternd: „Ich fürchte, dafür ist es schon zu spät!"

Joe sah ihn erschrocken an. „Was meinst du damit? Komm, erzähl's mir!"

Und Justin erzählte ihm die Geschichte von der Silvesternacht und von seinen ersten Rollen in Hollywood. Wobei er Spencer jedoch unerwähnt ließ.

„Scheiße!", meinte Joe nur, als Justin damit geendet hatte.

„Diese verkommene Ratte. Eigentlich wundert es mich, dass er dich nicht auch für seine Filme haben wollte. Das ist nicht der Hamilton, den ich kenne. Der hätte niemals so sentimental reagiert. Aber so wie du es mir erzählst, muss er in dir tatsächlich so etwas wie einen Engel gesehen haben. Und da scheint ihm zum ersten Mal selbst klar geworden zu sein, was für ein Schwein er ist. Wirklich kaum zu glauben!"

„Ich habe nur Angst wegen diesem Film, verstehst du. Ich glaube zwar, dass er ihn nur für sich selbst gemacht hat, aber ich weiß nicht, was passiert, wenn ich es mal als Schauspieler geschafft habe und sich mein Traum erfüllt. Ich habe Angst, dass dieser Film dann plötzlich irgendwo wieder auftaucht. Oder dass er mich damit erpresst."

„Das wäre durchaus drin. Ich traue Hamilton einfach alles zu."

Justin nickte stumm und eine Weile entstand ein Schweigen zwischen ihnen. Dann aber entschloss Justin sich, das Thema zu wechseln. „Okay, egal wie beschissen es dir bisher ergangen ist, Joe. Ich werde dir helfen einen neuen Anfang zu machen. Wir werden eine Klinik finden, wo du von dem Zeug, das du nimmst, runterkommst. Und dann wird es besser werden! Ich versprech's dir!"

Doch Joe sah seinen Freund plötzlich mit einem Blick an, der Justin nicht gefiel.

„Nein!", sagte der dann äußerst hart. „Ich werde erst einmal dir helfen, Justin! Ich bin dir das einfach schuldig! Ich werde dir diesen Film besorgen, hörst du! Diesen Streifen kriege ich schon irgendwie von Hamilton. Ich werde es nicht zulassen, dass er auch noch dein Leben zerstört!" Joe sah ihn mit einer eisigen Entschlossenheit an, die keinen Widerspruch zuließ.

Aber Justin wollte es nicht hinnehmen. „Hey, ich weiß dein Angebot zu schätzen, Joe. Aber verdammt, das geht nicht! Du musst jetzt erst mal an dich denken. Ich komme schon damit klar. Aber du brauchst echte Hilfe, um erst mal von den Drogen und dem Alkohol wegzukommen. Alles andere wird sich schon finden!"

Doch Joe hielt energisch dagegen und wollte sich nicht überzeugen lassen. „Ich habe Nein gesagt! In dieser Beziehung habe ich den gleichen Dickschädel wie du, also spar dir deinen Versuch, mich umzustimmen! Ich habe dir gesagt, dass ich meine Probleme wieder halbwegs im Griff habe. Und ich verspreche dir einen Entzug zu machen, wenn ich den Film von Hamilton habe! Aber nicht vorher! Und egal, was du auch sagst, ich ziehe das erst durch! Das gibt mir endlich die Gelegenheit, es Hamilton zurückzuzahlen. Und ich glaube, ich weiß auch schon, wie ich es anstellen kann!"

Joe sah ihn mit einem geheimnisvollen Grinsen an. Justin musste einsehen, dass er es ihm offenbar nicht ausreden konnte und er ärgerte sich nun, die Sache überhaupt erwähnt zu haben.

„Aber du musst mir versprechen, keinen Mist zu machen. Ich will nicht, dass dir etwas passiert!"

„Hey, Justin, komm schon!", empörte sich Joe, ohne es wirklich ernst zu meinen. „Ich weiß genau, wie ich Hamilton zu nehmen habe. Ich hab's fast zwei Jahre mit ihm getrieben und kenne ihn sicher besser als jeder sonst! Ich werde den Film von ihm kriegen. Und keine Angst, er wird nicht mal erfahren, dass ich dabei die Finger im Spiel habe! Komm, vertrau mir!"

Justin lächelte mühsam. „Ich versuch's ja, Joe. Aber der Gedanke gefällt mir trotzdem nicht."

„Er muss dir nicht gefallen! Am Besten, du machst dir darüber überhaupt keine Gedanken. Vergiss die Sache einfach. Ich weiß, ich werde es schaffen! Und ich weiß auch, dass ich diesen Entzug schaffen kann. Ich habe endlich wieder eine Aufgabe, sehe ein Licht am Ende des Tunnels! Das hast du mir gezeigt! Und jetzt komm, lass uns nicht mehr davon reden. Machen wir uns einfach noch einen schönen Tag zusammen. Und du wirst sehen, wir treffen uns schneller wieder als du denkst!"

Justin versuchte es, auch wenn es ihm nicht ganz gelingen wollte. Doch sie hatten tatsächlich einen schönen gemeinsamen Tag. Am Abend gingen sie zusammen ins Kino und sahen sich Justins ersten Film an. Danach verabschiedeten sie sich voneinander und Justin schrieb ihm noch einige Nummern auf, bei denen er sich melden konnte. Mit einem irgendwie gequälten Lachen sah er Joe im Dunkel der Nacht verschwinden und hatte noch immer kein gutes Gefühl bei der ganzen Sache. Irgendwie kam es ihm so vor, als hätte er Joe ein zweites Mal verloren ...

Das Café am Hollywood-Boulevard war an diesem Dienstagnachmittag beinahe voll bis auf den letzten Platz. Die Sonne an diesem herrlichen Tag brannte heiß vom Himmel und es waren überall draußen auf dem Platz vor dem Café große Schirme zwischen den Tischen aufgespannt. Bei vielen der Besucher, die sich aus einem bunt zusammengewürfelten Sortiment von Touristen, Mitgliedern aus der Filmbranche oder den ganz normalen Leuten zusammensetzte, stand ein Thema an erster Stelle; die Verleihung der Oscars am kommenden Mittwochabend im Pantages Theater von RKO. Justin und Spencer saßen sich an einem der Tische gegenüber, den sie mit viel Glück noch bekommen hatten, sprachen jedoch über ganz andere Dinge. Gerade hatte der ziemlich gestresste Kellner ihnen ihre Bestellung gebracht, die Spencer sofort bezahlte, weil er sicher war, dass es schwierig sein würde, ihn noch ein zweites Mal zu erwischen. Denn er und seine Kollegen sprangen fast schon wie die Derwische, und auf geradezu akrobatische Weise, mit ihren Tabletts zwischen den Gästen umher, um ihre Bestellungen zu servieren. Justin nahm durch den Strohhalm einen großen

Schluck seines Eiscafés und sah Spencer dabei an, der sich einen Cocktail mit Rum und Walnußeis bestellt hatte. Spencer lachte und gab den Blick durch die schwarzen Gläser seiner Sonnenbrille an ihn zurück. Eine Farbe, die er auch für alle restlichen Sachen gewählt hatte, die er trug. So ganz in Schwarz gekleidet, konnte man fast meinen, ein geheimer Agent der Regierung würde dort am Tisch sitzen. Wohingegen Justin, nahezu vollständig in weißem Outfit, abgesehen von dem blauen Gürtel seiner Hose, das genaue Gegenstück zu ihm bildete. Ein Zufall, der nicht verabredet war.

"Ich habe zu Hause ein Skript für dich. Du kannst am Montag ins Studio fahren und dort den Vertrag unterschreiben. Ich schätze, die Rolle wird dir gefallen. Es wird das erste Mal sein, dass wir zusammen drehen werden. Wir haben drei gemeinsame Szenen in dem Film", meinte Spencer plötzlich nach einer kleinen Pause zu ihm.

"Hey, das ist ja riesig!", entgegnete Justin begeistert. "Wann geht es denn los?"

"Anfang Mai ist Drehstart. Die Vorbereitungen sind fast abgeschlossen. Wir können die Szenen ja bei Gelegenheit mal zusammen durchgehen. Ich habe übernächsten Mittwoch meinen letzten Drehtag. Danach habe ich drei volle Wochen Zeit für dich!" Spencer warf ihm ein süffisantes Grinsen zu, das Justin sehr wohl verstand.

Dann löffelte er sein Walnußeis aus dem Glas und schwieg. Nach einer Weile begann er erheitert zu lachen.

"Warum lachst du?", wollte Justin wissen, denn er hatte keinen Scherz gemacht, der Anlass dazu gewesen wäre.

„Wegen der Leute. Ist dir nicht aufgefallen, dass man uns ständig mit verstohlenen Blicken beobachtet?"

„Schon. Aber was willst du? Schließlich weiß man doch, wer du bist."

„Nein, das meine ich nicht!", entgegnete ihm Spencer schnell. „Die Leute beobachten nicht mich. Am Anfang vielleicht, als wir kamen. Aber jetzt bist du allein schon die ganze Zeit über im Mittelpunkt ihres Interesses. Ich habe mir gedacht, dass es dir nicht aufgefallen ist."

Justin sah sich vorsichtig um und musste feststellen, dass es offensichtlich tatsächlich stimmt. Die Frauen an den umliegenden Tischen warfen ungewöhnlich häufig ihre Blicke in seine Richtung zu ihrem Tisch herüber.

„Vielleicht verstehst du ja nun endlich, dass du einfach eine umwerfende Ausstrahlung besitzt, der sich eine Frau unmöglich entziehen kann. Oder ein Mann wie ich." Er grinste bevor er fortfuhr. „Das und dein enorm gutes Aussehen sind ein unschätzbares Kapital in unserem Job. Du musst lernen, es einzusetzen, Justin! Bringt man dir das in deinem Schauspielkurs nicht bei? Wohl kaum, was? Talent ist bei solchen Vorzügen dann eigentlich unwichtig. Natürlich kann es nur von Vorteil sein, wenn man auch das hat. Und ich weiß, dass du auch besonders ehrgeizig bist, nicht wahr? Natürlich bin auch ich mir bewusst, dass ich besonders anziehend auf Frauen wirke. Das Studio und natürlich ich selbst nutzen diesen Umstand für die Vermarktung meiner Filme. Aber ich bin offenbar nichts im Vergleich zu dir! Komm, trink deinen Café aus und lass uns hier verschwinden! Ich mag es nicht, wenn dich alle so mit ihren Blicken auffressen! Das will nur ich allein tun!"

Justin blickte seinen Freund irritiert an, denn er wusste nicht, ob er diesen letzten Satz gerade ernst gemeint hatte oder einen Scherz machen wollte. Aber in der Eile, wie er nun den Rest seines Drinks hinunterkippte und aufstand, schien es ihm sehr wohl ernst damit zu sein. Was Justin jedoch nur noch mehr verwirrte. Sollte Spencer am Ende tatsächlich wegen so einer albernen Sache eifersüchtig sein? Justin wollte es kaum glauben! Doch er ließ es bei seinen stillen Überlegungen bleiben und sprach ihn nicht darauf an. Hastig trank er also den letzten Rest seines Eiscafés aus und schlängelte sich dann mit ihm zusammen durch die Tische, verfolgt von zahllosen Blicken.

Sie gingen zu seinem Wagen und fuhren nach einem Abstecher in die Hollywood Hills schließlich zurück zu ihm nach Glendale.

Als das Tor der Garage hinter ihnen zuging und Spencer den Motor abstellte, beugte er sich hinüber zu Justin und küsste ihn. Dabei glitt seine Hand unversehens über den weißen Stoff der Hose zwischen dessen Beine. Der ließ es geschehen und erwiderte nur zu gern seine Zärtlichkeiten.

„Ich brauche dich, Justin! Mit jedem Tag mehr!", hauchte er voller Verlangen.

„Dann lass uns schnell reingehen!", erwiderte Justin nur und sah seinem geliebten Filmhelden dabei tief und verheißungsvoll in die Augen. Wie auf ein geheimes Kommando sprangen beide zugleich aus dem Wagen und betraten das Haus des Schauspielers.

„Ich habe Hunger", meinte Justin, als sie das Schlafzimmer betraten und Spencer die Tür hinter ihnen schloss. „Ich glaube, wir hätten doch noch etwas essen gehen sollen!"

„Das können wir hinterher noch tun. Ich will dich - jetzt! Und ich kann nicht mehr warten!"

Spencer presste ihm einen innigen Kuss auf den Mund während seine Hände Justin unbeherrscht das Shirt nach oben zerrten.

„Wir könnten in die Küche gehen und beides miteinander verbinden. Du hast doch sicher etwas im Kühlschrank?"

Spencers Augen begannen zu leuchten.

„Eine grandiose Idee!", jubelte er begeistert. „Natürlich habe ich etwas da!"

Sie liefen beide vergnügt und voller Heißhunger hinüber in die Küche. Auf dem Weg dahin entledigten sie sich ungestüm ihrer Kleider und verstreuten diese durch zwei Räume und den Flur. Dabei lachten sie und rempelten sich verspielt an, als ginge es um ein Wettrennen. Als sie schließlich in der Küche ankamen, waren sie beide nackt. Justin riss die Kühlschranktür auf, während Spencer hinter ihm stand und ihm einen stürmischen Kuss auf die nackte Schulter verpasste. Die herausströmende Kälte zauberte einen eisigen Schauder auf seiner Haut und ließ sein Glied sofort anschwellen. Er nahm eine Grapefruit heraus und legte sie oben auf den Kühlschrank, als Spencer mit der Hand um ihn herum nach seinem längst halbsteifen Glied griff. Justin drehte sich herum und schlug die schwere Kühlschranktür wieder zu. Spencer drückte ihn mit dem Rücken dagegen. Ihre Zungen verschlangen sich ineinander, als sie sich wild und leidenschaftlich küssten. Justin lachte vergnügt und löste sich aus seiner innigen Umarmung.

„Warte!", sagte er nur und suchte nach einem Messer. Er fand es in einer Schublade und schnitt die Grapefruit in zwei Hälften.

„Mach den Mund auf!", befahl er seinem stürmischen Geliebten nur.

Der tat, was er verlangte und legte seinen Kopf dabei ein wenig nach hinten in den Nacken. Justin hielt die Grapefruit hoch über seinen Mund und presste sie in seiner Faust zusammen. Der kalte Saft floß Spencer in den Mund. Er lachte dabei voller Vergnügen. Aber dann zielte Justin absichtlich daneben. Der Saft und einige kleine Kerne flossen ihm nun den Hals herunter, über die Brust und den Bauch bis hinein in seine dichte Scham. Der kalte Saft ließ ihn frösteln, doch er genoss sichtlich dieses kleine Spiel, das Justin nun mit der zweiten Hälfte fortführte. Jetzt ließ er ihm beinahe den ganzen ausgepressten Saft über den Körper nach unten fließen und beugte sich dabei vergnügt vor, um ihm diesen wieder von der Haut zu lecken. Mit seiner Zunge glitt er kraftvoll über dessen harte Bauchmuskeln, bohrte sie in seinen ausgeprägten Nabel oder umspielte zärtlich seine festen Brustspitzen. Spencer stöhnte leise vor Vergnügen. Längst war auch sein Glied voller Erregung steif in die Höhe gestiegen. Justin bildete mit der Schale der Grapefruit eine Tasche und rieb so dessen harten Ständer mit der Frucht ab. Dann kniete er sich vor ihm hin, um den bitteren Saft und die Fruchtstücke wieder von dort herunterzulecken und ihn damit restlos in wilde Erregung zu versetzen. Während Justin noch zärtlich an seinem Glied lutschte, entdeckte Spencer ein Glas Honig im Regal neben dem Kühlschrank. Er streckte seine Hand danach aus und bekam das Glas zu fassen. Es hatte einen Aufsatz mit einem kurzen, schmalen Hals und einer Öffnung zum Herausgießen. Spencer wollte nicht schon jetzt im Mund seines ungestümen Geliebten abspritzen, auch wenn ihm dessen innige Neckereien noch so sehr gefielen. Er hatte etwas anderes im Sinn und riss sich daher von ihm los. Justin stand wieder auf. Seine Augen leuchteten voller Begierde. Nach einem neuerlichen, stürmischen Kuss packte Spencer ihn an den Schultern und drängte ihn durch die Küche zurück bis vor einen massiven Esstisch, der von drei Stühlen umstanden war. Justin stieß mit seiner prallen Kehrseite dagegen. Mit einer hastigen Bewegung stieß Spencer alles, was darauf stand, einfach achtlos auf einer Seite hin zu Boden. Ein Korb mit Obst, eine Vase mit einer lachsfarbenen Rose, eine kleine Karaffe, zwei Gläser und in Servietten eingewickeltes Besteck, das sorgsam neben zwei weißen Tellern gelegen hatte. Alles stürzte scheppernd auf die Fliesen, zerbrach oder rollte darüber hinweg und bildete ein heilloses Durcheinander. Justin lachte, als er begann, dessen Absichten zu erahnen und sank bereitwillig nach hinten auf den Tisch. Nun lag er mit dem Rücken darauf, blickte seinen lustvollen Filmhelden vor sich an und ließ seine Füße nach unten baumeln, mit denen er gerade noch den Boden berührte. Spencer trat zwischen seine Beine hin, die Justin bereitwillig ein wenig auseinandernahm und beugte sich mit dem Glas in der Hand ein wenig vor.

„Ich mag es viel lieber süß!", flüsterte er dann mit einem begierigen Lächeln und ließ den Honig auf seine muskulöse Brust tropfen. Die goldgelbe, zähflüssige Süßigkeit floß in einer feinen Linie auf seine Haut und Justin lachte dabei. Spencer malte mit dem Honig kleine Ringe um seine Brustspitzen und ließ diesen dann in einer Schlangenlinie über Justins bebende Bauchmuskeln rinnen. Er brachte seinen Nabel, wie einen kleinen See bei übermäßigem Regen, damit zum Überlaufen und ließ den goldenen Saft sodann auch über seinen steif aufragenden Schaft fließen. Dann erst stellte Spencer den Honig zur Seite und beugte sich nun vor. Die beiden Freunde lachten vergnügt. Sie küssten einander, ehe Spencer damit begann, der von ihm gelegten, süßen Spur über Justins makellosen Luxuskörper mit seiner Zunge nachzufolgen. Beide genossen dieses Spiel und Spencer ließ sich viel Zeit damit, den Honig vom Körper seines Geliebten wieder herunterzulecken. Als er endlich mit seiner Zunge fest über dessen verzuckerten Schwanz schleckte und diesen von dem klebrigen Honig wieder zu befreien begann, war er fast am Ende seines süßen Vorspieles angelangt. Justin ergab sich ihm und genoss es, dessen Zunge überall auf seiner Haut zu spüren. Dabei wusste er längst, dass er gleich noch etwas ganz anderes zu spüren bekommen würde und konnte es kaum mehr abwarten. Allein diese Gedanken versetzte ihn in beträchtliche Erregung. Spencer richtete sich nun wieder auf und blickte begierig auf ihn herunter. Sie lächelten einander voller Lust an. Dann beugte sich Spencer herunter, ergriff die Füße von Justin mit beiden Händen fest an den Knöcheln und legte sich dessen Sohlen zu beiden Seiten gegen die Schultern, als er wieder aufstand, um auf ihn herunterzublicken. Er hielt seine Füße weiterhin fest umklammert, als er nun ganz dicht an seine schutzlose Kehrseite herantrat. Derart von ihm gefangen genommen, unterwarf sich Justin nun ganz und gar seinem Willen. Er stöhnte heiser auf, als ihm sein Filmheld den harten Ständer durch den engen Schließmuskel in seinen Arsch bohrte und tief in ihn eindrang. Einen kurzen Moment lang genossen beide voller Wonnen diesen Rausch der Vereinigung, dann begann Spencer seinen willigen, hübschen Geliebten fest zu ficken. Er stieß ihn auf dem Tisch nach vorne und trieb seinen harten Schwanz immer wieder mit unnachgiebiger Wildheit in ihn hinein. Justin hielt sich an der Tischplatte fest und schrie seine unbändige Lust hemmungslos hinaus. Die hölzernen Füße des schweren Tisches rutschten kreischend Stück um Stück auf dem gefliesten Küchenboden nach vorne. Spencer kannte keine Gnade und rammte seinen steifen Prügel immer wieder aufs Neue in Justins wunde Kehrseite. Dabei feuerte ihn dieser keuchend an und verlangte, dass er es gefälligst noch fester tun sollte. Spencer tat sein Bestes, ihm diesen Wunsch zu erfüllen. Und während er dies tat, packte er nun auch noch das steife Glied seines wimmernden Geliebten und begann es hart in seiner Faust zu bearbeiten. Dabei schrie er längst selbst wie ein Wahnsinniger, von Lust schier überwältigt. Schweiß glänzte auf seinem athletischen Körper wie Tau auf den Wiesen beim Aufsteigen des Morgennebels. Als er dann sah, dass aus dem zuckenden Schwanz seines jungen Geliebten ein Schwall klebrigen Spermas über dessen angespannte Bauchmuskeln und seine eigene Hand spritzte, war es auch um ihn geschehen. Er entlud seine eigene heiße Flut tief in dessen Kehrseite und brachte Justin dazu, laut seinen Namen zu brüllen, während er weiter dessen abspritzendes Glied in seiner Faust bearbeitete.

„Her mit deinen Händen!", befahl er danach mit gespielter Strenge und Justin hielt sie ihm entgegen. Spencer trat dich an den Tisch, hielt ihn an beiden Händen fest und zog ihn hoch zu sich heran. Justin umschloss mit beiden Armen eng dessen schweißnasse Schultern und hielt sich an ihm fest wie ein Klammeraffe. Sie küssten sich wild und gierig. Dabei war er noch immer von Spencers hartem Prügel aufgespießt. Der presste jetzt beide Hände auf seine prallen Arschbacken und trug ihn so, dicht an sich gedrückt, zurück in das Schlafzimmer. Justin stöhnte voll Wonne bei jedem Schritt und hielt sich in Spencers Armen fest, der ihn belustigt angrinste. Erst als sie beide auf das Bett fielen, glitt Spencer mit seinem nassen Glied wieder aus ihm heraus und warf sich über ihn. Sie umarmten und küssten einander und rollten dabei zwischen den Kissen lachend hin und her. Schließlich blieben sie eng aneinander geschmiegt liegen und rangen beide nach Atem. Ihre noch immer halbsteifen Schwänze glänzten von der gerade vergossenen Lustbarkeit, als sie sich beide auf den Rücken drehten und gemeinsam zu dem Motiv der Pagode mit dem Knaben unter der Zimmerdecke emporblickten. Wobei ein glückliches und zutiefst befriedigtes Lächeln ihre Gesichter zum Strahlen brachte.

„Ich möchte nicht mehr ohne dich sein, Justin!", flüsterte ihm Spencer zu. „Was hältst du davon, wenn du zu mir ziehen würdest? Das Haus ist groß genug und du könntest auch den anderen Wagen fahren, wenn du willst. Du könntest jederzeit unten den Pool benutzen und wann immer wir Lust aufeinander haben, können wir es treiben."

Justin blickte gedankenverloren auf das Bildnis des halbnackten Knaben unter der Decke. Er hatte gewusst , dass Spencer ihm irgendwann diese Frage stellen würde. Er hatte eigentlich schon viel früher damit gerechnet. Dass sie ausgerechnet jetzt kam, ließ sie jedoch nicht nur sehr verlockend, sondern auch pragmatisch erscheinen. Er hatte ohnehin vorgehabt, sich bei Mrs. Quentin zu verabschieden. Spencers Angebot gab ihm nun die Gelegenheit, es schneller als gedacht zu tun. Spencer stieß ihn von der Seite an.

„Hey, Träumer! Hast du verstanden, was ich gerade gesagt habe?"

„Ja", gab im Justin nur einsilbig zur Antwort.

„Was ja?", hakte Spencer nach.

„Dein Vorschlag klingt gut. Ist Montag okay?"

Spencer war mehr als verblüfft.

„Was denn, einfach so? Keine lange Diskussion? Ich muss dich nicht erst dazu überreden?"

„Nein. Ich fänd's auch toll, jeden Tag im Pool zu schwimmen. Außerdem scheint es bei mir zur Gewohnheit zu werden, die Wohnungen ziemlich häufig zu wechseln. Dafür ist es mal wieder an der Zeit. Und der Gedanke, dich jeden Tag haben zu können, macht das Ganze nur noch verlockender."

Spencer fiel über ihn her und überschüttete Justin mit einer wilden Flut heißer Küsse. „Ich liebe dich, Justin! Verdammt, ich habe noch nie einen Kerl so geliebt wie dich! Komm, lass uns duschen gehen und umziehen. Wir fahren irgendwo hin schick was essen! Ich lad dich ein!"

Dieser Vorschlag gefiel Justin erst recht, denn sein Magen begann vor Hunger langsam zu rebellieren.

Es wurde ein langer Abend. Nach dem Essen fuhren sie hoch in die Hollywood-Hills und trieben es auf dem Rücksitz von Spencers Cabriolet wie die Tiere. Nur die Sterne am nächtlichen Himmel über der Stadt waren Zeugen ihrer hemmungslosen Ekstase. Es war längst nach Mitternacht, als sie schließlich wieder zurück in Glendale waren. Spencer brauchte Justin nicht zu überreden, die Nacht bei ihm zu verbringen. Denn es war genau das, was er im Augenblick wollte. Das und Spencers herrlichen Arsch. Jedenfalls in dieser Nacht gab er sich mit diesen bescheidenen Wünschen zufrieden ...

Als Justin am anderen Morgen neben Spencer im Bett erwachte und er von diesem in den Arm genommen wurde, waren seine Gedanken plötzlich ganz woanders. Er sah das hübsche, schüchterne Gesicht von Robert Donnelly vor sich und wünschte sich ihn anzurufen. Selbst als Spencer ihn nach dem Aufstehen unter der Dusche von hinten nahm, ihn etwas verspätet zur Arbeit fuhr und während des ganzen Tages in der Wäscherei, war er mit seinen Gedanken immerzu bei seiner neuen Bekanntschaft. Doch er wusste nicht, wie er Robert seine Beziehung zu Spencer erklären sollte. Und ob dieser ihm überhaupt glauben würde, dass es ihm dabei nur um Sex ging und nichts weiter. Ob er es verstand? Justin zweifelte sehr daran, denn er schätzte Robert als einen sehr sensiblen Typ ein. Er wollte seine Freundschaft zu ihm nicht mit einer Lüge beginnen, hatte aber gleichzeitig Angst, ihn schon gleich wieder zu verlieren, wenn er ihm die Wahrheit zu erklären versuchte. Und erst recht wusste er nicht, wie Spencer darauf reagieren könnte, wenn er davon erfuhr! Doch ihm gegenüber wollte er einfach schweigen. Es war ihm egal, was Spencer dachte, er hatte ihm nie gesagt, dass er ihn liebte. Auch wenn ihm natürlich bewusst war, dass Spencer ganz etwas anderes dachte. Justin wurde klar, dass er in einem Dilemma steckte und keine Ahnung hatte, wie er es lösen sollte. Aber vielleicht zerbrach er sich einfach zu früh über all diese Dinge den Kopf. Doch er musste einfach immerzu daran denken. So viele Gedanken machte er sich an diesem Tag, selbst noch am Abend während ihres Zusammenseins, dass er sich schon selbst darüber wunderte, dass es Spencer nicht auffiel, wie abwesend er doch eigentlich war.

 Den Abend verbrachten sie gemeinsam in seinem großen Wohnzimmer auf der Couch vor dem Fernseher. Die Oscarverleihung wurde übertragen. Ein Ereignis, das sich natürlich keiner von beiden entgehen lassen wollte! Das Kriegsdrama KEINER IST OHNE SCHULD mit Fernando Vendoza wurde zum besten Film des Jahres gekürt. Wobei der Hauptdarsteller jedoch leer ausging. Für die Überraschung des Abends hingegen sorgte Witney Kent. Sie erhielt für ihre Rolle in dem Melodram EINE KLEINE STADT gleich bei ihrer ersten Nominierung den Oscar für die beste Hauptdarstellerin. Justin jubelte laut vor dem Fernseher, als sie nach vorn auf das Podium trat und fast unter Tränen die Auszeichnung entgegennahm. Er fühlte sich plötzlich mächtig stolz, bereits mit einer Oscarpreisträgerin vor der Kamera gestanden zu haben. Wenn auch nur für eine winzige Szene und in einem anderen Film. In Spencers verhaltener Reaktion hingegen glaubte er so etwas wie Neid auszumachen. Justin wusste, dass er mit Witney Kent schon einen gemeinsamen Film gemacht hatte. Und er wusste auch, dass er heimlich darüber verärgert war, dass sich das Studio vor zwei Jahren dazu entschlossen hatte, sie zu einem Star aufzubauen, ihn jedoch auch weiterhin hartnäckig übersah und ihm die Chance einmal in einer der großen Produktionen zu spielen, bislang verweigerte. Natürlich träumte auch er von einem Oscar. Den er aber wohl niemals bekommen würde. Nachdem Justin dann spät am Abend endlich wieder zu Hause war und sah, dass seine Vermieterin ebenfalls vor dem Fernseher gesessen hatte, entschloss er sich spontan, gleich noch mit ihr zu reden und diese Angelegenheit hinter sich zu bringen. Er eröffnete Mrs. Quentin, mit bewusst übertriebenem Sarkasmus, dass sie nicht länger seine offenbar für sie störende Gegenwart ertragen musste. Sie war völlig überrascht, als er ihr seinen Entschluss darüber mitteilte, schon am morgigen Tag ausziehen zu wollen. Ja, fast schon bestürzt. Sie versuchte ihn mit überzogener Freundlichkeit umzustimmen, entschuldigte sich plötzlich bei ihm für alles. Doch Justin blieb dieses Mal hart.

„Es hat keinen Sinn, Mrs. Quentin. Mein Entschluss steht fest. Wir wissen doch beide sehr genau, dass es nur wieder zu den gleichen Schwierigkeiten führen würde, wenn ich bleibe. Sie sollten sich bei ihrem nächsten Untermieter am besten jemanden suchen, der vom Alter her besser zu Ihnen passt. Unsere Vorstellungen vom Leben sind einfach zu verschieden. Es geht nicht."

Sie musste es einsehen und gab ihm schließlich recht. Justin ging nach oben, um seine Sachen zu packen. Er wollte sich morgen nicht mehr damit aufhalten, wenn er sich nach der Arbeit bei Wagners ein Taxi nahm, um sich zu Spencer bringen zu lassen. Und dann, als er all die Fotos, Zettel und Karten von der Rückwand im Schrank einpackte, nahm er Roberts Nummer zur Hand. Einen Moment überlegte er, ob er so spät noch anrufen sollte, warf dann aber alle Zweifel über Bord und tat es einfach. Er hatte Glück. Er war wirklich noch wach. Als Justin seine Stimme hörte und diese nicht verschlafen klang, war er beruhigt.

„Ich habe gerade an dich denken müssen", gestand ihm Robert freimütig. Und selbst durch das Telefon konnte Justin den glücklichen, ja verliebten Unterton dabei heraushören.

„Ich auch. Den ganzen Tag habe ich eigentlich an nichts anderes mehr gedacht. Wir müssen uns unbedingt sehen!", erwiderte Justin ebenso glücklich.

Robert fragte ihn nach Joe. Justin erklärte ihm, dass es diesem gut ging, ohne ihm von den Einzelheiten zu erzählen, an denen dieser auch gar nicht weiter interessiert war. Nach einem langen Gespräch verabredeten sie für den Freitag der kommenden Woche ein gemeinsames Treffen, um ihre etwas unglücklich begonnene Freundschaft endlich ordentlich nachzuholen. Zu ihrem beiderseitigen Bedauern ging es leider zu keinem früheren Termin, weil Robert vorher keine Zeit aufbringen konnte. Er arbeitete in der Redaktion einer Zeitung und hatte gerade jetzt eine Menge zu tun. Er erzählte ihm, dass er gerade erst aus der Redaktion nach Hause gekommen war, wo er noch einen Bericht über die Oscarverleihung geschrieben hatte. Er hatte sie als Reporter live miterlebt und natürlich sollte darüber noch ein Artikel in der Morgenausgabe stehen. Robert verriet ihm belustigt, dass er den noblen Frack quasi noch anhatte, der natürlich auch für Reporter an diesem Abend Pflicht gewesen war. Justin geriet über diese Mitteilung total aus dem Häuschen und Robert musste ihn bremsen, als er mit einer wahren Flut von Fragen darüber auf ihn einstürzte.

„Ich erzähl dir ganz bestimmt am Freitag davon!", versprach er und

Justin lenkte schnell ein.

„Das wird eine verdammt lange Woche werden. Ich werde bestimmt pausenlos an dich denken!", meinte Justin ehrlich und mit einem langen Seufzer. Sie verabschiedeten sich und Justin sank bald darauf, mit einem Bauch voll bunter Schmetterlinge und den Kopf mit süßen Gedanken geradezu überquellend, hinüber in einen glücklichen Schlaf. Ein letztes Mal hier in diesem Bett bei Mable Quentin. Schon in der kommenden Nacht würde er nicht mehr allein schlafen müssen. Dann würde er jede Nacht in den starken Armen von Spencer Jackson liegen. Dabei war sich Justin auf einmal gar nicht mehr so sicher, ob er dies auch wirklich wollte ...

Es war am Donnerstag der darauf folgenden Woche, als er am Nachmittag auf der Arbeit bei Wagners überraschend von Mr. Deakon ans Telefon gerufen wurde. Eine völlig verzweifelte Barbara Hensleigh teilte ihm mit, dass Harris Morgan am vergangenen Abend einen neuen, diesmal jedoch ungleich schlimmeren, Herzanfall erlitten hatte. Er lag auf der Intensivstation des gleichen Krankenhauses und war vor wenigen Minuten das erste Mal wieder bei Bewusstsein gewesen. Dabei hatte er sie mit Nachdruck darum gebeten, dass Justin zu ihm kommen sollte. Er zögerte keinen Moment. Als er Mr. Deakon die Situation erklärt hatte, gab ihm dieser für den Rest des Tages sofort verständnisvoll frei.

„Geh nur!", hatte er ihm gesagt. „Es ist doch ohnehin in einer Stunde Feierabend und ich werde schon dafür sorgen, dass es keiner bemerkt!"

Justin dankte ihm und nahm sich das nächste Taxi zum Krankenhaus. Mrs. Hensleigh erwartete ihn in der Eingangshalle mit unübersehbarer Verzweiflung, auch wenn sie beinahe krampfhaft um Fassung bemüht war. Ihre Augen waren vom vielen Weinen gerötet, doch im ersten Moment erschien sie Justin als die Ruhe selbst. Sie hatte ein schlichtes, blaues Kostüm an und rückte ihre Brille mit einem schweren Seufzer auf ihrer Nase zurecht. Der Glanz schien aus ihren Augen gewichen zu sein, als sie auf ihn zutrat und ihn mit knappen Worten begrüßte.

„Danke, dass Sie so schnell kommen konnten, Mr. Farr."

„Wie schlimm steht es denn?", wollte Justin betroffen wissen.

„Sehr schlimm", gab sie ihm knapp zur Antwort. „Die Ärzte können nicht mehr viel für ihn tun und sind überrascht, dass er noch zu Bewusstsein gekommen ist. Ich fürchte, wir werden ihn dieses Mal verlieren." Ihre Stimme klang tonlos und gebrochen. Erneut musste sie schluchzen und kämpfte gegen die Tränen an.

„Er will Sie unbedingt noch sprechen, Mr. Farr. Er hat mich fast angefleht, Sie anzurufen. Ich musste ihm versprechen, Sie so schnell wie möglich zu ihm zu holen." Sie eilten beide die Korridore bis zur Intensivstation entlang.

Justin rätselte darüber, was ihm Mr. Morgan nur so dringendes zu sagen hatte, wenn es ihm tatsächlich derart schlecht ging, doch er wollte Mrs. Hensleigh nicht danach fragen. Vor der Tür seines Zimmers blieben sie stehen. Eine Krankenschwester reichte ihnen beiden einen Kittel zum Überziehen. Er half zunächst Mrs. Hensleigh in den Kittel, ehe ihm dann die Schwester seinen hinten zuband, nachdem er diesen angezogen hatte. Die füllige Sekretärin hielt ihn an der Hand fest, als er ihr den Vortritt in das Zimmer überlassen wollte.

„Nein. Ich warte hier draußen. Was er Ihnen zu sagen hat, will er Ihnen gewiss allein mitteilen. Ich komme gleich nach. Außerdem will ich noch kurz mit dem Arzt sprechen. Gehen Sie nur!" Ein Flehen lag in ihrer Stimme, dem er sich nicht verweigern konnte.

Er nickte nur stumm und trat durch die weiße Tür in das Zimmer. Mr. Morgan lag leicht aufgerichtet und von einem großen Kissen hinter dem Kopf gestützt in dem Bett vor ihm. Die große, weiße Bettdecke vermochte seinen enorm füllligen Leib kaum ausreichend zuzudecken. Einige Apparate standen zu beiden Seiten des Bettes und er war mit allerlei Kabeln und Schläuchen verbunden. Eine Sauerstoffmaske saß auf seinem Gesicht. Schweiß glänzte auf seiner Stirn. Er sah ihn aus müden, schweren Augen an, als Justin am Fußende des Bettes stehen blieb, damit es ihm leichter fiel, ihn anzusehen. Nur das dumpfe, monotone Zischen der Pumpe war neben einem ebenso gleichbleibenden Piepton der elektronischen Herzfrequenzen, die auf dem Bildschirm angezeigt wurden, im Raum zu hören. Eine bedrückende Atmosphäre empfing ihn. Eine Schwester, die neben dem Bett bei den Maschinen wachte, nickte ihm zu und bat ihn flüsternd, sich kurz zu fassen.

Mr. Morgan lächelte mühsam, als Justin so vor ihm stand und bat ihn mit einer zittrigen Handbewegung näher zu kommen. Justin ging um das Bett herum und setzte sich neben ihn auf einen Stuhl, den ihm die Schwester mit einem freundlichen Lächeln zuschob. Mr. Morgan ergriff sogleich Justins Hand und zog sich mit der anderen die Sauerstoffmaske von dem Gesicht.

„Dieses elende Ding erstickt mich eher, als dass ich Luft davon bekomme!", kommentierte er sarkastisch.

Justin bemühte sich um ein Lächeln, als er sah, dass Mr. Morgan seinen beißenden Humor selbst jetzt noch nicht verloren hatte.

„Ich bin so froh, Sie noch zu sehen, Mr. Farr. Morgan wäre es vielleicht schon zu spät gewesen."

„Nein, Justin, Mr. Morgan! Nennen Sie mich bitte Justin! Diese Förmlichkeiten sind doch nicht mehr wichtig."

Der schwergewichtige Agent lächelte glücklich, als ihn Justin darum bat. Denn er wusste, dass ihm dies sehr viel bedeutete. „Es ist schön, dass du es mir leichter machen willst. Aber es ändert nichts daran, dass ich dennoch eine Menge dir gegenüber wieder gut zu machen habe und ich weiß nicht, ob ich das überhaupt noch kann."

Justin wollte etwas dagegen sagen, doch Mr. Morgen fuhr ihm einfach dazwischen, ehe er überhaupt antworten konnte:

„Nein, sag jetzt nichts, Justin! Hör mir nur einfach zu!"

Er zog unter seinem Deckbett einen Umschlag hervor und schob ihn Justin zu, während er fortfuhr: „Du bist ein ganz besonderer junger Mann, Justin. Ich habe dein Talent, deine Wirkung auf Menschen und für die Leinwand sofort erkannt. Aber ich habe dennoch gezögert, dir die Rollen zu beschaffen, die deiner Wert gewesen wären. Einfach, weil ich es nicht kann. Ich bin nichts weiter als ein schmieriger, kleiner Agent billiger Filme. Ich bin es immer gewesen, auch wenn ich mir stets etwas anderes eingeredet habe."

Justin wollte ihm widersprechen, doch Mr. Morgan ließ dies nicht zu, sondern fuhr einfach barsch und unbeirrt fort: „Nein, Justin! Gib dir keine Mühe! Beschönige es nicht. Es ist einfach so! Ich bin ein Niemand in dieser glanzvollen Welt. Auch wenn ich mit meinem ganzen, gebrechlichen Herzen, das mir nun wohl endgültig die Kapitulation erklärt hat, an dieser verdammten Filmwelt mit all ihrem Glamour hänge, wie sonst sicher keiner hier. Ich hätte dich viel früher schon zu einem anderen Agenten weitergeben sollen, der besser dazu in der Lage gewesen wäre, als ich. Aber mein verdammter Eigensinn hat es einfach verhindert. Ich wollte immer nur das Beste für dich, das musst du mir glauben. Aber tatsächlich habe ich alles falsch gemacht. Hier nimm diesen Umschlag!"

Justin nahm das weiße Kuvert entgegen.

„Du findest ein Schreiben darin. Ein Termin für ein Casting. Morgan Haze bereitet gerade einen neuen Film vor. Ein großes Hollywoodmelodram, wie es besser nicht sein könnte. Ich habe das Treatment lesen können. Die Hauptfigur ist wie für dich geschrieben! Er will die beiden Hauptrollen unbedingt mit unbekannten Gesichtern besetzen, was schon für eine Menge Wirbel in den Studioetagen gesorgt hat, weil die natürlich ihre Stars darin sehen wollen. Das ist deine Chance, Justin! Es ist deine Rolle! Ich weiß ganz sicher, du wirst sie bekommen! Wenn Haze dich erst gesehen hat, wird er keinen anderen mehr haben wollen! Geh hin und mach deinen Traum für mich wahr!"

Er rang nach Luft und die Schwester sprang auf und setzte ihm rasch die Sauerstoffmaske wieder auf, bis sich sein Atem wieder normalisierte. Sie ermahnte ihn streng, dies nicht noch einmal zu versuchen.

Justin drückte fest die Hand des schwerkranken Agenten und beugte sich zu ihm herunter, damit dieser ihn an sich drücken konnte. Tränen glänzten in seinen Augen, als Justin sich von ihm löste.

„Barbara wird meine Agentur weiterleiten. Aber du musst deinen eigenen Weg gehen, Justin! Ich war all die Jahre so blind. Sie ist eine so wundervolle Frau. Wir haben letzte Woche ganz heimlich geheiratet. Das hätte ich schon viel früher tun sollen. Mach nicht den gleichen dummen

Fehler wie ich, ja? Such dir eine nette Frau, die dich glücklich macht und die du liebst und werde eine Star. Ich weiß, du wirst es schaffen! Lebe deinen Traum, hörst du! Und träume nicht bloß das Leben. Das ist nicht von mir, aber es ist so schön wie wahr. Und nun verschwinde, ehe ich noch wirklich wie ein Schloßhund in einem dieser billigen und verdammten Horrorfilme, anfange zu heulen."

Justin drückte noch einmal seine Hand und ging dann hinaus. Mr. Morgan hatte seine Augen wieder geschlossen, als die Tür hinter ihm zufiel.

Mrs. Hensleigh kam gerade von oben den Gang entlang auf ihn zu. „Er hätte so gern viel mehr für Sie getan, Mr. Farr", sagte sie, als sie den Umschlag in seiner Hand bemerkte.

„Ja, das mag sein. Dabei hat er viel mehr für mich getan, als ich ihm sagen konnte."

Es gelang ihm damit, ein kurzes Lächeln auf ihr starres Gesicht zu zaubern. Sie nickte dankbar. Da tat er einfach einen kleinen Schritt auf sie zu und nahm sie fest in seine Arme.

„Ich hoffe so sehr, dass er es schafft, wieder gesund zu werden. Ich würde es ihm und besonders auch Ihnen so sehr wünschen, Mrs. Morgan."

„Dann hat er Ihnen also unser kleines Geheimnis verraten, ja?", flüsterte sie, als er sich wieder von ihr löste.

„Ja, das hat er. Und ich war ziemlich überrascht. Aber nun gehen Sie schnell wieder zu ihm!"

Sie nickte nur. „Danke", sagte sie noch zum Abschied. „Danke für alles, Mr. Farr. Machen Sie Ihre Träume wahr, so wie er es gern will. Denn dann lassen Sie auch seine Träume in Erfüllung gehen."

Sie trat durch die Tür und ließ ihn allein zurück.

Langsam ging Justin den Korridor entlang und zog dabei den Kittel wieder aus, den er der ersten Schwester in die Hand drückte, die ihm auf dem Weg nach draußen begegnete. Als er durch den Haupteingang wieder nach draußen trat und von der Sonne geblendet wurde, ging er langsam zu einer Bank hinüber, um sich zu setzen. Er sah den Umschlag an, den er noch immer in der Hand hielt und öffnete ihn. Eine kurze, förmliche Einladung für ein Casting zog er daraus hervor. Doch er hielt plötzlich noch etwas anderes in seinen Händen, das ihn viel mehr in Erstaunen versetzte. Sieben einhundert Dollarscheine rutschten aus dem Kuvert in seine Finger. Er war überwältigt und musste schwer schlucken. Da bemerkte er, dass auf der Innenseite des Kuverts etwas in krakeliger Handschrift geschrieben stand:

„Ihre Gagen werden einmal viel höher sein als nur diese paar armseligen Scheine. Aber besonders Stars sollten großzügige Trinkgelder geben! Die hier werden Sie brauchen, bis Sie diese selbst bezahlen können."

Das Aufstellen von Prioritäten

Als Robert mit seinem dunkelgrünen 55er Plymouth wie verabredet an der Gower Street, Ecke Afton Place, hielt, dämmerte es bereits ein wenig. Er hatte das Fenster seines Wagens heruntergekurbelt und konnte Justin dort bereits stehen sehen, als er ankam. Sofort spürte er vor lauter Aufregung wieder diesen dicken Kloß im Hals und räusperte sich ein paar Mal um ihn wegzubekommen, ehe dieser es bemerken konnte. Noch immer konnte er sein unglaubliches Glück kaum fassen. Und jetzt, als er Justin dort so stehen sah, in seinem weißen, ärmellosen Ripphemd und der ausgeblichenen Jeans, die eine Hand lässig in der Hosentasche, da kam es ihm beinahe wie ein Wunder vor. Aber es war kein Trugbild, keine Fata Morgana, die lächelnd auf ihn zukam, seinen Wagen umrundete und neben ihm einstieg. Es war die Wirklichkeit. Eine Wirklichkeit, die aus seinen sehnsüchtigsten Träumen heraus wahr geworden zu sein schien. Sie schüttelten einander die Hand zur Begrüßung. Wie alte Freunde. Justin entging nicht Roberts Nervosität, doch er sah einfach darüber hinweg. Er konnte sich sehr wohl vorstellen, wie äußerst erotisch er in diesem Outfit auf ihn wirken musste. Schließlich hatte er ja genau das damit bezwecken wollen. Als Robert anfuhr, blickte Justin ihn jedoch voller Zweifel an. Denn er hatte plötzlich das Gefühl, dass es vielleicht doch nicht die richtige Wahl gewesen war, als er ihn so in seinem eleganten Hemd samt Krawatte und der dunkelblauen Hose vor sich sah.

„Oh, herrje! Fahren wir am Ende in irgend so einen Edelclub? Du hättest es mir vorher sagen sollen!"

Robert blickte ein wenig irritiert zu ihm herüber und musste lachen, als er begriff, was Justin ihm damit sagen wollte: „Oh, nein! Wenn hier überhaupt einer falsch angezogen ist, dann bin ich es wohl! Es ist ganz einfach mein Stil, von dem ich mich nur schwer trennen kann, weisst du. Ich mag es ein bisschen eleganter und achte ziemlich penibel drauf, was ich anziehe. Ist ein bisschen verrückt, ich weiß. Doch ich fühl mich einfach wohler in diesen Sachen. Aber du, du siehst wirklich verdammt heiß aus!"

Justin grinste zufrieden und war froh, damit seinen Geschmack getroffen zu haben.

„Hmm, was ist das für ein Parfüm, das du da benutzt?", wollte Robert neugierig wissen.

„Das ist dir aufgefallen?", fragte Justin erstaunt.

„Na hör mal, so ein verführerischer Duft kann doch gar nicht unbemerkt bleiben! Ich kenn mich ein bisschen damit aus. Ich will wetten, das ist eine ziemlich teure Marke!"

Justin blickte ihn ein wenig beschämt an.

„Ich weiß nicht. Eigentlich komme ich sehr gut ohne diese Sachen aus. Aber ich dachte mir, heute könnte ich es vielleicht mal ausprobieren. Ich habe es geschenkt bekommen. Von einer Frau! Von einer Oscargewinnerin!"

Sie lachten beide erheitert auf, als er diese Tatsache so voller Betonung erwähnte, denn Robert dachte sofort an einen Scherz. Er staunte nicht schlecht, als Justin ihm erklärte, das dies sein voller Ernst sei.

„Hey, das musst du mir jetzt aber genauer erklären! Wer ist denn die unglückliche Verehrerin?", wollte Robert nun neugierig wissen.

„Witney Kent!", lüftete Justin ohne viel Umschweife das Geheimnis und tat, als wäre es überhaupt nichts Besonderes. Robert blickte ihn aus riesigen Augen ungläubig an.

„Was? Das kann ich nicht glauben! Komm, das hast du dir gerade ausgedacht!"

Justin lachte. „Nein, sie hat es mir tatsächlich geschenkt! Und wenn du mir versprichst, es nicht in deiner Zeitung zu schreiben, erzähl ich dir diese kleine Geschichte gern. Es ist ein kleines Dankeschön von ihr, weißt du. Weil ich ihr meinen Freund mit einem kleinen Trick untergeschoben habe. In den eigentlich ich verliebt war, der aber zu meinem Pech leider nicht auf Männer stand und der sich dann als ihre große Liebe herausgestellt hat!" Nach dieser verworrenen Erklärung blickte Robert ihn nur noch fassungsloser an und wollte es erst recht ganz genau wissen. Justin erbarmte sich grinsend und erzählte ihm die ganze Geschichte. Er endete gerade damit, als sie ihr Ziel, Chinatown, erreichten und in einer Seitenstraße parkten.

„Kommt dir die Gegend bekannt vor?", wurde er von Robert gefragt.

„Ja, sicher. Hier haben wir Joe aufgegabelt! Und dann ist da vorn das Restaurant, in das wir gehen wollten."

Sein Freund lächelte. „Stimmt genau. Wie steht es mit dir? Hast du Hunger oder willst du erst ein bisschen Spaß und mal was Neues erleben?"

„Was für eine Frage! Essen können wir auch später noch. Ich bin schon ganz gespannt drauf, wohin du mich wohl entführen willst!"

„Na dann mal los!", war sein Stichwort, auf das hin sie beide gleichzeitig ausstiegen. Robert schloss den Wagen ab und gemeinsam schlenderten sie nebeneinander her. Sie mussten drei schmale Straßen gehen und bogen dann in eine kurze Gasse ab. Dabei fiel Justin erneut auf, wie unterschiedlich sie doch angezogen waren.

„Und es ist wirklich okay?", vergewisserte er sich noch einmal bei Robert.

„Absolut! Du wirst es gleich selbst sehen. Es ist vollkommen egal, was du an hast! Nur du allein bist wichtig und dabei wirst du so akzeptiert, wie du bist!"

Über einer schmalen, dunkelgrünen Tür leuchtete in hellen, roten Buchstaben der Name der Bar: Alcazar. Und das Alcazar war tatsächlich ein ganz besonderer Club! Ein kräftiger, asiatischer Türsteher versperrte ihnen mit einem grimmigen Gesichtsausdruck den Weg.

„Ich bin ein Freund von Darcy!", sagte Robert nur.

„Bist du dir da sicher?", kam die missmutige Antwort des finsteren Kerls.

„Hey, Chieng! Was ist das denn für ein neues Spiel?", wurde er von Robert irritiert gefragt.

Der Asiate lächelte. „Schon gut, Mann! War nur ein Scherz. Wir hatten letzte Woche eine Razzia und Darcy hat mich gebeten besonders aufzupassen. Kommt rein und amüsiert euch!"

Der Mann trat zur Seite und hielt ihnen die Tür auf. Justin folgte seinem neuen Freund nach. Im ersten Moment meinte Justin eine Bar wie jede andere betreten zu haben. Ein Tresen mit Barhockern gegenüber dem Eingang auf der anderen Seite des Raumes. Spiegel an den Wänden dahinter und Regalreihen, sortiert voller Gläser und Flaschen. Kleine Tische ringsherum in dem Raum und in der Mitte eine Tanzfläche. Das Licht gedämpft und eine Tür im Halbdunkeln, die hinter einem Vorhang zu den Toiletten führte. Zu beschwingten Musiknummern von Lionel Hampton, Dexter Gordon und vielen anderen Jazzgrößen wurde getanzt. Doch die Paare, die dort teils innig umschlungen, teils fröhlich amüsiert miteinander tanzten, waren eben gerade der Unterschied, der das Alcazar zu einem besonderen Ort machte. Denn es waren hier Männer, die mit Männern tanzten, Frauen mit Frauen, jüngere und ältere. Hautfarbe oder Religion spielte dabei keine Rolle und interessierte auch niemanden. Justin folgte Robert mitten durch die tanzenden Paare hindurch auf die Bar zu und wunderte sich nicht, dass er dabei von einer Vielzahl neugieriger Blicke bestaunt wurde, die hier allerdings ausschließlich von dem männlichen Teil der Gäste stammten. Robert schwang sich auf einen freien Barhocker und Justin tat es ihm gleich.

Robert lächelte ihn amüsiert an, als er Justins Blick bemerkte: „Ich wusste doch, dass es dir gefallen würde!"

Die schwarze Inhaberin, Ende vierzig, mit sorgsam nach hinten gebundenen Haaren, in einem eleganten Kleid voll grüner Punkte, trat lächelnd von der anderen Seite des Tresens auf sie zu.

„Hey, Jungs, was darf's denn sein?", erkundigte sie sich beflissen.

Justin wurde von Robert angestossen, der noch immer voller Begeisterung auf die tanzenden Paare blickte. „Hey, was willst du trinken?"

„Was immer du nimmst, ist auch genau mein Geschmack!", gab er ihm schnell zur Antwort, ohne lange darüber nachzudenken.

„Also dann zweimal dein Spezial!", gab Robert die Bestellung auf.

„Stellst du mir deinen unverschämt aufregenden Freund vielleicht einmal vor, Robert?", ermahnte ihn die Angesprochene mit einem mütterlich strengen Ton.

„Seit ihr reingekommen seid, drehen sich alle nach ihm um! Immer wenn du hier bist, sehe ich dich allein. Du kommst allein und meistens gehst du auch allein. Heute ist es zum ersten Mal anders. Ich bin wirklich neugierig."

Robert blickte sie um Entschuldigung bittend an und konnte Justins Aufmerksamkeit erlangen, der jetzt in seine Richtung sah. „Darf ich dir Darcy vorstellen? Sie ist nicht nur der Boss hier im Laden, sondern auch ein ganz besonders guter Freund von mir! Und das hier, meine Liebe, ist Justin Farr!", präsentierte Robert ihn überzogen pathetisch und mit einem ironischen Grinsen - aber nicht ganz ohne Stolz. „Ein neuer Stern an Hollywoods glanzvollem Filmhimmel, der alle anderen einmal weit überstrahlen wird!", fügte er dann noch eilig hinzu.

Justin reichte ihr die Hand und war erstaunt, welch einen festen Griff sie hatte. „Er übertreibt ein wenig!", entgegnete Justin belustigt.

„Ja ich weiß. Er schreibt Artikel für die Zeitung. Ich glaube, das ist in diesem Job zwanghaft!", entgegnete ihm Darcy flüsternd hinter der Hand und mit aufgesetzt-verspieltem Ernst. Sie lachten alle drei und Darcy mixte schnell ihre Drinks zusammen, die sie ihnen in hohen Gläsern und mit einem Strohhalm auf dem Tresen zuschob.

„Die gehen auf mich!", bestand sie energisch. „Es muss doch schließlich gefeiert werden, dass du endlich mal zusammen mit einem Kerl hier bei mir aufkreuzt! Ich sollte es rot im Kalender vermerken!"

„Ja, ja, mach dich nur ruhig lustig! Das macht mir heute gar nichts!", entgegnete Robert ihr schnippisch und fügte dann schnell noch hinzu: „Danke für die Drinks!"

Sie lächelte nur und wandte sich einem anderen Gast zu.

„Du kennst sie schon lange, was?", wollte Justin wissen und nahm von seinem Drink einen langen Zug durch den Strohhalm.

„Ja. Mir kommt es fast vor wie eine Ewigkeit. Ich glaube, ich war 17 als ich das erste Mal hier war. Danach bin ich immer wieder heimlich hergekommen, wann immer ich konnte. Ein Jahr haben sie ihr den Laden dicht gemacht. Das war ziemlich hart. Aber sie haben ihr nichts anhängen können. In dem Jahr habe ich dann das Restaurant von Mr. Jing kennengelernt. Und als Darcy dann wieder aufmachte, waren auch all ihre Freunde und Gäste wieder da. Das ist eine treue Gemeinde hier. Weißt du, ich fühle mich hier viel wohler, als in meiner eigenen Welt und Familie. Hier werde ich verstanden und so akzeptiert, wie ich bin. Obwohl ich selbst hier bislang noch keinen getroffen habe, mit dem ich wirklich den Versuch wagen wollte, echt zusammen zu sein. In meiner Familie oder meinem Job weiß heute noch keiner, dass ich auf Männer stehe. Die würden es nie kapieren. Die würden höchstens ausflippen!"

Justin nickte zustimmend.

„Ja, so ähnlich ist es mir auch ergangen. Verdammt, was ist in dem Drink drin? Der schmeckt echt irre!" Hastig wechselte er damit das Thema. Denn er wollte sich heute amüsieren und keinen schwermütigen Gedanken nachhängen.

Robert verstand den eigentlichen Sinn seiner Frage sofort und ging darauf ein. „Oh, Darcy hat es mir mal gesagt. Ist Bananensaft, etwas Kirschsaft und Rum und ... ich weiß nicht mehr was noch! Hast du Lust zu tanzen?"

Justin sah ihn lächelnd an und ließ seinen Drink stehen.

„Sehr gern. Aber ich sag dir gleich, dass ich nicht wirklich gut darin bin. In meinem Schauspielkurs haben wir das zwar auch ein wenig geübt, aber irgendwie liegt es mir nicht. Obwohl es mir eigentlich Spaß macht!"

„Ach, die meisten hier können nicht besonders gut tanzen. Man kann doch nicht für alles ein Talent haben! Und darauf kommt es doch auch gar nicht an."

Sie gingen gemeinsam auf die Tanzfläche zu den anderen Paaren. Zu den jazzig-verträumten Trompetenklängen von Chet Baker setzten sie improvisierend ihre Schritte und sahen sich an. Robert spürte sofort, dass Justin etwas unsicher war und Justin wiederum war erstaunt, wie selbstbewusst und gelöst sich sein neuer Freund in dieser Umgebung gab. Er sah zu zwei jungen Frauen hinüber, die sich eng umschlungen in den Armen hielten und schweigend zu den Klängen der Musik wiegten. Eine von ihnen trug den Anzug eines Mannes und ihre Haare ganz kurz. Auf den ersten Blick hätte man sie sogar wirklich für einen Mann halten können. Hinten, an einem der Tische, entdeckte Justin einen jungen Kerl, der wie selbstverständlich das enge, elegante Kostüm einer Frau trug. Etwas überzogen wirkendes Make-Up verstärkte noch den Eindruck, dass er eine elegante Dame sein wollte und er schien ganz in dieser Rolle aufzugehen, während er mit seinem Freund gegenüber ungezwungen plauderte.

Robert bemerkte all dies und sprach ihn darauf an: „Kommt dir etwas fremd vor, was?"

„Ja, aber ich finde es toll! Ich hab kein Problem damit so zu sein. Und seit ich hier in der Stadt bin, habe ich viel weniger Angst es zu zeigen."

Robert lächelte. „Ich weiß, was du meinst. Aber du solltest vorsichtig damit sein. Ganz besonders, wenn du wirklich vorhast, beim Film Karriere zu machen. Die sollten nie erfahren, wie du wirklich fühlst. Klingt albern, aber es ist so! Deine Karriere wäre vorbei, ehe sie überhaupt angefangen hat!"

Justin sah seinen Freund neugierig an. „Klingt so, als wüsstest du mehr davon?"

Robert hatte gewusst, dass Justin seine kleine Anspielung durchschauen würde. Aber in dem Moment, da sie ihm über die Lippen schlüpfte, war es für einen Rückzieher zu spät und so versuchte er es ihm zu erklären: „Ja, mein Onkel ist Filmproduzent. Aber ich wollte nie wirklich etwas mit ihm und diesem ganzen Glamour zu tun haben. Dabei sehe ich gern Filme und gehe viel ins Kino. Nicht nur, weil ich für meine Zeitung darüber schreibe. Ich war mit meinem Vater mal in den Studios bei ihm zu Besuch.

Er hat das nie sehr gern gesehen. Ich war neun oder so. Da hab ich erlebt, wie er eine Schauspielerin rausgeworfen hat, deren Affäre mit einem Skriptgirl bekannt geworden war. Ich habe noch nie jemanden gesehen, der einen anderen derart menschenverachtend behandelt und vor allen anderen gedemütigt hat! Ich kann mich an ihren Namen nicht mehr erinnern, aber sie hat wohl auch nie wieder einen Job beim Film bekommen, da bin ich mir sicher! Hinterher hat mein Vater mir versucht zu erklären, dass sich mein Onkel in diese Frau verliebt hatte und deshalb so besonders schwer von ihr enttäuscht war. Ich habe es damals nicht wirklich verstanden. Ich habe meinen Onkel nie sehr gemocht. Aber seit damals habe ich ihn gehasst. Ich hasse ihn eigentlich noch heute. Aber das hat auch noch viele andere Gründe."

Justin war darüber schockiert und spürte, dass er ihm ungewollt diese Geschichte entlockt hatte, obwohl er sie gar nicht erzählen wollte. Er trat auf Robert zu und nahm ihn in den Arm, während sie weitertanzten.

„Weißt du, ich habe diese Geschichte noch nie jemandem erzählt. Aber irgendwie fühle ich mich jetzt gut dabei, es getan zu haben. Und ich bin froh, dass ich sie gerade dir erzählt habe. Ich glaube, du verstehst mich."

„Ja, das ist wahr!", gab ihm Justin ehrlich zur Antwort und Robert löste sich aus seiner engen Umarmung und sah ihn an.

„Ich bin sehr froh, dich getroffen zu haben, Justin. Du zeigst mir, wie das Leben auch sein kann."

„Nein, du zeigst es mir!", korrigierte Justin ihn schnell.

Robert lächelte sanft und voller Glück, wechselte dann aber das Thema.

„Siehst du das Licht da oben über der Eingangstür?"

Justin nickte.

„Wenn es auf rot umspringt, heißt das, dass die Cops kommen und es eine Razzia gibt. Deshalb steht Chieng auch draußen. Ich hab das schon zwei-, dreimal mitgemacht. Einmal haben sie mich auch erwischt und draußen ihm Hof zusammengeschlagen. War ziemlich übel. Und ich denke, wenn sie mich damals mitgenommen hätten, würden es so ziemlich alle erfahren haben. Und dann wäre es Aus gewesen. Deshalb bin ich noch immer sehr vorsichtig. Und die Leute hier sind es auch. Also wenn mal die rote Lampe aufleuchten sollte, schnappst du dir einfach nur schnell ein Mädchen und tanzt mit ihr weiter, als wäre nichts gewesen. Darcy achtet sehr darauf, dass hier sonst nichts illegales passiert und deshalb können sie ihr auch nicht den Laden schließen. Außerdem hat sie mal durchblicken lassen, dass sie Geld dafür zahlt, damit man sie in Ruhe lässt."

Zwei junge Burschen, beide etwa in ihrem Alter, standen plötzlich neben ihnen. Der eine blond und etwas kleiner als Justin. In Jeans und einem blauen Hemd, das er ein wenig provozierend offen trug und seinen durchtrainierten Körper erkennen ließ. Sein Tanzpartner hatte dunkle Haare, war eher schmächtig und ein wenig schüchtern. In seinem roten Shirt mit heller Stoffhose und den ausgetretenen Turnschuhen wirkte er ein wenig verloren.

„Hey, was dagegen, wenn wir für den nächsten Tanz mal tauschen?", wurden sie von dem Blonden gefragt. Und dann meinte er, an Justin gerichtet: „Mein Freund hier würde wahnsinnig gern mal mit dir tanzen."

Robert zuckte unschlüssig mit den Schultern.

„Eigentlich bin ich mit meinem Freund hier und du störst ein wenig!", antwortete Justin ihm höflich aber bestimmt.

„Hey, das versteh ich schon. Ist doch aber nur für einen Tanz!" Der Blonde ließ nicht locker.

Justin blickte Robert an.

„Also von mir aus, Okay. Ein Tanz geht schon in Ordnung", meinte dieser und so gab Justin nach.

„Na gut. Solange nicht der ganze Club mit mir tanzen will! Warum nicht?"

Der Blonde jubelte und ergriff Justin stürmisch bei den Händen, um ihn tanzend zwischen die anderen Paare hindurch zu manövrieren.

„Hey, ich dachte, dein Freund wollte mit mir tanzen?" Justin sah seinen neuen Tanzpartner irritiert an, der amüsiert lachte:

„Ja, das stimmt! Aber glaubst du etwa, ich würde ihn mit dir tanzen lassen, wenn ich mich nicht vorher vergewissert habe, dass du harmlos bist! Bei einem Typ wie dir ist es doch wohl klar, dass alle anderen sofort schwach werden und ihre guten Vorsätze über Bord werfen."

„Ach, und du gehörst nicht zu dieser Sorte, oder?", wollte Justin verblüfft wissen.

„Doch schon. Aber ich liebe diesen kleinen Dummkopf auch und würde immer wieder zu ihm zurückkommen. Nur im Gegensatz zu ihm wüsste ich nicht, ob ich ihm das verzeihen könnte, wenn er mich mit einem anderen betrügt. Du verstehst mich?"

Justin nickte gelangweilt und ertrug dessen schmachtenden, begierigen Blicke zwei Runden lang, während er Robert beim Tanzen mit dessen Freund beobachtete.

„Scheiße! Das rote Licht! Die Cops!", zischte ihm der Blonde plötzlich zu. Ein wildes, hektisches Durcheinander entstand und alle tauschten panikartig ihre Partner. Doch Justin wurde von dem Blonden an der Hand gepackt.

„Schnell, wir verschwinden auf die Klos! Da können wir raus!", rief ihm dieser zu. Im nächsten Moment wurde die Tür aufgerissen und der Asiate stürzte mit einem lauten „Razzia!"-Ruf herein.

Justin verlor Robert aus den Augen und folgte dem Blonden einfach nur auf die Toiletten. Da fielen auch schon die Cops mit Schlagstöcken und ziemlich roher Gewalt in die Bar ein. Schreie gellten in einem heillosen

Durcheinander, die Justin nur noch gedämpft hörte, denn er fand sich längst mit seiner unfreiwilligen, neuen Bekanntschaft auf der Herrentoilette wieder. Zwei Waschbecken im Vorraum. Weiße Kacheln überall. Mit Sprüchen und Kritzeleien darauf. Jeweils drei schmale Kabinen mit beschmierten Türen zu beiden Seiten. Bei einer stand die Tür einen Spalt offen. Justin konnte zwei Kerle stöhnen hören. Als er mit seinem blonden Begleiter daran vorbeiging, konnte er einen jungen Typen sehen, der sein Gesicht zwischen den Beinen seines Freundes versenkt hielt. Er hätte sich fast vor Schreck an dem Schwanz verschluckt, den er gerade wild am bearbeiten war, als Justins blonder Begleiter laut in den Raum brüllte: „Alles raus hier! Razzia! Die Cops!"

Justin sah die angekippten Fenster über den Pissoirs an der gegenüberliegenden Wand. Obwohl ihm sein Herz vor Angst bis zum Hals schlug, musste er doch ständig an Robert denken. Der Blonde bildete mit seinen Händen einen Tritt und bückte sich vor der Wand ein Stück herunter.

„Na los, mach schon!", wurde Justin von ihm angebrüllt.

„Ich helf dir hoch. Wenn du draußen bist ziehst du mich hinterher!"

Justin überlegte nicht lange, sondern nahm dessen Hilfsangebot einfach an. Der Blonde hob ihn nach oben und Justin gelangte so auf den breiten Sims vor den Fenstern. Eins davon stellte er gerade und zwängte sich voller Eile hindurch. Er fand sich auf einem Gitter in einem dunklen Hinterhof wieder. Er beugte sich wieder zurück hindurch und streckte beide Hände nach seinem blonden Retter aus, um auch ihm nach oben zu helfen. Der packte seine Hände und versuchte sich nun ebenfalls nach oben auf den Sims zu schwingen. Das war genau der Moment, als zwei der Cops auch in die Toilette eindrangen.

„Zieh schon! Zieh mich hoch!", brüllte ihn der Blonde jetzt an. Justin hatte ihn fast oben, als einer der Cops dessen Füße zu fassen bekam und ihn brutal zurückzerrte. Mit einem Schrei fiel der Blonde auf den gefliesten Boden und bekam von dem Cop sofort einen harten Tritt in den Unterleib verpasst.

„Verdammte Schwuchtel!", brüllte der Uniformierte ihn an und wurde von seinem Kollegen, der dies nicht dulden wollte, augenblicklich zurückgedrängt.

Justin konnte Blut sehen, weil sich sein Retter bei dem Sturz nach unten offenbar die Nase gebrochen hatte. Justin sah ein, dass er nicht mehr helfen konnte und verschwand nach draußen. Er sah noch, wie der eine Cop den blonden Kerl auf die Beine zog, ihn gegen die Tür einer der Kabinen drückte und ihm Handschellen verpasste. Justin lehnte sich draußen gegen die Wand und atmete tief durch, um seine Gedanken zu ordnen. Noch immer dachte er nur an Robert und hoffte, dass dieser es auch irgendwie geschafft haben mochte, rauszukommen. Als er sich umsah stellte er fest, dass er sich in beträchtlicher Höhe über dem Boden in einem Hinterhof befand. Das Gitter, auf dem er stand, führte an der Fassade des Gebäudes entlang ins Dunkel. Und da er keinen Weg nach unten entdecken konnte, folgte er diesem Gitter einfach bis zu einigen Eisenstiegen, die in dem Mauerwerk steil nach oben führten.

„Dann eben aufs Dach!", dachte sich Justin und begann in die Höhe zu klettern. Dabei kam ihm dieser Abend mehr und mehr wie ein kleines Abenteuer vor, obwohl er sich doch alles ganz anders erhofft hatte. Als er seine linke Hand über die Brüstung schob und sich mit der anderen an dem Geländer der Eisenleiter festhielt, wurde er plötzlich fest von einer Hand gepackt und nach oben auf das Flachdach gezogen. Er erschrak und landete im nächsten Moment erleichtert in den Armen von Robert.

„Scheiße! Du solltest mir vorher Bescheid sagen, wenn du sowas machst! Ich dachte, mein Herz bleibt vor Schreck stehen!"

„Oh, das war nicht meine Absicht," entschuldigte sich der sofort bei ihm „aber ich dachte, du hättest mich gesehen, als ich zu dir runtersah!"

Einen Moment hielten sie beide inne und sahen sich in die Augen. Ihre Blicke brannten sich förmlich ineinander fest. Die Glut ihres Verlangens wurde selbst angesichts dieser etwas bizarren Situation zu einem lodernden Feuer. In den Augen seines neuen Freundes konnte Justin die Unendlichkeit erkennen. Die unendliche Schönheit der einzigen und wahren Liebe. Er schloss die Augen und glaubte den Duft der Pfirsiche riechen zu können, die hinter der Farm seiner Eltern wuchsen. Er sah die Sonne von der Dachluke des Heubodens in einer verzauberten Pracht magischer Farben am blutroten Horizont langsam untergehen. Da war der ausgesessene Polsterstuhl des Kinos mit dem kleinen Schlitz in der linken Seite, in dem er immer seine Joints versteckt hatte, um sie heimlich nach der Vorstellung zu rauchen. Nur um danach benebelt von der berauschenden Wirkung, voller Glück von seinen Filmhelden auf der Leinwand zu träumen, die er so sehr bewundert hatte. All die wundervollen Erlebnisse und Erinnerungen seines Lebens waren plötzlich wieder in einem Augenblick vereint. Er ließ sich hinein fallen in diesen vollkommenen Moment. Und Robert tat es ebenso. Sie fühlten beide das Gleiche. Dachten beide das Gleiche und wollten beide das Gleiche. Und so war ihnen alles andere egal und sie zögerten keinen Moment mehr, es zu bekommen. Ihre Lippen pressten sich beinahe blitzartig zu einem langen, endlosen Kuss voller Leidenschaft aufeinander. Sie hielten sich fest in den Armen und küssten sich. Wieder und immer wieder. Als sie endlich doch genug davon zu haben schienen und sich ihre Lippen voneinander lösten, rangen sie beide nach Luft und japsten wie erschöpfte Schlittenhunde nach einer endlosen Hatz über das Eis der Antarktis. Justin lachte erleichtert und voller Glück.

„Habe ich dir nicht gesagt, dass ich dir das nächste Mal zeige, wie gut ich darin bin?"

„Ja das hast du. Und du hast wirklich nicht zu viel versprochen. Es war echt der Wahnsinn! Aber ich denke, wir sollten jetzt trotzdem langsam gehen."

Justin stimmte ihm zu. Der Moment war vorbei. Fortgeweht mit dem leichten, etwas kühlen Wind dieser herrlichen Nacht. Und er dachte, dass es manchmal scheinbar eine Ewigkeit brauchte, um nur einen Augenblick lang wirklich glücklich sein zu können. Dieser Augenblick war ihm gerade geschenkt worden. Und er hoffte so sehr, dass es nicht der Letzte in seinem Leben gewesen war. Von dem Lächeln seines Freundes wurde Justin aus seinen Gedanken gerissen. Und nach einer vollen Minute des Schweigens gab er ihm endlich eine Erwiderung auf seine Bemerkung:

„Na, dann wollen wir wohl mal. Ich bin nur wirklich froh, dass du es geschafft hast, rauszukommen. Ich hatte echt Angst, als ich dich in diesem ganzen Durcheinander verloren habe. Wie hast du es geschafft?"

Sie gingen jetzt nebeneinander mit schnellen Schritten über das Dach auf die andere Seite zu.

„Darcy hat mich durch die Küche in das Treppenhaus geschleust. Ein paar andere auch noch. Ich hab dich mit dem Blonden in die Toilette laufen sehen und gehofft, dass du durch die Fenster rauskommst. Komm, wir sollten uns beeilen. Die anderen sind schon weg, aber ich wollte erst noch nach dir sehen. Ich weiß nicht, ob die Cops uns folgen. Wir können da hinten über die Dächer abhauen und kommen dann wieder in einem der anderen Häuser nach unten. Ich kenne den Weg! Hatte selbst schon mal das Vergnügen!"

Justin folgte seinem Freund. Sie stiegen über die Dächer, kletterten über eiserne Gitter und sprangen von einem steinernen Sims zum Nächsten. Als sie über ein weiteres Flachdach zu einer Tür liefen, die in das Treppenhaus führte, hielt Justin seinen Freund am Ärmel des Hemdes fest. Der blieb irritiert stehen und sah ihn an.

„Warte noch einen Moment!", sagte Justin zu ihm. „Wir werden doch gar nicht verfolgt. Hör nur mal diese Stimme!"

Robert sah ihn verwirrt an, denn er wusste nicht, was Justin meinte.

„Sie ist überall. In der Luft dieser wundervollen Nacht. In dem Licht des Mondes dort am Himmel. Sie scheint direkt von den Sternen zu kommen, ist aber doch nur eine kleine Stimme tief in meinem Herzen. Wir kennen uns erst so kurz und doch war ich noch nie in meinem ganzen Leben so glücklich wie jetzt gerade hier mit dir. Ich glaube - nein! - ich weiß ... ich liebe dich. Und das ist zum ersten Mal in meinem Leben nicht nur einfach so daher gesagt!"

Robert trat auf ihn zu. Er wusste kaum, was er sagen sollte.

„Ich hatte ja keine Ahnung, dass du ein solcher Poet bist", kam es ihm da über die Lippen. Doch er fand es ungeschickt, denn eigentlich hatte er ganz etwas anderes sagen wollen.

„Ich weiß. Ich hatte selbst keine Ahnung", entgegnete Justin ihm mit einem Lächeln. Robert ergriff Justins Hände, als er dicht vor ihm stehen blieb und ihm fest in die Augen sah.

„Es ist unglaublich! Deine Worte gerade ... gleich vom ersten Moment an habe ich gewusst, dass du mich verstehen würdest! Auf den ersten Blick mögen wir so verschieden sein. Aber jetzt weiß ich genau, dass wir in unseren Herzen genau das Gleiche fühlen. Ich kann es nicht so richtig erklären. Es ist einfach da. Als wären wir unser ganzes Leben auf der Suche nacheinander gewesen, ohne zu wissen, warum. Aber nun ist diese Suche zu Ende und alles scheint mir so klar und einfach zu sein. Dabei war es alles andere als das."

Justin musste lachen. „Das ist komisch! Aber so etwas in der Art habe ich auch die ganzen letzten Tage gedacht. Ich dachte, hey, da ist einer, der versteht dich, ohne dass du etwas sagen musst. Er teilt nicht nur deine Gefühle. Er ist ein Stück von deiner Seele. Kann so etwas möglich sein?"

Nun wurde er von Robert fest in den Arm genommen, der vor Glück hell wie ein Komet strahlte und fest die Augen schloss, als er ihm eine Antwort darauf gab:

„Ja, ich weiß ganz genau, dass es möglich ist! Ich habe immer daran geglaubt, dass ich einmal im Leben dem Mann meiner Träume begegnen werde. Und als ich dich in diesem Club zur Tür hereinkommen sah, wusste ich sofort, dass du dieser Jemand bist! Ich glaube inzwischen, es hätte mich um den Verstand gebracht und mein Herz in tausend Stücke zerrissen, wenn du die Karte weggeworfen hättest. Klingt das nicht hoffnungslos kitschig und verrückt?"

„Überhaupt nicht!", entgegnete Justin schnell.

„Dann ist es wohl wahr ... denn ich liebe dich auch!"

Sie hielten einander fest im Arm. Minutenlang standen sie einfach nur so da. Tränen des Glücks glitzerten in ihren Augen und sie schämten sich nicht, diese zu vergiessen. Plötzlich stahl sich ein unbeabsichtigtes Grinsen auf Roberts Gesicht.

Justin blickte ihn an. „Was ist?"

„Ach nichts weiter," meinte der nur. „Ich dachte nur gerade, wie komisch es doch ist. Irgendwie haben wir mit unseren Verabredungen nur Pech."

„Das nächste Mal ganz bestimmt nicht!", entgegnete Justin schnell, denn er begriff sofort, was Robert meinte. Als sie das Treppenhaus verließen und unten auf der Straße ankamen, hielten sie sich noch immer an den Händen fest und blickten einander tief in die Augen. Und für eine kleine Weile war es ihnen beiden ganz egal, ob dies jemand sah oder nicht ...

Diese zweite Woche im Monat April entwickelte sich für Justin zur schlimmsten seines Lebens. Wenn er jemandem davon einen Bericht hätte schreiben sollen, wäre es ihm schier unmöglich gewesen, einen Anfang zu finden. Begonnen hatte es bereits am Samstag. Den Kopf noch voll verzauberter Gedanken an den vorangegangenen Abend mit Robert, hatte sich Justin bereitwillig von Spencer die halbe Nacht lang ficken lassen, nachdem sie gemeinsam im „Nowhere" gegessen und sich in der Stadt amüsiert hatten. Dabei war es jedoch, als sie ihren ersten gemeinsamen Akt der Lust miteinander ausgelebt hatten, zu einer ziemlich unschönen Szene gekommen. Spencer kippte in der Stadt eine gehörige Menge hochprozentiger Drinks in sich hinein. Justin hatte ihn daran nicht hindern können und selbst einige Male zugelangt. Doch im Gegensatz zu Spencer wusste er sehr wohl noch, was er tat. Bereits auf der Fahrt zurück nach Glendale war Spencer nicht mehr Herr über das Steuer seines Wagens und verursachte beinahe einen gefährlichen Unfall. Mit einer langen Schramme an der Seite und zersplittertem linken Vorderlicht blieben sie schräg und dicht am Straßengraben stehen. Sie hatten Glück, dass es bereits dunkel war und niemand ihr waghalsiges Manöver mit angesehen hatte. Nur mit Mühe war es Justin gelungen, seinen Geliebten zu überreden, an seiner Stelle den Rest der Strecke zu fahren. Und selbst da war dieser nicht in der Lage, sich unter Kontrolle zu halten. Immer wieder fingerte sein volltrunkener Filmheld ihm während der Fahrt an der Hose herum und versuchte ihm einen zu blasen. Zwar fand Justin dessen hemmungslose Versuche durchaus aufregend und berauschend, allerdings war er sich als einziger von ihnen beiden auch der Gefahr bewusst, die sie bei diesem lustvollen Spiel eingingen. Immer wieder musste er sich den Bemühungen Spencers erwehren, was ihm zwar gelang, dieser aber überhaupt nicht als Spaß empfand. Endlich in seiner Wohnung angekommen, fiel Spencer dann fast wie ein wildes Tier über seinen jungen Geliebten her, der es nun allerdings nur zu gern über sich ergehen ließ. Bis zu dem Zeitpunkt, da Spencer in einer mitternächtlichen Pause ihres lustvollen Treibens an seine eigene Bar ging um dort erneut einige hochprozentige Drinks zu geniessen. Plötzlich begann er im Rausch und aus einer üblen Laune heraus, auf Justin einzuprügeln. Als es Justin nicht gelang, seinen Geliebten zu beruhigen, schlug er schließlich zurück. Mit zwei kraftvollen Faustschlägen beförderte er den völlig betrunkenen Schauspieler gegen die offen stehende Tür seiner Bar, vor der er ziemlich unsanft zu Boden sank. Dabei zog er sich einen übel blutenden Schnitt an der Schulter zu, weil er in den Splitter einer zerbrochenen Flasche Gin fiel. Justin wollte ihm die Wunde verbinden, doch Spencer lehnte dies, lauthals wüste Beschimpfungen brüllend, ab. So verbrachte Justin den Rest der Nacht allein im Gästezimmer der oberen Etage und wachte am anderen Morgen mit einem ziemlichen Kater im Kopf auf. Der war allerdings nichts im Vergleich zu den Kopfschmerzen, die Spencer den halben Sonntag über quälten. Doch Justin empfand es nur als gerechte Strafe. Es war fast Mittag, als Spencer reumütig wieder zu ihm kam und um Verzeihung für die letzte Nacht bat - die er ihm großzügig gewährte, denn er fühlte sich selbst nicht ganz schuldlos.

Am Nachmittag telefonierte er dann sehr lange mit Gloria, während Spencer unten im Pool des Kellers schwamm und etliche Zeit in der Sauna verbrachte - allein! An diesem Tag hatten sie dann keinen Sex mehr miteinander. Nicht, weil es Spencer nicht vielleicht gewollt hätte. Denn er bettelte fast schon darum! Sondern einfach weil Justin fand, dass dieser eine Strafe für den vergangenen Abend verdiente. So verbrachten sie den sonntäglichen Abend gemeinsam vor dem Fernseher und er gestattete Spencer lediglich, ihn dabei gelegentlich zu küssen und in den Arm zu nehmen. Was der Bestrafte wortlos, aber dennoch sichtlich verärgert, akzeptierte.

Am Montagvormittag erschien Justin pünktlich um 9 Uhr in den Reardon Studios zu seinem Casting-Termin. Er hatte sich dafür einen halben Tag frei genommen. Als er dann den Gang entlangging, der ihn zu dem Büro führte, wo er sich melden sollte, staunte er nicht schlecht. 47 weitere Kandidaten waren außer ihm ebenfalls noch zu diesem Termin geladen worden und warteten in einem großen Raum darauf, der mehr schon einer riesigen Wartehalle glich, vorzusprechen. Eine schnippische Sekretärin in einem lachsfarbenen Kostüm überreichte ihm eine Textseite mit dem standardmäßigen Kommentar, den sie wie ein Tonband monoton herunterleierte. Dass er nicht der letzte wäre, der heute zu dem Vorsprechen kommen würde und derlei mehr. Tatsächlich erhöhte sich die Zahl der Kandidaten im Laufe des Vormittags noch auf 61 und somit verbrachte er fast drei volle Stunden damit, wie all die anderen einfach nur auf seinen Einsatz zu warten. Anfangs studierte er seinen Text und las die knappe Anweisung dazu. Aber dies war nach 15 Minuten bereits erledigt. Noch immer hatte er im Grunde keine genaue Ahnung, um was für einen Film es sich eigentlich handelte, für den er hier war. Doch allen Anwesenden schien es ähnlich zu gehen, wie er bei einigen Fragen an die anderen jungen Männer herausfand. Nachdem er seinen Text gelernt hatte, mischte er sich unter die Wartenden. In vereinzelten Gesprächen mit den anderen Schauspielern, die alle etwa in seinem Alter waren, erfuhr er dennoch einige interessante Dinge. Zwei von ihnen, die er kennenlernte, hatten noch in keinem Film mitgewirkt und waren direkt von der Schauspielschule zu dem Casting gekommen. Ein anderer wiederum hatte bereits mehrere vielversprechende Nebenrollen in anspruchsvollen Produktionen vorzuweisen und gab sich den anderen gegenüber ganz als Profi. Auch wenn Justin ihn nicht sonderlich sympathisch und fast schon ein wenig arrogant fand, unterhielt er sich doch eine ganze Weile mit ihm. So erfuhr er, dass es bereits zwei weitere Castingtermine mit ähnlich vielen Bewerbern gegeben hatte und dies noch nicht der letzte sein würde, den die Produzenten durchführen ließen. Justins Hoffnungen, die Rolle angesichts dieser Hundertschaften von Kandidaten überhaupt zu bekommen, schwanden zusehends. Als die Uhr an der Wand des Warteraumes mehr und mehr auf 12 Uhr zuging, wurde er allmählich nervös, denn um 12.30 Uhr musste er bei Wagners wieder seinen Dienst antreten. Mittlerweile hatte sich der Raum deutlich geleert. Weniger als die Hälfte der zuvor Anwesenden wartete jetzt noch auf ihren Einsatz. Gerade wollte er die schmale Sekretärin an ihrem Platz darum bitten, einmal telefonieren zu dürfen, als ein Mann in beigefarbenem Pullunder aus einer Tür trat und seinen Namen aufrief. So verpasste er seine Gelegenheit, in der Wäscherei rechtzeitig über die Verzögerung Bescheid zu geben und dachte auch nicht weiter daran. Von dem Mann, der sich als Assistent des Regisseurs Morgan Haze herausstellte, wurde er in einen kleinen Raum gebeten. Eine kahle Wand, ein Podium, eine Reihe von fünf Stühlen nebst einem Tisch und eine Filmkamera waren alles, was er in dem Raum vorfand. Der Assistent, ein sichtlich genervter Herr namens Clifton Weizs, der unablässig auf seine Armbanduhr blickte, bat ihn sich auf das Podium zu stellen. Neben ihm saß eine Dame, die eine Liste auf einem Brett vor sich auf dem Schoß hielt und seinen Namen darauf eintrug, den er ihr auf ihre höfliche Nachfrage hin nannte. Gleich vorn, hinter dem Mann mit der Kamera, saß noch eine junge Frau, die den gleichen Textzettel wie er in den Händen hielt. Bei seinem Eintreten bedachte sie ihn mit einem schmachtenden Blick, den er nur zur Genüge kannte, und den sie vergeblich versuchte, vor ihm zu verbergen. Mr. Weizs erklärte ihm kurz worum es ging:

„Also gut, Mr. Farr, wir machen heute nichts weiter als eine Probeaufnahme von Ihnen. Dabei geht es weniger darum, ob Sie den Text beherrschen als vielmehr, dass Sie versuchen sich in die Figur in dieser Situation hineinzuversetzen, damit wir uns ein Bild davon machen können, wie Sie in dieser Rolle wirken. Mrs. Fraser, die dieses Casting leitet, wird später all diese Aufnahmen prüfen und eine Auswahl treffen. Die ausgewählten Kandidaten erhalten dann noch einmal einen neuen Termin, um von Mr. Haze persönlich begutachtet zu werden, der sich dann für einen von Ihnen entscheidet. Haben Sie die Erläuterung zu dem Text verstanden, den man Ihnen gegeben hat?"

„Sicher, schon", antwortete ihm Justin. „Aber wäre es möglich ein wenig mehr über den Film an sich zu erfahren? Ich meine, hier steht lediglich, dass die Figur ein junger Mann ist, der sich unglücklich in ein Mädchen verliebt hat, das er nicht bekommen kann, weil ihre Familien miteinander verfeindet sind. Das ist ein bisschen wenig, um die Gefühle der Figur richtig zu verstehen, finden Sie nicht?"

Mrs. Fraser lächelte. „Sie haben nicht ganz unrecht. Und Sie sind um ehrlich zu sein der erste, der dies feststellt. Kennen Sie Shakespeares Romeo und Julia, Mr. Farr?"

Justins Antwort war ehrlich: „Ich habe es nicht selbst gelesen, aber ja, ich kenne es durchaus."

„Nun gut. Der Film von Mr. Haze, für den Sie hier vorsprechen, ist im Grunde eine recht freie und modernisierte Variation dieser Geschichte. Ihre Figur des Julian, den Sie verkörpern sollen, hat gerade bei einem heimlichen Treffen mit seiner Geliebten von dieser erklärt bekommen, dass sie sich nicht mehr sehen dürfen. Und das will er einfach nicht verstehen, denn er weiß genau, dass sie ihn ebenso liebt wie er sie, und sieht sich dennoch mit ihrer vernunftbedingten Ablehnung konfrontiert. Melissa hier liest den Part der Romina und Sie spielen jetzt bitte einfach Ihre Rolle, während die Kamera läuft und Sie dabei aufnimmt. Alles okay?"

Justin nickte und erntete dafür von Mrs. Fraser ein Lächeln. Er blickte noch einmal kurz auf seinen Text und bekam dann von ihr ein Zeichen. Justin versuchte seine ganzen Gefühle in diesen Moment hineinzulegen und dachte dabei an seine unglückliche Liebe zu Kipp Melnick. Nach wenigen Minuten war der ganze „Zauber" vorbei und Mrs. Fraser trat auf ihn zu, um ihm zum Abschied die Hand zu schütteln.

„Das hat mir wirklich gefallen, Mr. Farr. Haben Sie den ganzen Text in dieser kurzen Zeit gelernt? Sie haben nicht ein einziges Mal zwischendurch auf das Blatt gesehen."

Er schenkte ihr ein selbstbewusstes Lächeln.

„Ich hatte da draußen immerhin drei Stunden Zeit, Mrs. Fraser."

„Schön, vielleicht sehen wir uns wieder. Auf Wiedersehen."

Mr. Weizs brachte ihn zur Tür und Justin konnte seine junge Lesepartnerin sehen, die ihren Hals nach ihm verdrehte, als er hinausging.

„Sie werden von uns benachrichtigt, wenn Sie in die weitere Auswahl gelangt sind, Mr. Farr", sagte er noch knapp zu ihm und rief schon den nächsten Kandidaten auf. Aber Justin machte sich keine sehr großen Hoffnungen eine derartige Mitteilung zu erhalten. Angesichts einer so großen Konkurrenz wäre es schon einem Haupttreffer in der Lotterie gleichgekommen, wenn er die Rolle tatsächlich bekam.

Es war kurz nach 13 Uhr, als Justin endlich an seinem Arbeitsplatz in Wagners Wäscherei Service zurück war. Er hatte gerade mit seiner Arbeit begonnen, die fertige Wäsche zu verpacken und nach einer Liste zu beschriften, als der Personalchef Mr. Cooper mit einem grimmigen Blick auf ihn zutrat.

„Sie kommen ein wenig spät, Mr. Farr. Gefällt es Ihnen bei uns etwa nicht mehr? Sie nehmen Ihre Arbeit nicht sonderlich ernst in letzter Zeit!"

„Ich weiß, ich bin ein wenig zu spät dran. Es tut mir leid, aber das Casting hat länger gedauert als ich dachte und ich hatte keine Gelegenheit mehr, mich bei Ihnen zu melden, als ich endlich an der Reihe war. Aber deshalb mache ich noch immer korrekt meinen Job! Oder hat sich etwa jemand beschwert?"

Cooper fuhr ihn streng und mit barschem Ton an:

„Nein, Klagen über Ihre Arbeit gibt es keine. Wohl aber über Ihre etwas eigenwillige Auffassung, was die Zeiten anbelangt. Sie sind, was dies betrifft, nun schon zum wiederholten Male unpünktlich. Und ich werde dies nun nicht mehr länger hinnehmen, haben wir uns verstanden?"

Mr. Cooper sah ihn mit einem durchdringenden Blick an, der keinen Widerspruch zuließ. Und Justin tat gut daran, diesen auch nicht anzubringen, als er sich zu entschuldigen versuchte.

„Es tut mir leid, Mr. Cooper. Das war nicht meine Absicht. Es wird wirklich nicht wieder vorkommen!"

„Das will ich sehr hoffen. Und damit Sie es auch wirklich begreifen, werde ich Ihnen den heutigen Tag vom Lohn abziehen lassen. Ist das klar, Mr. Farr!?"

„Ist okay, Mr. Cooper. Ich hab's verstanden!", entgegnete ihm Justin nur und knirschte verärgert mit den Zähnen, als der Personalchef durch die Reihen der anderen Mitarbeiter wieder verschwand.

Der darauf folgende Dienstag sollte eine sehr traurige Nachricht für ihn bereithalten. Kurz vor seinem Feierabend bei Wagners rief ihn Mr. Deakon zum Telefon. Barbara Hensleigh war am anderen Ende und Justin ahnte bereits düster, weshalb sie ihn hier anrief. Kaum fähig überhaupt zu sprechen, teilte sie ihm mit, dass sein Agent, Mr. Morgan, am Vormittag gestorben war. Die Beerdigung sollte am kommenden Freitag im kleinen Kreis stattfinden. Sofort nach Feierabend machte er sich auf den Weg zu ihr. Es war ihm egal, dass er deswegen seinen Schauspielkurs sausen lassen musste. Sie hatte ihm am Telefon erzählt, dass sie im Büro sein würde und dort traf er sie auch tatsächlich. Sie hatte offensichtlich damit begonnen, einige der Sachen zu ordnen und aufzuräumen, aber dann wohl nicht mehr die Kraft gefunden weiterzumachen. Als er durch die nur angelehnte Bürotür trat, sah er sie schweigsam und zusammengesunken auf der kleinen Ledercouch sitzen. Einen Stapel Papiere neben sich und ein Taschentuch in der Hand, mit dem sie sich ihre von den Tränen verquollenen Augen trocken geputzt hatte. Sie war so in schwermütigen Gedanken versunken, dass sie ihn beim Eintreten nicht hörte, obwohl er zaghaft an der milchigen Scheibe der Tür geklopft hatte. Erschrocken fuhr sie mit einem Aufschrei hoch, als er plötzlich vor ihr stand und sein Schatten über sie fiel. Zwei großformatige Fotoabzüge, schon ein wenig vergilbt, rutschten ihr aus der Hand und segelten zu Boden.

Doch sofort sank sie erleichtert und mit einem gequälten Zucken ihrer Mundwinkel, das ganz offensichtlich ein Lächeln werden sollte, zurück auf die Couch. Justin setzte sich neben sie. Er nahm die beiden Fotos vom Boden hoch und reichte sie ihr.

„Danke, dass Sie gekommen sind, Mr. Farr. Aber es wäre wirklich nicht nötig gewesen."

„Nein, es ist schon okay. Ich musste einfach herkommen. Ich wollte

Sie einfach hier nicht so allein lassen, mit all den Erinnerungen. Sollten Sie damit nicht lieber noch eine Weile warten, ehe Sie alles durchsehen? Sie machen sich doch damit alles nur noch schwerer."

„Ach, warum damit warten? Glauben Sie mir, in fünf oder sechs Monaten tut es noch genauso weh! Da kann ich es auch jetzt sofort erledigen und hinter mich bringen. Hier, sehen Sie nur, was ich gefunden habe." Sie hielt ihm die beiden Fotos hin.

Das eine war ein Pressefoto zu einem alten Stummfilm. Er erkannte die große Filmdiva Garance Fossard darauf wieder, die in jener Zeit einer der großen Stars in Hollywood gewesen war. Drei schlanke Männer standen neben ihr. Ein vierter kniete untertänig zu ihren Füßen und blickte zu ihr auf. Auch auf dem anderen Foto war die Diva zu sehen. In einer ausgefallenen Pelzrobe und von weichem Licht geheimnisvoll angeleuchtet. Sie hatte das Foto signiert und mit einer Widmung versehen. „Für Harris, in ewiger Liebe Garance Fossard" stand darauf.

Barbara Hensleigh blickte Justin an und tippte mit ihrem Finger auf einen der Männer auf dem Foto: „Hier der Linke, das ist Harris! Da war er noch jung und hatte vor, selbst ein großer Schauspieler zu werden. Es ist ein PR-Foto für den Film FLAMMEN DER EIFERSUCHT, in dem er mit Garance Fossard gespielt hatte. Das war 1923. Einmal hat er mir davon erzählt. Und dabei geriet er voller Stolz ins Schwärmen und erzählte, dass er sie damals fast geheiratet hätte. Ein ganz eigentümlicher Glanz ließ seine Augen erstrahlen. Vielleicht hätte ich ihn danach fragen sollen, was passiert war. Aber nun werde ich es wohl nie mehr erfahren. Er hat sie Zeit seines Lebens bewundert und verehrt, ist ihr aber nie wieder begegnet."

„Wenn man sich das Foto so ansieht, will man kaum glauben, dass dieser Mann dort einmal Harris Morgan war."

Mrs. Hensleigh lächelte bitter. „Nicht wahr! Wie sehr Menschen sich doch verändern, wenn das Glück an ihnen vorübergeht und niemals wieder zu ihnen zurückkehrt."

„Aber was erzählen Sie denn da. Er hatte doch noch Sie! Und ich bin sicher, dass er mit Ihnen sehr glücklich war!"

Die füllige Sekretärin nahm Justins Hand in die ihren und Tränen rannen über ihre Wangen. „Es ist so lieb, dass Sie hier sind und mich trösten wollen. Wirklich, es bedeutet mir sehr viel. Aber ich glaube, so recht gelingt Ihnen Ihr Vorhaben heute einfach nicht. Es tut so weh … der Gedanke, dass er nicht mehr da ist. Einfach fort ist! Warum nur habe ich ihn nicht schon viel früher gefragt? Warum nur habe ich all die Jahre damit gewartet?" Sie wischte sich die Tränen fort.

Justin nahm sie in den Arm und hielt sie fest. Das Licht der Abenddämmerung ergoß sich in feurig roten Streifen durch die Jalousie des Büros über sie beide und ließ diesen Moment beinahe unwirklich erscheinen. Ein Moment, der zu einer kleinen Ewigkeit wurde …

Nachdem er an diesem Abend zurück in das Haus seines geliebten Filmhelden kam, war seine Stimmung gedrückt. Als Spencer ihn nach dem Grund fragte, erzählte er ihm, was geschehen war. Und er machte ihm auch sofort unmißverständlich klar, dass er an diesem Tag nicht in der Stimmung war, um mit ihm Sex zu haben, und dass er allein sein wollte.

„Aber morgen habe ich meinen letzten Drehtag. Den will ich unbedingt mit dir zusammen feiern! Das hast du doch nicht vergessen? Diesen Spaß willst du mir nicht etwa verderben, oder? Du hast es versprochen!", hakte Spencer hastig nach.

Justin stand in der Tür und sah ihn mit einem bitteren, desinteressierten Blick gelangweilt an.

„Ich weiß, ich hab's versprochen. Aber das werden wir morgen sehen. Sei mir bitte nicht böse, aber ich will jetzt echt allein sein!" Justin drehte sich um und verschwand die gewundene Treppe nach oben in das Gästezimmer. Auch diese Nacht würde er dort allein verbringen. Er versuchte an diesem Abend vergeblich, Gloria telefonisch zu erreichen, um ihr von Mr. Morgans Tod zu berichten, der ihm schwer auf der Seele lag. Aber sie war nicht da. Und so stand er lange schweigend draußen auf dem schmalen Balkon, hing seinen drückenden Gedanken nach und blickte hinauf zu den Sternen am nächtlichen Himmel Hollywoods.

„Ich schwöre, du bist nicht umsonst gestorben, Harris Morgan!", flüsterte er dabei. „Ich werde ein Star werden, genau wie du es gesagt hast! Und wenn mir all die Menschen dann voller Begeisterung zujubeln, werde ich ihnen sagen, wem ich das zu verdanken habe. Dann werde ich ihnen von dir erzählen!"

Um die kleine Feier mit Spencer umgehen zu können, meldete er sich am darauf folgenden Mittwoch zu einer Sonderschicht bei Mr. Cooper, die bis 22 Uhr dauerte. Von der Arbeit aus rief er Spencer an und teilte ihm mit gespielter Verärgerung mit, dass er dazu verdonnert worden war, länger zu arbeiten, weil zwei Kollegen erkrankt waren. Natürlich war Spencer mehr als nur sauer. Er war fast rasend vor Wut. Und er fragte Justin, weshalb er den Job nicht einfach hinschmiß, schließlich hätte er diesen doch gar nicht mehr nötig. Aber Justin machte ihm klar, dass es ihm gefiel, sein eigener Herr zu sein und dass er nicht von anderen abhängig sein wollte. Jedenfalls solange, bis er von der Schauspielerei auch wirklich leben konnte. Natürlich verstand Spencer ihn nicht. Er war nur verärgert darüber, dass auch an diesem Abend seine Lust wieder unerfüllt bleiben sollte. Seine zweite Pause nutzte er um Robert anzurufen. Er hatte ihm versprochen, dass er sich am Mittwoch bei ihm melden würde, und so bekam er ihn auch sofort ans Telefon. Erst als Justin das Münzgeld ausging, musste er Schluss machen und verabredete sich noch schnell mit ihm für den kommenden Samstag. Eine viel zu lange Zeit, wie er fand. Doch er zwang sich tapfer zu sein und wollte es durchstehen. Nach der Arbeit schlenderte Justin noch eine ganze Weile durch die Stadt und kam dabei auch an dem Café vorbei, in dem Gloria normalerweise immer arbeitete. Natürlich war sie nicht da. Doch er gönnte sich eine heiße Schokolade und sprach noch eine ganze Weile mit ihrer Kollegin Celina, die ihm Gloria einmal vorgestellt hatte. Ein wirklich nettes Gespräch, das ihn von all seinen Gedanken abbrachte, die ihn bedrückten. Er verabschiedete sich erst von ihr, als sie um Mitternacht Feierabend hatte. Als er schließlich endlich zurück nach Glendale in das Haus seines Filmhelden kam, war dieser nicht da. Nicht einmal einen Zettel fand er vor. Doch Justin konnte sich denken, dass Spencer schon einen anderen Ort gefunden haben würde, um sowohl seine alkoholischen als auch seine sexuellen Gelüste zu befriedigen. Also ging er nach oben und schlief auch diese dritte Nacht allein in dem Gästezimmer. Doch es war ihm ganz recht so. Schließlich hatte er selbst es nicht anders gewollt.

Auch am Donnerstag hatte er sich freiwillig für eine längere Schicht gemeldet, um für den Freitag frei zu bekommen. Als er an diesem Tag Feierabend machte und im Büro von Mr. Deakon telefonieren durfte, erreichte er endlich Gloria. Eigentlich war es nur ein Versuch und er war ein wenig überrascht, dass er heute Glück hatte. Nachdem er ihr vom Tod seines Agenten berichtet hatte, war sie ehrlich bestürzt. Leider konnte sie ihn nicht zu der Beisetzung am morgigen Vormittag begleiten. Zwar hatte sie nach voraussichtlicher Planung nur drei Stunden zu drehen, aber natürlich gerade am Vormittag. Justin verstand dies. Auch er würde seinen Traum um nichts in der Welt gefährden wollen, wenn er sich erst einmal erfüllt hatte. Sie sprachen noch eine kleine Weile über Glorias Erlebnisse bei den Dreharbeiten. Doch dann musste er Schluss machen, als Mr. Deakon in das Büro kam und ihm mit einem Wink in Richtung der Uhr deutlich machte, dass es an der Zeit war, aufzuhören. Mr. Deakon bot ihm an, ihn nach Hause zu fahren. Ein freundlich gemeintes Angebot, das er aber natürlich unmöglich annehmen konnte. Um ihn nicht ganz zu enttäuschen oder gar misstrauisch zu machen, ließ er sich von ihm am Hollywood Boulevard absetzen. An einem der vielen Kinos, an denen er vorbeikam, sah er Plakate zu DAS HAUS DER ABGESCHNITTENEN HÄNDE hängen, der an diesem Abend seine Premiere gefeiert hatte. Es gab noch eine Spätvorstellung und kurz entschlossen kaufte er sich eine Karte. Zum ersten Mal, da er sein einstiges Filmidol dort oben auf der großen Kinoleinwand erblickte, bejubelte er ihn nicht voller Begeisterung. Auf einmal sah er Spencer mit völlig anderen Augen. Nun, da er ihn so gut kannte, wie wohl kaum ein anderer, jetzt, da er sogar als sein Geliebter das Bett mit ihm teilte, war der Zauber verflogen. Die Magie und erotische Wirkung seines großen Filmhelden, die ihn immer so sehr angezogen und fasziniert hatte, war einfach nicht mehr da. Spencer war nun nicht mehr der unerreichbare Held seiner feuchten Jugendträume. Er war zur Realität geworden. Einfach nur ein gutaussehender, von zahllosen weiblichen Fans geliebter und umjubelter Mann, von dem er sich ficken ließ. Nicht mehr. Er hatte das wahre Gesicht hinter der heldenhaften Maske des Spencer Jackson kennengelernt. Und damit war die Magie von einst gebrochen. Mit dieser Erkenntnis, die ihn ziemlich erstaunte und überraschte, obwohl sie ihm im Grunde gar nicht neu war, verließ er das Kino nach Schluss des Films. Und er war sich sicher, dass es wohl sein letzter Film gewesen war, den er sich mit Spencer Jackson in der Hauptrolle angesehen hatte.

Der Tag, an dem Harris Morgan zu Grabe getragen wurde, war wohl einer der strahlendsten dieses Jahres. Jedenfalls, wenn man es aus Sicht des Wetters heraus betrachtete. Fast schon unnatürlich heiß für diesen 12. April. Der kleine Friedhof in Ladera Heights war an diesem sonnigen Tag beinahe menschenleer. Nur wenige hatten sich um das Grab des übergewichtigen und verschrobenen Filmagenten versammelt, um von ihm Abschied zu nehmen. Die meisten schienen ihn vergessen zu haben. Seine Witwe, Barbara Hensleigh, ertrug mit tapferer Fassung die schlichte, aber hübsche Zeremonie des Geistlichen, die an dem offenen Grab im Schatten einer großen Akazie vollzogen wurde. Da von ihrer verwandtschaftlichen Seite her nur noch ihr Bruder in erreichbarer Nähe lebte, war dieser auch der Einzige, der nun an ihrer Seite stand, um ihr Trost zu spenden. Zwischen den wenigen, die noch gekommen waren, entdeckte Justin den Fotografen Randall Fleming. Die anderen waren ihm unbekannt. Doch während der Grabrede des Geistlichen fiel ihm eine Frau auf, die in einiger Entfernung zu dem kleinen Kreis der Trauernden, offensichtlich deutliches Interesse daran hatte, dieser ebenfalls beizuwohnen. Aber aus irgend einem ihm unbekannten Grund zog sie es vor, dies lieber aus sicherer Entfernung heraus zu tun. Sie war sehr elegant gekleidet. Ein moderner Hosenanzug mit einer Art Toga. Den weißen Seidenschal im Kontrast dazu penibel genau um die Schultern gelegt. Ein großer, schwarzer Hut mit einer übermäßig breiten Krempe ließ ihr Gesicht, von der Sonne geschützt, im Schatten verschwinden. Darüber hinaus verlieh eine große, schwarze Brille ihrer Erscheinung etwas geradezu geheimnisvolles. Sie stand noch da, als sich die Trauergemeinde bereits auflöste und Justin an der Seite von Barbara Hensleigh zusammen mir deren Bruder den Friedhof verließ und zu dem Wagen ging. Sie hatte ihn darum gebeten, sie noch bis zum Wagen zu begleiten. Trotz des traurigen Anlasses brannte Justin eine Frage die ganze Zeit über auf der Seele. Und nachdem er mit Mrs. Hensleigh bis zum Wagen mitgegangen war und diese freundlich darauf bestand, ihn noch mit zurück zu nehmen, konnte er seine Frage nach einer Weile des Schweigens schließlich auf der Fahrt nicht mehr länger für sich behalten.

„Verzeihen Sie bitte, wenn ich das fragen muss; aber ist Ihnen die Frau vorhin auch aufgefallen?"

Mrs. Hensleigh, die vorne neben ihrem Bruder saß, der fuhr, lachte einen kurzen Moment erheitert auf und warf Justin durch den Rückspiegel einen kurzen Blick zu.

„Das hat aber lange gedauert. Ich habe doch bemerkt, wie sehr Ihnen diese Frage auf der Seele lag."

„Tatsächlich!?", entfuhr es Justin. „Dann bin ich wohl doch kein so guter Schauspieler, wie ich dachte."

„Aber doch, das sind Sie!", entgegnete sie ihm sofort. „Und ich kann Sie beruhigen. Ich habe sie sehr wohl auch bemerkt! Sie waren da nicht der Einzige. Obwohl es einigen anderen zum Glück entgangen ist ..."

Justin war irritiert: „Wie meinen Sie das?"

„Ich bin sehr froh, dass sonst niemand sie erkannt hat. Sie doch offenbar auch nicht! Ich glaube, ich war die Einzige. Und wenn es nicht so war, hatten die anderen immerhin soviel Taktgefühl, es nicht zu zeigen und für sich zu behalten."

Nach einer kleinen Weile des Schweigens, in der Justin jetzt nur noch neugieriger geworden war, aber nicht mehr wagte, weiter danach zu fragen, lüftete Mrs. Hensleigh das Geheimnis jedoch von sich aus.

„Es war Garance Fossard, die Sie dort gesehen haben, Mr. Farr. Und es war eine sehr schöne Geste von ihr zu kommen. Auch wenn ich wirklich mehr als nur erstaunt darüber war. Das muss ich zugeben. Ich denke, das war sein kleines Geheimnis. Sie müssen sich damals sehr geliebt haben. Doch etwas ist geschehen ... Aber es hat mir doch gezeigt, dass man Harris letzten Endes doch nicht überall vergessen hat. Dieser Gedanke ist sehr tröstlich für mich."

Als der Wagen nahe des Lincoln Parks in Santa Monica stoppte, behielt Justin noch einen Moment lang auf dem Rücksitz Platz und blickte die Sekretärin an, die sich zu ihm umsah.

„Und, wie wird es jetzt für Sie weitergehen?", wollte er wissen.

„Nun, ich werde wohl das tun, was ich ohnehin vorhatte. Ich werde versuchen für die Agentur einen geeigneten Nachfolger zu finden. Und dann werde ich zu meinem Bruder nach Nevada ziehen. Ich war schon eine viel zu lange Zeit hier. Jetzt ist es an der Zeit wieder dahin zurückzukehren, wo ich eigentlich herkomme. Aber bis es damit soweit ist, werden wir uns sicher noch einmal wiedersehen!"

Justin nickte. „Ja, das verstehe ich. Aber wenn ich Ihnen noch in irgendeiner Weise helfen kann, dann brauchen Sie mir nur Bescheid sagen, okay?"

Sie lächelte dankbar. „Das ist sehr lieb, aber es wird nicht nötig sein. Mein Bruder kann noch einige Tage bleiben und er wird mir schon dabei zur Hand gehen. Auf Wiedersehen, Mr. Farr!"

Sie reichte ihm die Hand und als er sie ergriff, meinte er schnell:

„Nein, bitte! Nennen Sie mich ruhig Justin. Und alles Gute!"

Er stieg aus und blickte dem davon brausenden Wagen noch hinterher. Dann fummelte er schnell die beiden obersten Knöpfe seines weißen Hemdes auf und zog die dünne, schwarze Jacke aus. Er warf sich diese über den Arm und schlenderte den Gehweg entlang. An der nächsten Ecke kam er an einer Bar vorbei und entschloss sich spontan hineinzugehen, um sich eine kalte Limonade zu bestellen.

Die Hitze des heutigen Tages nahm jetzt, da es immer mehr auf den Mittag zuging, noch weiter zu. Als er in die Eingangshalle des Zeitungsgebäudes trat, nach dem er auf der Suche gewesen war, atmete er erleichtert auf. Durch die gut funktionierende Klimaanlage war es angenehm kühl hier drinnen. Er ging zu dem Empfangsschalter, hinter dem eine nette junge Dame ihn beim Näherkommen bereits anlächelte. Er warf seine Jacke neben sich auf den Tresen, bevor er das Gespräch mit einer netten Floskel begann.

„Ein verdammt heißer Tag heute. Sie haben wirklich Glück, dass Sie hier drinnen sitzen können."

„Allerdings, da haben Sie recht, Mr."

„Ob Sie mir wohl helfen können?"

Sie lachte sichtlich amüsiert: „Ich will es mal versuchen!"

Mit einem Lächeln als Erwiderung formulierte er seine Bitte: „Ich bin auf der Suche nach einem Mr. Robert Donnelly. Er arbeitet bei Ihnen in der Redaktion und schreibt Artikel für die Klatschspalten. Können Sie mir sagen, wo ich ihn finden kann?"

„Wir nennen das hier nicht Klatschspalten sondern Feuilleton!", korrigierte sie ihn freundlich lächelnd. „Haben Sie denn einen Termin?"

„Nicht direkt. Aber ich bin sicher, er wird Zeit für mich haben, wenn ich ihm sage, worum es geht. Wir kennen uns, denn er schreibt gerade an einer Story, für die ich ihm Material liefere."

„Na gut, wenn es so ist, melde ich Sie kurz oben an."

Justin beugte sich hastig zu ihr über den Tresen herüber und hielt sie gerade noch davon ab, den Telefonhörer in die Hand zu nehmen. Er ließ seinen Charme spielen und warf ihr ein verführerisches Lächeln zu, dem sie unmöglich widerstehen konnte.

„Oh bitte, das sollten Sie nicht tun. Ich bin den ganzen Weg hierher zu Fuß gekommen, weil mein Wagen stehen geblieben ist. Ich war zuvor noch bei einer Beerdigung. Sie wissen doch, wie heiß es heute ist und ich will unbedingt sein überraschtes Gesicht sehen, wenn ich ihm diese großartige Neuigkeit erzähle. Bitte, tun Sie mir den Gefallen und lassen Sie mir diesen kleinen Spaß."

Sie blickte ihn von unten herab fest in die Augen, vermochte sich ein Grinsen aber nicht zu verkneifen: „Ich glaube Ihnen zwar allenfalls nur die Hälfte der Geschichte, aber Sie lügen auf eine so unwiderstehliche Weise, die

Sie mir schon wieder sympathisch macht. Okay, Sie dürfen ihn von mir aus überraschen. Nehmen Sie den linken Fahrstuhl. 3. Etage und dann den Gang links runter."

Er strahlte ihr begeistert entgegen, was sie fast zum dahinschmelzen brachte.

„Vielen heißen und innigen Dank!", rief er ihr noch zu und war schon in Richtung der Fahrstühle verschwunden. Er beeilte sich und als er aus dem Fahrstuhl in der genannten Etage ausstieg und den Gang nach unten ging, war er doch ein wenig irritiert. Zu beiden Seiten des Korridors sah er lange Reihen von Fenstern hinter denen sich Großraumbüros mit zahlreichen Schreibtischen und einem wilden Durcheinander von hektisch arbeitenden Reportern befanden. Manche telefonierten, tippten auf ihren Schreibmaschinen oder diskutierten mit Kollegen und Vorgesetzten. Ein Mann mit einem Notizblock und einem Fotoapparat in den Händen kam ihm entgegen.

„Hey, einen Moment bitte. Zu Mr. Donnelly! Wo kann ich den hier finden?"

„Ganz hinten die rechte Tür und gerade aus durch!", erhielt er die knappe Antwort und schon war der Mann an ihm vorbeigeeilt.

Justin folgte seiner Beschreibung. Er sah einen kleinen Schreibtisch am hinteren Ende des Raumes, nahe den Fenstern, die allesamt angekippt waren, um frische Luft hereinzulassen, weil die Klimaanlage offenbar nicht funktionierte. Eine kümmerliche Grünpflanze stand auf dem Fenstersims und schien mit hängenden, teilweise bereits gelben Blättern, vergeblich um etwas Wasser zu betteln. Ein Haufen geordneter Papiere in zwei Ablagefächern an der äußeren Ecke lagen auf dem Tisch, eine Schreibmaschine, eine Lampe mit einem schlichten, blauen Schirm, ein Telefon und eine Dose voll mit Stiften. Als Jusin auf seinen Schreibtisch zutrat, war Robert gerade damit beschäftigt, einen abgetippten Text zu korrigieren und bemerkte deshalb nicht sein Kommen.

„Ich glaube, die hat dringend ein wenig Wasser nötig!", meinte Justin zur Begrüßung in Anspielung auf den armseligen Anblick seiner Pflanze.

Robert blickte erschrocken hoch. Freudig überrascht seinen Freund so unvermittelt wiederzusehen, erhellte ein strahlendes Lächeln sein Gesicht. Dass sich jedoch sofort wieder schreckhaft verdüsterte.

„Justin! Was zur Hölle machst du denn hier?!", platzte es aus ihm heraus.

Der mimte für einen winzigen Moment den Beleidigten.

„Ich dachte, du würdest dich freuen, mich zu sehen?"

„Ja, sicher! Das tue ich doch auch. Aber du hättest wirklich nicht herkommen sollen!"

„Also ist es dir peinlich?"

„Nein, aber ich bin eben vorsichtig! Ich will nicht, dass es zu irgendwelchem Gerede kommt! Na los, nimm dir den Stuhl da und setz dich schon!", forderte Robert seinen Freund hastig auf. Justin tat ihm den Gefallen.

„Ich bin fast hiermit fertig und wollte dann Mittag machen. Wir können zusammen draußen was essen gehen, wenn du willst."

„Und ob ich will!", stimmte Justin sofort begeistert dem Vorschlag seines Freundes zu. Der warf ihm jetzt wieder ein sorgsam verstecktes Lächeln zu und da wusste Justin, dass ihm längst vergeben war.

Robert korrigierte eilig den Text zu Ende und stand dann auf. Er verzichtete darauf, seine Jacke von der Stuhllehne mitzunehmen, strich sich seine dunkelblaue Krawatte über dem fein gestreiften, weißen Hemd zurecht und ging voran. Justin folgte ihm, betont lässig. Dabei hatte es Robert ganz offensichtlich eilig, aus dem Büro hinauszukommen, um den Blicken seiner Kollegen zu entfliehen. Sie gingen den langen Gang zurück und nahmen am Ende das Treppenhaus und nicht den Fahrstuhl.

„Du kommst gerade von der Beerdigung, was?", fragte Robert nur während sie die Treppen nach unten stiegen und warf seinem Freund dabei einen kurzen Blick zu.

„Stimmt. Und du wirst im Leben nicht erraten, wer auch noch dagewesen ist!", kommentierte Justin und weckte damit sofort dessen Neugierde.

„Ich wette, du verrätst es mir gleich."

„Es war Garance Fossard. Sie blieb ein wenig abseits der Trauernden stehen und kam auch nicht her, um Mrs. Hensleigh zu kondulieren. Aber sie war einzig nur deshalb gekommen. Das war ganz offensichtlich."

„Das ist ja wirklich interessant." Robert hob verblüfft die Augenbrauen.

„Sie hat jetzt sein fast vier Jahren keinen Film mehr gemacht. Sie soll sehr schwierig und extrem launisch sein und wohnt fast wie ein Eremit oben in ihrer riesigen Villa in Beverly Hills. Manch böse Zungen behaupten, dass es keinen in Hollywood mehr gibt, der noch einen Film mit ihr drehen würde, weil sie jeden mit ihren Eskapaden in den Wahnsinn treibt. Ihre große Zeit ist einfach schon eine ganze Weile vorbei und ich denke, sie beginnt das allmählich zu begreifen und versteckt sich nun wie eine beleidigte, gedemütigte Diva. Ich glaube, seit ihrem letzten Film hat sie keiner mehr zu Gesicht bekommen! Anfragen auf Interviews wiegelt sie seither jedenfalls kategorisch ab."

Sie erreichten den letzten Absatz. Als Robert die Tür nach draußen aufriß, schlug ihnen ein Schwall heißer Luft entgegen. Beide traten sie auf den schmalen Hinterhof hinaus. Der Hintereingang zum Treppenhaus, aus dem sie hinaus in die Mittagshitze traten, lag im Schatten des gegenüberliegenden Gebäudes. Der Hof war schmal und endete vor einer hohen Mauer in der eine Tür nach draußen zur Straße hin führte.

„Wenn du das nächste Mal zu mir in die Redaktion kommst, sag mir aber bitte vorher Bescheid, ja?", ermahnte Robert seinen Freund noch einmal und wollte gerade auf die Tür zugehen, als er von Justin am Arm festgehalten und herumgerissen wurde. Justin drückte seinen Freund gegen die Ziegel der Mauer und trat dicht an ihn heran.

„Ich habe dich einfach zu sehr vermisst und konnte nicht mehr bis morgen warten!"

Ihre verliebten Blicke bohrten sich ineinander und dann schenkte Justin ihm einen stürmischen, innigen Kuss auf den Mund.

Robert lächelte glücklich und rang demonstrativ nach Atem. „Ich glaube fast, du wirst mit jedem Mal noch besser!" rief er dann begeistert aus.

„Ja, wirklich?", wollte Justin mit einem verliebten Grinsen in seinem hübschen Gesicht provokativ wissen.

Robert verstand nur zu gut Justin´s Ansinnen mit dieser Frage, schlang beide Arme um dessen Schultern und zog seinen Freund zu einer Wiederholung des Ganzen mit einem Ruck zu sich heran. Voll stürmischer Leidenschaft gaben sie sich erneut einem scheinbar endlosen Kuss hin und hielten sich dabei fest in den Armen.

„Ich wünschte, es könnte immer so sein. Jeden Tag!", meinte Justin hoffnungsvoll verliebt, als sich ihre Lippen endlich voneinander lösten.

„Das wird es schon noch. Aber wir müssen Geduld haben. Unsere Liebe ist noch so jung. Wir dürfen deshalb nicht unvorsichtig sein, sonst ist alles zerstört, bevor es überhaupt richtig begonnen hat."

Justin blickte seinen Freund nachdenklich an. „Ich weiß. Diesen Spruch habe ich gerade erst vor kurzem schon einmal zu hören gekriegt."

Robert trat einen Schritt zurück, lockerte seine Krawatte ein wenig und schlug seinem Freund aufmunternd gegen die Schulter. „Komm, lass uns in den Park gehen und etwas essen. Uns bleibt eine Stunde, ehe ich wieder zurück muss. Und ich habe langsam einen riesigen Hunger!"

Gemeinsam spazierten sie vergnügt und ausgelassen durch den Lincoln Park und ließen sich an einem Imbissstand jeder zwei Hotdogs mit viel Senf schmecken, wobei Robert sich zu seiner eigenen Verärgerung einen Fleck auf der Krawatte zuzog, als er beim Abbeißen mit dem Senf kleckerte. Doch er nahm dieses Missgeschick schließlich mit Humor.

„Was soll ich denn jetzt nur mit dem Rest dieses herrlichen Tages ohne dich anfangen, wo ich schon frei habe?", fragte Justin seinen Freund zum Abschied, als sie wieder gegenüber vor dem Zeitungsgebäude auf der anderen Straßenseite ankamen.

„Du könntest runter an den Strand von Palisades gehen, dich von der Sonne braun braten lassen und den vielen hübschen Strandjungs zusehen. Das habe ich manchmal gemacht, wenn ich ganz besonders deprimiert war. Ich hab mir dann immer einen ausgespäht, der mir besonders gefallen hat und mir vorgestellt, wie es wohl wäre, wenn ich mit ihm zusammen bin."

Justin musste verwundert grinsen. „Und das hat dann geholfen?"
Robert lachte: „Nein! Eigentlich wurde es dadurch nur noch schlimmer! Besonders wenn derjenige dann seine Freundin traf und anfing mit ihr rumzuknutschen! Aber hey - das ist ja jetzt zum Glück vorbei! Jetzt habe ich dich gefunden. Und um nichts in der Welt gebe ich dich mehr her! Also, viel Spaß dabei. Und bis morgen!" Robert lief über die Straße und Justin blickte ihm nach, wie er in dem großen Gebäude verschwand.

Nach längerem Überlegen fand Justin Roberts Vorschlag gar nicht so schlecht. Bis in den Nachmittag hinein hielt er es an dem Strand aus. Er spazierte die Promenade entlang, genoss in einem Café ein Eis und blickte immer wieder mal einem der hübschen Kerle hinterher, denen er begegnete, ohne dabei allerdings wirkliches Interesse an ihnen zu haben. Einmal machte er sich einen Spaß daraus, mit zwei neugierigen Mädchen in knappen Bikinis einen Flirt anzufangen, nachdem er sich auch noch sein Hemd ausgezogen hatte, um ein wenig Sonne zu „tanken" und damit eine Menge Blicke auf sich zog. Zurück nahm er sich diesmal ein Taxi und kam gerade noch rechtzeitig zu seinem Schauspielkurs um 17.30 Uhr. Dabei knirschte noch der Sand in seinen schwarzen Schuhen.

Als er um kurz nach acht von dem Kurs zurück in die Villa seines Filmhelden kam, war dieser längst da. Er fand Spencer im diffusen Dämmerlicht des Wohnzimmers sitzen, dessen Jalousien dieser zur Hälfte heruntergelassen hatte, mit nichts außer einem flauschigen Morgenmantel und einer Shorts bekleidet. Und mit einem Glas Whisky in der Hand, in dem zwei Eiswürfel klingelten. Sicherlich nicht seinem Ersten.

„Da bist du ja endlich. Wo warst du nur so lange?", wurde er misstrauisch von ihm gefragt.

Justin warf seine Jacke über eine Stuhllehne und blieb in der Tür stehen.

„Wo soll ich schon gewesen sein. Bei meinem Kurs natürlich", antwortete er wahrheitsgemäß ein wenig genervt.

„Und am Nachmittag, nach der Beerdigung? Hattest du dir den Tag nicht deshalb frei genommen?"

Justin hatte keine Lust, sich dieses albernen Verhörs zu unterziehen. Er fand es blödsinnig und überflüssig. Und er machte sich keine Gedanken darüber, dass Spencer es vielleicht ernst meinen könnte und noch dazu ein wenig zu viel getrunken hatte, als er ihm seine Antwort mit etwas provokantem Tonfall gab:

„Ach so, ich war unten am South Beach Park und hab da einen echt tollen Strandboy getroffen, mit dem ich es in einer Strandkabine getrieben habe. Verdammt, war der heiß!"

Vielleicht hatte er dieses Mal ein wenig zu gut geflunkert. Er selbst fand seine Lüge als solche jedenfalls geradezu offensichtlich überzogen. Und er hatte auch nicht im mindesten damit gerechnet, dass Spencer sie vielleicht doch für wahr halten könnte. Was dieser allerdings sehr wohl tat. Denn er sprang von der Couch auf und warf voller Zorn sein Glas auf den Boden, als er Justin anschrie:

„Du verdammte, kleine Schwuchtel! Wer zum Teufel hat dir erlaubt es mit jedem x-beliebigen Kerl zu treiben, nur weil dir die Hitze das Gehirn versengt hat!? Wenn du es besorgt brauchst, komm gefälligst zu mir! Du kannst verdammt noch mal von mir haben, was immer du willst! Hast du das schon vergessen? Aber du nimmst es dir gefälligst nur von mir, ist das klar!? Und jetzt komm endlich her und zieh dich aus! Ich brauch dich, Justin, und ich will dich ficken!"

Spencer kam auf ihn zu und streckte auffordernd seine rechte Hand nach ihm aus, während er ihm ein lustvoll-gieriges Grinsen entgegenwarf. Doch Justin wich vor ihm zurück. Er hatte keine Lust, in dem Spiel seines Filmhelden immer nur die gefügige Marionette abzugeben, die jederzeit den Arsch hinhielt, wenn man an ihren Fäden zog. Nicht an diesem Abend. Und auch in Zukunft nicht. Doch er hatte sich einen ziemlich schlechten Zeitpunkt ausgesucht, ihm dies klar zu machen. Spencer blieb wenige Schritte vor ihm stehen, als er sah, dass Justin ihm auswich und blickte ihn mit allmählich aufkeimender Wut erstaunt an.

„Was ist los mit dir?", wollte er wissen.

„Ich bin nicht dein Spielzeug, Spencer. Du kannst mich nicht jedesmal ins Bett kriegen, nur wenn du mit den Fingern schnippst. Ich habe heute keine Lust auf Sex."

Der gutaussehende, alkoholisierte Schauspieler baute sich provozierend vor ihm auf und verschränkte die Hände in den Seiten, als er ihm mit bissigen Sarkasmus und einem gefährlichen Grinsen antwortete: „Ich höre wohl nicht richtig? Du hast also heute keine Lust auf Sex? Hast du nur so keine Lust drauf oder willst du es nur nicht mit mir treiben? Hast dich wohl heute am Strand mit dem Kerl zu sehr verausgabt, was?! Kriegst ihn wohl jetzt nicht mehr hoch, was?"

Mit einem völlig überraschenden Griff hatte er Justin plötzlich am Arm gepackt und brutal zu sich herangezogen, als er ihn mit rasender Eifersucht mit weit aufgerissenen Augen anschrie.

„Du kommst jetzt gefälligst her zu mir und lässt dich von mir durchficken, kapiert!? Die ganze Woche schon hältst du mich hin und willst nichts von mir. Ich bin dir wohl nicht mehr gut genug, was? Aber das werde ich dir schon beibringen! Das kannst du nicht mit mir machen, verdammt! Nicht mit mir!"

Spencer riss ihm das Hemd auf und wollte sich auf ihn stürzen. Da winkelte Justin in einer blitzartigen Reaktion einfach sein Knie kraftvoll an und stieß es seinem Filmhelden in den Magen. Der wankte von der Wucht des Trittes getroffen zurück und hielt sich mit einer Hand gerade noch am

Rahmen der Tür fest, ehe er das Gleichgewicht verlieren konnte. Jetzt geriet er völlig außer sich vor Zorn.

„Verdammt, wer ist dieser Kerl vom Strand? Wie lange treibst du es schon hinter meinem Rücken mit ihm? Ich will es wissen, Justin! Sag es mir oder bei Gott, ich prügel es aus dir heraus!"

Justin begriff, dass er einen Fehler gemacht hatte und versuchte die Wogen zu glätten. Wäre die Situation nicht so ernst gewesen, hätte er sich fast vor Lachen darüber ausgeschüttet.

„Hey, komm mal wieder runter! Es gibt keinen Kerl am Strand, Spencer! Ich habe ihn gerade eben erst erfunden. Du sollst nur einfach begreifen, dass ich nicht dir gehöre! Ich mag dich echt und treib's wirklich gern mit dir. Aber das Ganze passiert zu meinen Bedingungen genauso wie zu deinen. Ich bin nicht dein Eigentum, das du gekauft hast und wie es dir passt benutzen kannst! Verdammt, das ist alles, kapier das doch!"

Spencer aber schüttelte grimmig und mit beinahe hasserfülltem Gesicht den Kopf.

„Nein, nein, das sind doch alles nur dumme Ausreden. Du hast einen anderen. Ja, du hast einen anderen! Und jetzt bist du zu feige, es mir ins Gesicht zu sagen, gib es schon zu!"

Justin sah keinerlei Sinn darin, dieses alberne Spiel länger mitzumachen.

„Du bist ja verrückt, Spencer!", meinte er nur. „Du solltest mit dem verdammten Trinken aufhören und deine krankhafte Eifersucht wieder in den Griff kriegen. Damit machst du alles zwischen uns kaputt!" Er wollte ihn einfach stehen lassen und wandte sich ab, um zu gehen.

Doch der aufgebrachte und betrunkene Schauspieler stürzte sich mit lautem Gebrüll auf ihn und warf Justin zu Boden. Sie rollten gegen den unteren Absatz der Treppe und schlugen dagegen. Justin lag jetzt unter seinem einstigen Filmhelden und Geliebten, der voller Raserei und mit lautem Gebrüll ein Trommelfeuer an Faustschlägen auf ihn niederprasseln ließ. Er versuchte die Schläge abzuwehren, bekam aber dennoch einen Hieb ins Gesicht verpasst. Seine Lippe platzte auf und er schmeckte Blut im Mund. Doch er schlug mit ebensolcher Wucht zurück und schaffte es, sich von ihm loszureißen. Er kam wieder auf die Beine und versetzte Spencer einen kraftvollen Fausthieb mitten ins Gesicht. Der wurde davon nach hinten auf die untersten Stufen der Treppe geschleudert und blieb dort stöhnend liegen. Justin lief auf die Tür zu.

„Du bist irre! Du bist echt total irre!", schrie er ihm nun selbst voller Wut entgegen.

„Verdammt, ich liebe dich! Ich liebe dich doch, Justin! Lauf nicht weg!", rief Spencer ihm noch hinterher, als er begriff, dass er ihn wegen seiner übertriebenen Eifersucht zu verlieren drohte.

Aber Justin hatte keine Lust sich noch eine Minute länger mit ihm auf diese Weise abzugeben. Er lief aus dem Haus, durch den Garten und dann einfach nur immer weiter die Straße runter. Dabei versuchte er sein Hemd, an dem drei Knöpfe abgerissen waren, wieder halbwegs ordentlich in seine Hose zu stecken und stellte dabei fest, dass er seine Jacke liegen gelassen hatte, aber zu seiner eigenen Erleichterung fand er zumindest sein Portemonaie noch in der Tasche seiner Hose. Mit dem Handrücken wischte er sich das Blut von seinem Kinn und leckte den Rest von der Lippe ab, die langsam begann anzuschwellen. Noch wusste er nicht, ob er jemals wieder zu Spencer zurückkehren würde. Und er wusste noch weniger, wohin er in dieser Nacht sollte. Von einer Telefonzelle versuchte er Robert anzurufen. Doch er legte den Hörer wieder auf, noch ehe sich jemand am anderen Ende meldete. Was hätte er ihm schon erzählen sollen? Er versuchte es bei Gloria. Doch dort meldete sich niemand. Nicht einmal Samantha, mit der sie sich das Apartment teilte, schien da zu sein. Es ging einfach niemand dran. Noch einmal versuchte er es bei Robert. Aber auch er war offenbar nicht zu Haus. Und es hatte keinen Sinn, zu ihm zu fahren, denn er wusste nicht, wo er wohnte. Für einen Augenblick kam ihm Kipp Melnick in den Sinn. Aber diesen Gedanken verwarf er ebenso schnell wieder, wie er ihn bekommen hatte. Also nahm er sich ein Taxi und fuhr raus in die Stadt.

Es war wohl die Wut auf Spencer und die verzweifelte, aber ergebnislose Überlegung, was er jetzt nur tun sollte, die ihn dazu brachte in einer Bar mit dem klangvollen Namen „Blue Note" abzusteigen. Eine Bar wie viele andere auch in dieser großen, glitzernden Stadt der Engel. Aber doch eine, deren Namen er am liebsten vergessen würde. Zwei Stunden saß er nun schon an dem Tresen in einer Ecke. Neben ihm ein schmaler Wandspiegel und vor sich ein Glas Aprikosenlikör, an dessen Namen er sich nicht mehr erinnern konnte. Sein mittlerweile elftes Glas. Wenn er sich denn schon betrinken wollte, dann zumindest auf die süße Art und Weise. Ein höllisch langsam, schleichendes und köstliches „Gift" - aber nicht weniger wirksam. Er hatte sich diesen Platz ausgesucht, weil es hier ein wenig im Schatten saß und die anderen Gäste ungestört beobachten konnte. Trotzdem hatten im Laufe des Abends zweimal interessierte, hübsche Damen versucht, seine Bekanntschaft zu machen. Justin hatte sie jedesmal ziemlich rüde abblitzen lassen. Wenn er Gloria schon nicht erreichte, mit der er sich hätte aussprechen können, wollte er wenigstens allein sein. Er winkte den Barkeeper heran und bestellte noch ein zwölftes Glas. Als ihm dieser den leuchtend orangenen Drink brachte, schob ihm Justin eine Dollarnote über den Tresen zu.

„Das wird für heute mein Letzter. Jetzt ist das Dutzend voll", meinte er nur.

„Na, jetzt ist die Flasche ohnehin fast leer", bekam er von dem Keeper zur Antwort. Das war der Moment, wo drei Männer die Bar betraten und sich in seiner Nähe an den Tresen setzten. Justin schätzte ihr Alter auf Mitte zwanzig bis Mitte dreißig. Der eine war von gedrungener Statur, hatte einen kleinen Bauchansatz und bereits eine Halbglatze. Der andere war ein typischer Bauarbeitertyp. Groß, breitschultrig, muskelbepackt und wie es nicht anders hätte sein können ganz der ordinäre Macho. Er begann sofort damit, zwei junge Frauen von einem der Tische in Sichtweite hinter sich rüpelhaft anzumachen. Justin hätte sie wohl kaum weiter beachtet, wenn da nicht der Dritte in ihrem Bunde gewesen wäre. Blond, blauäugig, mit einem verschmitzten Lächeln. Ganz der Typ hübscher, athletischer Strandboy. Der Junge gefiel ihm sofort, was sich durch eine spontane Versteifung unter dem Stoff seiner Hose deutlich abzeichnete. Doch er saß schließlich am Tresen und so konnte dies niemand sehen. Er griff sich lustvoll in den Schritt und trank einen kleinen Schluck seines Likörs. Es war wohl ganz offensichtlich nicht die erste Bar, aus der die drei kamen. Sie lachten und alberten freundschaftlich und bereits reichlich angetrunken herum. Justin konnte seinen Blick nicht von dem hübschen Kerl abwenden. Ein Umstand, den dieser schon recht bald mitbekam.

„Hey, du da hinten!", rief ihm der Blonde plötzlich zu. Justin wich seinem Blick nicht aus, tat jedoch so, als wüßte er nicht, ob er denn tatsächlich gemeint war.

„Ja, genau du! Was glotzt du mich denn ständig so an? Willst du was von mir?", seine beiden Freunde lachten darüber.

Und da tat Justin etwas, dass er wohl besser nicht hätte tun sollen; er gab ihm ehrlich eine Antwort auf seine Frage: „Du gefällst mir einfach, das ist alles."

Seine Freunde lachten erstaunt auf. Der Bauarbeitertyp klopfte seinem blonden Kumpel auf die Schulter: „Ho, ho! Hast du das gehört, Jimmy? Der Junge steht auf dich!"

Auch die füllige Halbglatze lachte. „Vielleicht gehst du ja mal mit ihm nach hinten auf die Pissbecken. Ich hätt' gern mal gewusst, was er da mit dir anstellen will!", scherzte dieser und schüttete sich fast aus vor Lachen. Doch der Blonde fand dies offenbar weniger witzig. Er stieß sein Glas zur Seite, stand von dem hohen Barhocker auf und kam direkt auf Justin zu. Dabei fuhr er mit seiner Hand ein wenig unsicher nach Halt suchend über den Tresenrand und warf ihm einen zornigen Blick voller Verachtung zu.

„So, du bist also 'ne Schwuchtel. Hast aber ziemlichen Mut mich vor meinen Freunden so dämlich anzumachen. Komm her, damit ich dir deine Scheiß-Fresse polieren kann!"

Längst war Justin klar geworden, einen ziemlich dummen Fehler gemacht zu haben. Aber dafür war es jetzt zu spät. Er blieb dennoch auf seinem Hocker sitzen und sah dem Blonden entgegen.

„Hey, das war doch bloß ein Scherz. Glaubst du etwa wirklich ...", doch weiter kam Justin mit seiner hastig zurechtgelegten Verteidigungsrede nicht. Denn da hatte ihn die Faust des Blonden bereits brutal im Gesicht getroffen und gegen den Spiegel geschleudert. Er hatte sich noch am Tresen festhalten können, dabei allerdings sein Glas nach unten befördert. Noch ehe er zur Gegenwehr ansetzen konnte, hatte ihm der Blonde in seiner Wut mit einem Tritt den Hocker unter dem Hintern weggetreten. Ziemlich unsanft fiel er zu Boden und blickte den wüsten Schönling von dort unten, gegen den Tresen gelehnt, an. Ein feiner Blutfaden floß ihm aus der Nase. Seine beiden Freunde waren mittlerweile von ihren Plätzen aufgestanden und kamen zu ihm.

„Du machst dich gefälligst nicht vor meinen Freunden über mich lustig, du ekelhafter kleiner Bastard!", schimpfte der Blonde weiter und hatte noch nicht genug. „Komm schon hoch, verdammt! Dann werd ich dir zeigen, was du von mir kriegen kannst!"

Justin versuchte noch einmal vergeblich ihn zu besänftigen.

„Hey, bitte. Das hast du alles falsch verstanden!"

„Scheiß-Schwuchtel!", fuhr ihn der Blonde jedoch nur voller Verachtung an und trat zu. Blanker Hass hatte seine blauen Augen zu bedrohlichen Schlitzen verengt. Der Alkohol tat sein übriges. Justin bekam einen Tritt in den Magen und schrie auf. Schmerzhaft rang er nach Luft.

„Ja, Jimmy verpass ihm eine! Aber richtig!", stachelte ihn sein Bauarbeiter-Freund noch an, während der andere jedoch versuchte ihn zu beruhigen: „Lasst doch den Mist! Das bringt doch nichts! Der Junge hat euch doch nichts getan!"

Einige der Gäste waren aufgestanden und kamen näher. Nun trat auch der Barkeeper von hinten auf sie zu und blickte sie mit schneidendem Blick an.

„Hört auf damit! Ich will hier keinen Streit! Gebt Ruhe oder verschwindet, sonst rufe ich die Cops!", drohte er den dreien unmissverständlich. Sowohl der Blonde als auch sein Bauarbeiter-Freund drehten sich zu ihm um und blickten ihn verärgert an.

„Dann sorg aber gefälligst dafür, dass sich keine Schwuchteln an deinen Tresen setzen und die Gäste blöd anquatschen, kapiert?!", meinte der Blonde sofort.

„Beruhig dich wieder, Mann! Der hat doch nur einen Scherz gemacht!", versuchte der Barkeeper die Situation zu entschärfen und warf seinem Kollegen an der Bar gleichzeitig einen auffordernden Blick zu, der daraufhin langsam zu dem Telefon ging.

„So glaubst du, ja? Der hat keinen Scherz gemacht! Witze erkenn ich, wenn ich drüber lachen kann!" Aus den Augenwinkeln heraus hatte der Blonde bemerkt, dass Justin sich von dem Boden wieder aufrichten wollte. Plötzlich und ohne Vorwarnung drehte er sich wieder herum und wollte erneut zutreten. Doch diesmal war Justin wachsam gewesen und hatte damit gerechnet. Er ließ sich zur Seite fallen, packte blitzartig den Fuß seines

Angreifers und riss ihn mit einem kraftvollen Ruck daran von den Beinen. Die umstehenden Leute schrien erschrocken auf. Einige jubelten vereinzelt und klatschten Beifall. Dabei war es nicht unbedingt klar, wem sie dabei applaudierten. Der Blonde lag der Länge nach am Boden und brüllte. Noch ehe sich Justin versah, war er von dem muskelbepackten Bauarbeiterkerl an seinem Hemdkragen gepackt und am Tresen hochgerissen worden.

„Jetzt werde ich dir mal zeigen, was es heißt, einen Freund von mir so blöd anzumachen. Und wenn ich mit dir fertig bin wirst du dir wünschen, niemals einen Fuß in diese Bar gesetzt zu haben! Aber dazu gehen wir nach draußen. Das machen wir ohne Publikum!"

Er drehte Justin die Arme auf den Rücken, so dass dieser sich kaum noch rühren konnte, und beförderte ihn ziemlich grob durch die Hintertür des Notausganges auf den Hof nach draußen. Seine beiden Freunde folgten ihm, während der Barkeeper seine Gäste dazu aufrief, sich wieder hinzusetzen. Der Hof war dunkel. In einiger Entfernung erhellte eine Neonlampe spärlich den Schauplatz. An der rückwärtigen Ziegelmauer der Bar standen ein Stück weit abseits neben einem hohen Maschendrahtzaun einige überquellende Mülleimer und ein Stapel Kartons.

Justin wurde von dem kräftigen Bauarbeiter noch immer in der Zange gehalten. Ohne eine Chance zu haben, sich daraus befreien zu können.

„Komm schon, Jimmy! Verpass ihm ordentlich eine!"

Dieser Aufforderung kam der Blonde nur zu gern nach. Mit hassverzerrtem Gesicht trat er auf Justin zu und schwang seine Faust. Der erste Hieb traf ihn ein weiteres Mal genau in den Magen. Die nächsten Schläge kamen in schneller Folge und trafen neben seinem Oberkörper auch äußerst schmerzhaft sein Gesicht. Er schrie heiser auf. Spuckte Blut. Am Ende erhielt er noch einen gemeinen Tritt zwischen die Beine und sank auf dem Asphalt zu Boden, als er endlich losgelassen wurde. Mit einem röchelnden Husten krümmte er sich voller Schmerzen. Der Blonde kniete sich vor ihm hin und packte ihn am Kragen seines mittlerweile zerfetzten und blutverschmierten Hemdes, um ihm in die Augen blicken zu können. Obwohl Justin kaum noch etwas sehen konnte, erkannte er doch das gemeine Funkeln in den Augen des blonden Schlägers.

„So, du mieser, kleiner Schwanzlutscher! Jetzt hast du hoffentlich kapiert, dass du hier nichts zu suchen hast. Du perverses Arschloch! Los, Bernie, ab in den Müll mit ihm, wo er hingehört!"

Polizeisirenen heulten und der kleine Füllige, der die ganze Zeit über nur etwas ängstlich beiseite gestanden hatte, mahnte seine Freunde zur Eile. Sie packten ihn gemeinsam an beiden Armen und warfen ihn mit einem schwungvollen Wurf in einen der beiden großen Abfallcontainer. Justin sah nur noch einen wilden Tanz heller Lichter, als er mit dem Kopf gegen die Metallwand schlug und das Bewusstsein verlor.

Als er die Augen wieder aufschlug, wurde er von der Sonne geblendet und kniff diese sofort wieder schmerzhaft zu. Er wollte seine Hand schützend vor das Gesicht halten, doch selbst das bereitete ihm Schmerzen. Erst als er sich auf die Seite drehte, stellte Justin fest, dass er in einem Bett lag. Schlagartig verschwand die Sonne. Jemand hatte die Vorhänge wieder zugezogen und setzte sich jetzt zu ihm an das Bett.

„Da haben sie dir aber verdammt übel einen verpasst, Justin. Na, wie fühlst du dich?"

Als er noch einen zweiten Versuch unternahm, die Augen zu öffnen, erschien das hübsche Gesicht von Gloria vor ihm und lächelte ihn an. Erleichtert fiel er zurück in das Kissen.

„Wie sollte ich mich schon fühlen. Echt zum kotzen!"

„Was hast du dir dabei nur gedacht? Sie hätten dich tot schlagen können!"

„Oh bitte! Solche Vorwürfe sind jetzt echt das Letzte, dass ich gebrauchen kann. Ich weiß selbst, dass ich Scheiße gebaut habe", meinte er ein wenig gereizt zu ihr. „Wie bin ich überhaupt hierher gekommen?", wollte er dann aber doch wissen.

„Nett, dass du danach fragst. Du hast echt Glück gehabt, wenn ich das überhaupt mal so sagen darf. Die Cops, die dich aus dem Müll gezogen haben, fanden in deiner Tasche meine Adresse. Was hättest du wohl gemacht, wenn sie die Nummer deines neuen Freundes angerufen hätten, die auch in deinem Portemonnaie steckt?"

„Robert, oh verdammt. Ich bin heute Nachmittag mit ihm verabredet. Wie spät ist es?"

Trotz seiner Blessuren und Schmerzen setzte er sich mit einem Ruck in dem Bett auf. Er verdrehte die Augen. Dabei bemerkte er erst jetzt, dass er bis auf seine Shorts, nichts weiter anhatte. Doch Gloria beugte sich über ihn und drückte ihn mit sanfter Gewalt zurück in das Kissen.

„Ja, mein Lieber, daraus wird wohl kaum etwas werden! Du hättest dich nicht so exzessiv mit Aprikosenlikör vollschütten sollen, letzte Nacht!" Justin sah seine Freundin reumütig und erstaunt an. „Was, selbst das haben sie dir erzählt?!"

„Allerdings. Und noch ein bisschen mehr. Verdammt, Justin! Was ist nur in dich gefahren? Ich hatte echt eine riesen Panik, als dich die Cops letzte Nacht hier ablieferten."

Er schloss für einen Moment die Augen und atmete schwer.

„Ich weiß. Ich kann's mir denken. Aber bitte frag mich jetzt nicht nach den Gründen dafür. Ich will diese Nacht im Moment einfach nur vergessen. Bitte, ja?"

„Also gut, ist okay. Ich will's ja auch gar nicht wissen. Ich bin nur froh, dass dir sonst nichts weiter passiert ist. War er's denn zumindest wert, sich deshalb gleich halbtot prügeln zu lassen?", fragte sie dennoch neugierig mit einem nicht zu überhörenden, bissigen Unterton.

„Ach, Gloria! Da war kein Typ! Echt nicht! Nich wirklich. Verdammt, ich hätt echt nicht geglaubt, dass der Kerl so brutal ist und so hart zuschlagen kann."

„Ja, so kann man sich manchmal in den Menschen täuschen. Na gut, genug davon! Und um deine Fragen zu beantworten: es ist jetzt Mittag. Und Nein, du wirst ganz sicher heute nicht mehr Robert treffen! Ich habe ihn schon angerufen und deine Verabredung mit ihm storniert!"

Wie vom Blitz gerührt sprang Justin in die Höhe und schrie seine Freundin entsetzt und völlig ungläubig an: „Was!?? Du hast was getan??"

Neuerliche Schmerzwellen schossen durch seinen Schädel, die er aber einfach ignorierte.

Gloria zog die Bettdecke ein wenig höher, grinste süffisant und nicht ohne Schadenfreude und meinte dann völlig locker: „Was ich dir gerade gesagt habe. Ich habe ihn angerufen und ihm alles erklärt. Er klang ziemlich besorgt. Er scheint ja wirklich verliebt in dich zu sein, so wie er sich anhörte. Und er hat eine sehr sympathische Stimme!"

Völlig entrüstet riss Justin die Bettdecke zur Seite und schwang die Beine über die Kante um aufzustehen.

„Das glaube ich einfach nicht! Du hast ihm einfach so alles erzählt und meine Verabredung abgesagt!? Verdammt, Gloria, bist du verrückt geworden?"

Jetzt lächelte sie ihn geheimnisvoll an und legte ihm beruhigend den Arm um die Schulter.

„Mal keine Panik, mein verliebter kleiner Romeo! Er hat es völlig ruhig aufgenommen, nachdem ich es ihm erklärt hatte. Und er wird heute Abend vorbeikommen, um dich zu besuchen. Dann kannst du ihm gern auch noch persönlich deine Version der Geschichte erzählen!"

Justin hielt inne und sah seine Freundin nun restlos verblüfft an. Im ersten Moment wusste er gar nicht, was er sagen sollte.

„Er kommt hierher?", fragte er dann ungläubig, um sich zu überzeugen, dass er sich nicht verhört hatte. „Ganz genau, das wird er! Samantha ist das ganze Wochenende nicht da und ich werde uns eine Kleinigkeit heute abend kochen. Soweit meine bescheidenen Künste dies zulassen. Und danach seid ihr dann für euch allein, weil ich nämlich ins Kino gehen werde. So, und jetzt aber wieder ins Bett! Bis heute abend wird dein ramponiertes Äußeres zwar nicht wieder tadellos hergestellt sein, aber du musst dich zumindest noch eine Weile ausruhen, um dich wieder fit zu fühlen. Ich will mal wetten, das ist sicher noch nicht der Fall!"

Justin lächelte versöhnlich und schenkte ihr einen Kuss auf die Wange, ehe er wieder unter die Bettdecke schlüpfte.

„Ja, den habe ich mir wohl auch mindestens verdient!", scherzte sie.

„Gloria, du überraschst mich wirklich immer wieder!", meinte er dann erleichtert.

„Aber was hast du ihm denn nun erzählt?"

Sie grinste. „Das erzähle ich dir später! Aber wir sind ja schließlich beide Schauspieler, oder? Da gehört das Lügen quasi zum Beruf! Jedenfalls, wenn es Notlügen sind. So und jetzt ruh dich noch eine Weile aus! Ich muss noch mal los, um dir ein paar passende Sachen zum Anziehen zu organisieren!"

Sie stand auf und ging aus dem Zimmer. An der Tür blieb sie noch einmal kurz stehen, weil Justin sie zurückrief: „Ja, was ist noch?", wollte sie wissen. Er schenkte ihr ein dankbares Lächeln.

„Danke!", sagte er nur. Sie gab das Lächeln zurück.

„Schon gut. Wir sind doch schließlich Freunde, oder? Ich wünschte mir nur manchmal, ich wäre an Roberts Stelle. Aber das ist schon okay so!" Sie trat nach draußen und zog die Tür zu.

Justin rutschte tief unter die Bettdecke, schloss glücklich die Augen und hatte die letzte Nacht beinahe schon wieder vergessen ...

Justin griff nach der Limonade und schenkte sich noch etwas davon ein. Gloria war die Einzige von ihnen gewesen, die an diesem Abend ein Glas Wein zum Essen getrunken hatte.

„Möchtest du auch noch welche?", fragte Justin seinen recht schweigsamen Freund gegenüber.

„Ja, unbedingt!", entgegnete Robert sofort und hielt ihm sein Glas entgegen, das Justin auffüllte.

„Das Chilli war wirklich erstklassig, das muss ich jetzt mal sagen!", lobte Robert die Köchin.

„Ich mag scharfes Essen. Und das hier war wirklich verdammt scharf! Es heißt, ein gutes Chilli erkennt man immer daran, wieviel die Gäste danach trinken. Je mehr sie trinken, desto besser war es!"

Gloria lächelte. „Oh, danke sehr. Wenn das so ist, muss es ja wirklich gut gewesen sein. Ihr trinkt jetzt schon die vierte Flasche. Dabei bin ich eigentlich gar nicht so sehr die große Köchin. Ich improvisiere viel, weil es meist bei mir schnell gehen muss." Sie trank mit einem letzten Schluck ihr Weinglas leer und stand dann auf, um abzuräumen.

„Ich mach das schon!", warf sie ein, als Robert ihr dabei helfen wollte. „Ich stell die Sachen sowieso nur nach nebenan in die Küche. Den Abwasch erledige ich dann morgen früh. Kümmert euch bloß nicht darum!"

Justin stand auf und suchte aus der recht dürftig sortierten Plattensammlung von Gloria eine heraus. „Ah, das könnte vielleicht das Richtige sein!", meinte er und legte die schwarze Vinylscheibe auf den Plattenteller. Verträumte Trompetenklänge von Chet Baker erklangen und Justin setzte sich wieder zu seinem Freund gegenüber an den Tisch.

„Das ist sehr schön. Was hörst du sonst so?", wollte Robert von ihm wissen, um ein neues Gespräch anzuknüpfen.

„Ach eigentlich alles, was alle so hören. Aber ich mag eher die ruhigen Sachen. Die Balladen, bei denen man träumen und die Welt um sich herum vergessen kann."

Robert lächelte. Gloria kam aus der Küche zurück.

„Im Kühlschrank steht noch Cola und Limonade kalt, falls ihr noch mehr Durst bekommt. Ihr könnt aber natürlich auch ruhig den Wein trinken. Ich will mich jetzt mal auf den Weg machen, sonst verpasse ich noch den Anfang vom Film." Sie nahm ihre Handtasche, die auf der Ablage neben dem Telefon lag und kämmte ihre langen, blonden Haare eilig vor dem Spiegel im Flur noch einmal durch. Dabei warf sie einen Blick zurück durch die offen stehende Zimmertür auf Justin und seinen Freund. Sie kam noch einmal zurück, um sich zu verabschieden.

„Okay ihr zwei, dann will ich mal los. Macht euch einen schönen Abend. Ich werde sicherlich erst so gegen Mitternacht wieder hier sein." Und dann wandte sie sich mit einem verschmitzten Grinsen an Robert. „War doch geschickt eingefädelt von mir, oder? Jetzt habe ich dich gleich einmal kennengelernt." Und zu Justin meinte sie dann mit demselben, humorigen Unterton: „Ehrlich, ein echt toller Typ dein Freund! Ich finde, ihr gebt ein wirkliches Traumpaar ab!"

Sie warf ihnen noch ein „Viel Spaß!" zu, ehe sie die Wohnungstür schloss und war schon verschwunden.

„Sie ist wirklich ein klasse Mädchen. Ich wünschte, ich hätte jemals so eine Freundin gehabt!", schwärmte Robert, als Gloria weg war.

„Oh, oh, das hört sich aber sehr verdächtig an! Wie darf ich das denn wohl verstehen?", fragte Justin belustigt und setzte ein überzogen besorgtes Gesicht dabei auf.

„Na du weißt schon, wie ich das meine!" warf Robert sofort hastig ein. „Eben jemand, der meine Gefühle versteht und als genauso normal akzeptiert wie jede andere Liebe auch ist."

Justin beugte sich über den Tisch hinweg auf ihn zu und stützte sich dabei auf seinen Ellenbogen ab. Der Schein der zwei Kerzen zauberte einen warmen, goldenen Glanz auf sein Gesicht in dem ansonsten dunklen Raum und schuf damit eine ganz und gar romantische Atmosphäre.

Ein sanftes Grinsen umspielte seine Mundwinkel, als er seinem Freund eine Antwort darauf gab:

„Dafür bin ich ja nun da. Und ich bin sehr glücklich, dass du heute gekommen bist."

Robert lächelte ihm verliebt zu und drehte mit den Fingern seiner rechten Hand ein wenig nervös das halbvolle Glas Limonade auf dem Tisch im Kreis.

„Du hast deine Frisur verändert!", fiel Justin daraufhin ein.

Robert strich sich durch seine dunklen, jetzt ganz kurzen Haare. „Das ist dir aufgefallen? Ja, stimmt. Mich haben die langen Haare im Gesicht ein wenig gestört. Und da habe ich gleich alles ordentlich kurz schneiden lassen."

„Gefällt mir. Passt so viel besser zu dir," entgegnete er ehrlich.

„Meinst du wirklich?"

„Ja, absolut! Aber um ehrlich zu sein, ist es mir ganz egal, was du mit deinen Haaren anstellst. Für mich siehst du immer toll aus!"

Robert lächelte, musste dann aber bei seiner Antwort darauf wieder grinsen: „Was man von dir heute Abend ja nicht unbedingt behaupten kann, was? Hast ziemlich was abgekriegt! War es schlimm?"

Justin sah Roberts besorgten Blick auf sich ruhen. Seine Unterlippe hatte einen kleinen Riss abbekommen. Seine Nase wurde von einer Wunde verziert, die mit einem Pflaster abgedeckt war und eins seiner Augen war noch übel blau angeschwollen. Nur das Pflaster an seiner Stirn wurde gnädig von seinen langen, dunkelbraunen Haarsträhnen, die ihm fast bis über die Augen fielen, verdeckt.

„Was soll ich schon sagen. Es war ziemlich unfair. Sie waren zu dritt und ich allein. Ich hatte einfach Pech. Aber was soll's, ich lebe noch und alles andere geht vorbei. Ich habe meinen Teil daraus gelernt. Reden wir nicht mehr davon!"

„Okay, du hast recht. Ich hätte nicht noch mal fragen sollen!", entschuldigte sich Robert sofort.

Justin wechselte einfach das Thema. „Was machen wir denn jetzt mit diesem angebrochenen Abend, so ganz allein?"

„Ich weiß nicht. Ich habe mir tausend Gedanken darüber gemacht. Unser erster wirklich gemeinsamer Abend, der, wie ich hoffe, nicht in einem Desaster endet. Aber jetzt fällt mir nichts mehr dazu ein. Ist das nicht irgendwie komisch?"

Justin schüttelte zustimmend den Kopf. „Überhaupt nicht. Mir geht es genauso."

Ein Schweigen entstand. Sie sahen einander tief in die Augen. Ihre verliebten Blicke brannten sich über den Tisch hinweg ineinander fest und sagten mehr, als es Worte hätten ausdrücken können.

„Bitte küss mich!", verlangte Robert schließlich ganz plötzlich und durchbrach die Stille.

Justin stand auf und ging um den Tisch herum zu ihm. Er beugte sich ein wenig herunter um den Wunsch seines Geliebten, der gleichfalls auch sein eigener war, zu erfüllen. Ihre Lippen pressten sich voller Verlangen aufeinander und Robert zog das Glas in seiner Hand unabsichtlich vom Tisch herunter, als er mit dem Stuhl ein wenig nach hinten ins Schwanken geriet. Zuerst fiel das Glas und dann stürzte er mit samt dem Stuhl nach hinten weg, als er aus dem Gleichgewicht geriet. Er landete etwas unsanft, rücklings auf dem Boden und Justin fiel über ihn. Sie verzogen beide voller Schmerzen das Gesicht, mussten aber im gleichen Moment darauf über ihr

Ungeschick lachen.

„Ob wir es wohl jemals schaffen werden, ein ganz normales Rendezvous zu haben?", kommentierte Robert lachend ihr Missgeschick.

„Ich hoffe nicht! So ist es doch viel aufregender!", entgegnete Justin schnell.

„Ja, du hast recht. Bleiben wir einfach hier liegen. Dann kann uns das nicht noch mal passieren!" Justin lag über seinem Freund, der jetzt seine Arme um ihn legte und noch näher an sich heranzog. Ihre Lippen fanden einander zu einem erneuten Kuss voller Leidenschaft. Und ihre Zungen umspielten sich dabei wie zwei begierige Schlangen. Minutenlang lagen sie einfach so da auf dem Boden und gaben sich ganz ihren zärtlichen Küssen und verheißungsvoll, verliebten Blicken hin. Bis die feine Nadel des Plattenspielers am Ende des letzten Stückes angelangt war und die Musik verstummte.

„Warum sind so einfache Dinge im Leben oftmals so verdammt schwierig zu bekommen?", sinnierte Robert nachdenklich.

„Vielleicht, weil man sich über das erreichte Ziel dann umso mehr freuen kann. Ich wünschte, dieser Moment würde niemals zu Ende gehen!", flüsterte Justin.

„Ja, mir geht es genauso. Du ahnst nicht, wie sehr ich mich all die Jahre danach gesehnt habe!"

„Dann lass uns doch einfach hier liegen bleiben!", schlug Justin pragmatisch vor.

„Ich schätze, das wird auf die Dauer wohl doch ein wenig unbequem!", entgegnete ihm Robert mit einem erneuten Grinsen.

Sie standen beide auf. Robert hob das Glas auf und Justin war mit einem Tuch zur Hand, um die verschüttete Limonade vom Teppich abzutupfen.

„Jetzt bin ich doppelt froh, dass wir keinen Wein getrunken haben!", kommentierte Justin seine Bemühungen. „Bis Gloria wieder da ist, ist es längst getrocknet!"

Justin drehte die Schallplatte um und ging dann zu Robert, der es sich auf der feurig roten, plüschigen Couch bequem gemacht hatte.

„Erzähl mal, wie läuft es mit deiner Karriere beim Film?"

„Leider noch nicht so, wie ich es gern hätte. Ich habe diese Woche gerade ein Casting gemacht. Aber ich rechne mir keine großen Chancen dabei aus. Allerdings drehe ich in drei Wochen einen Film. Meine erste Rolle, bei der ich namentlich in den Credits erwähnt werde. Nichts besonderes. Ein Science Fiction. Und ich habe auch nur einen kleinen Part. Aber ich freue mich schon drauf!"

„Das hört sich doch wirklich gar nicht so schlecht an! Na, wer weiß, sollte ich die Kritiken zu dem Film schreiben, werde ich dich lobend erwähnen! Und wir gehen doch dann mal zusammen ins Kino, wenn er rauskommt, oder?"

„Ganz sicher! Aber erst mal abwarten, was daraus wird."

„Irgendwie ist es ja schon komisch, dass unsere Jobs so auf gewisser Weise miteinander zu tun haben. Aber das gefällt mir. Wir teilen die gleiche, große Leidenschaft für das Kino und Hollywood. Nur hat jeder von uns etwas anderes daraus gemacht."

„Wenn ich jetzt auf der Couch eines dieser Seelenanalysten säße, würde ich die Ursache wohl als Flucht vor der Realität in die Fantasie der Träume deuten. Denn ich habe mich schon als kleiner Junge immer viel wohler gefühlt, wenn ich in einem dunklen Kino saß und in die Welt dort oben auf der flimmernden Leinwand entfliehen konnte."

Robert musste ihm zustimmen.

„Letzten Endes sind Filme doch auch nur Träume, die für viele Menschen zugleich wahr gemacht werden. Sie sind Show, Unterhaltung, Fantasie und Träume. Eine Menge Menschen werden damit für ein, zwei Stunden in eine andere, bessere Welt entführt, die sie all ihre Sorgen vergessen lassen. Und eine Menge anderer Menschen verdienen damit ihr Geld. Auf uns beide trifft dabei glücklicherweise alles auf einmal zu!"

„Ja, genau so ist es! Aber manchmal, wenn man hinter die schillernden Kulissen dieser Träume aus Zelluloid blickt, wird man auch wieder voller Ernüchterung in die Realität zurückgeholt. Ich hoffe jedenfalls, dass ich mir trotzdem meine Leidenschaft für den Film bewahren kann."

Robert lehnte sich zurück, legte den Kopf in den Nacken und seine Arme auf die flauschigen Lehnen der Couch. „Ja, unsere Träume", begann er flüsternd zu sinnieren, „die dürfen wir niemals aufgeben und uns nehmen lassen. Ich habe mein Leben lang nur geträumt. Solange ich mich erinnern kann. Ohne meine Träume, hätte ich mein Leben sicher nicht ertragen können."

Justin beugte sich über seinen Geliebten und fing an, ihm zärtlich den Hals zu küssen. Dabei fanden seine geschickten Finger die Knöpfe an seinem Hemd und begannen diese zu öffnen. Immer weiter. Einen nach dem anderen. Schließlich zog er Robert das Hemd aus der Hose, wodurch sich ihm der Blick auf dessen herrlichen Körper eröffnete. Er beugte sich nach unten und küsste sanft seine Brustspitzen. Ein leises, lustvolles Keuchen bewies ihm, wie sehr seinem Geliebten dieses Spiel gefiel. Justin hielt nicht darin inne. Mit seiner Zunge begann er ihm sacht über den Bauch zu lecken. Er verteilte zärtliche Küsse auf den bebenden Muskeln seiner Haut und wollte sich gerade daran machen, ihm die Schnalle seines Gürtels zu öffnen, als er Roberts Hand auf seiner Schulter spürte, die ihn sanft, aber dennoch bestimmt, davon zurückhielt.

„Nein, bitte, Justin. Soweit möchte ich heute noch nicht gehen. Ich will es ebenso sehr wie du, aber noch nicht heute. Ich möchte unser erstes gemeinsames Mal zu etwas ganz Besonderem machen. Lass es für heute einfach damit bewenden, wie es gerade ist, ja?"

Justin hob seinen Kopf und sah zu seinem Freund auf, der ihm ebenfalls in die Augen blickte.

„Ja, okay. Du hast recht. Es passiert alles so schnell. Wir sollten wirklich noch eine Weile damit warten!"

Robert lächelte und begann ihm mit der Hand den Nacken zu streicheln, während Justin sich eng an ihn schmiegte.

„Weißt du, ich habe einfach ein bisschen Angst davor, dass alles vorbei sein könnte, wenn wir es jetzt schon miteinander tun", gestand er ihm dann ganz offen.

„Das ist Unsinn! Und das weißt du auch!", entgegnete Justin ihm entschieden.

„Ich liebe dich, Robert! Und ich bin sicher, dass es niemals anders sein wird! Aber ich verstehe deine Gefühle schon und weiß, was du meinst. Es ist so okay! Du brauchst es mir nicht zu erklären."

Robert schloss wieder die Augen und lehnte sich zurück. Er lächelte glücklich und hielt Justin im Arm, eng an sich gedrückt.

Auch Justin, der sich im Arm seines geliebten Freundes so unendlich glücklich fühlte, wünschte sich nichts mehr, außer dass dieser Abend niemals zu Ende gehen möge. Für ihn war es, als hätte er nach einer scheinbar ewig währenden Zeit endlich das helle Licht in der Dunkelheit gefunden. Und Robert war dieses Licht. So strahlend hell wie die Sonne erschien es ihm. Und er verspürte überhaupt nicht mehr den Wunsch nach mehr. Dabei empfand Robert genau das Gleiche wie Justin. Auch sein Glück war durch ihre junge, aber nicht minder tiefe Liebe, endlich vollkommen erfüllt worden. So saßen sie eine lange Zeitlang einfach nur so da. Glücklich und verliebt. Bis die Musik längst verstummt und die Kerzen auf dem Tisch beinahe heruntergebrannt waren ...

Am Sonntagabend kehrte Justin nach Glendale zurück zu Spencer Jackson. Er hatte den ganzen Vormittag lang mit Gloria darüber gesprochen, aber schließlich war er selbst zu dem Ergebnis gekommen, dass er sich einfach mit Spencer aussprechen musste. Er war hin und hergerissen zwischen seiner aufrichtigen und tiefen Liebe zu Robert, und seinem lustvollen Verlangen nach Spencer. Außerdem musste er sich selbst eingestehen, dass er noch immer ziemlich eigensinnig auf Spencers Hilfe in Bezug auf seine Karriere spekulierte. Er wusste, dass er sich irgendwann entscheiden musste. Und im Grunde stand diese Entscheidung in seinem Herzen ja auch längst fest. Aber es war dennoch zu früh, Spencer jetzt schon aufzugeben. Einfach zu früh. Als Justin schließlich vor der Tür des Schauspielers stand und klingelte, hatte er dennoch ein ungutes Gefühl, ob er denn wohl das Richtige tat. Doch er brauchte kein drittes Mal klingeln. Spencer riss vor ihm die Tür mit solch vehementer Wucht auf, dass er erschrocken und unwillkürlich einen Schritt weit zurückwich. Sein verliebter Filmheld fiel ihm regelrecht um den Hals, umschloss ihn mit beiden Armen und presste ihn eng an sich.

„Oh, dem Himmel sei Dank, Justin! Du bist zu mir zurückgekehrt!", stammelte er völlig aufgelöst und schien ihn überhaupt nicht mehr loslassen zu wollen. „Bitte vergib mir! Verzeih mir, was ich getan und gesagt habe! Du hattest recht! Du hattest recht mit allem! Ich bin ein egoistischer, unsensibler Dummkopf und habe mich schrecklich gehen lassen! Ich weiß gar nicht, wie ich es wieder gut machen kann, aber ich hatte so entsetzliche Angst dich verloren zu haben. So entsetzliche Angst ..."

Die Tränen des Schauspielers waren zweifellos echt und bereiteten Justin beinahe ein wenig Angst. Er drängte seinen verliebten Filmhelden zurück ins Haus.

„Bitte, Spencer! Geh schon rein! Es ist ja wieder alles gut! Ich bin wieder da!"

Als die Tür hinter ihm ins Schloss fiel, wurde Justin von ihm dagegen gedrückt.

„Oh, du ahnst ja nicht, welche Angst ich hatte. Ich weiß wirklich nicht, was ich getan hätte, wenn du mich verlassen hättest! Bitte sag mir, dass du mir verzeihst!", flehte Spencer ihn an. Dabei fiel er jetzt sogar vor ihm auf die Knie und umklammerte mit beiden Armen Justins Beine, während er weitere Tränen vergoß.

Justin kam diese Szene seiner übersteigerten Anbetung zu ihm geradezu grotesk vor. Aber dennoch sah er darüber hinweg und fuhr dem vor ihm weinenden Schauspieler mit seiner Hand durch das Haar.

„Bitte, Spencer, mach dich doch nicht lächerlich! Ich verzeihe dir ja! Komm, steh auf!"

Sein verliebter Filmheld begann sich allmählich zu beruhigen und kam vor ihm wieder auf die Beine. Er warf ihm einen verzweifelten, fast demütigen Blick zu, der um Vergebung bat.

„Ich habe keinen Tropfen mehr angerührt, seit du weg bist. Ich habe die ganzen Flaschen nach unten geschafft und in den Pool geworfen. Alle! Damit ist Schluss!", sagte er entschlossen und mit fester Stimme zu ihm. Plötzlich war Spencer mit einem Sprung wieder dicht vor ihm und versperrte ihm mit beiden Händen den Weg von der Tür weg.

„Sag mir, dass du mich noch liebst, Justin!", forderte er scharf von ihm. „Bitte, sag es mir! Ich muss es wissen! Ich ertrage es sonst einfach nicht länger. Diese Ungewissheit. Diese Furcht, die mir das Herz in Stücke schneidet! Sag mir, dass du mich noch liebst!"

„Nichts hat sich zwischen uns geändert, Spencer. Es ist noch alles so wie vorher."

Erklärte Justin ihm mit sanfter Stimme, denn er wollte ihm keine falschen Wahrheiten vormachen.

„Ich habe dir gesagt, dass ich deine Szene von vorgestern vergessen habe und es dir verzeihe. Und jetzt bitte, lass mich vorbei!"

Erschrocken über sich selbst, machte Spencer ihm mit einem hastigen Schritt zur Seite den Weg frei und gab sich mit seiner Antwort glücklich zufrieden.

„Ich bin so froh, dass du wieder da bist! Du ahnst nicht, wie sehr! Bitte, ich möchte dich küssen!", bettelte er.

Justin schenkte ihm ein scheues Lächeln und breitete bereitwillig seine Arme als Zeichen der Vergebung aus. Abermals fiel der liebestolle Schauspieler ihm um den Hals und diesmal küssten sie sich dabei. Wild und hemmungslos waren seine Küsse. Voller Sehnsucht und Gier. Justin erwiderte sie dennoch bereitwillig. Da blickte ihn Spencer voller Entsetzen an. Erst jetzt hatte er die Blessuren in Justins Gesicht bemerkt.

„Du lieber Himmel! Was ist dir denn nur passiert, mein Liebster? Bin ich etwa daran Schuld?"

„Nicht direkt, nein. Aber wenn man es genau betrachtet wohl schon. Als ich am Freitag von hier fortlief, bin ich in einer Bar drei Schlägern in die Hände gelaufen, die nicht sehr gut auf Kerle wie dich und mich zu sprechen waren. Die haben mich ziemlich in die Mangel genommen."

„Wie furchtbar! Das sieht ja ganz entsetzlich aus!" Spencer fuhr mit dem Finger über eines der Pflaster und die Wunde an seiner Lippe. „Oh, Justin! Jetzt weiß ich erst recht nicht, wie ich das wieder gut machen soll! Aber ich verspreche dir, dass nun alles vorbei ist! Tut es noch sehr weh?"

„Mit den Schmerzen kann ich leben. Ist okay, Spencer! Aber ich werde wohl noch eine Weile so ziemlich überall blaue Flecken am Körper haben." Spencer senkte reumütig den Blick, dann legte er Justin freundschaftlich seinen Arm um die Schulter und führte ihn zu der Treppe, welche nach unten zum Pool führte. Er trocknete sich seine Tränen von den Augen und strahlte im ganzen Gesicht wieder vor Glück.

„Komm, ich will es dir zeigen! Ich will, dass du siehst, das ich es wirklich Ernst meine!"

Sie gingen die Stufen hinunter in den Keller zum Swimmingpool. Spencer machte das Licht in der Halle an und der Anblick verblüffte Justin tatsächlich. Mehr als ein Dutzend Flaschen schwammen auf der stillen Oberfläche des blauen Wassers und hatten ihren hochprozentigen Inhalt darin vergossen.

„Glaubst du es nun?", fragte Spencer ihn und trat an den Beckenrand, um eine der Flaschen herauszufischen. Er goß ihren stark verdünnten Inhalt demonstrativ abermals aus und warf sie wieder hinein.

„Damit ist Schluss! Wirklich Schluss! Ich habe begriffen, was mir wirklich wichtig ist. Ich habe verstanden, was ich brauche. Nicht der Alkohol ist es, oder die Drogen. Du bist es, Justin! Nur du ganz allein! Du bist die Droge, nach der sich meine Seele, mein Körper verzehrt. Ich brauche dich! Mehr als ich jemals irgend jemand anderen gebraucht habe. Ich liebe dich! Und ich bin bereit, alles dafür aufzugeben! Alles!"

Justin wusste nicht, was er zu diesem Geständnis sagen sollte. Es erschreckte ihn zutiefst. Denn er wagte sich kaum vorzustellen, was geschehen würde, wenn er Spencer offenbarte, dass er diese Liebe nicht erwidern konnte. Schlimmer noch; dass er einen anderen liebte! Er schwieg und sagte gar nichts. Doch selbst dieses Schweigen wurde von seinem Filmhelden als Eingeständnis seiner Liebe zu ihm missdeutet. Vor Glück und Erleichterung lächelnd kam Spencer auf ihn zu und küsste ihn erneut.

„Oh, Justin!", flüsterte er und wiederholte noch mehrmals immer wieder nur seinen Namen.

Und Justin ahnte bereits, welche Frage als nächstes folgen würde.

„Bitte, lass uns nach oben gehen und miteinander schlafen", bekam er auch schon ins Ohr geflüstert. Da wusste er, dass es ein Fehler gewesen war, doch wieder zu ihm zurück zu kommen. Aber er hatte diese Entscheidung getroffen und nun war es zu spät um umzukehren. Er konnte ihm diesen Wunsch unmöglich ausschlagen. Es hätte ihn an diesem Abend zweifellos in den Wahnsinn getrieben und womöglich ein böses Ende genommen. Und da er ohnehin damit gerechnet hatte, in dieser Nacht bei ihm im Bett zu landen, gab es nur eine Antwort darauf: „Ja, Spencer", hauchte er ihm zurück ins Ohr. Und er bemühte sich seiner Stimme einen lustvollen, verliebten Klang zu geben. Spencer schenkte ihm dankbar einen verliebten Kuss auf die Wange und lächelte glücklich. Gemeinsam gingen sie wieder nach oben.

„Möchtest du noch eine Kleinigkeit essen? Irgendetwas? Vielleicht ein Eis mit Ahornsirup? Nur etwas zu Trinken kann ich dir leider nicht mehr anbieten!" Spencers kleiner Scherz bewies Justin, dass es ihm allmählich wieder besser zu gehen schien.

„Nein, wirklich nicht. Vielleicht später", gab er ihm schnell zur Antwort und schenkte ihm ein Lächeln.

„Wunderbar, dann lass uns gleich ins Bett gehen! Ich habe dich so sehr vermisst! Oder meinst du, wir sollten damit noch warten, bis es dir wieder völlig gut geht?"

Justin war ein wenig überrascht, dass er plötzlich so rücksichtsvoll war. Doch er hatte sich von Anfang an darauf eingestellt und wollte es nicht länger vor sich herschieben. Außerdem, jetzt, da sich die Möglichkeit bot, konnte er keine Stunde länger mehr ohne Sex sein. Vielleicht war es auch einer der Gründe, weshalb er sich so entschieden hatte. Justin wusste es selbst nicht.

„Nein, ist schon okay. Ich denke, es wird schon gehen. Und außerdem, ein paar kleine Schmerzen können die Lust doch nur noch steigern, oder was meinst du?"

Spencer grinste und schwieg. Ganz langsam schlenderten sie

gemeinsam durch die dunklen Flure und Zimmer und zogen sich dabei aus. Als sie das Schlafzimmer erreicht hatten, waren sie beide nackt. Im Halbdunkel des großen Raumes standen sie sich gegenüber und blickten einander begierig an. Justin wollte seinem verliebten Filmhelden nicht die Initiative überlassen und trat auf ihn zu. Er streichelte ihm zärtlich den muskulösen Oberarm und die nackten Schultern und presste ihm seine Lippen auf den Mund. Justin spürte die Hand des lüsternen Schauspielern zwischen den Beinen nach seinem anschwellenden Glied greifen. Dann glitt dieselbe Hand über seine Haut um seinen Körper herum und presste sich auf seinen festen Arsch. Sie traten noch einen kleinen Schritt näher aneinander heran, wobei ihre steifen Schwänze sich nun eng aneinander pressten. Was folgte, war eine wilde Nacht voll hemmungsloser Ekstase, wollüstiger Schmerzen und ungezähmtem Verlangen. Spencer übergoß Justins übel blessierten Körper mit wahren Strömen seiner Lüsternheit oder füllte ihm den Mund damit. Justin revanchierte sich bei ihm auf die gleiche Weise und bekam obendrein aus Dankbarkeit noch dessen prachtvolle Kehrseite dargeboten. Am Ende dieser Nacht fielen sie erschöpft und am Ende ihrer Kräfte von diesem schier überwältigen Sinnesgenuss in das Bett und schliefen eng aneinander geschmiegt ein. Dabei sollte Justin am anderen Morgen mit einigen blauen Flecken mehr am Körper neben seinem liebestollen Filmhelden erwachen ...

Erste Erfolge und bittere Erfahrungen

Die blassen Scheinwerfer des herannahenden Wagens brachen wie lange, helle Lanzen durch die Düsternis des nächtlichen Waldes. Der Wagen hielt und der Motor verstummte. Die mächtigen Stämme der Bäume überall schienen geradezu bedrohlich über sie herfallen zu wollen. Ein leichter Nebel waberte durch das Unterholz und die Kühle der Luft kroch durch jede Ritze. David Royce, der junge Assistent des Professors, griff hinter sich auf den Rücksitz, um das Messgerät von dort zu holen. Seinem sommersprossigen Freund, Michael Channing, war bei dieser unheimlichen Fahrt durch die Nacht gar nicht wohl zumute.
„Oh, bitte, David. Das war gar keine gute Idee. Komm, lass uns wieder umkehren!"
„So ein Unsinn! Glaubst du im Ernst, ich kehre jetzt noch um! Nein, ich werde den Platz finden!", hielt dieser fest entschlossen dagegen.
„Bist du dir denn überhaupt sicher, dass wir hier richtig sind?", wollte sein ängstlicher Freund wissen.
„Aber bestimmt, ja. Ich habe mir die Stelle genau eingeprägt, als ich mit dem Professor gestern Vormittag hier war! Nein, Michael. Dort hinten im Wald ist es! Dort ist der Meteorit runtergekommen! Und ich will wissen,

was sein Geheimnis ist!"

Mit einem Ruck drückte er die Tür auf und trat ins Freie. Zögerlich folgte ihm sein Freund. David nahm die Tasche und das Gerät, das wie ein Strahlenmessinstrument wirkte, und ging forschen Schrittes voran in den Wald. Der Boden war weich und mit Nadeln der hohen Tannen bedeckt. Sie mussten sich durch einige dichte Sträucher schlagen, erreichten dann aber den lichten Hochwald. Nebel wehte ihnen entgegen. Die Anzeiger auf dem Gerät begannen auszuschlagen.

„Die Strahlung wird stärker. Wir können nicht mehr sehr weit davon entfernt sein!", bemerkte David euphorisch und ging nun schneller voran.

Sein Freund griff ihm an die Jacke und hielt ihn am Arm fest: „Oh bitte, David! Ich habe ein verdammt ungutes Gefühl bei der ganzen Sache!"

David fuhr seinen Freund im Flüsterton voller Verärgerung an: „Du hast doch bei allem ein ungutes Gefühl! Selbst als Jessica Walters dich neulich zum Tanzen aufgefordert hat, hattest du eine Ausrede! Warum bist du überhaupt mitgekommen?"

„Ja, warum eigentlich? Weil wir Freunde sind? So recht weiß ich das ehrlich gesagt auch nicht!"

„Okay, wenn du wirklich die Hosen voll hast, dann geh eben wieder zum Wagen zurück und warte dort auf mich!"

„Und du bist mir wirklich nicht böse?"

„Nein, verdammt! Geh schon! Und sei still!", zischte David ärgerlich und richtete seinen Blick wieder nach vorn in die Dunkelheit und auf die Anzeige seines Messgerätes. Er ging weiter. Allein. Diesmal schneller. Plötzlich hielt er inne und richtete den Schein seiner Taschenlampe auf die Anzeige, die völlig verrückt zu spielen schien.

„Verdammt, was ist das?", flüsterte er verwirrt. „Ich müsste doch längst da sein. Hier genau war doch die Stelle! Aber wo ist er?"

Plötzlich brach um ihn herum in einer großen, kreisförmigen Anordnung an mehreren Stellen der Waldboden auf und gleißendes Licht strahlte von unten daraus hervor. David wich zurück. Er verlor die Tasche und hielt seine Hände schützend vor die Augen, weil er davon geblendet wurde. Das Licht hüllte ihn ein. Und ein unsichtbares Vakuum, das ihn plötzlich umgab, erstickte seinen Schrei. Aus dem Licht trat eine formlose Gestalt auf ihn zu. Sie streckte ihre Hand nach ihm aus. Oder vielmehr das, was wohl eine Hand sein mochte. Er fiel zu Boden, der sich plötzlich jedoch unter ihm auftat und ihn verschluckte.

„Und Schluss! Aus!", rief der Regisseur laut in das Studio. Die großen Strahler, die versteckt unter der künstlichen Kulisse des Waldbodens gestanden hatten, verloschen. Dafür ging überall im Studio das Licht an und die beiden Männer, welche im Hintergrund die Nebelmaschine ausstellten, hielten in ihrer Arbeit inne, einen möglichst gleichmäßigen Dunst zu erzeugen, wie es verlangt war. Der Statist, der den Außerirdischen gespielt hatte, stand in seinem schwarzen Ganzkörperanzug mit den unförmigen Krallenhänden noch immer in der Mitte und blickte nun nach vorn. Er hatte etwas Mühe seine Brille mit den runden Augen vom Gesicht zu nehmen, die ihm ziemlich die Sicht versperrte und auf die Haut drückte. Denn er konnte sie nicht richtig greifen, was ein wenig albern aussah. Justin rappelte sich von der großen Luftmatratze hoch, auf die er bei seinem Sturz durch den Studioboden gefallen war und schüttelte sich die lockere Erde und Tannennadeln von der Jacke. Regisseur Edward Dearborn stieg auf den Set und sah von oben durch das Loch im Boden auf Justin herunter. Sein Blick schien ein wenig verärgert.

„Haben Sie schon einmal eine süße Zitrone gegessen, Mr. Farr?"

Justin sah ihn irritiert an, denn er hatte keine Ahnung, was diese Frage sollte.

„Nein", gab er ihm nur schlicht als Antwort.

„Genau! Es gibt nämlich keine süßen Zitronen! Zitronen sind sauer! Und Menschen, die sich in Lebensgefahr befinden, noch dazu, wenn es sich um eine außerirdische Macht handelt, die schreien vor Angst! Ich habe Ihren Schrei gerade vermisst, Mr. Farr!"

„Wir haben nicht darüber gesprochen und es stand nichts davon im Drehbuch", verteidigte sich Justin.

„Ja, das mag wohl sein. Aber ein wenig Eigeninitiative darf ich wohl schon erwarten, oder? Sie wollen doch Schauspieler sein, oder irre ich mich da etwa?"

Justin sagte nichts, sondern strafte den Regisseur nur mit einem zornigen Blick der Verachtung. Aber Edward Dearborn hatte sich bereits von ihm abgewandt.

„Was soll's, wir synchronisieren den Schrei nach!", brummte er nur und ging wieder zurück an seinen Platz. Er rief den Leuten um sich herum einige Anweisungen zu und wechselte kurz mit seinem Assistenten einige Worte. William Curtis, der junge Schauspieler, der gerade in dieser Szene seinen Freund gespielt hatte, kam unter den Kulissen des Waldbodens auf ihn zu, als Justin neben der Matratze stand.

„Mach dir nichts draus, Mann! Ist mir auch schon bei ihm passiert. Das ist typisch Dearborn."

„Aber er hat mir vor der Szene extra noch gesagt, dass ich mich genau an das Skript und seine Anweisungen halten soll, verdammt. Was zum Teufel will er eigentlich?", schimpfte Justin.

„Das weiß er ganz sicher manchmal selbst nicht!", entgegnete Curtis ihm gelassen. „Vergiss es einfach! Wir sind beide nur kleine Nebendarsteller. Sieh es als Erfahrung an und hoff drauf, dass du nicht mal als Hauptdarsteller unter seiner Regie drehen musst!"

Justin musste unwillkürlich grinsen. „Ja, vielleicht hast du recht. Die armen Schweine sind nicht zu beneiden, was?", setzte er noch einen deftigen Scherz drauf und brachte Curtis damit zum Lachen.

„Ganz genau, echt arme Schweine! Also, ich muss wieder nach draußen. Ich habe noch eine Szene zu drehen und bin dann für heute von ihm erlöst. Wir haben übermorgen noch eine Szene zusammen, stimmt's?"

Justin nickte. „Ja, genau. Ich habe morgen noch eine Szene mit Mr. Jackson zusammen und Freitag ist auch schon mein letzter Drehtag."

„Na dann mach's gut bis dahin!", rief ihm Curtis freudig zu und verschwand zwischen den Holzpfeilern des Aufbaus eine Treppe nach oben.

„Ja, du auch!", rief Justin ihm noch nach und verließ durch eine Tür das Studio, um seine Jacke in der Kostümabteilung abzugeben. Dabei kam er an der Garderobe von Spencer Jackson vorbei. Seine Tür stand offen. Eine Maskenbildnerin war gerade dabei, ihm das Make-up für seine Szenen vor den Kameras herzurichten. Er saß vor einem Spiegel und sah Justin an der Tür vorbeigehen. Hastig wies er die junge Frau an, mit ihrer Arbeit aufzuhören:

„Ist schon gut, Mary! Das reicht! Ich muss hoch an den Set!"

Sie schloss ihre Tasche und verließ kommentarlos seine Garderobe. Justin hatte im Vorbeigehen seine Worte gehört und ging nun absichtlich langsam. Am Ende des Flures blieb er stehen und blickte sich um. Jackson winkte ihn heran und Justin lief eilig auf ihn zu. Er schloss hinter sich die Tür und wurde schon im nächsten Moment von seinem leichtsinnigen Filmhelden dagegen gedrückt, der ihm einen stürmischen Kuss auf den Mund verpasste.

Justin musste grinsen: „Hey, Spencer! Du ruinierst dein Make-up für die Aufnahmen!"

„Ach! Scheiß doch auf das Make-up und die Aufnahme! Mary wird es schon wieder hinkriegen! Aber auf dich kann ich nicht verzichten! Ich brauche dich, Justin! Ich brauche dich so sehr!"

Justin erwiderte hastig seine Küsse, drückte den liebestollen Schauspieler dann aber wieder von sich weg. „Ja, ich weiß, aber nicht jetzt! Später!"

„Dann sehen wir uns also heute abend?", wollte Jackson mit einem Zittern in der Stimme von ihm wissen.

„Ja sicher!", gab Justin ihm knapp zur Antwort und öffnete wieder die Tür, um zurück auf den Flur zu gelangen.

Spencer folgte ihm, ging jedoch dann in die andere Richtung davon. „Ich zähle die Minuten bis dahin!", rief dieser ihm noch hinterher.

Justin musste grinsen und ging einfach nur weiter. Ihm erging es nicht anders. Auch er zählte die Minuten. Allerdings galt sein Wiedersehenswunsch nicht Jackson, sondern vielmehr Robert. Jedoch würde er diesen erst am Freitag treffen. Eine Zeit, die ihm jetzt schon wie eine Ewigkeit erschien ...

Am Freitagnachmittag der gleichen Woche war Spencer Jackson auf dem Weg zu Regisseur Herbert Dietrich, mit dem er schon fünf Mal zusammen gedreht hatte: vier Western und einen Abenteuerfilm. Dietrich war einer jener Regisseure, die während des Krieges aus Europa nach Amerika emigriert waren und hier nun erfolgreich eine zweite Heimat gefunden hatten. Spencer verstand sich gut mit ihm, denn er war ein Mann, der - im Gegensatz zu vielen anderen, die er in dem Geschäft kennengelernt hatte - genau wusste, was er wollte. Er kämpfte um seine Filme und versuchte stets, seine Vorstellungen davon umsetzen zu können. Nur selten ging er dabei Kompromisse ein. Dies machte ihn bei den Studiochefs und Produzenten recht unbeliebt und er besaß den Ruf eines ungehobelten Rauhbeins. Doch er genoss diesen Ruf und war sogar noch stolz darauf, denn der Erfolg seiner Filme gab ihm letztlich immer wieder recht. Spencer hatte seinen Drehtag unter Regisseur Dearborn beendet und wusste nicht, was Dietrich von ihm wollte, als er die Nachricht erhalten hatte. Doch da er sicher sein konnte, dass die Unterredung mit ihm nicht lange dauern konnte, machte es ihm nichts aus, kurz vorbeizuschauen. Denn Dietrich pflegte stets sofort auf den Punkt einer Sache zu kommen und sprach frei heraus, was er dachte und meinte. Ein Umstand, der ihm allerdings auch schon so manches Mal einigen Ärger eingebracht hatte. Der Regisseur erwartete ihn in einem der Vorführräume des Studios, in denen sich Produzenten und Studiobosse für gewöhnlich die fertigen Filme ansahen, ehe sie in die Werbung und die Kinos kamen, oder in denen diese die abgedrehten Muster einer Wochenproduktion begutachteten. In diesem Fall war Dietrich dabei, sich den Rohschnitt seines aktuellen Filmes RITT ÜBER DIE ROTEN BERGE anzusehen, um noch eventuelle Korrekturen daran vornehmen zu können.

Spencer Jackson ging den Flur entlang und blieb vor einer Tür stehen, über der eine rote Lampe warnend leuchtete. Das Zeichen, dass eine Störung jetzt nicht erlaubt war. Doch er hielt sich nicht daran, denn schließlich war er hierher bestellt worden. Ohne weiter anzuklopfen, zog er die Tür auf und trat in den dunklen Raum dahinter. Er fand sich in einer Art kleinem Kino wieder. In jeder der insgesamt acht Sitzreihen befanden sich sechs Plätze. Vier auf der rechten und die zwei übrigen auf der linken Seite. Ein schmaler Gang führte zwischen ihnen hindurch nach unten vor die Leinwand. Diese nahm die ganze Breite der Wand in Anspruch. Spencer sah im Dunkel des Raumes zwei Reihen weiter vor sich vier Personen sitzen. Auf der rechten Seite ganz am Mittelgang erkannte er die große, bullige Gestalt des Regisseurs. Daneben die seines Regieassistenten John Roughson. Links am Gang saß eine Assistentin, von einer kleinen Lampe an der Wand angestrahlt, und notierte sich alles, was Dietrich ihr während der Vorstellung anwies, auf einem Block. Den dritten Mann erkannte Spencer nicht. Er vermutete jedoch, dass es sich um den Produzenten handelte. Auf der kleinen Leinwand fand gerade eine Dialogszene zwischen den beiden

Hauptdarstellern John Wyndham und Witney Kent vor der romantischen Umgebung einiger Planwagen und dem Sonnenuntergang der Prärie statt. Spencer setzte sich in die Reihe hinter den Regisseur und klopfte diesem auf die Schulter. Der fuhr verärgert herum und sah ihn an. Er kaute auf dem Ende einer nicht angezündeten Zigarre herum, denn Rauchen war zu seinem Missfallen hier verboten und leider musste auch er sich daran halten. Als er Spencer erkannte, wandte er sich wieder der Leinwand zu, meinte aber mit sonorer Stimme zugleich an ihn gerichtet:

„Sehr schön, dass Sie kommen konnten, Jackson! Geben Sie mir noch ein paar Minuten Zeit. Wir sind mit dem Material gleich durch, dann können wir reden."

Die Kamera schwenkte in einer großen Totalen über die weite Ebene. Der Morgen dämmerte hinter den Bergen im Hintergrund und ein Treck von Planwagen zog über die Prärie. Es folgten einige kurze Dialoge zwischen den Siedlern und ein weiterer zwischen dem Hauptdarsteller und Witney Kent. Diese saß auf einem der Planwagen, die Zügel fest in der Hand, und wurde von dem Anführer des Trecks - Wyndham - gewarnt, da sie sich in einer gefährlichen Gegend befanden, wo jeden Moment mit einem Indianerangriff zu rechnen sei. Eine Warnung, die sich in der nächsten Szene ebenso dramatisch, wie spannend bewahrheitete. Als die Indianer aus einem Hinterhalt heraus angriffen, wurden die Wagen eilig zu einem Kreis zusammengestellt, was gerade noch gelang. Spencer war überrascht, plötzlich Justin auf der Leinwand zu entdecken, der als Indianer kostümiert auf einem der Pferde heranritt, um sich mit einem gekonnten Sprung in dem allgemeinen Kampfgetümmel auf die Hauptdarstellerin zu stürzen. Justin hatte ihm davon erzählt, aber Spencer war doch überrascht, sie hier so unvermutet präsentiert zu bekommen. Gerade setzte Justin der Hauptdarstellerin sein Messer an die Kehle, als Regisseur Herbert Dietrich plötzlich in seinem Stuhl aufsprang und durch den Raum brüllte: „Halt! Stoppen Sie den Film um Himmels willen! Stoppen Sie und lassen Sie ein Stück zurücklaufen! Ich will diese Einstellung noch einmal von Beginn an sehen!"

Die Assistentin griff verschreckt zu einem Telefon an der Wand und wies den Vorführer oben ihm Raum darüber an, dies zu tun. Für einen Moment wurde es hell im Raum, als der Film stoppte. Dietrich schlug seinen Assistenten John Roughson vor lauter Aufregung derart hart gegen die Schulter, dass dieser vor Schreck zur Seite kippte und den Produzenten neben sich ebenfalls anstieß.

„Das ist er! Verdammt, haben Sie ihn gesehen, Roughson? Diesen Jungen dort will ich für meinen nächsten Film haben! Genau das ist er! Finden Sie heraus, wer er ist und sehen Sie zu, dass Sie ihn mir herschaffen!" Herbert Dietrich war völlig außer sich vor Begeisterung, was sowohl seinem Assistenten als auch dem Produzenten einen gehörigen Respekt beibrachte.

Das Licht verlosch wieder und der Film begann noch einmal mit dem Anfang des Überfalls.

„Achten Sie auf den jungen Indianer, der sich auf die Kent stürzt und ihr das Messer an die Kehle setzt! Unglaublich! Bemerken Sie diese Anmut, diese sagenhafte Ausstrahlung des Jungen? Er steckt voller Wildheit und besitzt doch eine erstaunlich unschuldige Eigenart! Einfach phänomenal! Das ist genau der Typ Schauspieler, den ich für diese Rolle brauche! Ihn und keinen anderen! Wo war ich, als diese Szenen gedreht wurden? Warum haben Sie mir das Material nicht sofort gezeigt?"

„Sie waren krank, Mr. Dietrich!", verteidigte sich der Angesprochene eilig. „Das Studio wollte nicht warten und hat mich damit beauftragt, einige Szenen zu drehen. Wissen Sie es nicht mehr?"

„Doch, natürlich Sie Idiot!", polterte Dietrich sofort los. „Natürlich weiß ich es noch! Und da sehen Sie mal wieder, was passiert, wenn man nicht auf mich wartet!"

Damit wandte er sich an seinem Assistenten vorbei an den Produzenten:

„Sie hätten wochenlang nach dem geeigneten Darsteller gesucht, Mr. Arling. Wahrscheinlich Hunderte von Schauspielern vorsprechen lassen. Was Sie das alles gekostet hätte! Und hier finden Sie das perfekte Gesicht einfach so und völlig umsonst auf der Leinwand wieder! Hätte man mich meine Arbeit machen lassen, wäre dieser Junge dort längst unter Vertrag! Finden Sie ihn! Schaffen Sie ihn mir heran! Dieser Junge und sonst kein anderer spielt die Hauptrolle in meinem nächsten Film!"

„Da hat das Studio ja wohl doch auch noch einige Worte mitzureden, Mr. Dietrich!", wagte Mr. Arling einen Einwand.

Der massige Regisseur fuhr aus seinem Stuhl hoch, als hätte ein giftiger Skorpion ihn gestochen und brüllte wie ein preußischer General los:

„Dann suchen Sie sich doch einen anderen Regisseur für Ihre Filme! Machen Sie doch, was Sie wollen! Ich habe Ihnen bisher immer anständige Arbeit abgeliefert. Meine Filme haben einen ganz ordentlichen Anteil an den Gewinnen des Studios. Und das wissen Sie auch! Und Sie wissen ebensogut, was der Grund dafür ist. Also pfuschen Sie mir nicht in meinen Job! Schließlich tue ich das bei Ihnen auch nicht! Alles was ich will, ist diesen Jungen dort für meinen nächsten Film. Was haben Sie nur dagegen, wenn ich Ihnen Geld sparen will?"

Der Angesprochene erhob sich. Mr. Roughson saß nun zwischen den beiden Streitenden und fühlte sich dabei sichtlich unwohl. Spencer saß noch immer hinter ihnen, während der Film weiterlief, und verfolgte alles mit größten Interesse.

„Im Grunde nichts, Mr. Dietrich. Und es ist auch nicht meine Absicht Ihre Arbeit zu schmälern. Aber die Besetzung der Hauptrollen bleibt immer noch Sache des Studios. Das gebe ich lediglich zu bedenken!"

Doch der Regisseur wollte sich nicht damit zufrieden geben. „Dann denken Sie nach und denken Sie schnell! Es ist Ihr Geld! Das Geld des Studios! Dieser Junge ist sicher kaum mehr als ein Kleindarsteller und wohl zweifellos billig zu bekommen! Wenn Sie in den anderen Rollen kostspielige Stars haben wollen, dann bitte sehr! Wenn Sie meinen, dass es Ihrem Film gut tut, dann nur zu! Ich habe nichts dagegen! Aber nicht für diese Rolle!"

„Also gut, ich werde sehen, was ich tun kann. Ich denke, wir werden uns da schon einigen!", lenkte Mr. Arling erschöpft ein und somit zeigte sich auch Mr. Dietrich endlich zufrieden.

„Wunderbar! Dann ist ja alles wieder in Ordnung! Ich schlage vor, wir machen Schluss für heute. Ich werde mir den Rest morgen ansehen."

Während die Assistentin den Vorführer anwies, den Film zu stoppen, ging das Licht wieder an und Herbert Dietrich wandte sich an seinen Assistenten John Roughson:

„Und Sie sehen jetzt endlich zu, dass Sie mir diesen Jungen ausfindig machen! Ich will ihn nächste Woche hier haben und mit ihm sprechen, ist das klar!?"

Roughson nickte unterwürfig und verließ den Raum ebenso eilig wie Mr. Arling. Der Regisseur trat nun auf Spencer Jackson zu, der ebenfalls aufgestanden war.

„Tut mir leid, diese unschöne, kleine Szene gerade. Aber haben Sie diesen Jungen gesehen?"

Spencer nickte, war jedoch bemüht, nicht allzu begeistert zu erscheinen. „Ja, sicher", meinte er nur.

„Ich habe ein Gespür für so etwas, verstehen Sie. Und das Drehbuch, dass ich zusammen mit meinem Freund R. J. geschrieben habe, ist etwas ganz besonderes. Es liegt mir sehr am Herzen. Dieser Junge dort eben ist geradezu eine ideale Besetzung für die Figur darin. Ich weiß es. Ich habe mich in diesen Dingen noch nie getäuscht. Und manchmal muss man diesen albernen Idioten von Produzenten einfach zeigen, wer mehr vom Filmemachen versteht. Und damit sind wir auch schon beim Thema, mein lieber Jackson."

„So?" Spencer war ein wenig überrascht.

„Ja, ganz recht! Ich weiß, ich bin Ihnen noch eine Kleinigkeit schuldig und ich weiß auch, dass Sie schon immer einmal eine Rolle spielen wollten, die sich ganz gegen Ihr sonstiges Image richtet. Die des Schurken, meine ich. Nun in diesem Film, den ich gerade vorbereite, habe ich einen ganz prachtvollen Schurken. Verschlagen, brutal, hinterhältig und rassistisch. Genau das, was Sie immer schon einmal spielen wollten. Und diese Rolle möchte ich Ihnen gern anbieten. Auch wenn ich weiß, dass mich dies einen ziemlichen Kampf kosten wird, das Studio auch noch davon zu überzeugen - aber sei es drum. Dieser Film ist es mir wert. Und genauso, wie ich überzeugt bin, dass dieser Junge dort die Hauptrolle spielen muss, bin ich überzeugt, dass gerade Sie die Idealbesetzung für diese Rolle sind. Es ist nicht die Hauptrolle, das muss ich Ihnen fairerweise schon gleich vorab sagen. Aber es würde mich freuen, wenn Sie Interesse daran hätten."

„Das klingt alles wirklich sehr verlockend. Und ich bin versucht, sofort zuzusagen. Ich kann mir meine Rollen nicht unbedingt immer aussuchen. Ich bin Vertragsschauspieler, wie Sie wissen. Doch Sie haben mich ziemlich neugierig gemacht. Allerdings hätte ich schon noch gern das Skript vorher gelesen, ehe ich ja sage."

Herbert Dietrich grinste und blickte Spencer dabei an, den er um fast einen Kopf überragte.

„Sie wissen, dass ich das nicht machen kann. Nicht, solange Sie nicht unter Vertrag sind. Aber ich kann Ihnen ein Treatment geben. Und einige Seiten mit einem Auszug Ihrer Rolle sicher auch. Ich lasse es Ihnen gleich am Montag zukommen und hoffe, Sie entscheiden sich frühzeitig für mein Angebot, damit ich noch genug Zeit habe, Sie bei Arling und dem Studio durchzuboxen. Die werden toben, wenn ich Sie für diese Rolle verlange!"

Davon war Spencer überzeugt. Und schon deshalb gefiel ihm dessen Angebot, je länger er darüber nachdachte. Darüber hinaus hatte er tatsächlich schon immer darauf gehofft, einmal eine solche Rolle spielen zu dürfen. Aber er schwieg und wollte den massigen Regisseur noch ein wenig schmoren lassen. Auch wenn er sich im Grunde längst dazu entschieden hatte, die Rolle anzunehmen. Sie verabschiedeten sich an der Treppe nach unten voneinander, die Spencer dann eilig hinunterlief. Denn er hatte noch etwas sehr wichtiges zu erledigen, dass er auf gar keinen Fall aufschieben durfte. Er lief hinüber in das andere Gebäude, wo sich die Besetzungsbüros befanden. Es war kurz vor Feierabend. Ein geradezu idealer Zeitpunkt für sein Vorhaben. Er schlenderte in seiner lockeren, galanten Art auf die Dame am Tresen zu und setzte sein zauberhaftes Ich-bin-ihr-Held-und-Retter-Lächeln auf. Absolut siegessicher und sich seiner Wirkung auf Frauen bewusst, blieb er vor ihr stehen. Natürlich hatte sie ihn längst erkannt und lächelte ein wenig nervös.

„Wir machen hier gleich Schluss, Mr. Jackson. Was kann ich denn noch für Sie tun?", fragte sie ihn.

„Oh, für mich eigentlich wenig, aber sehr viel für einen guten Freund. Aber ich will Sie um Himmels Willen nicht von ihrem Feierabend abhalten. Ich möchte nur mal kurz einen Blick in die Kartei eines Freundes werfen. Ist das noch möglich?"

„Wenn es nicht zu lange dauert, geht das sicher schon klar. Ich wollte gerade meine Sachen packen."

„Packen Sie nur! Ich sehe rasch nach und lade sie danach noch zu einem Café ein. Na, wie wäre das?"

„Ist das wirklich ihr Ernst? Einfach so?"

„Ja, warum nicht? Oder haben Sie etwa schon etwas anderes vor?", entgegnete er und lief bereits an den hohen Regalen mit den Alphabetisch durch nummerierten Stahlschubladen entlang. Vor dem Fach mit der Aufschrift „Fa" blieb er stehen und zog es auf.

„Nein, nein! Ich würde mich wirklich riesig freuen!", kam die begeisterte Stimme der jungen Brünetten von vorne.

Er grinste. Nichts anderes hatte er erwartet. Er blätterte die Mappen durch und fand, wonach er suchte. Ein dünnes Heft mit der Aufschrift „Farr, J. Evans". Hastig knickte er die Mappe zusammen und steckte sie sich hinten in seine Jeanstasche. Seine Jacke schob er geschickt und lässig darüber. Niemand würde es bemerken. Er drückte den Stahlschrank wieder zu und ging mit einem strahlenden Lächeln zurück nach vorne, wo die junge Frau auf ihn wartete. Er warf lässig seinen Arm um ihre Schulter und führte mit ihr eine belanglose Konversation, die überwiegend aus poetischen Komplimenten bestand, bis sie seinen Wagen erreicht hatten und gemeinsam das Studiogelände verließen. Er schenkte ihr eine Dreiviertelstunde in einem netten Café und fuhr sie dann, ganz der perfekte Gentleman, auch noch nach Hause. Nachdem sie ihm noch immer vor Freude strahlend hinterher winkte, als er in seinem blauen Cabriolet davon brauste, atmete er erleichtert auf und war froh, sie endlich vom Hals zu haben. Er war zu der Meinung gelangt, einfach ein wenig zu dick aufgetragen zu haben. Diese Mappe hätte er auch einfacher bekommen können. Doch wichtig war im Moment nur, dass er sie hatte. Er hielt an irgendeiner Ecke in der Stadt an und sprang aus seinem Wagen. Dort lief er in eine Gasse und warf die Akte in den erst besten Mülleimer, den er finden konnte. Dabei stopfte er sie zur Vorsicht noch ein wenig nach unten und ärgerte sich, dass er sich den Ärmel seines Hemdes dabei beschmierte. Dann fuhr er beruhigt zurück nach Glendale. Voller Hoffnung, dass wohl alle Versuche des bedauernswerten Mr. Roughson scheitern mögen, für Mr. Dietrich die gewünschte Information zu finden. Denn er hätte es niemals ertragen, dass sein kleiner, hübscher Justin, den er so sehr liebte, ihm womöglich einmal den Rang ablaufen könnte. Eine Hauptrolle durfte er auf gar keinen Fall bekommen! Weder jetzt, noch sonst irgendwann! Und schon gar nicht in einem Film, in dem er selbst vorhatte mitzuwirken. Denn er wollte ihn ganz für sich. Und seine fast schon manische Angst, ihn verlieren zu können, duldete dies unter keinen Umständen. Er sollte nur brav weiter seine netten kleinen Nebenrollen spielen. Dann konnte er sich sicher sein, ihn unter Kontrolle zu haben und dass er ihm nicht davonlief …

Schon am Mittwochabend, nachdem sie im Anschluss an eine übermütige Kissenschlacht eine heiße Nacht lang stürmischen Sex miteinander hatten, machte Justin seinem verliebten Filmhelden klar, dass er am Freitag nicht bei ihm sein würde. Denn für die drei freien Tage, die ihm von Mr. Cooper gewährt worden waren, würde er am Freitag nach seinem

Schauspielkurs bis Abends arbeiten müssen. Das entsprach zwar nicht der Wahrheit, doch Spencer schluckte diese überzeugend vorgetragene Ausrede, ohne sich weiter darüber zu beschweren. Dieses Arrangement sicherte Justin seine so sehr ersehnte Verabredung mit Robert.

Sie trafen sich nach seinem Kurs im Lincoln Park und fuhren dann in Roberts dunkelgrünem Plymouth zusammen an den Strand von Santa Monica. In einem Café saßen sie eine Weile zusammen und diskutierten angeregt über das Filmbusiness und ihrer beider Faszination an dieser verrückten Welt des Glamours. Als es dunkel wurde, spazierten sie gemeinsam den langen Strand entlang. Dabei erzählte Justin seinem geliebten Freund bereitwillig manches aus seiner Kindheit zu Haus in Steaming Meadow, als dieser ihn danach fragte. Er verriet ihm sogar ein paar kleine Geheimnisse, die er noch niemanden zuvor erzählt hatte. Nicht einmal Gloria. Und auch Robert offenbarte ihm manch kleine Geschichte aus seiner Kinder- und Jugendzeit. Schließlich fanden sie an einer verschwiegenen Stelle unter einem Bootssteg einen Platz von dem aus sie sich zusammen den Sonnenuntergang ansahen. Dicht beieinander saßen sie dort im Sand und küssten sich verliebt. Niemand störte sie dort und so vergassen sie die Zeit, bis es schließlich ganz dunkel war und oben an der Promenade die Lichter der Laternen angingen. Sie spazierten noch eine ganze Weile, mit den Füßen im heranbrandenden Wasser, den Santa Monica Beach entlang, ehe sie schließlich wieder zu Roberts Wagen zurückkehrten. Bei ihrem Abschied voneinander blickte Robert seinem Freund tief in die Augen.

„Das nächste Mal würde ich dir gern mal mein Apartment zeigen."

„Ist das eine Einladung?", fragte Justin ihn mit einem Lächeln, das vielerlei Hintergedanken offenbarte.

„Eine Einladung schon. Aber nicht zu dem, was ich gerade in deinem frechen Grinsen lese!", machte Robert sofort deutlich.

„Was, gefällt dir mein Grinsen etwa nicht?", erwiderte Justin mit gespielter Entrüstung.

„Doch, doch sehr sogar! Aber die Gedanken hinter diesem Grinsen wollen wir besser mal nicht in Worte fassen!"

Justin lächelte verschlagen und warf ihm einen verliebten Augenaufschlag zu. „Dann lassen wir die Worte doch einfach und machen gleich Taten daraus!"

„Das werden wir - irgendwann! Wenn der richtige Zeitpunkt dafür gekommen ist."

Justin stand an der Fahrerseite von Roberts Wagen und trat nun, da dieser gerade anfahren wollte, auf ihn zu. Robert beugte sich aus dem Fenster zu ihm heraus und so küssten sie sich noch einmal voller Leidenschaft. Dabei geriet er versehentlich mit dem Ellenbogen auf die Hupe und sie beide fuhren bei dem plötzlichen, lauten Ton erschrocken auseinander. Doch im nächsten Moment mussten sie darüber lachen.

„Am Sonntag bin ich bei Gloria. Wenn du Lust hast, komm doch vorbei", meinte Justin da noch schnell.

„Keine schlechte Idee. Ja, vielleicht werde ich da sein!", gab ihm Robert zur Antwort und ließ den Motor aufheulen. Er brauste davon und Justin nahm sich ein Taxi, das ihn zurück nach Glendale brachte. Den darauf folgenden Samstag verbrachte er wieder in den Armen von Spencer Jackson. Und die Nacht bei wilden, gemeinsamen Sexspielen in dessen Bett.

Am Sonntag um die Mittagszeit herum traf er bei Gloria ein. Und Robert kam tatsächlich wenig später ebenfalls. So verbrachten sie den Tag gemeinsam miteinander. Unbeschwert und voller Spaß, als wären sie schon eine Ewigkeit die besten Freunde, die nichts voneinander trennen könnte. Viel zu schnell ging dieser Tag vorbei, der für Justin erneut im Bett von Spencer Jackson endete.

Am Montag kehrte der Alltag zurück. Und das bedeutete für Justin vor allem eins: Überstunden bei Wagners Wäscherei Service an allen Tagen, an denen er keinen Kurs hatte. Und allabendlich schlossen sich darüber hinaus auch noch Überstunden im Bett von Spencer Jackson an, dessen zügellose Sexgier er jedoch gewohnt routiniert zufriedenstellte. Allerdings stets peinlich darauf bedacht, sich sein zunehmendes Desinteresse an dem verliebten Schauspieler nicht anmerken zu lassen. Denn mehr und mehr dachte Justin dabei immer nur an Robert, wenn sie es miteinander trieben. Ein Umstand, der seine Lust in den Augen von Spencer nur umso glaubwürdiger erscheinen ließ. Denn nach wie vor ahnte dieser nicht im geringsten, dass Justin im Grunde einen anderen liebte und sich nur von ihm aushalten ließ, weil Robert noch nicht bereit dazu war, ihm auch seine sexuellen Träume zu erfüllen. Aber anders als bei Spencer, hatte es Justin längst nicht mehr so eilig, auch mit Robert im Bett zu landen. Doch Justin brauchte Spencer für seine Karriere ebenso sehr, wie der ihn für die Erfüllung seiner Lust brauchte. Jedenfalls glaubte er dies.

Am Donnerstag erhielt er von Barbara Hensleigh einen überraschenden Anruf bei Wagners. Sie bat ihn nach Feierabend in das Büro der Agentur zu kommen, weil dort am Vormittag jemand etwas für ihn abgegeben hatte. Es war kurz vor 20 Uhr, als er endlich dort sein konnte. Voll gespannter Neugierde, was es denn wohl sein mochte. Er lief hastig die eisernen Treppen zu der Agentur nach oben und ging den Gang entlang bis zu der Tür. Diese stand offen und Mrs. Hensleigh war wie verabredet dort. Sie trug ein schlichtes, schwarzes Kostüm als Ausdruck ihrer Trauer, mit einer eleganten Jacke gleicher Farbe, die sie nicht abgelegt hatte. Es kam ihm so vor, dass sie ein wenig abgenommen hatte, seit er ihr das letzte Mal begegnet war. Und er staunte über den ungewohnten Anblick der Ordnung überall. Vor allem auf dem Schreibtisch von Mr. Morgan.

„Ich war am Vormittag noch einmal hier, weil ich einige Dinge abholen wollte, als dieser seltsame junge Mann mir dies Paket für Sie vorbeibrachte", erzählte sie ihm, nachdem sie sich begrüßt hatten. Dabei wies sie auf das große Paket, das dort neben ihr auf der Couch lag. Eine flache, recht große, braune Schachtel ordentlich verschnürt mit Paketband.

„Das alles war sehr eigenartig. Er war überrascht, dass die Agentur geschlossen war, bis ich ihm den Grund dafür erklärte. Und dann fragte er mich, ob ich ihm Ihre Adresse geben könnte, was ja leider nicht möglich war. Doch er schien es ziemlich eilig zu haben und das Paket auch nicht wieder mitnehmen zu wollen, also fragte er mich, ob ich es Ihnen zutragen könnte, Justin. Aber er bat mich eindringlich, ja beinahe mit einem drohenden Unterton, es Ihnen unbedingt persönlich zu geben, weil es sehr wichtig sei! Ich habe es ihm versprochen und dann ist er wieder verschwunden. Und hier ist es nun."

Justin setzte sich auf die Couch, nahm das Paket auf den Schoß und begann die vielen Knoten aufzubinden.

„Können Sie sich einen Reim darauf machen, Justin?", fragte Mrs. Hensleigh ihn verwundert.

„Im Augenblick noch nicht. Aber vielleicht lüften wir das Geheimnis ja gleich."

Als sie sah, dass er doch einige Schwierigkeiten damit hatte, die vielen Knoten zu entwirren, trat sie beflissen an den Schreibtisch und reichte ihm von dort eine Schere.

„Hier, damit geht es sicher besser!" Justin nickte und begann die Schnüre durchzuschneiden.

„Wie sah er denn aus, dieser junge Mann?", wollte Justin wissen.

„Oh, er war sicher einige Jahre älter als Sie. Auch ein wenig größer noch. Er hatte sich nicht rasiert und roch ein bisschen nach Alkohol. Hellbraunes Haar hatte er. Und die Sachen, die er trug, passten irgendwie nicht zu ihm. Als hätte er sie sich nur ausgeborgt oder so ähnlich."

Justin hatte endlich alle Bänder durchgeschnitten und gab Mrs. Hensleigh die Schere zurück, die sie ihm abnahm. Der Deckel des Kartons saß ein wenig fest, doch mit etwas Gewalt gelang es Justin schnell ihn hochzuziehen. Grob eingewickelt in zerknülltem Zeitungspapier lag eine Filmrolle vor ihm in der Schachtel. Jetzt endlich verstand Justin, was dies zu bedeuten hatte und er war für einen Moment lang schlicht sprachlos vor Überraschung. Mrs. Hensleigh verstand zwar immer noch nicht, was dies zu bedeuten hatte, stellte aber auch keine weiteren Fragen, sondern ging hinüber an das Fenster, während Justin einen Brief unter der Filmrolle hervorzog.

„Eine positive Überraschung, wie ich annehmen darf?", fragte sie schließlich dennoch.

„Allerdings, das kann man wohl sagen! Es ist von einem alten Freund, der mir einen sehr großen Gefallen damit getan hat!", erklärte Justin ihr schlicht. Sie ging nach nebenan in ihr altes Büro und ließ Justin einen Moment allein, damit er in Ruhe den Brief lesen konnte, den er auseinandergefaltet in seinen Händen hielt.

„Du hast mich all die Jahre nicht vergessen und mir geholfen, als ich ganz unten war und nicht mehr weiter konnte. Nun kann ich mein Versprechen einlösen und mich dafür bei Dir bedanken. Es war nicht ganz einfach, an den Film zu kommen, aber wie Du siehst, habe ich es geschafft. Und ich kann Dir versichern, dass es keine Kopie davon gibt. Hamilton wollte ihn tatsächlich ganz für sich allein. Ich hätte ihn natürlich gleich selbst für Dich vernichten können, aber das will ich lieber Dir überlassen. Wir werden uns nicht mehr wiedersehen, Justin. Der Boden hier wird mir zu heiß und ich will weg sein, ehe Hamilton doch noch mitkriegt, dass ich ihm den Film geklaut habe. Aber ich kann dir versprechen, dass ich mein Leben ändern werde. Vielleicht gehe ich sogar irgendwo hin und fange wieder an Eis zu verkaufen. Nur ganz bestimmt nicht in Steaming Meadow! Ich mache Schluss mit den Drogen und der Sauferei. Das habe ich mir fest vorgenommen! Nur auf ein paar hübsche Kerle ab und zu werde ich wohl nicht verzichten können. Aber das kannst Du ja sicher verstehen, was?

Mach's gut. Ich wünsch Dir alles Glück der Welt. Und ich hoffe, dass ich Dich einmal im Kino auf der großen Leinwand wiedersehen werde. Joe."

Justin faltete den Brief zusammen und steckte ihn sich in die Tasche seines Hemdes. Mit dem Film in der Schachtel ging er dann nach neben zu Mrs. Hensleigh. Als er in das Zimmer trat, fiel sein Blick auf den kleinen Kaminofen in der Wand und da kam ihm ein Gedanke.

„Was meinen Sie, Mrs. Hensleigh, ob ich den Ofen dort wohl für einen Moment anzünden kann?"

Sie drehte sich irritiert zu ihm herum.

„Äh, ja. Es dauert ein wenig, bis er richtig zieht. Aber was wollen Sie denn tun?"

„Etwas verbrennen, dass es niemals hätte geben dürfen!", antwortete er ihr mit rätselhaftem Ton und bitterem Ernst.

Sie blickte auf die Filmrolle in seiner Hand und glaubte zu verstehen, was er damit meinte. „Ist in Ordnung. Wir haben alle unsere kleinen Geheimnisse und Sorgen. Ich wünschte mir nur, meine ließen sich auch so einfach in einem Kamin verbrennen. Ich gehe ein wenig an die frische Luft und warte draußen auf Sie, Justin."

Nach diesen Worten klopfte sie ihm beim Hinausgehen verständnisvoll auf die Schulter und schenkte ihm ein Lächeln.

Justin fand noch drei kleine Holzscheite und schichtete diese über dem Zeitungspapier in dem Kamin auf. Mit einem Streichholz zündete er das Papier an. Er zerriß den Karton, so gut es gerade ging, und legte die Stücke dazu. Allmählich fraßen sich die Flammen an dem Holz hoch. Er nahm die

Filmrolle zur Hand und begann den Film davon abzuwickeln. Als nur noch ein großes, wirres Bündel schmaler, scheinbar endloser Streifen vor ihm auf dem Boden lag, zog er einen davon heraus und hielt ihn vor dem flackernden Schein des Feuers in die Höhe, um ihn sich ansehen zu können. Er konnte sich darauf erkennen, wie er fast nackt auf dem Bett lag. Und Lyon Hamilton, der sich gerade über ihn hermachte. Die düsteren Erinnerungen an jene Nacht kehrten mit einem Schlag zurück. Und voller Wut und Abscheu packte er die ganzen Filmstreifen und warf sie in das Feuer. Die Flammen stieben mit einem Knall hoch, als sie das Zelluloid erfassten und es mit einer kleinen Explosion zu verbrennen begannen. Funken wirbelten ihm entgegen und er sah, wie die Filmstreifen zu schwarzen Klumpen verschmolzen. Als alles davon für immer zerstört war, zog er den Brief von Joe aus seiner Hemdtasche und warf auch ihn hinein. Gierig verbrannten die Flammen das Papier zu Asche.

„Ich wünsch dir auch alles Gute, Joe", flüsterte Justin dabei andächtig. „Ich hoffe wirklich, dass du es schaffst!"

Dann nahm er die kleine Kaminschaufel von dem Ständer und löschte das Feuer damit aus bis nur noch kleine Qualmwolken aus der Asche hervorquollen. Die leere Filmrolle stellte er in eine Ecke an die Wand und ging nach draußen. Mrs. Hensleigh schloss das Büro ab und verabschiedete sich dann von ihm, ohne ihn noch einmal auf den Film anzusprechen.

Gerade wandte sie sich ab, um zu gehen, als sie sich noch einmal umdrehte und auf ihn zukam.

„Jetzt hätte ich doch fast vergessen, Ihnen diese Karte zu geben, Justin!", sagte sie hastig und reichte ihm diese entgegen.

„Es ist die Adresse einer sehr guten Agentur. Sie sollten es sich nicht lange überlegen und zu ihnen gehen. Man wird Ihnen dort den Weg zu den Sternen von Hollywood sicher ein wenig leichter machen können!" Sie schenkte ihm ein Lächeln, drückte ihm noch einmal fest die Hand und ging dann entschlossenen Schrittes die schmale Gasse entlang zurück auf den Boulevard.

Diese Woche, so belanglos sie begonnen hatte, sollte jedoch noch eine weitere Überraschung für Justin bereithalten. Als er am Sonntag wie üblich zu Gloria kam, empfing diese ihn bereits an der Tür ihres Apartments, noch ehe er überhaupt die Gelegenheit hatte zu klingeln. Sie schien völlig aus dem Häuschen zu sein vor Aufregung und hielt ihre linke Hand hinter dem Rücken verborgen.

„Oh, Justin! Endlich! Warum hast du dich nicht gestern schon bei mir gemeldet?"

„Warum, was ist denn passiert?" Er schenkte ihr erst ein Lächeln und ließ sich dann stürmisch von ihr umarmen.

„Weil ich gestern den ganzen Tag über wie auf heißen Kohlen saß, weil ich es dir nicht sagen konnte! Du verliebter Dummkopf, du!"

„Jetzt mach es schon nicht so spannend, Gloria! Was ist passiert?"

Justin sah seine Freundin voller Spannung an, denn er kannte sie mittlerweile recht gut, um zu wissen, dass es wirklich etwas Wichtiges sein musste, wenn sie derart aufgedreht war.

Sie zog einen Brief hinter ihrem Rücken hervor, dessen Umschlag an einer Seite bereits aufgerissen war. Dabei setzte sie ihren unschuldigen Kulleraugen-Blick auf, trat einen dezenten Schritt zurück und sah ihn betreten an. „Du bist mir doch aber bitte nicht böse, weil ich ihn schon aufgemacht habe, versprichst du mir das? Ich musste einfach wissen, was drin stand!"

„Nein! Ist schon vergeben und vergessen!", meinte er nur und musste grinsen.

Sie hielt ihm strahlend den Brief hin, den er ihr aus der Hand riss. Justin las den Absender auf dem Umschlag:

„Reardon Film Investors - Abteilung Casting"

Jetzt wurde er selbst ganz nervös und zog den Brief aus dem Umschlag hervor. Gloria stand neben ihm, noch immer an der offenen Tür vor ihrem Apartment, und wartete freudestrahlend voller Spannung auf seine Reaktion. Justin las laut den kurzen, förmlichen Text:

„Sehr geehrter Mr. Farr, wir freuen uns Ihnen heute mitteilen zu können, dass Sie ausgewählt worden sind, um für die Hauptrolle in der Produktion HINTER DEN ERDBEERFELDERN *vorzusprechen. Im Auftrag von Mr. Morgan Haze erwarten wir Sie hierzu am 27. Mai diesen Jahres um 14 Uhr in den Reardon Studios, Gebäude 4 - Abteilung Casting. Sollten Sie zu dem angegebenen Termin nicht erscheinen können, teilen Sie uns dies bitte frühzeitig mit, damit wir einen neuen mit Ihnen vereinbaren können. Einen Studioausweis für diesen Termin fügen wir dem Schreiben bei.*

Mit vorzüglichen Grüßen - Francesca Fraser (Casting Beauftragte)"

Abermals fiel sie ihm jubelnd um den Hals und brachte ihn mit ihrer stürmischen Begeisterung beinahe zu Fall.

„Oh, Justin! Habe ich es dir nicht gesagt! Sie wollen dich für die Rolle haben! Ist es nicht unglaublich? Genau wie es Mr. Morgan dir in seinem Brief auch gesagt hat. Du wirst die Rolle kriegen!"

„Nun beruhige dich mal wieder! Auch jetzt ist es immer noch nichts weiter als ein Casting. Wer weiß, wie viele diese Einladung außer mir noch gekriegt haben?"

Gloria sah ihn entgeistert an und konnte seine sachliche, fast desinteressierte Art, mit der er den Brief abtat, nicht verstehen. „Herrje, Justin, was ist denn nur mit dir los? Freust du dich denn kein bisschen darüber?"

Justin begann zu grinsen und damit wurde Gloria klar, dass er sie reingelegt hatte.

„Aber sicher doch!", platzte es da aus ihm heraus. „Komm, lass uns reingehen und eine Flasche aufmachen! Du hast doch eine im Kühlschrank, oder?" Er folgte ihr durch den Flur in ihre Zimmer.

„Du hast Glück! Ich habe gerade noch eine da. Aber ich habe sie gestern Abend schon aufgemacht, weil ich es nicht abwarten konnte, auf diese freudige Neuigkeit anzustoßen!"

„Mit wem wolltest du denn darauf anstoßen?", fragte er völlig beiläufig, während sie die Küche erreichten.

„Mit mir zum Beispiel?", antwortete eine ihm vertraute Stimme und machte damit Justins Überraschung perfekt.

Robert trat hinter der angelehnten Tür hervor und lachte ihm entgegen. Sie schlossen sich kurz, aber innig zur Begrüßung in die Arme, während Gloria bereits die drei Gläser auf der Anrichte mit Wein füllte.

„Das hast du natürlich wieder arrangiert, stimmt's?", wollte Justin lachend von ihr wissen.

„Ich bekenne mich in allen Anklagepunkten für schuldig, Euer Ehren!", posaunte Gloria und reichte ihnen die Gläser. Sie stießen gemeinsam an und tranken jeder einen Schluck.

„Und jetzt, wo wir hier so feierlich versammelt sind, wollen wir gleich noch ein zweites Mal anstoßen!", meinte Robert an Justin gewandt und fügte dann noch schnell hinzu: „Nämlich auf deinen heutigen Geburtstag! Herzlichen Glückwunsch und alles, alles Liebe und Gute!"

Auch Gloria stieß mit ihrem Glas noch einmal an und gratulierte ihm ebenfalls ganz eilig.

„Hey, das ist wirklich ganz toll von Euch! Aber wann habe ich dir denn meinen Geburtstag verraten?"

Gloria lachte. „Oh, das ist schon eine Weile her. Aber wie du siehst, vergesse ich nichts!"

„Ich bin wirklich sprachlos!", meinte Justin begeistert.

„Na, dann wart erst mal ab, bis du unser Geschenk aufgemacht hast!", entgegnete Gloria und holte aus einem der Schränke ein in dunkelblaues Papier verpacktes Päckchen hervor und überreichte es ihm feierlich.

„Das ist jetzt aber wirklich zuviel!", wiegelte Justin gerührt ab, stellte sein Glas auf den Tisch und bekam das Päckchen von Gloria in die Hände gedrückt.

„Na, mach's schon auf! Schließlich wird man nur einmal im Leben 21", forderte Robert ihn auf.

Als er das bunte Papier aufgerissen und den Deckel der Schachtel aufgezogen hatte, zog Justin eine silberne, sehr moderne Armbanduhr daraus hervor.

„Du musst sie umdrehen!", forderte Gloria ihn auf. Und so konnte Justin den auf der Rückseite eingravierten Text lesen:

„Gute Freunde sind ebenso wichtig wie die Träume, die du dir erfüllst."
Justin nahm Gloria in den Arm und drückte sie an sich.

„Das war doch wieder deine Idee! Hey, vielen Dank! Die ist wirklich klasse!"

„Ja, meine Idee war es schon. Aber bedank dich bei Robert für die Auswahl der Uhr. Ich glaube, ich hätte nicht so einen guten Geschmack gehabt wie er!"

Sie blickten einander in die Augen und Robert lächelte ein wenig verschämt. Justin drückte ihn nun an sich.

„Nun, sag schon; das war doch wohl wirklich gleich in doppelter Ausführung eine gelungene Überraschung, oder?", wollte Robert dann von ihm wissen.

„Ja, ehrlich, das kann man wohl behaupten. Auch, wenn es doch wirklich noch längst nicht entschieden ist, dass ich die Rolle auch kriege!", dämpfte Justin nun wieder die Begeisterung.

„Daran zweifelst du noch immer? Ein fataler Fehler, mein Freund! Du solltest lieber überzeugt sein, dass du die Rolle kriegst! Wir zwei sind es nämlich schon längst! Stimmt's nicht, Robert?" Gloria prostete ihm erneut zu und trank demonstrativ noch einen weiteren Schluck.

„Na, dann muss ich es ja wohl auch sein", stimmte Justin ihr zu und kapitulierte lachend.

Er zog den Brief noch einmal hervor. „Der 27. - Das ist ja schon in einer guten Woche!"

„Stimmt genau, Herr Detektiv! Nicht viel Zeit um endlich zu kapieren, dass du jetzt auf dem Weg ganz noch oben bist!", fuhr Gloria auf ihre ganz besondere, humorvolle Art fort.

Doch Justin beendete das Thema auf die gleiche Weise: „Also, was habt ihr zwei denn jetzt noch weiter vor? Und sag mir nicht, du hättest nicht auch das längst geplant!"

Gloria blickte ihn mit der Miene eines Juwelendiebes an, den man gerade mit der Hand im Safe ertappt hatte.

„Auf jeden Fall fahren wir bei diesem herrlichen Wetter zusammen raus. Wohin bleibt allerdings eine Überraschung. Das hat Robert sich ausgedacht!"

Justin'sFreund zuckte mit den Schultern. „Diesmal muss ich mich wohl Schuldig bekennen!"

Zu dritt verbrachten sie einen unbeschwerten Sonntag im San Fernando Valley. Dabei erzählte Gloria ihnen voller Begeisterung von dem Abschluss ihrer Dreharbeiten am vergangenen Donnerstag und das Shane Callow ihr ein Foto mit persönlicher Widmung geschenkt hatte, das ein Studiofotograf von ihnen beiden aufgenommen hatte. Für alle drei wurde es ein unvergesslicher Tag.

Doch auch wenn Justin es seinen Freunden gegenüber nicht so direkt zeigte, war er doch noch immer sehr vorsichtig, was seine Karriere betraf. Solange er nicht einen unterschriebenen Vertrag für eine Hauptrolle in der Tasche hatte, wollte er kein Risiko eingehen. Und deshalb zögerte er noch immer, sich endlich von Spencer zu trennen. Denn er war sich nicht völlig sicher, ob er dessen Hilfe nicht vielleicht doch noch brauchen würde. Auch wenn ihm dieses andauernde Versteckspiel sowohl Spencer als auch Robert gegenüber von Woche zu Woche schwerer fiel. Noch war nichts von alledem, was er sich erträumte, Wirklichkeit geworden. Und deshalb zog er es vor, auch weiterhin vorsichtig zu sein, um sich alle Optionen offen halten zu können ...

Die folgende Woche wollte einfach kein Ende nehmen. Justin sehnte den Sonntag regelrecht herbei, an dem er Robert endlich wiedersehen konnte. Nur die gelegentlichen Telefonate mit ihm am Abend oder während seiner Mittagspause, halfen ihm diese durchzustehen. Dann konnte er wenigstens seine Stimme hören. Und für eine kleine Weile schwand seine Sehnsucht nach ihm dahin.

Das Wochenende begann wie die vorherigen. Der Freitagabend und der Samstag gehörten Spencer. An beiden Abenden hatten sie wie gewohnt wilden und lustvollen Sex miteinander. Doch den Sonntag, den sein eifersüchtiger Filmheld bisher als Justins ganz persönlichen Tag akzeptiert hatte, war dieser plötzlich nicht mehr bereit, so ohne weiteres aufzugeben. Offenbar hatte sich Misstrauen in ihm festgesetzt, welches ihn glauben ließ, Justin könnte diesen Tag dazu benutzen, ihn zu betrügen. Dabei hatte Justin ihm immer wieder erklärt, dass dieser Tag Gloria gehörte, der er lediglich freundschaftlich verbunden war. Als Spencer an diesem Samstagabend plötzlich seinen Unmut darüber ausdrückte, kam Justin eine Idee, die ihm diese Zweifel nehmen sollten. Und so ließ er sich am Sonntagvormittag zum Schreck seines Filmhelden einfach von Gloria in Glendale abholen und stellte die beiden einander vor. Gloria war von dieser Idee ganz begeistert gewesen und er hatte sie nicht lange dazu überreden müssen. Spencer war zunächst entsetzt, auch wenn Justin ihm erzählt hatte, dass Gloria sehr wohl darüber Bescheid wusste, dass er sein Bett mit ihm teilte. Doch dann wurde er von ihrer offenen, aufrichtig-mitfühlenden und humorvollen Art regelrecht überrumpelt und mitgerissen. Und es stellte sich heraus, dass sich die beiden ganz prächtig verstanden. Trotz dieser Erkenntnis, war Gloria zu Justins Freude bemüht, ihr Zusammentreffen möglichst kurz zu gestalten. Nach einem kleinen, (alkoholfreien!) Drink, den sie alle drei gemeinsam draußen auf der Terrasse seiner Villa genossen, machten sich beide schließlich wieder auf den Weg. Und Justin war sich sicher, dass er dieses Thema damit ein für alle Mal geklärt hatte. Er schenkte seiner Freundin auf der Rückfahrt dankbar einen dicken Kuss, den sie in Samanthas Wagen, den sich Gloria wieder einmal geliehen hatte, gemeinsam antraten. Und dabei verriet ihm Gloria, dass sie es nur ihm zuliebe getan hatte, weil sie nicht sehr viel von Spencer hielt und von seiner arroganten Oberflächlichkeit ziemlich enttäuscht war. Damit überraschte sie Justin nun wirklich, denn er hatte ihr ihren Sympathieauftritt wirklich zu 100 % abgenommen!

„Was bin ich froh, eine so fabelhafte Schauspielerin wie dich als Freundin zu haben!", lobte Justin sie begeistert und entlockte ihr damit ein amüsiertes Lachen.

Robert kam bald darauf gerade recht zum Essen. Gloria hatte dies in ihrem Übermut angeboten vorzubereiten. Diesmal war es nicht ganz gelungen. Die Steaks waren ziemlich zäh und ein wenig zu sehr durchgebraten. Doch dafür war ihr die scharfe Soße dazu und der Salat hervorragend gelungen. Sowohl Robert als auch Justin waren jedoch voll des Lobes für ihre Kochkünste. Den Nachmittag verbrachten sie noch zu dritt. Doch Gloria war umsichtig genug und erkannte sehr schnell, dass beide den Abend lieber allein miteinander verbringen wollten - auch wenn sie dies mit keinem Wort erwähnten. Es fiel ihr nicht schwer, eine Ausrede zu finden, die natürlich von beiden sehr wohl durchschaut, aber dennoch angenommen wurde. So machten sich beide in Roberts Wagen auf den Weg. Irgendwann hielten sie hoch in den Hollywood Hills auf einer schmalen Parkeinbuchtung an der kurvenreichen Straße und stiegen aus. Es war ein noch immer sehr warmer, sternenklarer Abend. Längst war es dunkel. Unter ihnen lag die Stadt in ihrem endlosen Lichterglanz. Beinahe den gesamten Horizont schien sie auszufüllen. Tausende und Abertausende von kleinen Lichtern. Sie setzten sich nebeneinander auf einen Felsen, der noch warm war von der Hitze des Tages, und blickten auf dieses Lichtermeer hinunter.

„Von hier oben scheinen all die Sorgen und Probleme in weite Ferne gerückt zu sein, wenn man so darauf runterschaut. Findest du nicht auch?", wollte Robert nach einer Weile des Schweigens von seinem Geliebten wissen.

„Ja, das mag wohl sein. Aber es ist doch nur ein Trugbild. Eine Illusion, die nur so lange dauert, wie man hier oben steht. Schon auf dem Weg nach unten kehrt die Realität zurück."

„Manchmal frage ich mich, warum die Welt nur so ist, wie sie ist. Warum können sich die Menschen nicht einfach verstehen, akzeptieren und mit Achtung voreinander begegnen? Warum gibt es soviel Hass, Neid, Vorurteile und Gewalt? Alles könnte so einfach sein. Aber wir machen es uns gegenseitig immer nur so unendlich schwer, miteinander zu leben. Ja, manchmal machen wir uns dieses Leben direkt zur Hölle!"

Justin gefiel nicht, was Robert dort so düster und melancholisch philosophierte und versuchte vorsichtig den Grund dafür herauszufinden. Er rückte näher an ihn heran und legte ihm den Arm um die Schulter.

„Du hast recht. Doch es ist nun einmal so. Aber dafür haben wir uns gefunden. Und uns kann all das egal sein. Was bringt dich nur auf so trübe Gedanken?"

Robert schüttelte den Kopf, sah Justin kurz an und ließ seinen Blick dann wieder in die Ferne schweifen. „Ach, ich weiß auch nicht", beteuerte er. „Es ist schon eine komische Welt. Ich hab dir mal ein wenig von meiner Familie erzählt."

Justin nickte.

„Ich hab dir auch erzählt, dass meine Eltern ziemlich reich sind. Sie haben ein großes Anwesen in Beverly Hills. Aber ich hab mich trotzdem nie richtig wohl dort gefühlt. Niemand dort hat mich wirklich verstanden. Okay, meine Schwester, mit ihr kam ich gut klar und konnte reden. Sie ist die Einzige in meiner Familie, die über meine wahren Gefühle Bescheid weiß. Aber sie hat dieses Geheimnis nie verraten, weil ich sie darum gebeten, ja fast angefleht habe, es für sich zu behalten. Meine Eltern wären durchgedreht. Nein, eigentlich alle wären es! Deshalb musste ich auch raus, verstehst du. Irgendwann habe ich es einfach nicht mehr ausgehalten. Meine Schwester hatte ihre Freunde mit denen sie ausging. Viele Freunde. Ich hatte niemanden."

Robert musste bitter lachen, als er den nächsten Satz erzählte, doch er wurde sofort wieder ernst: „Einmal habe ich mich sogar heimlich in den Freund meiner Schwester verguckt. Ein toller Typ. Groß, braungebrannt, athletisch. Spielte Football und fuhr einen schnittigen Wagen. Na, du kannst dir schon vorstellen, was ich meine! Ich habe sie immer darum beneidet, verstehst du? Aber als sie mit diesem Typen ankam, der mein Herz laut rasen ließ, wenn er zu uns nach Hause kam, um meine Schwester abzuholen und ich ihm die Tür aufmachte, da habe ich mir geschworen, dass ich verschwinde, ehe ich sie deshalb anfange zu hassen. Und das habe ich dann auch getan. Mein Vater war sehr dafür. Er fand es sehr gut, dass ich auf eigenen Beinen stehen wollte. Er bot an, mir einen Job zu besorgen. Bei sich in der Firma oder in den Filmstudios meines Onkels. Aber das wollte ich nicht. Ich wollte es selbst schaffen. Und weil ich schon immer gern geschrieben habe und Journalist werden wollte, habe ich es einfach versucht. Ich habe den Namen meines Onkels nie erwähnt, weil ich nicht wollte, dass ich nur deshalb den Job bekam. Und ich habe es geschafft! Aber es ist auch heute noch nicht einfach, so sehr in der Nähe meiner Eltern und ihm zu leben. Die Stadt ist groß. Aber manchmal habe ich das Gefühl, sie ist nicht groß genug und es wäre doch besser, ich wäre ganz von ihnen weg. Meine Eltern besuche ich natürlich gelegentlich. Es ist auch immer recht nett, wieder mal bei ihnen zu sein. Wir verstehen uns im Grunde ganz gut. Aber spätestens, wenn sie solche Fragen stellen wie: Wann stellst du uns denn mal deine Freundin vor? Oder: Gibt es mittlerweile ein Mädchen, mit dem du zusammen bist? Dann ist es höchste Zeit, wieder zu verschwinden. Ich will sie nicht belügen, verstehst du? Aber ich kann ihnen auch unmöglich die

Wahrheit über mich sagen. Deshalb fällt es mir auch immer schwerer, zu ihnen zu fahren. Ich will sie nicht enttäuschen. Aber vor allem will ich sie nicht verlieren. Und das würde passieren, wenn sie das von mir wüssten. Ich glaube, es ist allein meine große Leidenschaft zum Film und zum Kino, weshalb ich noch immer hier bin. Auch wenn ich um nichts in der Welt selbst ein Teil davon sein wollte, so wie mein Onkel, oder wie du!" Und schnell fügte er noch hinzu: „Aber bitte sei mir nicht böse!"

Doch Justin verstand schon, wie er es meinte. „Nein, ist schon okay!", gab er ihm gleich als Antwort und lächelte.

„Ich fühle mich einfach wohler - auf dieser Seite! Es genügt mir völlig, darüber zu schreiben und zu berichten und damit eine gewisse Distanz zu wahren. All diesen Glanz und Glamour von außen zu betrachten. Mit dem nötigen, objektiven Abstand. Aber es fasziniert mich trotzdem. Jeden Tag wieder. Ich glaube, zumindest das haben wir zwei in dieser Hinsicht gemeinsam!"

Justin nickte zustimmend. Doch ihn interessierte eigentlich noch etwas anderes. Und er hatte das Gefühl, weil Robert nun schon so bereitwillig selbst damit angefangen hatte, war es ein guter Moment, ihn danach zu fragen.

„Du hast erzählt, dass du den Freund deiner Schwester so angehimmelt hast. Und da hast du mich neugierig gemacht. Warst du vor mir schon mal verliebt und mit einem anderen Typ zusammen?"

Robert lächelte. Doch irgendwie hatte er diese Frage erwartet. Ja, ein bisschen hatte er sogar darauf gehofft.

„Doch, ich war schon einmal verliebt. Zwei- oder dreimal vielleicht sogar. Aber ich denke, deine Frage ist vielmehr, ob ich schon mal etwas mit einem anderen hatte, habe ich nicht recht?"

Justin zuckte verlegen mit den Schultern. Denn natürlich war es genau das, was er wissen wollte.

„Ja, es gab da mal einen Kerl!", begann Robert freimütig zu erzählen.

„Das ist erst drei oder vier Jahre her. Aber es kommt mir schon wie eine Ewigkeit vor! Ich war übrigens gerade so alt wie du. Sein Name war Garrit. Er war einige Jahre älter als ich und gehörte zu einer Einheit von eigenen Sicherheitsmännern des Studios. Ich traf ihn am Santa Monica Beach, als ich von Victoria Whitmore unbedingt ein Interview haben wollte. Er war dort abkommandiert worden, um mit anderen Sicherheitsleuten die Dreharbeiten abzuschirmen. Ja, genau! Das war im Sommer 1954 für den Film EIN WOCHENENDE AM MEER. Es war irre heiß. Ich war erst ein paar Wochen bei der Zeitung. Und natürlich wollte mein Chef mal sehen, ob ich es schaffen kann, das Interview zu kriegen. Auch wenn sie selbst natürlich wussten, dass es völlig aussichtslos war! Nun, das Interview habe ich auch nicht gekriegt. Er war unerbittlich und hat mich nicht durchgelassen! Aber ihn habe ich dafür sehr wohl gekriegt, denn zwischen uns hat es sofort gefunkt! Ich war wirklich ehrlich verliebt in ihn! Und dann hatten wir das erste mal Sex zusammen. Nachts. Ein völlig einsamer Platz irgendwo am Waldrand. Aber als wir es dann kurze Zeit später noch ein zweites Mal in seiner Wohnung miteinander getan hatten, hat er mich bald darauf verlassen. Einfach so. Ohne einen besonderen Grund. Er meinte nur, es sei sehr schön gewesen und er würde es sehr schätzen, dass er der erste Kerl sein durfte mit dem ich es getan hätte. Doch weiter wäre nichts gewesen. Das hat mir einen echten Schlag versetzt. Ich hab lange gebraucht, um mich davon zu erholen. Und ich habe mich irgendwie danach nicht mehr getraut, etwas mit einem anderen anzufangen. So richtig, meine ich. Ich habe immer wieder gehofft, dass es mal passiert. Aber der Richtige ist mir danach nie begegnet. Denn ich habe mir geschworen, dass ich es nur dann noch einmal versuche, wenn ich mir ganz sicher dabei bin. Und bei dir bin ich mir sicher!"

Justin blickte seinen Freund verliebt an. „Dann ist das also der Grund, weshalb du Angst davor hast, es mit mir zu tun. Du hast Angst, ich könnte dich auch verlassen, wenn wir zusammen geschlafen haben. Ist es das?"

„Ich weiß, das klingt blöd, aber wahrscheinlich ist es so. Denn ich habe jede Faser meines Herzens an dich verschenkt, Justin! Und ich könnte es ganz bestimmt nicht ertragen, wenn du mich auch verlässt."

Justin drückte seinen Freund eng an sich und blickte ihm fest in die Augen.

„Hey, das wird niemals geschehen, hörst du! Niemals! Und es klingt ganz und gar nicht blöd! Ich liebe dich doch, du dummer kleiner Idiot! Genauso wie du bist! Natürlich wünsche ich mir, mit dir zu schlafen! Aber wenn es passiert, dann will ich, dass wir beide es wollen. Und solange kann ich warten. Komm, küss mich!"

Auf diese Aufforderung hatte Robert gewartet. Sie fielen einander um den Hals und küssten sich. Lang und voller Leidenschaft. Immer und immer wieder. Bis sie beide vor dem Felsen nach unten auf den Boden sanken und fast schon außer Atem dabei gerieten.

„Herrje, Justin! Träume ich das nur oder werden deine Küsse wirklich immer besser?"

„Ich weiß nicht. Das musst du mir sagen!"

Sie lachten beide glücklich und blickten sich tief in die Augen. Robert wollte etwas sagen, doch Justin legte ihm seinen Zeigefinger auf die Lippen und bedeutete ihm so, einfach nur still zu sein.

„Nein, sag nichts!", meinte er nur flüsternd. „Lass uns diesen wundervollen Moment einfach noch eine Weile genießen. Ich werde warten, Robert. Und es kommt auch gar nicht darauf an. Ich werde schon wissen, wann du bereit dazu bist."

Robert schenkte ihm glücklich ein Lächeln, denn es war genau das, was er ihm sagen wollte. Längst war er nicht mehr verwundert darüber, dass

Justin seine Gedanken beinahe lesen konnte. Sie waren sich in den Tiefen ihrer Herzen so ähnlich, dass sie Zwillinge hätten sein können. Da bedurfte es keiner langen Worte mehr. Lange saßen sie noch so da, mit dem Rücken an den Felsen gelehnt, und blickten verträumt hinunter auf die große, endlose Stadt der Engel in ihrem Lichterglanz.

Der Montag war da und somit auch der mit Spannung von Justin erwartete Castingtermin in den Reardon-Studios. Mit dem Ausweis, der dem Schreiben beigefügt war, gelangte er ohne Schwierigkeiten auf das Gelände und fand seinen Weg zu der angegebenen Adresse. Anfangs wollte er seinen besten Anzug anziehen, den er besaß. Doch dann dachte Justin ein wenig darüber nach, was er von der Figur des Julian Marshall wusste, für dessen Rolle er vorsprechen wollte und entschied sich anders. Denn schließlich war dieser der Sohn eines großen Obstplantagenbesitzers und laut dem Treatment, das er mit dem Schreiben bekommen hatte, ein rechter Draufgänger und Heißsporn. Also entschied er sich für Jeans und ein leichtes, kariertes Hemd, in dessen Ausschnitt er lässig eine Sonnenbrille steckte. Er kämmte seine Haare streng nach hinten, wie es unter den rebellischen Jugendlichen Mode war, und stopfte sich als Requisite eine halbvolle Schachtel Zigaretten in die Hemdtasche. Schließlich ging es ihm darum, der Rolle so nahe wie möglich zu kommen und weniger als er selbst einen guten Eindruck zu machen. Außerdem malte er sich noch immer nicht sehr große Chancen aus, die Rolle tatsächlich zu bekommen. Da würde es egal sein.

Doch schon als er in dem Warteraum ankam, war er sich für einen kurzen Moment nicht mehr so sicher, ob diese Entscheidung wirklich die Richtige gewesen war. Drei weitere Kandidaten saßen noch dort und warteten darauf, hereingerufen zu werden. Jeder von ihnen in ziemlich eleganten Anzügen. Aber als Justin sich zu ihnen setzte, schüttelte er seine Zweifel schnell ab. Für ihn war dies der einzig richtige Weg und außerdem hatte er nur etwas zu gewinnen und nichts zu verlieren. Justin beugte sich zu einem der drei rüber. Nachdem er mit ziemlich überraschenden Blicken bedacht worden war, fragte er gelassen:

„Hi, ich bin Justin Farr. Sind das alle, die für den Termin eingeladen wurden?"

Der junge Kerl, den er so angesprochen hatte, saß in seinem dunkelgrauen Anzug zurückgelehnt in dem ausgepolsterten Stuhl und hatte seine Einladung vor sich auf dem Tisch liegen.

„Wo denkst du hin. Das geht schon den ganzen Tag so. 14 waren schon vor uns an der Reihe. Ich bin übrigens Darren Michaels. Und ich hoffe wirklich, dass ich die Rolle kriege. Es wäre echt ein Traum mit Morgan Haze als Regisseur einen Film zu machen. Was hältst du davon?"

Justin zog ein Kaugummi aus seiner Hosentasche hervor, fingerte es aus dem Papier heraus und steckte es sich in den Mund.

„Ja, ich denke, du könntest recht haben", meinte er, betonte damit seine rebellische Lässigkeit und ging mehr und mehr in seiner Rolle auf.

„Du nimmst das alles nicht richtig Ernst, oder?", wurde er von seinem Gegenüber abfällig gefragt.

„Ganz im Gegenteil!", versicherte ihm Justin jedoch sofort. „Ich hab mir nur ein wenig Gedanken über die Rolle gemacht. Das ist alles."

Eine Tür ging auf und Mrs. Fraser, die er bereits von seinem letzten Termin her kannte, trat daraus hervor. Sie trug ein schlichtes, aber sehr elegantes, grünes Kostüm.

„Mr. Farr. Sie wären der Nächste. Darf ich Sie bitten, mit mir nach drinnen zu kommen?"

„Ja, sehr gern!", entgegnete Justin schnell und warf ihr mit seinen strahlenden Augen einen begeisterten Blick zu. Er stand auf und folgte ihr in den Raum dahinter. Dabei hatte er fast den Eindruck in einer Garage gelandet zu sein, denn an der linken Wand stand ein eleganter, roter Straßenkreuzer. Dazu eine Kamera, mit der die Probeaufnahmen gemacht wurden, helle Wände in beiger Farbe, zwei Stühle an der Wand gegenüber und eine zweite Tür am hinteren Ende. Aus dieser trat gerade ein hochgewachsener Mann heraus. Dunkle Haare, einen kleinen Oberlippenbart und einen festen, energischen Blick. Er hielt einen Pappbecher in der Hand, aus dem er etwas Mineralwasser trank. Und er schien ein wenig angespannt zu sein, denn er massierte sich mit der anderen Hand seinen Nacken. Mrs. Fraser trat auf ihn zu:

„Mr. Haze, darf ich Ihnen den nächsten Kandidaten vorstellen. Das ist Mr. J. Evans Farr."

Der Regisseur reichte Justin die Hand und sah ihn sehr genau mit prüfendem Blick an.

„Freut mich sehr, Mr. Farr. Bitte entschuldigen Sie die kleine Verzögerung. Aber ich bin seit 8 Uhr auf den Beinen und brauchte einfach mal eine Pause. Mir ist dieser Film sehr wichtig und entscheidend für sein Gelingen ist die Auswahl der richtigen Darsteller für die Hauptrollen. Und gerade bei diesem Projekt will ich es mir nicht nehmen lassen, diese selbst auszuwählen."

„Oh, das kann ich verstehen. Doch ich habe kaum warten müssen!", entgegnete Justin selbstsicher.

„Dann ist ja alles bestens und wir können anfangen. Ich will auch Ihnen noch einmal kurz die Ausgangssituation der Szene erklären, die wir dann gleich mit Ihnen aufnehmen. Ich hoffe, ich kann das auch beim 17. Mal noch mit ausreichender Deutlichkeit und Geduld."

Dabei stutzte er selbst. „17? Haben wir das schon so oft heute gemacht?"

Morgan Haze blickte seine Castingagentin überrascht an. Mrs. Fraser musste ein wenig lachen und nickte eilig mit dem Kopf: „Ja, ganz richtig."

Der Regisseur wandte sich wieder Justin zu. „Nun gut, wie auch immer. Also, Sie, Mr. Farr, sind mit Ihren Freunden zusammen in der Stadt unterwegs in einigen schicken Wagen, deren roter Lack in der Mittagssonne glänzt. Sie geben an mit dummen Sprüchen und fühlen sich als König der Stadt. Nicht nur, weil Ihr Vater sehr vermögend und einflußreich ist, sondern weil Sie sich in der Begleitung ihrer Freunde allen anderen absolut überlegen fühlen. Lässig lehnen Sie an einem der Wagen. Sie machen sich über die Leute, die vorbeigehen lustig. Und hier begegnen Sie zum ersten Mal Romina. Sie kommt an Ihnen vorbei und würdigt die Gruppe Ihrer Freunde keines Blickes. Nur Ihnen wirft sie einen versteckten Blick zu. Ihre Freunde machen sich besonders gemein über sie lustig, weil sie die Tochter Ihrer verfeindeten Familie ist. Aber Sie nehmen sie entgegen allen anderen in Schutz und verteidigen sie. Sie sind in sie verliebt. Heimlich. Und zum ersten Mal wird das jetzt auch Ihren besten Freunden klar. Williams wird den Part Ihrer Freunde sprechen. Also, bitte. Wollen wir es einmal versuchen."

Der Regisseur trat zurück.

Justin hatte den jungen Mann, der im Wagen saß und von einem Skript in der Hand ablas, beim Hereinkommen gar nicht bemerkt. Erst jetzt, als er zu ihm an den Wagen ging, sah er ihn.

Justin lehnte sich lässig dagegen, kniff die Augen ein wenig zusammen und erhielt von dem Mann im Wagen das Stichwort. Während er seine Rolle vor laufender Kamera spielte und seinen Text vortrug, tauchte er plötzlich ganz in den Charakter der Figur ein. Als der Scheinwerfer anging, fühlte er sich auf einmal in eine andere Welt versetzt und alles um ihn herum verlor an Bedeutung. Er hatte diese Szene immer wieder vor dem Spiegel für sich durchgespielt. Aber jetzt und hier war alles anders. Er spuckte den Kaugummi schon nach den ersten Sätzen einfach voller Arroganz aus und zündete sich mit einer virtuosen Fingerübung eine Zigarette an, wobei er das silberne Feuerzeug wie einen Colt durch die Luft wirbelte, wieder auffing und einsteckte. Er hatte sich ein sehr deutliches Bild von der Figur zurechtgelegt. Und dieses ließ er nun lebendig werden. Als der Ruf des Regisseurs zum Ende der Aufnahme kam, fühlte er sich wie gefangen in der Rolle und musste sich erst mit einem inneren Ruck bewusst machen, dass die Kamera nicht mehr lief. Eine lange Stille entstand und er bemerkte das Erstaunen in den Gesichtern von Mrs. Fraser und Morgan Haze. Während er langsam auf sie zuging, konnte er sie versteckt miteinander flüstern sehen.

„Und, war es so okay? War es das, was Sie sich vorgestellt hatten?", wollte Justin neugierig und frech wissen.

Doch der Regisseur ging nicht auf seine Frage ein. „Was haben Sie bisher gemacht, Mr. Farr?"

„Noch nichts besonderes. Ein paar winzige Rollen hier und da. Leider! Ich bin in einem Schauspielkurs, der noch bis zum Herbst läuft und hoffe danach einen Einstieg zu schaffen."

Justin antwortete ihm ganz ehrlich und drückte die Zigarette mit den Fingerspitzen aus.

„Sie sollten damit nicht so lange warten!", entgegnete ihm der Regisseur und konnte seine Begeisterung kaum verbergen.

„Ich versuche immer fair zu sein, verstehen Sie, Mr. Farr. Deshalb werde ich mir auch noch die drei restlichen Schauspieler dort draußen ansehen. Aber Sie sind dennoch eindeutig mein Favorit für diese Rolle. Himmel, die ganze Anstrengung der letzten Tage hat sich am Ende doch noch gelohnt! Ich möchte Ihnen jetzt nicht zu viel versprechen. Ich werde mir die Aufnahmen alle noch einmal ansehen, wenn das hier gelaufen ist. Aber es könnte sehr gut sein, dass Sie demnächst die Einladung zu einer Vertragsunterzeichnung in der Post haben!"

Er schüttelte ihm fest und kraftvoll die Hand und blickte ihn mit leuchtenden Augen an. „Es hat mich sehr gefreut, Sie heute kennenzulernen, Mr. Farr!", fügte er dabei sichtlich beeindruckt hinzu.

„Dasselbe kann ich ebenfalls nur sagen. Es hat mir eine Menge Spaß gemacht, Mr. Haze."

„Das war nicht zu übersehen! Sie haben den Charakter der Rolle wirklich zu hundert Prozent getroffen. Mein Büro wird sich auf jeden Fall wieder bei Ihnen melden!"

Mrs. Fraser führte ihn lächelnd zur Tür und verabschiedete sich von ihm, sagte jedoch sonst kein Wort. Dabei entging es Justin nicht, dass ihr ein begeisterter Kommentar regelrecht auf den Lippen brannte, sie ihn aber dennoch für sich behielt.

Innerlich jubelte Justin, denn er hatte sich noch nie so gut gefühlt.

Mit einem freudigen Ausruf machte er seiner Begeisterung Luft, als er auf dem Weg nach draußen war. Tänzelnd wie die Hauptfigur in einer Musicalnummer sprang er die breiten Stufen der Marmortreppe in der großen Eingangshalle nach unten. Plötzlich erschütterte ein mächtiger Schlag das ganze Gebäude und brachte alles zum Schwanken. Justin verlor beinahe den Halt und konnte sich gerade noch am unteren Absatz der Treppe fangen, ehe er gegen das steinerne Geländer fiel. Eine Frau, die ihm mit einem Stapel von Papieren auf dem Arm entgegengekommen war, schrie erschrocken auf und fiel hin. Doch viel Zeit um darüber nachzudenken, was geschehen war, blieb ihm nicht. Denn schon erschütterte ein weiterer Stoß das Gebäude und brachte den Boden zum Erzittern. Ein dumpfes Grollen erfüllte die Luft und schlagartig wurde Justin bewusst, dass es sich nur um ein Erdbeben handeln konnte. Einige Bilderrahmen stürzten von den Wänden. Die Frau fing erneut an zu schreien. Aus einer großen Glasvitrine in der Halle stürzten unter lautem Klirren und mit einem riesigen Scherbenregen, einige goldene Oscarstatuetten und andere Filmtrophäen auf den polierten Boden. Justins einziger Gedanke war, nur schnell durch die

Tür nach draußen zu kommen, als er den Mann vor sich in der Mitte der Halle bemerkte, der auf der anderen Seite, zusammen mit einigen anderen, aus einer der Türen gestürzt kam. Er sah kleine Kristallkugeln von oben herabfallen, die auf dem harten Marmorboden in tausend winzige Splitter zerplatzten. Die folgenden zwanzig Sekunden erschienen ihm wie eine Ewigkeit, denn so vieles schien gleichzeitig zu passieren. Er bemerkte, wie der große Kronleuchter hoch oben unter der Decke der Halle gefährlich ins Schwanken geraten war. Und im selben Moment sah er den Mann in einem eleganten, weißen Anzug darunter entlanglaufen. Doch er kam nicht sehr schnell voran, weil er sich auf einen Stock stützen musste und einen Fuß schwer nachzog. Justin dachte überhaupt nicht nach. Er warf sich mit einem kurzen Anlauf in einem langen Hechtsprung gegen den Mann und riss ihn mit sich in einem weiten Bogen zu Boden. Im selben Moment löste sich oben der schwere Kronleuchter aus der Verankerung. Staub und kleine Steinbrocken fielen als erste auf den glänzenden Steinboden. Dann folgte der Kronleuchter selbst. Der Aufprall war ungeheuerlich. Ein geradezu ohrenbetäubender Knall erfüllte die gesamte Halle, dem ein vielstimmiges Prasseln ungezählter Glassplitter folgte. Und danach kehrte mit einem Schlag beinahe völlige Stille ein. Die Tür wenige Meter weiter stand offen. Justin hörte die Frau auf der Treppe verängstigt wimmern. Er selbst lag der Länge nach über dem Mann, den er mit sich zu Boden gerissen hatte, und sah um sich eine Wolke von Staub und winzigen Kristallsplittern niederfallen. Die Hand des Mannes unter ihm war lang ausgestreckt. Sein Stock mit dem markanten Elfenbeingriff war ihm aus der Hand gefallen und beinahe bis zur Tür über den glatten Boden gerutscht. Er konnte den schweren Atem des Mannes hören und rutschte nun von diesem herunter. Dann kniete er sich neben ihm hin und stieß ihn vorsichtig an der Schulter an.

„Hey, sind Sie okay, Mister?", fragte er besorgt.

Der Mann drehte sich ächzend zu ihm herum und blieb auf dem Rücken liegen. Er war schon etwas älter. Seine Haare wurden bereits an den Schläfen grau und er trug einen kleinen, sorgfältig gestutzten Oberlippenbart. Er blickte Justin aus erstaunten und noch etwas erschrockenen, aber strahlend blauen Augen an.

„Ich glaube, soweit ich das sagen kann, schon, mein Junge! Ich habe einen mächtigen Schreck bekommen, aber sonst bin ich wohl in Ordnung." Seine Hand zitterte, als er mit ihr in die Innentasche seiner Jacke griff und eine zerbrochene Brille daraus hervorzog.

„Ich fürchte, die hat es offenbar nicht überlebt!", kommentierte er, um Humor bemüht, deren Anblick. „Sehr schade. Sie war mir ein wertvolles Andenken all die langen Jahre!"

Mühevoll setzte er sich auf und blickte nach Luft ringend hinüber zu dem gewaltigen Berg aus zerbrochenem Glas und verbogenen Metallstreben, die einmal ein Kronleuchter gewesen waren.

„Ich glaube fast, Sie haben mir gerade das Leben gerettet. Wenn Sie mich nicht so unsanft von den Beinen gerissen hätten, würde ich jetzt dort drunten begraben liegen!"

Er wischte sich mit einem Taschentuch den Angstschweiß und den Staub von der Stirn. Dabei schluckte er schwer, als ihm dies bewusst wurde und blickte dann seinen Retter an. Justin hatte den Mann, der dort noch immer ziemlich benommen neben ihm saß, jetzt erkannt und konnte es kaum glauben. Er hatte keinen geringeren als Hollywoods große Filmlegende Edmond Kerry zu Boden gestoßen.

„Wie ist Ihr Name, mein Junge?", fragte ihn Kerry mitten in sein Staunen hinein.

„Justin! Justin Farr, Mr. Kerry!", antwortete er ihm sofort und rutschte zu ihm herüber als er sah, dass es ihm Mühe bereitete aufzustehen. Er half ihm auf die Beine und lief zur Tür, um ihm seinen Stock zu holen. Dankbar nahm der große Schauspieler ihn entgegen und lächelte schon wieder.

„Wie wäre es, wenn ich Sie zu einem kleinen Essen einladen würde, Mr. Farr? Die Mittagszeit ist zwar längst vorbei, aber ich hatte heute noch nicht die Gelegenheit dazu. Und ich denke, nach diesem Schreck können wir beide etwas gebrauchen!"

Ohne noch lange darüber nachzudenken, nahm Justin die Einladung an.

„Sehr gern, Mr. Kerry! Wirklich, ich würde mich sehr darüber freuen. Ich kann es noch gar nicht fassen, dass ich ausgerechnet Sie hier treffe!"

Der Schauspieler lächelte bescheiden gerührt und konterte mit einem Scherz. „Oh, treffen ist sehr schön gesagt. Das war in der Tat ein Volltreffer, will ich mal meinen. Und noch dazu einer über den ich ausgesprochen glücklich bin!"

Justin blickte sich nach der Frau auf der Treppe um. Doch es waren bereits zwei andere Männer bei ihr, welche das kreidebleiche Geschöpf zu beruhigen versuchten, denn sie schien noch immer unter Schock zu stehen. Zwei weitere Männer kamen an ihnen vorbei in die Halle gelaufen. Einer von ihnen erkundigte sich, ob es ihnen gut ging, doch Edmond Kerry versicherte ihm, das nichts weiter passiert sei.

„Es war doch nur ein kleines Erdbeben!", scherzte er und trat mit Justin nach draußen. Und an Justin gewandt meinte er dort schließlich noch: „Es war weiß Gott nicht das erste Erdbeben, das ich in meinem Leben mitgemacht habe. Aber wären Sie nicht da gewesen, wäre es wohl mein letztes gewesen!"

Sie kümmerten sich beide nicht mehr um den Auflauf von Menschen und das allgemeine Durcheinander überall auf dem Studiogelände. Das Erdbeben hatte keine größeren Schäden verursacht. Aber der Schreck lag allen doch noch deutlich in den Knochen. Edmond Kerry führte Justin, davon mittlerweile unbeeindruckt, zu seinem Wagen auf den Parkplatz. Vor einem Cadillac Brougham in strahlendem Moosgrün, mit eigens angefertigten, verchromten Trittbrettern und silbern glänzenden Armaturen blieben sie stehen.

„Darf ich wohl fragen, was Sie heute hierher in die Studios geführt hat, damit Sie mich erretten konnten, Mr. Farr?", wollte der Schauspieler wissen, um die abgebrochene Konversation zwischen ihnen wieder aufzunehmen.

„Ein Casting, Mr. Kerry. Morgan Haze bereitet einen neuen Film vor und ich habe für die Hauptrolle vorgesprochen."

„Und? Werden Sie sie bekommen?", hakte er neugierig nach.

„Ich denke schon, aber sicher weiß ich es natürlich nicht", entgegnete Justin ihm ehrlich.

„Das sollten Sie aber! Seien Sie überzeugt davon! Seien Sie überhaupt von allem, was Sie als Schauspieler tun, immer zu hundert Prozent überzeugt! Besser noch zu einhundertundzehn Prozent! Dann wird man Ihnen all die Rollen geben, die Sie haben wollen. Die meisten Produzenten sind wahre Viehtreiber. Brutal und ohne jede Skrupel im Geschäft. Launisch und oft führen sie sich auf wie kleine Tyrannen. Aber sie haben großen Respekt vor wirklich talentierten Menschen. Das sollten Sie sich zu eigen machen. Nur so als kleinen Rat am Rande."

Er öffnete versonnen die Tür zu seinem Wagen und blickte dann zu Justin hinüber, der noch immer auf der anderen Seite davor stand und ihn ansah. „Nun, worauf warten Sie? Steigen Sie ein!", forderte er Justin dann hastig auf.

Und Justin stieg ein. Der große Schauspieler Edmond Kerry, der längst eine lebende Legende in Hollywood war, gab ihm mit seiner schlichten und erstaunlich erfrischenden, ehrlichen Art das Gefühl, sich in seiner Gesellschaft wie ein ganz normaler, ihm ebenbürtiger Kollege zu fühlen. Obwohl natürlich Welten sie voneinander trennten. Nicht nur allein, was das Alter betraf. Justin hätte durchaus sein Enkel sein können. Nach einer kurzen Pause des Schweigens zwischen ihnen, und nachdem sie das Studiogelände längst verlassen hatten, blickte Kerry seinen jungen Retter lachend an.

„Darf ich Justin sagen?"

„Ist schon okay, Mr. Kerry! Sie dürfen mich ruhig Justin nennen!", erwiderte er nicht ohne Stolz.

"Du überlegst, ob ich den Rat von vorhin ernst gemeint habe, stimmt's?", fragte er Justin.

„Ich würde doch einen Rat von Ihnen nicht als albern abtun! Nein, wirklich nicht!", erwiderte Justin hastig.

„Das ist auch gut so! Was glaubst du wohl, weshalb sie mir sonst gleich drei dieser kleinen Goldjungen in den letzten 24 Jahren überreicht hätten? Weil sie mich mögen? Glaub mir, ich habe in all den Jahren so manche Erfahrung gesammelt und es ist genauso, wie ich es dir gesagt habe! Ganz genau so!"

„Was haben Sie mit Ihrem Bein gemacht?", fragte Justin ihn, als sie aus dem Wagen stiegen und gemeinsam auf das Restaurant zugingen.

„Oh, das ist eine dumme Geschichte. Ich reite sehr gern. Das ist eines der wenigen kostspieligen Hobbys, das ich mir gönne. Nur leider hatte ich vor einigen Wochen einen kleinen Unfall. Es ist mir fast ein wenig peinlich, denn ich bin sehr eigensinnig und wohl auch ein wenig eitel, wenn es darum geht. Und ich bin froh, dass es die Presse nicht mitbekommen hat. Ich bin einfach vom Pferd gestürzt, das ist alles. Jetzt geht es schon wieder allmählich. Aber ich muss zusehen, dass ich wieder fit werde. Nicht, weil ich bald wieder einen Film drehen werde, sondern weil ich wieder reiten will! Aber erzähl es bloß niemandem!"

Ein Page hielt ihnen die Tür des noblen Restaurants auf und sie traten ein. Der elegant gekleidete Concierge am Eingang setzte ein strahlendes Lächeln auf, als er den Schauspieler eintreten sah. Sein höflicher Willkommensgruß glich fast schon einer überkandidelten Schmeichelei, was der Schauspieler jedoch einfach nicht zur Kenntnis nahm.

„Ich weiß, es ist eine recht ungewöhnliche Zeit. Aber Sie haben doch gewiss noch einen ruhigen Platz für uns?"

Es fehlte nicht viel und der befrackte Mann wäre vor ihm auf die Knie gesunken, derart überschwenglich war seine Freundlichkeit.

Justin musste grinsen und sah den amüsierten Gesichtsausdruck des großen Schauspielers, der ihm einen kurzen Blick zuwarf.

„Selbstverständlich, Mr. Kerry! Ihr Platz ist natürlich wie immer für Sie reserviert. Bitte darf ich vorausgehen?"

„Nein, danke, aber das dürfen Sie nicht, mein lieber Gerard!", winkte Kerry mit fester Stimme höflich aber bestimmt ab und versetzte dem Mann damit einen Schlag in sein Selbstbewusstsein. „Ich denke, ich finde den Tisch nach mittlerweile 17 Jahren, die ich hier Stammgast bin, sehr wohl allein. Trotzdem vielen Dank für ihre Mühe."

Kerry ging einfach an dem Verblüfften und leicht gekränkten Oberkellner vorbei und ließ ihn stehen. Justin folgte ihm eilig und musste abermals grinsen. Eine Reihe neugieriger, aber dezenter Blicke der wenigen, übrigen Gäste verfolgte sie durch das Restaurant. Und eine verträumte Musik, von einem Pianisten mit kleiner Begleitung live gespielt, empfing sie.

„Das ist einer der angenehmen Vorteile, wenn man berühmt ist; man bekommt immer den besten Tisch in allen Restaurants. Aber das wollte ich ihm schon lange einmal sagen!", flüsterte ihm der große Schauspieler mit einem süffisanten Lächeln zu.

Justin fielen drei Kellner auf, die einige Scherben von dem Boden aufsammelten oder eilig damit beschäftigt waren, die Tischgedecke wieder in Ordnung zu bringen. Offenbar hatte das Erdbeben auch hier kleinere

Schäden und ein wenig Durcheinander verursacht.

Sie setzten sich an einen Tisch für zwei Personen, der im hinteren Bereich des Restaurants lag. Ein wenig abgeschirmt durch Trennwände zu beiden Seiten. Alles sehr elegant und farblich in freundlichen Pastelltönen aufeinander abgestimmt. Dazu passend ein kunstvolles, dezentes Gesteck mit orangefarbenen Orchideen auf der Tischmitte. Weiße Stoffservietten lagen neben den großen Tellern bereit. Daneben goldenes Besteck, strahlend auf Hochglanz poliert und ein beinahe unsichtbares Kristallglas. Justin gefiel es sehr in dieser edlen, fast ein wenig mondänen Umgebung. Auch wenn er sich beim Eintreten ein wenig fehl am Platz gefühlt hatte. Der alternde Schauspieler hatte dies sehr wohl bemerkt und legte ihm für einen kurzen Moment die schmalen, sorgsam manikürten Finger auf seinen Handrücken.

„Einfach nur zurücklehnen und geniessen, mein junger Freund! Alles andere ist ohne Belang!"

Schon stand ein Kellner in seinem strahlend weißen Anzug vor ihnen und reichte ihnen die Karte. Kerry wählte einen Wein aus und erwies sich dabei einmal mehr als ein wahrhaft kultivierter Kenner mit Geschmack, denn er hatte sehr spezielle Wünsche, was diesen anbelangte. Schon eilte der Mann davon, um wenig später mit der Flasche zurückzukehren. Er öffnete die Flasche und schenkte dem Schauspieler einen kleinen Schluck davon zum Probieren ein. Kerry wiegte den Wein auf der Zunge und gab dann seine Zustimmung. Der Kellner schenkte ihnen beiden ein und nahm die Bestellungen auf. Justin hatte sich keine Gedanken über die sagenhaften Preise gemacht, schließlich war er eingeladen worden. Dennoch hatte er einige Schwierigkeiten, das Richtige zu finden. Manches auf der Karte hatte geradezu unaussprechliche Namen oder war ihm schlicht und ergreifend nicht bekannt. Schließlich vertraute er auf die Wahl seines Gastgebers und bestellte kurzerhand das Gleiche wie er. Endlich wurden sie nicht mehr gestört, denn Justin brannten eine ganze Reihe von Fragen auf der Zunge, die er seinem berühmten Gegenüber stellen wollte und versuchte dafür einen passenden Anfang zu finden:

„Ich habe Sie im vergangenen Jahr in dem Film NACHTWIND gesehen, als man ihn anläßlich des 20jährigen Jubiläums noch einmal bei uns in Steaming Meadow im Kino gezeigt hat. Ich hatte davor schon viel von dem Film gelesen, war dann aber wirklich mehr als nur beeindruckt. Sie waren absolut großartig und ich glaube, wenn jemand aus dem Film damals den Oscar verdient hat, dann Sie für diese Rolle!"

„Oh, vielen Dank. Heute behauptet das beinahe jeder, aber damals waren die Kritiken über meinen zweiten Oscargewinn durchaus sehr zwiespältiger Meinung. Manch andere hätten es viel lieber gesehen, wenn er Wilson Channing damals zugesprochen worden wäre. Aber Channing fehlte einfach das Potential, auch wenn seine Rolle in diesem Jahr durchaus sehr beachtlich war. Und wer kennt ihn schließlich heute noch? Ich glaube, er hat seit Jahren keinen Film mehr gemacht."

„Was ist das für ein Gefühl, wenn man den Oscar überreicht bekommt? Oder kann man diesen Moment überhaupt in Worte fassen?"

„Oh, das kann man schon. Als ich ihn für NACHTWIND bekam, war ich ehrlich erleichtert. Nicht, weil ich schauspielerisch besser war als die anderen Nominierten in diesem Jahr. Nein, ich sah den Oscar einfach als verdiente Entschädigung für all die Strapazen an. Denn die Dreharbeiten waren schlicht die Hölle!"

Justin blickte ihn erstaunt an. „Wie das? Das müssen Sie mir jetzt aber doch bitte erklären!", bat er voller Neugierde.

Edmond Kerry lehnte sich zurück, strich mit seiner rechten Hand über das Revers seines Jacketts, und sah ihn verträumt und mit einem deutlichen Hauch von Nostalgie in den blauen Augen an: „Nun, zunächst einmal haben die Dreharbeiten fast zehn Monate angedauert. Immer wieder von Pausen unterbrochen. Das lag zum einen an den gewaltigen Sets, die gebaut wurden und die teilweise zum Beginn der Dreharbeiten noch gar nicht vollständig fertig waren. Die Plantage „Nachtwind" war ein wirkliches Meisterwerk der Ausstatter. Alles in Originalgröße vor Ort aufgebaut. Ganze Straßenzüge wurden in historischer Genauigkeit errichtet. Die Massenszenen, die gedreht wurden, waren gigantisch. Und als die Dreharbeiten begannen, wurde die Hauptdarstellerin plötzlich krank. Beinahe fünf Wochen fiel die Fossard aus. Und keiner wusste genau, was ihr denn eigentlich fehlte! Ich habe sie besucht. Wir waren befreundet. Natürlich spielte sie mit geradezu oscarreifer Hingabe die Leidende. Aber der wirkliche Grund für ihre angebliche Krankheit war ihre offene Feindschaft zu Nan Gray. Ich hielt es von Anfang an für einen Fehler, den beiden größten weiblichen Stars jener Zeit in ein und denselben Film gleichwertige Hauptrollen zu geben. Die beiden hassten sich wie die Pest. Und sie ließen es jeden am Set spüren. Das brachte vor allem den Regisseur zum Verzweifeln. Die Termine mussten umgeschmissen und verschoben werden. Immer wieder. Regisseur Balderston schmiss nach zwei Wochen völlig entnervt das Handtuch und wurde von T.R. Almont ersetzt. Der erklärte den Film zu seiner Lebensaufgabe. Die Fossard war damals schon eine glamouröse Dive im besten Sinne. Völlig von sich eingenommen und überzeugt, niemand könne auch nur annähernd ihrer Größe nahekommen. Jeder musste genau das tun, was sie verlangte. Und was immer es war, es wurde getan! An manchen Tagen war es wirklich schlimm! Aber sie war der größte Star des Studios und man ließ es ihr durchgehen. Sie war unglaublich und atemberaubend! So exzentrisch und außerordentlich schwierig sie auch während der ganzen Zeit über war, wenn die Kameras liefen war sie ein absoluter Profi und zog alle mit ihrem Schauspiel in ihren Bann. Sie bestimmte, wie das Licht gesetzt werden musste, um ihre Ausstrahlung in der einen oder anderen Szene richtig zur Geltung zu bringen. Und sie hatte tatsächlich immer recht, denn sie wusste sehr genau, wie sie auf der Leinwand wirkte. So ziemlich jeder hasste sie, aber gleichzeitig zollte man ihr unumschränkten Respekt und Anerkennung. Die Presse dichtete mir ein Verhältnis mir ihr an, was einfach lächerlich war. Meine Affäre mit ihr lag da schon sieben Jahre zurück, als ich für DIE SCHLACHT VON WATERLOO den Napoleon spielte. So dumm war ich nun wirklich nicht, einen Fehler zweimal zu machen. Aber die Presse griff es natürlich wieder auf und das Studio dementierte nichts davon, denn es garantierte dem Projekt schon im Vorfeld genügend kostenlose Publicity. Die Dreharbeiten waren die Hölle und an manchen Tagen glaubten die Produzenten nicht mehr, dass der Film jemals fertig werden würde. Regisseur Almont ging nach deren Abschluss freiwillig in ein Sanatorium. Er war wirklich am Ende. Er hatte jeden Tag mit tausenderlei Problemen zu kämpfen und musste obendrein noch einen Film drehen, dessen Termin und Budget ständig überschritten wurde. Aber für ihn war dieser Film ein Traum, den er sich und dem Publikum erfüllen wollte. Ganz egal, was dafür von ihm abverlangt wurde. Ich habe ihn aufrichtig bewundert. Aber all die monatelangen Strapazen haben sich schließlich für alle ausgezahlt. Die Fossard und ich bekamen den Oscar - und Almont natürlich auch! Fast alle goldenen Statuen in diesem Jahr gingen an NACHTWIND. Ich glaube, sie hätte sich umgebracht, wenn sie ihn nicht bekommen hätte! Und das Studio hatte den größten und erfolgreichsten Film in der Geschichte Hollywoods produziert. Am Ende waren alle glücklich und hatten bekommen, was sie sich erhofft hatten. Es klingt kitschig und abgedroschen, aber es war wirklich ein Happy-End im besten Hollywood-Stil! Ich denke, auch in 20 Jahren wird man noch Bücher darüber schreiben und der Film wird zu einer Legende werden. Diese Tatsache erfüllt mich schon mit ein wenig Stolz und Ehrfurcht. Denn es gibt nicht viele, die von sich behaupten können, durch nur einen Film auf gewisse Weise eine Art Unsterblichkeit erlangt zu haben. Ich hatte einfach Glück, dabei zu sein."

    Justin hörte dem großen Schauspieler gebannt zu. Noch immer konnte er kaum glauben, dass er hier mit ihm zusammensaß und dieser so freimütig aus seinem Leben plauderte. Noch lange nachdem sie mit dem Essen bereits fertig waren, saßen sie so zusammen. Edmond Kerry erzählte ihm verträumt von seinen mühevollen Anfängen als Schauspieler, ehe er schließlich seine erste Hauptrolle in dem Horrorstummfilm DIE TOTEN erhielt und danach vom Studio zum Star aufgebaut wurde bis er schließlich 1929 als Napoleon den Durchbruch dazu schaffte. Doch der große Schauspieler, der sich zweifellos selbstverliebt reden hörte, war ebenso interessiert an Justins Vergangenheit. Justin verschwieg ihm dabei natürlich seine wahren Gefühle, tat dies jedoch nicht in Bezug auf seine unglückliche Kindheit in Steaming Meadow oder seinen Träumen, genau das zu werden, was Edmond Kerry längst war: ein Star!

    „Es ist gut, Träume zu haben und den Ehrgeiz, diese auch für sich zu verwirklichen. Du hast alle Voraussetzungen, dieses Ziel zu erreichen, wenn ich dich so ansehe. Und es ist wichtig, einen festen Agenten zu haben. Aber es ist schlecht, wenn man keine feste Bleibe hat, so wie du, wenn ich das richtig verstanden habe."

„Ach, das ist nur für kurze Zeit!", wiegelte Justin sofort ab.

„Aber doch schon für eine ziemlich lange kurze Zeit, oder habe ich da etwas falsch verstanden? Ich denke, ich schulde dir ein wenig mehr, als nur dieses kleine Essen heute. Ich werde mal sehen, was ich in dieser Angelegenheit für dich regeln kann."

Justin fasste den Schauspieler fest an der Hand und hielt ihn zurück, als dieser den Kellner herbeirief. „Nein, wirklich, Mr. Kerry! Das müssen Sie nicht! Der Abend heute hier mit Ihnen war einfach wunderbar und wird mir sicher immer unvergesslich bleiben. Ich habe doch wirklich nichts besonderes getan. Es ist genug. Und ich möchte auch nicht, dass Sie noch mehr für mich tun. Sie haben mir mit diesem Abend mehr geschenkt, als Sie sich vielleicht vorstellen können."

Der alternde Filmstar lächelte versonnen. „Na, wir werden sehen!", antwortete er Justin nur knapp und unterschrieb die Rechnung, als der Kellner ihm diese auf einem silbernen Tablett brachte.

Gemeinsam verließen sie das Restaurant und erstaunt stellte Justin dabei fest, dass es längst Abend geworden war und die Dämmerung sich still und heimlich über die Stadt seiner Träume gelegt hatte.

„Warum haben Sie eigentlich keinen Chauffeur?", kam ihm plötzlich als Frage in den Sinn, als sie auf den Wagen zugingen. „Ich dachte, alle großen Stars hätten einen Chauffeur!"

„Oh, viele haben das auch tatsächlich. Sie bestehen sogar darauf und lassen sich diesen samt Wagen vertraglich zusichern. Aber ich mag das nicht. Ich mache dieses Spiel nur mit, wenn ich zu offiziellen Auftritten eingeladen bin. Dann stellt das Studio mir einen Wagen mit Chauffeur. Vielleicht nehme ich mir später einmal einen. Wenn ich wirklich so alt bin, dass weder meine Frau noch meine Versicherung mich mehr allein hinter das Lenkrad lässt. Aber bis es damit soweit ist, fahre ich lieber selbst!"

An einer Bushaltestelle in Glendale ließ Justin sich von Kerry absetzen. Er wollte nicht, dass dieser erfuhr, bei wem er wohnte und von hier konnte er bequem zu Fuß gehen.

„Vielen Dank für diesen unvergesslichen Tag, Mr. Kerry!", sagte Justin zum Abschied, bevor er aus dem Wagen ausstieg.

„Oh, ich habe deine Gesellschaft ebenso genossen und muss dir deshalb den gleichen Dank aussprechen! Und ich bin sicher, Morgan Haze wird dir die Rolle in seinem Film geben! Als ich im letzten Jahr mit ihm gedreht habe, habe ich ihn als einen äußerst talentierten Regisseur kennengelernt, der ein sehr gutes Gespür für die richtigen Schauspieler hat. Es hat noch nicht viele Regisseure gegeben, die mit ihrem dritten Film schon eine Oscarnominierung erhalten haben. Ich wünsche dir viel Glück! Und arbeite weiter so an deinen Träumen. Du bist auf dem besten Weg dahin, sie dir zu erfüllen!"

Justin blickte noch den Rücklichtern des moosgrünen Cadillacs nach, die schnell in der Dunkelheit verschwanden. Fröhlich beschwingt und glücklich über diesen einmaligen Tag summte er die Melodie aus einem berühmten Filmmusical und tänzelte dabei den Gehweg entlang. Sein Traum von den Sternen in Hollywood würde sich erfüllen. Davon war er nun fest überzeugt. Und zwar sehr bald schon ...

Kaum zwei Wochen später, stand an einem Dienstagvormittag ein unscheinbarer Mann vor der Tür an Spencer Jacksons Haus in Glendale. Er trug ein buntes Hawaiihemd, kurze Hosen und war von gedrungener Gestalt. Als der Schauspieler die Tür öffnete und ihn sah, herrschte er den Mann ein wenig wütend an:

„Verdammt, Melville, Sie sollten doch vorher anrufen! Nun kommen Sie schon rein, ehe man Sie noch sieht!"

Doch kaum war der Mann hereingetreten und hatte hinter sich die Tür zugezogen, als Jackson mit einem aufgeregten Leuchten in den Augen auf ihn zutrat.

„Und, was ist? Haben Sie es bekommen?", fragte er aufgeregt.

Der Mann zog unter seinem Hemd einen Umschlag mit dem Emblem der Reardon Studios auf dem Kuvert hervor. Doch als Jackson danach greifen wollte, zog er es hastig wieder zurück.

„Erst die vereinbarte Summe, Mr. Jackson! Dann können Sie es haben!", bestand der Mann mit verschlagenem und misstrauischem Blick in den kleinen, graubraunen Augen.

„Ja, natürlich. Kommen Sie mit nach hinten. Aber warum so misstrauisch, Melville? Bin ich Ihnen schon jemals etwas schuldig geblieben?"

„Das nicht. Ich traue einfach von Natur aus keinem. Nicht einmal mir selbst!"

„Das ist aber wirklich sehr bedauerlich!", kommentierte Spencer dessen Antwort und reichte ihm ein kleines Bündel Dollarnoten, die er aus dem Fach eines Wandschrankes genommen hatte. Der Mann zählte die Scheine hastig durch und reichte ihm dann den Brief.

„Ich verstehe nicht ganz, was Sie überhaupt damit wollen. Aber bitte, schließlich ist es ihr Geld!"

Spencer riss das Kuvert auf und las stumm den Text:

„Sehr geehrter Mr. Farr, im Namen von Mr. Morgan Haze möchten wir Ihnen mitteilen, dass Sie für die Hauptrolle seiner neuen Filmproduktion HINTER DEN ERDBEERFELDERN ausgewählt worden sind. Ihre Probeaufnahmen haben uns davon überzeugt, dass Sie genau die richtige Ausstrahlung und Charakterisierung zur

Verkörperung der Figur erfüllen, die diese Rolle verlangt, und die sich insbesondere Mr. Haze vorstellt. Zur Unterzeichnung des Vertrages bitten wir Sie am kommenden Donnerstag, den 13. Juni um 10 Uhr im Büro von Mr. Haze zu erscheinen. Sollten Sie zu diesem Termin nicht gegenwärtig sein können, lassen Sie uns dies bitte wissen, damit wir Ihrem Agenten den Vertrag zusenden können. Ein Manuskript des Drehbuches sowie den Termin für eine erste Vorabbesprechung mit dem Regisseur, Mr. Haze, erhalten Sie bei der Unterzeichnung.

Wir freuen uns, in Ihnen die ideale Besetzung für die Produktion gefunden zu haben und verbleiben mit vorzüglichen Grüßen - Francesca Fraser (Casting-Beauftragte)"

Spencer Jackson grinste zufrieden, als er das Schreiben gelesen hatte und faltete es wieder zusammen. Dann ging er zu der Bar, holte ein Feuerzeug dahinter hervor und zündete den Brief an. Ein befriedigtes Lächeln huschte dabei über sein Gesicht, das so gar nicht zu seinem romantischen Heldenlächeln passen wollte, das so viele seiner weiblichen Fans auf der Kinoleinwand zum Schwärmen brachte. In einem großen Aschenbecher aus blankem Marmor ließ er die Asche sinken und blickte dann wieder hinüber zu dem Mann, der ihm den Brief gebracht und das Geld dafür längst eingesteckt hatte.

„Ein ziemlich teures Häufchen Asche, finden Sie nicht auch, Mr. Jackson?", meinte dieser grinsend und glaubte, einen besonders guten Scherz gemacht zu haben.

„Es war sein Geld schon wert, Melville. Aber das braucht Sie doch nicht zu kümmern! Und sollten noch weitere Schreiben an Mr. Farr das Studio verlassen, will ich auch diese haben! Ist das klar!?"

Der Mann nickte eifrig. „Sicher! Wenn Sie genauso gut dafür zahlen, ist das kein Problem!"

„Das werde ich! Ich stehe zu meinem Wort! Und wenn Sie das nächste Mal vorbeikommen, wäre es schön, dass Sie mich vorher kurz anrufen könnten. Ich möchte nicht, dass man Sie herkommen sieht!"

„Ist schon klar. Ich werde anrufen!", versicherte ihm dieser.

Spencer nickte zufrieden und brachte den Mann zum Eingang zurück. Ohne sich von ihm zu verabschieden, schloss er hinter ihm wieder die Tür. Er ging hinüber zu der Bar, nahm sich ein Glas aus dem Schrank dahinter, warf zwei Eiswürfel hinein und goss goldbraun schimmernden Whisky darüber. Er ließ den Verschluss der Flasche offen, als er sie zur Seite stellte und einen ersten Schluck trank. Berauscht schloss er die Augen und genoss ganz den brennenden Geschmack des edlen Alkohols auf seiner Zunge. Dann sah er lächelnd zu dem Aschenbecher hinüber, in dem die Reste des verbrannten Papiers noch ein wenig qualmten. Vor sich hatte er ein Foto von Justin auf der Bar liegen und strich sanft mit seinen Fingern darüber.

„Ich werde nicht zulassen, dass etwas uns trennen kann, mein Geliebter", flüsterte er dabei. „Du und ich wir sind füreinander bestimmt. Und daran wird nichts etwas ändern können!"

Seine Augen flammten voller Begierde auf und mit einem einzigen Schluck trank er das Glas leer, um sich gleich darauf noch ein weiteres einzugießen ...

Die helle Mittagssonne schien steil und heiß in den breiten Betonkanal, in dem nur ein ärmliches Rinnsal schmutzigen Abwassers träge dahin floß. Der Polizeiofficer stand neben dem heruntergekommenen Gammler in seinen abgerissenen, dreckigen Kleidern und blickte diesen voll autoritärer Strenge an.

„... glauben Sie mir, Officer, genau so habe ich ihn gefunden! Ich komme gelegentlich hier entlang und da sehe ich dieses schmutzige Bündel dort liegen. Ich dachte erst, es sei ein totes Tier, das sich in irgendwelchem Unrat verfangen hätte. Manchmal werden die Kadaver von ertrunkenen Hunden oder Katzen hier angespült. Aber wie ich näher komme und es mit meinem Stock anstoße, da sehe ich, dass es ein Toter ist. Erst packt mich die Angst und ich laufe davon. Aber dann bin ich doch zurückgegangen und hab mir den armen Kerl näher angesehen. Mir wurde sofort klar, dass der kaum ertrunken sein konnte und dann habe ich oben von dem Notruftelefon Ihre Kollegen angerufen. Das war doch richtig, oder?"

„Absolut richtig! Ja! Bitte geben Sie meinem Kollegen nur noch Ihren Namen zu Protokoll, damit alles seine Ordnung hat", verlangte der Officer von dem Mann, der sich an seinem verfilzten Bart kratzte und den Uniformierten verunsichert anblickte.

„Aber dann kann ich gehen, ja?! Ich habe noch einiges zu tun heute!", warf der Mann ein.

„Ja, dann können Sie gehen!", bestätigte ihm der Officer und damit war der Mann beruhigt und schlurfte zur Seite. Ein Kollege des Polizisten trat heran und nahm seine dunkle Sonnenbrille ab, um die Leiche besser sehen zu können, die dort vor seinen Füßen in dem flachen Wasser lag.

Es war die Leiche eines Mannes in einem dunklen T-Shirt, das in Fetzen an seinem Körper klebte. Die schmutzige Jeans wies Löcher auf und ihm fehlte ein Schuh. Den ledernen Gürtel hatte man ihm um die Kehle geschnürt und fest zugezogen. Sein geschundener Körper hätte eine grauenvolle Geschichte von Schmerzen und Qualen erzählen können, denn er wies unübersehbare Spuren von Folterungen auf.

„Sieht verdammt übel aus. Hast du schon eine Ahnung, wer er sein könnte?"

„Könnte man so sagen. Auch wenn er keine Papiere bei sich hatte. Ich habe ihn noch nicht genauer untersucht. Das sollen ruhig die Kollegen von der Leichenbeschau machen. Die werden dann auch sagen können, ob er an dem Riemen oder den Folterungen gestorben ist. Sein Arm ist mit Einstichen übersät. Sicher hat er sich Drogen gespritzt. Und ich habe das Foto hier in der Jacke gefunden, die dort ein Stück weiter liegt. Ich denke, es gehört zu ihm, denn wenn man es sich genau ansieht, ist klar, dass er das darauf ist."

Der Officer reichte seinem Kollegen das durchnäßte Foto, der es sich genau ansah. Er drehte es herum und las laut den Text, der dort ein wenig verschwommen stand:

„Johnny Lonnegan - 26. Oktober 1954"

Sein Kollege nickte. „Na ich würde sagen, damit hat der Tote doch zumindest schon mal einen Namen. Das ist mehr, als wir sonst haben."

„Mag sein. Aber ich glaube kaum, dass wir herausfinden werden, wer hinter seinem Tod steckt. Es lohnt nicht, sich wegen so einem all die Mühe zu machen. Früher oder später wäre er ohnehin auf eine ziemlich unschöne Art krepiert. Wenn nicht so, dann hätten ihn die Drogen umgebracht. Nur an uns bleibt jetzt wieder der ganze Papierkram hängen!"

Er setzte wieder seine Sonnenbrille auf und blickte den Männern der Spurensicherung entgegen, die gerade in einiger Entfernung auf sie zukamen ...

„Du siehst ein wenig bedrückt aus, Justin. Komm her zu mir und erzähl, was ist los?"

Spencer stand in dem großen Wohnzimmer der unteren Etage an der Bar und schenkte aus einer leicht staubigen Flasche zwei Gläser mit tiefrot glänzendem Wein bis zur Hälfte voll. Er hatte ein schwarzes Seidenhemd an, dessen Knöpfe bis zum Bauchnabel offen standen und trug eine kniclange Shorts in einem dunklen Violett. Barfuß kam er mit den beiden Gläsern in den Händen um die Bar herum auf ihn zu und hielt ihm eins davon mit einem sanften, verständnisvollen Lächeln entgegen.

„Komm, trink einen Schluck davon und setz dich. Und dann erzähl mir, was dir auf der Seele liegt!", forderte er ihn noch einmal auf.

Justin hatte auf der breiten, ledernen Couch Platz genommen und zog ein wenig missmutig seine Schuhe aus. „Nein Danke, aber ich möchte jetzt nichts trinken, Spencer!"

„Oh, komm schon, Justin! Es ist ein echt edler und teurer Wein! Ich habe ihn nur für uns und diesen Abend aufbewahrt. Du wirst sehen, er bewirkt Wunder. Nur dies eine Glas! Mir zuliebe!"

Justin rang sich ein versöhnliches Lächeln ab und nahm das Glas aus der Hand seines verliebten Filmhelden entgegen. Er trank einen Schluck, als ihm Spencer zuprostete und das Kristall des Glases an dem seinem hell und beinahe melodiös zum Klingen brachte. Er war überrascht. Der Wein war wirklich ganz exzellent. Er trank noch einen weiteren Schluck und stellte das Glas dann auf den Tisch vor sich ab. Dann schwang er die Beine auf die Couch und streckte sich darauf aus. Spencer saß neben ihm in einem der Sessel und blickte ihn aufmunternd an.

„Ach, es ist eigentlich nichts besonderes", begann Justin und warf seinen Blick verloren der Zimmerdecke entgegen. „Dieses Casting ist jetzt schon fast vier Wochen her. Ich hatte echt ein gutes Gefühl dabei. Aber noch immer haben sie sich nicht gemeldet. Ich dachte nicht, dass es so lange dauern würde, sich die Aufnahmen noch mal anzusehen, um zu einer Entscheidung zu kommen. So schwer kann es doch nicht sein!"

„Die melden sich schon noch!", versicherte ihm Spencer und heuchelte Zuversicht. „Du weißt doch gar nicht, in welcher Phase die Produktion steckt. Vielleicht beginnen die Dreharbeiten erst zum Jahresende oder noch später und das Drehbuch ist noch nicht einmal fertig geschrieben. Das habe ich alles schon erlebt. Aber das ist es doch nicht allein, was dich quält, oder?"

„Nein, du hast recht. Ich bin auch ein wenig sauer auf meinen neuen Agenten. Ich dachte, die könnten mehr für mich tun. Aber ich werde auch immer nur vertröstet. Das kotzt mich langsam an." Mit einem Ruck setzte er sich wieder auf und griff nach dem Glas Wein vor sich, um es mit einem großen Schluck beinahe leer zu trinken.

„Du bist enttäuscht. Das kann ich verstehen. Aber Morino & Quinn ist eine wirklich gute Agentur. Nur leider können auch die keine Wunder vollbringen und nur die Rollen vermitteln, die vom Studio gebraucht werden. Ich habe meinen Vertrag in diesem Jahr fast erfüllt und muss nur noch einen Film machen. Aber ich denke, dass ich dich schon dabei unterbringen kann, wenn es damit soweit ist. Es hat doch beim letzten auch ganz gut geklappt!"

Aber Justin schüttelte nur wütend den Kopf und fühlte sich von Spencer völlig missverstanden. „Ich will aber nicht nur irgendwie untergebracht werden, kapierst du?! Du bist fein raus! Du hast deinen Vertrag und kannst wirkliche Hauptrollen spielen, die dir sicher sind! Ich will aber nicht nur mal so, wenn gerade kein anderer zu finden ist, in irgendso einem billigen Horrorfilm durch die Kulissen rennen. Mit vier Zeilen Dialog oder noch weniger! Ich will eine wirkliche Rolle spielen, verstehst du? In einem Abenteuerfilm vielleicht."

Spencer stellte sein Glas zur Seite und setzte sich neben Justin. Er legte seinen Arm um ihn und wollte ihn trösten, doch Justin rutschte verärgert ein Stück weiter von ihm weg und starrte stur nach vorne auf den Tisch.

„Ich weiß, dass du das Talent dafür hast und ehrgeizig genug bist. Und ich bin auch sicher, dass du es eines Tages damit schaffen wirst. Aber man kann den Erfolg nicht erzwingen! Schon gar nicht hier in Hollywood. Du bist doch noch nicht einmal ein volles Jahr hier. Überleg doch mal. In dieser Zeit bist du wirklich weit gekommen!"

„Ganz toll!", kommentierte Justin verbittert Spencers bemühten Versuch. Und dabei schwang unüberhörbarer Sarkasmus in seiner Stimme mit. „Aber das genügt mir einfach nicht! Ich will endlich mehr spielen. Will endlich zeigen, was ich kann. Ich bin Schauspieler! Mit ganzer Seele! Immer schon habe ich davon geträumt. Aber irgendwie scheint mir keiner eine Chance geben zu wollen. Gloria hat es wirklich geschafft. Sie ist meine beste Freundin. Aber in letzter Zeit beneide ich sie immer häufiger darum!"

Spencer musste hämisch grinsen. Doch er versteckte dies hastig und versuchte ein anderes Thema anzuschlagen, um Justin von seinen trübsinnigen Gedanken weg zu locken.

„Ich glaube, es war wohl keine so gute Idee, dich nach deinen Sorgen zu fragen, was? Es gelingt mir offenbar nicht, sie dir zu vertreiben. Aber ich finde, du solltest jetzt trotzdem versuchen, nicht mehr daran zu denken. Es wird sich für alles eine Lösung finden. Du musst nur fest dran glauben. Und jetzt komm her zu mir und lass uns diesen Abend zusammen geniessen."

Justin fragte sich, ob er nicht vielleicht doch ein wenig ungerecht gegenüber Spencer war. Er versuchte schließlich wirklich, ihm zu helfen. Und wer sollte seine Gefühle in Bezug auf den Job als Schauspieler besser verstehen, wenn nicht er? Auch Spencer hatte auf diese Weise angefangen und war damals sicher genauso frustriert gewesen wie er jetzt. Er kannte die Geschichte. Spencer hatte sie ihm vor einiger Zeit einmal erzählt. Justin ließ sich zurückfallen und legte seinen Kopf nach hinten in den Nacken auf die weiche Lehne der Couch. Er schloss die Augen. Irgendwie fühlte er sich ziemlich seltsam. Die Luft hier drinnen erschien ihm plötzlich drückend und heiß. Er fuhr sich mit einer Hand über das Gesicht und spürte, wie er zu schwitzen begann. Den ganzen Tag über war es schon so heiß. Und in der Wäscherei hatte er es kaum aushalten können. Aber jetzt glaubte er wirklich, dass es am schlimmsten war, denn er fühlte sich regelrecht erledigt und matt. Er hatte keine scheu, sein verschwitztes Shirt einfach über den Kopf zu ziehen und irgendwo hinter sich auf den Boden zu werfen. Doch er war verwundert darüber, welche Anstrengung ihn dies kostete.

„Ich glaube, ich brauch jetzt eine kalte Dusche, Spencer!", meinte Justin und atmete schwer.

„Ich glaube, alles was du brauchst, ist nur mal wieder richtig von mir durchgefickt zu werden. Damit dir klar wird, wen du wirklich liebst, Justin!" Der harte Tonfall in Spencers Stimme, der vorher überhaupt nicht dagewesen war, gefiel Justin nicht.

„Was? Wie meinst du das?"

Spencer saß neben ihm. Beinahe lauernd, wie ein Raubtier auf seine Beute. Und dessen durchdringender, anklagender Blick gefiel Justin dabei noch viel weniger.

„Komm, spiel nicht dieses alberne Spiel mit mir, Justin. Du weißt genau, was ich meine. Glaubst du etwa, ich hätte es nicht bemerkt? Du bist doch mit deinen Gedanken ganz wo anders, wenn wir zusammen sind. Deine Leidenschaft, wenn wir es miteinander treiben, ist nicht mehr die gleiche. Ich spüre es doch ... du liebst mich nicht mehr so, wie am Anfang!"

Justin hob den Kopf. Schwer. Sterne tanzten vor seinen Augen. Doch er sah Spencer fest an und widerstand seinem vorwurfsvollen Blick.

„Ich habe dich nie angelogen, Spencer. Und ich tue es auch jetzt nicht. Aber frag dich selbst mal: habe ich dir je gesagt, dass ich dich liebe? Habe ich dir das jemals wirklich gesagt?"

Spencers Ausdruck im Gesicht wechselte von bitterer Anklage zu entsetzter Irritation. Es brauchte beinahe zwei volle Minuten, ehe er die passenden Worte darauf fand und diese mit aufkeimender Wut über die fest zusammengepressten Lippen brachte:

„Du verdammter, kleiner Mistkerl! Ich ... ich kann es nicht glauben! Sag, dass du mich liebst! Sag, dass du mich von Anfang an geliebt hast! Sag es mir!"

Den letzten Satz hatte er laut herausgebrüllt und seine Hände dabei im Leder der Couch verkrallt. Justin versuchte aufzustehen. Doch er musste feststellen, dass ihm dies sichtlich schwerer fiel. Er schwankte, musste sich mit einer Hand an der Lehne der Couch abstützen und ging einige Schritte um diese herum, ehe er Spencer anblickte und ihm eine Antwort gab:

„Ich habe dir gesagt, dass ich dich nicht anlügen werde. Und deshalb kann ich es dir nicht sagen, Spencer. Ich kann es nicht. Weil ich dich nicht liebe!"

Namenloses Entsetzen stand für einen Moment in dem Gesicht des sonst so strahlenden Schauspielers wie eingemeißelt geschrieben und hatte dessen Zorn darüber förmlich hinweggefegt. Doch nur für einen kurzen Augenblick. Dann kehrte dieser mit der Erkenntnis der Wahrheit von Justins Worten zurück.

Justin griff sich an die Stirn und hielt sich gleichzeitig an der Couchlehne fest, als er allmählich zu begreifen schien, was mit ihm vorging.

„Was ist das? Was hast du mir in den verdammten Wein getan?"

„Das gleiche Mittel, dass du bei unserer ersten Begegnung schon bekommen hast. Es ist ziemlich wirkungsvoll, nicht wahr? Ich habe mir ein bisschen davon aufgehoben. Habe irgendwie gedacht, dass ich es mal noch brauchen könnte."

Mit einem perfiden Grinsen im Gesicht stand Spencer jetzt auf und kam um die Couch herum auf ihn zu. Justin stand vor ihm und hielt sich mit beiden Händen an der Couch fest. Es fiel ihm immer schwerer, aufrecht stehen zu bleiben. Irgendwie drehte sich alles um ihn. Spencer packte ihn mit beiden Händen hart an den nackten Schultern und sah ihm fest in die Augen.

„Du hast einen anderen! So ist es doch, oder? Ja, ich habe es geahnt. Aber das du mir das antust, Justin, ist schäbig und brutal! Denn ich liebe dich, kapierst du das?! Ich liebe dich und ich kann nicht aufhören, dich zu lieben. Und ich werde nicht zulassen, dass du mich hier wegen einem anderen alleine lässt!"

Spencer trat dicht an ihn heran und leckte ihm mit der Zunge begierig über den Hals bis hoch auf den Mund. Er presste ihm einen wilden Kuss auf die Lippen und flüsterte ihm dann einen Satz ins Ohr, die seine Absicht nur allzu deutlich machte: „Ich werde dich nicht gehen lassen, Justin!"

Dann beugte er sich plötzlich nach unten, hatte ihm blitzschnell den Gürtel aufgemacht und ihm die Hose bis zu den Knöcheln heruntergerissen. Nackt stand Justin vor ihm und versuchte nach dem Schauspieler zu schlagen. Doch sein kraftloser Fausthieb ging ins Leere. Spencer packte ihn an den Schultern und drehte ihn mit einem Ruck herum. Justin sah nur noch Sterne vor seinen Augen tanzen. Der Tisch, die Bar, die Fenster und der Türrahmen - überhaupt alles schien seine Strukturen zu verlieren. Wurde weich und dehnbar und verschwamm zu unscharfen Farbfragmenten.

Justin fiel nach vorn über die Lehne der Couch. Doch Spencer hielt ihn fest, damit er nicht den Boden unter den Füßen verlor und stehen blieb.

„Ich habe immer nur dich gewollt, Justin. Seit ich mit dir zusammen bin, ist mir das klar geworden. All die Jahre in denen ich mit anderen Kerlen rumgemacht habe, mit kleinen Strichjungen von der Straße, den hübschen Komparsen, denen ich armselige Rollen verschaffte, den Beleuchtern und Kabelträgern - all die Jahre war ich immer nur auf der Suche nach dir!"

Während Spencer ihm diese verzerrte Sicht seiner besessenen Liebe offenbarte, hatte er sich bereits seine violette Shorts heruntergezogen und war von hinten dicht an Justin herangetreten. Nun beugte er sich über ihn, schmiegte seinen Körper ganz dicht an Justins verschwitzte Haut und klammerte sich an seinen Schultern fest.

„Ich brauche dich, Justin! So wie ich die Luft zum atmen brauche. Ich habe geglaubt, du würdest meine Gefühle teilen. Würdest mich ebenso lieben, wie ich dich. Umso schmerzlicher ist die Erkenntnis, dass es dir nur allein um deine Karriere und um den Sex mit mir ging. Aber das ist mir gleichgültig. Verstehst du, es ist mir egal! Ich will dich, weil ich ohne dich nicht sein kann!"

Spencer drückte Justins Oberkörper beinahe brutal nach vorn über die Couchlehne. Doch er brauchte nicht allzuviel Kraft dabei aufwenden, denn Justins Widerstand wurde mehr und mehr von der betäubenden Wirkung des Mittels lahmgelegt. Mit einem heiseren Aufschrei der Lust bohrte Spencer ihm dann sein steifes Glied in die ihm entgegengestreckte Kehrseite. Keinen Moment lang zögerte er, mit seinem zügellosen, von roher Wildheit und hemmungsloser Ekstase bestimmten Ritt zu beginnen. Dabei glich sein brutales Vorstoßen schon eher einer Bestrafung, denn einer lustvollen Hingabe. Immer wieder preschte er mit unnachgiebiger Härte nach vorne und rammte Justin seinen steifen Schwanz tief in das wehrlose Arschloch. Schweiß floß in Strömen über seinen Rücken nach unten und brachte Justins muskulösen Körper zum glänzen. Und mit einem Aufschrei von unendlicher Lust gipfelte der Ritt des besessenen Schauspielers in einer gewaltigen

Ladung heißen Spermas, mit dem er Justin den Arsch überflutete. Noch einige weitere Male stieß er fest zu, ehe er sich von ihm löste und neben ihm über die Couch beugte.

„Wir werden immer zusammen sein, verstehst du mich? Immer!"

Er zog die Hose wieder über sein feucht glänzendes, noch halbsteifes Glied, packte Justin bei den Schultern und wirbelte ihn herum. Der war mittlerweile vollkommen benommen und wehrlos von dem Mittel in seinem Wein, erkannte nur noch helle Schatten in seiner Umgebung und versuchte auf geradezu klägliche Weise, um sich zu schlagen.

Spencer lachte. Er lachte, legte seine Arme um Justins Körper und hob ihn hoch. Dann trug er das Objekt seiner besessenen Liebe nach nebenan in das Bett. Dabei lachte er immer wieder und schien gar nicht mehr damit aufhören zu können. Er hatte reichlich von dem weißen Pulver geschnupft, dass auch ihm die Sinne benebelte und mehr und mehr entgleisen ließ. Der Rausch der Drogen, denen er sich hingegeben hatte, zeigte nun auch bei ihm seine Wirkung. Spencer nahm eine Flasche teuren Parfüms von dem Nachtschrank und goß sich dieses über seinen Körper. Eine zweite Flasche leerte er über den benommen daliegenden Justin und den seidigen Laken seines Bettes aus. Er riss sich sein schwarzes Hemd vom Leib und fiel zu seinem Geliebten auf die schwankende Matratze. Und dort begann er, das Parfüm wieder von dessen nass glänzender Haut herunterzulecken. Es brannte auf seiner Zunge und machte ihn begierig auf mehr. Schon hatte er das steife Glied seines nun auch von den herben Duftschwaden des Parfüms umnebelten Geliebten im Mund und schleckte daran wie an einer köstlichen Zuckerstange. Es dauerte nicht lange, da vermischte sich das ausgegossene Duftwasser nicht nur mit dem Schweiß seines vor unbändiger Lust bebenden Körpers, sondern auch mit dem üppig hervorspritzenden Samen seiner wild zuckenden, jugendlichen Männlichkeit. Es wurde eine hemmungslose Nacht ungeahnter Leidenschaften, an dessen Ende keiner von ihnen mehr wirklich wusste, was sie miteinander getrieben hatten, ehe sie in eine lange, scheinbar unendliche, traumlose Besinnungslosigkeit fielen und bis in den anderen Tag hinein nebeneinander schliefen.

Das erste, was Justin registrierte, als er wieder wach wurde, war ein höllisches Dröhnen in seinem Schädel. Er versuchte die Augen zu öffnen, kniff sie aber sofort wieder zu, als die helle Mittagssonne ihm einen Stich direkt in das Gehirn zu versetzen schien. Er presste sein Gesicht fest in das Kissen, wälzte sich dann aber doch unter dem seidenen Laken auf den Rücken herum. Dabei griff er sich völlig unbewusst an sein morgendlich versteiftes Glied. Nun dämmerte ihm, dass er nackt war und allmählich kehrte bruchstückhaft die Erinnerung an den letzten Abend in seine Gedanken zurück. Als er zum zweiten Versuch ansetzte, seine Augen aufzuschlagen, sah er zu seiner Überraschung Spencer neben dem Bett in einem Sessel sitzen. Und dieser Anblick ließ all die düsteren Erinnerung an den vergangenen Abend beinahe auf einen Schlag wieder in seinen Kopf zurückkehren. Spencer saß dort, gekleidet in seinen seidenen Morgenmantel, jedoch darunter bereits angezogen, wie ein reumütiger Sünder im Angesicht seines Beichtvaters. Geradezu elendig und sich seiner Schuld bewusst, wagte es der Schauspieler kaum, Justins Blick zu erwidern. Seine Lippen zitterten voller Nervosität und unruhig spielte er mit beiden Händen an dem Ende des Gürtels, mit dem er seinen Morgenmantel zusammengebunden hatte. Neben sich auf dem Nachttisch sah Justin ein Tablett stehen, auf dem alles für ein Frühstück bereit stand. Doch der Kaffee war längst ebenso kalt, wie das Ei und die leicht angebräunten Scheiben Toast.

„Es ... es tut mir leid, Justin", begann Spencer kleinlaut und wagte noch immer nicht, ihn direkt anzusehen. „Ich weiß nicht, was gestern in mich gefahren ist. Ich weiß nicht, was ich sagen soll?"

„Sag es doch einfach, wie es ist: du hast mich high gemacht und vergewaltigt. Punkt - Aus!", entgegnete Justin ihm voll ernüchternder Bitternis.

„Ja, ja, das habe ich getan. Und ich weiß, dass es ein furchtbarer Fehler war."

„Allerdings! Was hattest du denn danach geplant? Wolltest du mich hier irgendwo einsperren und zu deinem Sklaven machen? Damit ich dir nicht mehr weglaufe und du mich jederzeit ficken kannst, wenn dir danach die Lust steht?", höhnte Justin und spürte wie die Wut allmählich in ihm aufstieg, die er mit nur wenig Gegenwehr versuchte, unter Kontrolle zu halten.

„Bitte hör auf, so zu reden! Ich weiß doch, dass es falsch war. Und ich will wirklich alles tun, um es wieder gut zu machen, Justin!"

Justin ignorierte seine höllischen Kopfschmerzen jetzt einfach und schwang sich aus dem Bett. Er hatte seine Sachen auf einem Hocker neben dem schmalen Schrank entdeckt, sorgsam zurechtgelegt. Er griff nach seiner Unterhose und begann sich erst diese und danach seine Jeans hastig wieder anzuziehen.

„Ich habe dir nichts mehr zu sagen, Spencer! Für das, was du getan hast, gibt es keine Entschuldigung!", brach es hart aus ihm heraus, während er sich sein Shirt überstreifte.

„Oh, bitte, Justin! Nein! Hör mich doch nur einen Moment lang an! Ich hatte solche Angst, dich zu verlieren! Ich war in Panik und sah keinen anderen Ausweg und dieses verdammte Zeug hat mir den Verstand geraubt! Ich liebe dich doch ... ich liebe dich doch wirklich!"

Wütend drehte Justin sich zu ihm herum und blickte Spencer an, der nur noch aus einem Haufen von reumütiger Verzweiflung zu bestehen schien.

„Oh, bitte, Spencer! Das ist so billig! Auch ohne das Zeug ist dein

Verstand offenbar keinen Cent wert! Mit dieser Aktion hast du wirklich den letzten Rest von Vertrauen zwischen uns kaputtgemacht! So etwas wie Liebe hat es doch niemals zwischen uns gegeben! Also nimm das nicht als blödsinnigen Vorwand um deine beschissene Geilheit zu erklären! Du bist krank, Spencer! Einfach nur krank! Aber jetzt ist Schluss damit!"

Justin hatte sich seine Socken in die Turnschuhe gestopft und hielt das Paar in der Hand. Er ging um das Bett herum an Spencer vorbei auf die Tür zu. Der sprang voller Verzweiflung auf und versuchte ihn am Arm festzuhalten, um ihn daran zu hindern. Doch Justin riss sich los und setzte unbeirrt seinen Weg nach oben in das Mansardenzimmer fort, wo er seine Sachen hatte. Er zog seine Schuhe an, nahm seine Tasche, in die er alles einfach nur wild hineinstopfte, und kam wieder zurück. Spencer war ihm die Treppe nach oben nachgelaufen und bettelte regelrecht darum, dass er ihm zuhörte, als Justin an ihm vorbei die Stufen nach unten ging.

„Okay, okay! Du hast ja allen Grund, mich zu verachten! Ich habe echten Mist gebaut! Aber es ist wirklich nicht wahr, dass ich dich nur zum ficken haben wollte! Du liebst mich nicht! Okay, das muss ich wohl akzeptieren, auch wenn es mir fast unmöglich ist! Aber es ist einfach gemein, wenn du meine Gefühle für dich so in den Dreck wirfst! Ich liebe dich, verdammt noch mal! Und ich flehe dich an, mir noch eine allerletzte Chance zu geben, meinen Fehler wieder gut zu machen, um dir zu beweisen, dass ich es wirklich ehrlich meine!"

Justin drehte sich in der Mitte der Treppe angekommen um und blickte seinen einstigen Filmhelden mit verachtungsvollem Unverständnis an. „Was soll das, Spencer? Ist das ein Witz oder kapierst du es einfach nicht? Es ist vorbei mit uns! Und es gibt nichts wieder gut zu machen, denn es ist nie etwas wirklich zwischen uns gewesen!"

Aber Spencer gab nicht auf, blieb oben an der Treppe stehen und schien seine Worte überhaupt nicht gehört zu haben.

„Okay, du gehst! Du hast recht, wir müssen uns eine Weile trennen. Aber wenn ich dir sage, dass Herbert Dietrich dich für eine Hauptrolle in seinem nächsten Film haben will und ich dir seine Nummer gebe, versprichst du dann, mir noch eine Chance zu geben, wenn etwas Zeit vergangen ist?"

Spencer zog voller Verzweiflung seinen letzten Trumpf aus dem Ärmel. Natürlich war seine Geschichte, die er dann folgen ließ, eine Lüge. Aber es war immer noch besser ihm die Rolle in diesem B-Western zuzugestehen, als ausgerechnet die, für die Morgan Haze ihn haben wollte. Er hatte all die Jahre vergeblich auf ein derartiges Angebot gehofft und dafür gekämpft, endlich einmal nicht nur in diesen B-Filmen spielen zu müssen. Und er konnte es jetzt nicht ertragen, dass Justin dieses Glück haben sollte, das ihm immer verwehrt geblieben war. Dabei wusste er genau, wenn Justin den Vertrag für den Western unterschrieb, konnte er die Rolle für Morgan

Haze nicht mehr übernehmen.

„Ich wollte es dir gestern Abend sagen. Ich habe es vorgestern durch Zufall erfahren. Dietrich hat dich in dieser Statistenrolle als Indianer gesehen, als er sich den Rohschnitt davon ansah. Und er lässt dich schon seit einer Weile suchen. Ich kenne ihn ganz gut. Und ich habe ihm gesagt, dass ich dich kenne und dir seine Nummer geben werde. Aber dann hast du mich so rasend gemacht, weil ich dachte, du hättest einen anderen Kerl und da hab ich's einfach vergessen und versaut!"

„Genau das ist dein Problem, Spencer!", entgegnete Justin wütend und überlegte, ob er ihm überhaupt noch ein Wort glauben sollte.

„Du vergisst alles, was dir nicht gefällt und legst dir immer nur die Wahrheit zurecht, die dir gerade in den Kram passt! Aber in diesem Spiel von dir bin ich nicht länger dein dummer Mitspieler."

Da zog Spencer aus der Tasche seines Morgenmantel einen Zettel hervor und hielt ihn Justin hin.

„Da, ruf ihn an! Er will den Film ohne dich nicht machen!"

Zögerlich ging Justin die Treppe ein Stück nach oben auf Spencer zu.

„Nun mach schon! Es ist eine Hauptrolle, verdammt! Und sie ist dir sicher!"

Spencer drückte ihm den Zettel in die Hand.

„Du weißt, wo das Telefon steht. Geh schon und ruf ihn an!"

Misstrauisch blickte Justin ihn an und wusste nicht so recht, was er davon halten sollte.

„Warum machst du das? Das wird nichts zwischen uns ändern, Spencer."

„Ich bitte dich nur darum, noch einmal über uns nachzudenken, wenn du den Film machst. Und vielleicht kannst du unserer Beziehung dann ja noch einmal eine Chance geben. Das ist wirklich alles, worum ich dich bitte. Sag jetzt nicht so brutal, dass alles vorbei ist, was zwischen uns war. Sag einfach nur, dass du es dir noch einmal überlegen wirst. Bitte lass mir die Hoffnung, dass alles wieder gut zwischen uns werden kann."

Justin ging, ohne ihm eine Antwort zu geben, die Treppe nach unten. Er wollte sich diese drittklassige Vorstellung eines nicht mehr als nur mittelmäßigen Schauspielers nicht länger mit ansehen.

„Wirst du darüber nachdenken?", rief Spencer ihm verzweifelt von oben hinterher. „Bitte sag mir, dass du darüber nachdenkst!"

Doch Justin hatte das Haus bereits verlassen und die Eingangstür einfach offen stehen gelassen. Spencer sank auf dem oberen Absatz der Treppe zusammen und blieb dort sitzen. Er vergrub sein markantes, von so vielen weiblichen Fans vergöttertes Gesicht in seinen Händen und begann voller Schmerz kläglich zu weinen.

Kleine Passionen eines großen Schauspielers

An einem Mittwoch unterschrieb Justin den Vertrag für seine erste Hauptrolle. Seine Hand zitterte, als er im Beisein seines Agenten Morton Shepperd von Morino & Quinn und einer Sekretärin des Studios seinen Namen auf die Linie am unteren Ende des Vertrages kritzelte. Und ihm Regisseur Herbert Dietrich nach erfolgtem Abschluss mit festem Druck die Hand schüttelte. In der Kantine saß er danach noch mit dem grobschlächtigen und enorm redseligen Regisseur bei einem Pfeffersteak mit fritierten Kartoffeln zusammen und sprach über seine Rolle. Als er sich von Dietrich verabschiedete, das Drehbuch unter dem Arm, glaubte er der glücklichste Mensch auf Gottes Erdboden zu sein. Noch vom Studiogelände rief er zuerst Robert und dann Gloria an, um ihnen die freudige Botschaft sofort mitzuteilen. Denn er musste sein Glück darüber einfach mit ihnen teilen! Und das tat er dann auch. Den ganzen Abend feierten sie gemeinsam in Glorias Café ausgiebig seine erste Hauptrolle. Und dabei hatte Justin seinen niederschmetternden Abend mit Spencer vom vergangenen Wochenende beinahe schon vergessen. Doch als er plötzlich wieder daran dachte, überlegte er, dass Spencer vielleicht doch kein so schlechter Kerl sein konnte. Immerhin musste es ihm nicht leicht gefallen sein, über den Schatten seines Egos zu springen und ihm die Rolle in dem Film zu beschaffen. Und das ausgerechnet in einem Film, in dem er einmal nicht der Hauptdarsteller war, sondern Justin. Vielleicht sollte er ihm noch einmal eine Chance geben … aber die Entscheidung darüber wollte er sich für später aufheben. Gloria hatte ihm großzügig gestattet, für eine kleine Weile mit seinen Sachen bei ihr einziehen zu können. Sie wussten ja beide, dass keinerlei „Gefahr" dabei drohte. Nur ihre Mitbewohnerin Samantha war darüber ziemlich verwundert und hatte anfangs etwas dagegen. Doch Justin brauchte nur einmal kurz seine blauen Augen mit einem flehenden Blick aufleuchten zu lassen und schon hatte er sie mit einem überzeugenden Ehrenwort, dass ihm überhaupt nicht schwerfiel zu leisten, dazu gebracht, ihre Zustimmung zu geben.

Am Freitag derselben Woche, als er abends um halb acht aus seinem Schauspielkurs kam, den er trotz seines Vertrages auf Anraten von Gloria nun bis zum Ende durchziehen wollte, trat auf der Straße ein Mann auf ihn zu. Er trug eine dunkelgraue, elegante Uniform und zog seine Mütze vom Kopf, als er Justin ansprach. Justin kannte den Mann nicht und fuhr ihn rüde an. Denn er dachte, dass irgendeine Verschlagenheit von Spencer dahintersteckte, um ihn rumzukriegen wieder zu ihm zurückzukommen.

„Hey, Mann, was wollen Sie denn?", fragte Justin ihn misstrauisch.

Der Mann wies mit seiner Mütze in der Hand auf eine dunkle Limousine, die nur wenige Meter weiter an der Straße parkte.

„Ich komme im Auftrag von Mr. Edmond Kerry. Er möchte, dass ich Ihnen etwas von ihm gebe, Sir."

„Na bitte, dann geben Sie es mir!", entgegnete Justin lax. Es gefiel ihm, von dem Mann, den er jetzt als Chauffeur entlarvt hatte, mit Sir angesprochen zu werden.

„Das geht nicht so ohne weiteres, Sir. Dazu muss ich Sie schon bitten einzusteigen, damit ich es Ihnen zeigen kann."

Justin war sich noch immer nicht ganz sicher, ob er ihm trauen konnte. Andererseits, außer Gloria und Robert hatte er niemandem von seinem Erlebnis mit Kerry erzählt.

„Okay! Dann zeigen Sie es mir mal!"

Der Chauffeur ging voraus, um ihm die Tür zum Font des Wagens aufzuhalten. Justin genoss es und fühlte sich auf den kühlen Ledersitzen sofort wohl. Ohne dazu aufgefordert worden zu sein, nahm er sich eine Zitronenlimonade aus der Minibar vor sich und trank sie in einem durstigen Zug leer, während der Wagen anfuhr. Wenig später hielten sie vor einem schmalen Haus in der Wilkinson Avenue von North Hollywood. Es hatte zwei Etagen und einen kleinen Vorgarten und war deutlich größer, als es auf den ersten Blick erschien, denn es ging zum überwiegenden Teil nach hinten raus. Als der Chauffeur ihm die Tür öffnete und Justin ausstieg, hielt ihm dieser einen Schlüssel entgegen. „Wir sind da", sagte er nur knapp.

Justin blickte verwirrt auf den Schlüssel. Der Chauffeur sah sich zu einer tonlos wirkenden Erklärung genötigt: „Die Wohnung befindet sich oben. Die zweite Etage und der Dachboden. Der kleine Schlüssel ist für die Haustür, der andere für die Ihrer Wohnung, Sir."

„Wieso meine Wohnung? Bringen Sie da nicht etwas durcheinander?", wollte es Justin jetzt genau wissen.

„Keineswegs. Mr. Kerry wies mich an, Ihnen dies hier zu geben. Hier ist also nun der Schlüssel! Bitte, sehen Sie sich die Wohnung an. Ich werde auf Sie warten und Sie dann zurückfahren."

Noch immer verwirrt bekam Justin den Schlüssel in die Hand gedrückt. Er konnte es kaum fassen und glaubte sich in einem Traum wiederzufinden. Dieser verrückte, liebenswürdige alte Hollywoodstar hatte seine Worte von neulich tatsächlich nicht nur so einfach dahergeredet! Mit schnellen Schritten ging Justin jetzt auf das Haus zu. Er schloss die Tür auf und trat in den Flur. Er stellte fest, dass sich in der unteren Etage offenbar Büros befanden und so eilte er die Treppe nach oben. Der Schlüssel passte und noch immer kam ihm alles wie ein Wunder vor, als er die Tür aufdrückte und eintrat. Eine Küche, ein Bad, ein Schlafzimmer. Alles ein wenig altmodisch und überladen eingerichtet, aber nicht ohne fehlenden Geschmack. Eine Wendeltreppe führte nach oben unter das Dach. Ein einziger, großer Raum mit einem riesigen Fenster an der Südseite des Giebels! Die Bohlen knarrten, als er darüber ging. Schwere Teppiche lagen überall verteilt. Einige lange Regalwände sah er, in denen jedoch nur vereinzelt ein paar wenige Bücher wie verloren standen. Und ein riesiges, goldgelbes Sofa mit einem filigran geblümten Bezug aus schwerem Brokat. Schon ein wenig ausgesessen an manchen Stellen. Vier dazu passende Kissen lagen darauf. Zwei in jeder Ecke. Zwischen dem Sofa und dem breiten Fenster stand ein tiefer Tisch aus Eichenholz mit einer eingelassenen Platte aus schwarzem Marmor. Und gleich daneben ein Sessel. Eine Kerze erhellte diesen Teil des Raumes spärlich und ließ Justins Blick unweigerlich auf den Brief fallen, der dort auf dem Tisch lag. Er ging näher, öffnete das nicht zugeklebte Kuvert, zog ein Blütenweißes Blatt Papier, zweimal gefaltet, daraus hervor und las:

„*Mein lieber junger Freund! Mein Gewissen würde sich nicht zufrieden geben, wenn ich als Dank für mein bescheidenes, ruhmreiches Dasein, dessen Retter Du warst, nicht mehr, als nur diesen besonderen Abend entgegenbringen durfte. Da ich jedoch das außerordentliche Glück hatte, Dich kennenzulernen, weiß ich, dass Du diese kleine Wohnung niemals als Geschenk von mir annehmen würdest! Deshalb verlange ich natürlich eine Miete. Sagen wir, 10 Dollar den Monat. Im Voraus zu zahlen, versteht sich! Sollte das Mobilar Deinem Geschmack nicht treffen, steht es Dir natürlich frei, dies zu ändern. Nur das alte Sofa hier möchte ich gern an seinem Platz behalten. Es hat eine Menge Geschichten zu erzählen, von denen ich dir sehr gern einmal bei passender Gelegenheit einige berichten möchte. Ich hoffe, ich darf beizeiten wieder einmal in den Genuss Deiner außergewöhnlichen Gesellschaft gelangen. Wäre Dir der kommende Freitagabend gegen halb neun recht? Sicherlich hast Du dich hier bis dahin ein wenig eingelebt.*

Mit einer Vielzahl dankbarer Grüße - Edmond Kerry."

Fassungslos schlenderte Justin an den Regalen vorbei und dann wieder zurück auf das große Fenster zu. Den Brief noch immer in der Hand. Er musste diesen Moment erst einmal verdauen und die Zeilen des großen Schauspielers in seinen Kopf bekommen. Dann entfuhr ihm ein lauter Jauchzer der Begeisterung und er verließ danach in aller Eile wieder die Wohnung. Von dem wartenden Chauffeur ließ er sich direkt zurück bis zu Gloria fahren. Und bevor er ausstieg, hielt er dem irritierten Fahrer noch eine Zehn-Dollarnote entgegen.

„Hier, geben Sie das Mr. Kerry und sagen Sie ihm, dass ich akzeptiere!", kommentierte er dies nur, ohne eine weitere Erklärung abzugeben. Dann verließ er den Wagen und spielte in seiner Hand vergnügt mit den Schlüsseln, die er aus seiner Hosentasche zog und einige Male übermütig in die Luft warf.

Gloria war, wie nicht anders zu erwarten, restlos überrascht und konnte diese unglaubliche Geschichte kaum fassen. Sofort witterte sie argwöhnisch einen Haken bei der ganzen Sache. Doch Justin war so voll euphorischer Begeisterung, dass er ihre übertriebene Vorsicht einfach mit einem Lachen abtat und ignorierte. Gleich morgen wollte er seine paar Sachen zusammenpacken und in sein neues Domizil einziehen. Natürlich half Gloria ihm dabei. Denn sie platzte regelrecht vor Neugierde, die Wohnung zu sehen. Als sie dann am frühen Vormittag mit einem Taxi gemeinsam dort ankamen, konnte sie es immer noch kaum fassen. Und zusammen sahen sie sich die Wohnung zum ersten Mal genauer an. Alles war sehr sauber und wirkte gar nicht wie eine Wohnung, die leer stand. Wahrscheinlich bezahlte Mr. Kerry eine Putzkraft, die hier regelmäßig für Ordnung sorgte, spekulierte Gloria. Die großen Glasvitrinen im Wohnzimmer waren weder blind noch wiesen sie Schmierfinger auf. Nur in den Bücherregalen fand sich etwas Staub. Die Möbel in dem ziemlich geräumigen Schlafzimmer fand Gloria ganz furchtbar antiquiert, blieb aber gleichzeitig sprachlos vor dem halbrunden Bett mit dem schweren Baldachin aus dunkelrotem Samt stehen, von dem goldene Kordeln an den Seiten herabhingen, die den Stoff elegante Falten werfen ließen.

„Oh, Justin, das ist ja einfach atemberaubend! Unglaublich!" Sie lief völlig von Sinnen vor Begeisterung zu dem Bett, strich mit ihren Händen beinahe ehrfurchtsvoll über den seidigen Stoff der Bettdecke, warf sich schließlich mit dem Bauch darauf und streckte ihre Arme darüber aus. Dabei schloss sie schwärmerisch die Augen.

„Ich habe immer davon geträumt, einmal in diesem Bett einschlafen zu können. Früher wollte ich meine Jungfräulichkeit erst verlieren, wenn es in diesem Bett passieren würde! Himmel, es ist ein Traum!"

Justin ging völlig verwirrt zu ihr.

Irgendwie kam auch ihm dieses Bett bekannt vor, doch er wusste nicht recht, woher. Gloria erklärte es ihm voll schwärmerischer Begeisterung, als sie seinen irritierten Blick bemerkte.

„Das ist die große Liebesszene aus NACHTWIND. Edmond Kerry als Buck Cassidy und Garance Fossard als Clara Dumondier. Hier gestehen sie sich ihre heimliche, verbotene Liebe und verbringen die einzige gemeinsame Nacht miteinander. Und am anderen Morgen bricht der Krieg aus und er muss fort. Und später bringt sie hier ihren Sohn zur Welt und stirbt beinahe nach der Geburt. Und jetzt ist dieses herrliche Bett hier und ich liege darin! Wahnsinn!"

Jetzt fiel es Justin auch ein und dabei entdeckte er ein gerahmtes Foto an der Wand neben dem Fenster. Ein Szenenfoto aus dem Film mit Kerry und der Fossard - und eben jenem Bett.

„Er muss es nach Abschluss der Dreharbeiten gekauft haben", überlegte Justin und schüttelte mit einem Lächeln auf den Lippen erstaunt den Kopf. Auch den Rest des Zimmers hatte man offenbar mit viel Liebe zum Detail jenem aus der Filmszene nachgebaut. Obwohl Justin kaum glauben konnte, dass auch dies alles Originale waren, war er doch überzeugt, dass es sich bei dem Bett sehr wohl um das Echte aus dem Film handelte.

Die anderen Räume boten längst nicht einen so spektakulären „Fund", waren aber doch alle auf ähnlich überladene, prachtvolle Weise eingerichtet.

Als sie die Wohnung wieder gemeinsam verließen, bettelte Gloria beinahe darum, diese eine Nacht mit ihm in der Wohnung und in diesem Bett verbringen zu dürfen. Justin konnte ihr diesen Wunsch mit einem Grinsen im Gesicht nicht abschlagen.

„Na gut. Auch wenn es angeblich kein Glück bringt, wenn man die erste Nacht in einer neuen Wohnung nicht im eigenen Bett verbringt, kannst du von mir aus drin schlafen. Ich nehme dann die Couch oben im Dachzimmer. Die ist groß genug."

„Warum? Du kannst doch mit mir zusammen drin schlafen! Es ist groß genug. Ich werde schon nicht zudringlich werden und vor dir brauche ich ja wohl auch keine Angst zu haben!"

Justin schüttelte grinsend den Kopf.

„Nein, lass mal! Ich nehm oben die Couch. Ich will dir deine süßen Träume nicht durch mein lautes Schnarchen verderben!"

Gloria stieß ihn belustigt an. „Du Lügner! Von einem Schnarchen habe ich in den letzten Tagen aber nichts mitgekriegt!"

Dann versprach sie ihm schwärmerisch, dass er einen großen Gefallen bei ihr gut hätte und bedankte sich dafür mit einem Kuss auf seine Wange.

Der Schlüssel drehte sich leise im Schloss und die Tür schwang beinahe lautlos nach innen auf. Robert ging voraus und drückte hinter Justin eilig die Tür zu. Er zog seine dunkle Jacke aus und hängte diese über einen Bügel an der Flurgarderobe. Den Vormittag dieses Sonntags hatte er noch mit Gloria zusammen verbracht, aber dieser Abend sollte allein ihnen beiden gehören. Robert hatte seinen Freund zu sich in sein Apartment eingeladen. Und obwohl er sich betont locker gab, spürte Justin doch, wie angespannt und nervös Robert war. Zweifellos hatte Robert wohl noch nicht sehr viele Gäste hierher eingeladen. Justin staunte nicht schlecht. Die Räume waren großzügig und sehr elegant eingerichtet. Alles hier schien penibel seinen festen Platz zu haben und zeugte von geradezu erschreckender Ordnung und Sauberkeit. Eigentlich hatte er fast nichts anderes von seinem Freund erwartet. Es war eben ganz sein Stil. Und die hinter Glas gerahmten Originalplakate berühmter Hollywoodklassiker verrieten überdies seine sowohl berufliche wie auch private Leidenschaft zum Film. Robert legte etwas verträumte Instrumentalmusik auf, die er offenbar vorher sorgfältig ausgewählt hatte. Er entzündete ein paar Kerzen, die hinter kunstvollen Gläsern standen und löschte das Licht, nachdem er Justin durch sein Apartment geführt hatte und sie sich wieder im Wohnzimmer einfanden.

„So groß etwas Besonderes ist es also gar nicht, wie du siehst!", rief ihm Robert aus der Küche von nebenan zu, als Justin es sich auf der dunklen Ledercouch bequem gemacht hatte. Er goß ihnen beiden einen

Drink ein und trug diesen herum.

„Wenn der Service pünktlich ist, müsste es eigentlich gleich klingeln. Du musst schon entschuldigen, wenn ich nicht selber koche. Aber wie du ja weißt, ist das so gar nicht mein Ding."

„Es ist perfekt, Robert. Alles ist perfekt", beschwichtigte Justin ihn schnell und Robert setzte sich neben ihn. Ihre sehnsüchtigen Blicke trafen sich, verschmolzen miteinander. Robert schob sein Glas mit dem Fruchtcocktail wie benommen auf den Tisch und rückte noch näher an seinen Freund heran. Irgendwie fühlte er sich wie ein kleiner, pubertierender Schuljunge, der zum ersten Mal verliebt war. Justin bemerkte dessen zögerliche Unsicherheit. Er legte sacht seine Hände an dessen Schultern und beugte sich ein kleines Stück weit vor. Ihre Lippen fanden sich zu einem Kuss, dem sich beide lange und intensiv und voller Glück hingaben. Gerade wollten sie sich gegen das Polster der Rücklehnen fallen lassen, als es an der Tür klingelte und sie beide hochschrecken ließ.

„Der Service!", kommentierte Robert.

„Tatsächlich. Viel zu pünktlich!", gab ihm Justin zur Antwort und hielt dessen Hand fest, als Robert aufstand, um zur Tür zu gehen.

„Lass sie doch draußen vor der Tür stehen! Ich habe jetzt gar keinen Hunger. Ich habe nur Appetit auf dich und deine Küsse und sonst gar nichts!"

Justins Magen grummelte überdeutlich und strafte seine Worte damit Lügen. Er musste grinsen und es klingelte erneut. Er ließ Roberts Handgelenk los, damit dieser zur Tür gehen konnte. Kurz hörte er Stimmen im Flur und schon kam sein Freund mit einer großen Tragetasche aus Papier in der Hand zurück, auf der das Logo des Caterings zu lesen war, und ging damit in die Küche. Dabei zog er einen herrlichen Duft hinter sich her, der Justins Magen veranlasste, nur noch lauter zu knurren.

Nach diesem Dinner bei Kerzenschein und romantischer Musik hatte Justin seinen Magen endlich zum Verstummen gebracht. Mit einem Wein prosteten sie sich zum Abschluss zu und schnell half Justin seinem Freund danach, die Teller nach nebenan in die Küche zu räumen. Er stellte das Geschirr in das silbern glänzende Spülbecken und spürte plötzlich einen stürmischen Kuss in seinem Nacken. Robert stand dicht hinter ihm und ließ seine Hand um Justins Hüfte gleiten, während er ihm schon einen zweiten Kuss auf den Hals hauchte.

„Und du bist sicher, dass jetzt keiner weiter klingelt?", fragte Justin verschmitzt voll süßer Ironie.

„Ganz sicher! Frag nicht länger. Küss mich nur einfach!"

Zwei Gläser in Roberts Hand wären beinahe von der Anrichte zu Boden gerutscht und dort zerbrochen, als Justin sich herumdrehte und ihm nur zu gern seinen Wunsch erfüllte. Robert erwiderte seine Küsse plötzlich voll stürmischer Leidenschaft und dabei wurde Justin von dessen so unerwarteter Dominanz regelrecht überrumpelt. Er wurde von ihm gegen das Spülbecken und nach hinten gedrückt. Doch nach anfänglicher Überraschung ließ er ihn schließlich gewähren. Denn es gefiel ihm. Es gefiel ihm sogar sehr. Er hörte auf sein Herz und wusste bereits irgendwie, was Robert ihm gleich sagen würde. Und tatsächlich drangen im nächsten Augenblick schon dessen Worte wie ein sehnsüchtiger Hauch an sein Ohr:

„Ich weiß jetzt, was ich will. Und ich will es heute. Ich liebe dich, Justin, hörst du. Ich fühle mich endlich bereit dazu und will mit dir zusammen alles teilen!"

Nichts hatte Justin sich mehr gewünscht als das. Aber jetzt, da auch sein Freund dies endlich wollte, fühlte er plötzlich eine Angst in sich aufsteigen. Eine Angst, die ihm sein schlechtes Gewissen bereitete. Denn er war nicht aufrichtig zu ihm gewesen. Die ganze Zeit über schon nicht. Er hatte ihm seine Beziehung zu Spencer noch immer nicht offen eingestanden und nun machte ihm dafür sein schlechtes Gewissen einen bitterbösen Strich durch die Rechnung. Er fühlte, wie Roberts begierige Hände ihm das Shirt am Körper nach oben schoben, während sie sich weiterhin küssten. Aber er konnte es ihm unmöglich jetzt sagen! Doch noch viel weniger konnte er ausgerechnet nun mit ihm schlafen, da noch immer diese unausgesprochene Sache zwischen ihnen stand. Zum ersten Mal hatte Justin Angst etwas zu verlieren, das ihm wirklich von ganzem Herzen wichtig war und ihm mehr bedeutete, als er sagen konnte. Aber er würde es verlieren, wenn er jetzt mit Robert schlief. Denn dann würde er ihre Liebe betrügen. Doch er konnte es ihm auch nicht so einfach sagen. Dann würde er ihn ganz sicher erst recht verlieren. Er steckte in einem Dilemma. Und er musste ganz schnell einen Ausweg daraus finden. Als Robert begann ihm die Schnalle seines Gürtels zu öffnen und dabei seinen Bauch ein wenig einschnürte, bevor er diesen lösen konnte, kam ihm der rettende Einfall. Er verzog für einen kurzen Moment schmerzhaft das Gesicht und faßte sich mit einer Hand an seinen Bauch. Sofort hielt Robert erschrocken in seinen lustvollen Bemühungen inne und blickte ihn besorgt an.

„Was ist?", entfuhr es ihm nur.

„Ich weiß nicht," log Justin gekonnt, „irgendetwas sticht übel in meinem Magen!"

Wieder verzog er das Gesicht und simulierte Schmerzen.

„Du lieber Himmel, es wird doch wohl nicht etwas an dem Essen schlecht gewesen sein!?"

„Ich weiß nicht. Aber es wird immer schlimmer."

Robert half ihm nach nebenan und Justin streckte sich lang auf der Couch aus. Dabei hielt er sich weiter den Magen.

„Soll ich einen Arzt rufen?", Robert kniete voller Sorge neben ihm. Justin hasste sich für diese Show, doch er zog sie bitter und mit eiserner Professionalität durch.

„Warum gleich einen Arzt? Das wird am Sonntag sowieso schwierig. Hol mir einen Beutel Eis und ich versuche mir den Magen zu kühlen."

„Und du bist dir sicher, das hilft?" Robert blickte ihn skeptisch an.

„Ich habe keine Ahnung. Aber irgendwas muss ich versuchen."

Robert lief los zurück in die Küche und beschaffte ihm das Gewünschte. Er kam mit einem Waschlappen zurück, den er mit Eiswürfeln gefüllt hatte. Justin zog sein Hemd ein Stück hoch und legte sich den Beutel auf den Bauch. Er verdrehte die Augen, als er die eisige Kälte so plötzlich auf seiner Haut spürte. Doch er hielt ihn weiterhin fest auf seinen Magen gedrückt, bis das allmählich schmelzende Eis in feinen Wasserbahnen an seinem Körper nach unten floß. Robert hatte ihm inzwischen ein Handtuch gebracht und es ihm darunter gelegt.

„Wird's schon besser?", fragte er besorgt.

„Etwas, ja. Ich denke, wenn ich ihn noch eine Weile drauf liegen lasse und mir etwas Ruhe gönne, wird es schon gehen. Aber im Moment tut es noch ziemlich weh. Scheiße verdammt!"

„Jedenfalls war es das letzte Mal, dass ich bei Rosary's Essen bestellt habe! Soviel ist mal sicher! Ruh dich aus. Wenn es besser geht, fahre ich dich nach Haus."

Justin atmete erleichtert auf. Diesen Abend hatte er gerade noch mal hinbiegen können. Auch wenn er sich dabei ziemlich den Bauch verkühlt hatte und in der folgenden Nacht schließlich wirklich Magenschmerzen bekam.

Am Tag darauf hielt Justin es nicht mehr aus und telefonierte am Abend noch vor dem Beginn seines Kurses verzweifelt mit Gloria. Fast flehte er sie an, dass er sie unbedingt noch heute sehen musste und erzählte ihr dabei nur, dass er einen furchtbaren Fehler gemacht hätte und nun nicht mehr weiter wüsste. Sie versprach zu kommen.

Als Justin vor dem hohen Gebäude, in dem der Kursus stattfand, auf die Straße trat, wartete sie bereits auf ihn. Reumütig und mit dem Blick eines geprügelten Hundes ging er auf sie zu. Sie wusste sofort, dass es dabei um Robert ging und während sie zusammen ein Stück zu Fuß die Straße entlanggingen, erzählte er ihr von dem vergangenen Abend.

„Das geschieht dir ganz recht!", war ihr Kommentar, als Justin seine Geschichte mit den Bauchschmerzen der letzten Nacht beendete.

„Ich weiß. Du hast ja recht. Aber was soll ich nur tun? Ich habe solche Angst, ihn zu verlieren!"

Sie nahm ihn tröstend in den Arm.

„Es hilft nichts, Justin. Dir bleibt keine Wahl. Du musst ihm die Wahrheit sagen. Auch wenn es schwer fällt. Denn wenn du es nicht tust, wird er es irgendwann doch erfahren. Und dann ist alles noch viel schlimmer und du kannst wirklich sicher sein, dass eure Liebe daran zerbricht! Du bist doch sonst nicht so, Justin."

„Ja, aber es ist ja auch das erste Mal, dass ich so wirklich richtig verliebt bin. Und ich bin mir sicher, dass ich jemanden wie Robert niemals wieder treffen werde. Er ist echt mein Traummann und meine ganz große Liebe."

„Gerade deshalb musst du ehrlich zu ihm sein und es ihm sagen. So, wie du es erzählt hast und wie ich ihn kennengelernt habe, liebt er dich genauso. Und deshalb bin ich sicher, dass es schon nicht so schlimm werden wird. Nimm deinen Mut zusammen und erzähl ihm die Sache. Jeder macht mal einen Fehler. Wenn du ehrlich bist und es ihm so erzählt, wie mir gerade, wird er es verstehen. Vielleicht wird er anfangs ein wenig geschockt und verärgert sein, aber dann wird er dir verzeihen. Glaub mir."

Justin blickte seine Freundin betreten und ziemlich unglücklich an.

„Ich weiß ja, du hast recht. Eigentlich wusste ich schon vorher, das ich es ihm sagen muss. Aber du hast mir trotzdem echt damit geholfen. Ich denke, jetzt fühl ich mich besser. Danke, Gloria!"

Er hauchte ihr einen dicken Kuss auf die Wange und nahm sie fest in die Arme. „Du bist ein echter Freund! Ich wüßte nicht, was ich ohne dich gemacht hätte!", fügte er dann noch schnell hinzu und zauberte damit ein Lächeln auf ihr hübsches Gesicht.

„Aber warte damit nicht zu lange, hörst du!", ermahnte sie ihn sofort.

Justin nickte entschlossen und hatte seine Selbstzweifel verloren. Er legte seinen Arm um ihre Schultern und schlenderte dann mit ihr den Weg zurück.

Am Freitagabend lag Justin ausgestreckt auf der Couch im Dachzimmer und fühlte sich nach dem Schauspielkursus im Anschluss an seinen Wäscherei-Job ziemlich erledigt. Eigentlich hatte er sich nur ein wenig ausruhen wollen, war dann aber in der warmen, stickigen Luft des Zimmers eingedöst. Von einem Klopfen wurde er hochgeschreckt und blickte verschlafen über die hohe Rückenlehne der Polsterung hinter sich zur Tür. Dort hatte Edmond Kerry mit seiner Faust gegen den hölzernen Türrahmen geklopft und lächelte ihn jetzt mit zurückhaltender Freundlichkeit an.

„Wie ich sehe, hast du dich schon ein wenig eingelebt. Das freut mich sehr. Ich hoffe, du hast unsere kleine Verabredung für heute Abend nicht vergessen?"

„Nein, habe ich nicht!", platzte es sofort aus Justin heraus. Doch dann korrigierte er sich: „Um ehrlich zu sein ... ein bisschen doch!"

Der große Schauspieler lächelte milde. „Das macht nichts. Möchtest du, dass ich wieder gehe und ein anderes Mal herkomme?"

Justin sprang von der Couch auf.

„Nein, nein! Bitte bleiben Sie nur ruhig! Aber wie kommen Sie denn überhaupt hier rein?"

Justin ärgerte sich im gleichen Moment, als ihm diese dumme Frage ungewollt herausgerutscht war.

„Oh, ich habe auch noch einen Schlüssel. Aber ich kann dir versichern, es gibt nur diese zwei! Es gab immer nur diese zwei. Möchtest du diesen auch haben? Ich verstehe es schon, es ist jetzt deine Wohnung."

„Nein, nein! Behalten Sie ihn! Es ist doch Ihre Wohnung! Es war dumm von mir!"

„Nichts ist dumm im Leben. Manchmal vielleicht höchstens etwas töricht. Aber wie ich sehe, hast du nichts hier verändert."

„Auf keinen Fall! Niemals würde ich hier etwas verändern. Sicher haben Sie eine verdammt lange Zeit gebraucht, um alles so einzurichten, wie es jetzt ist."

Ein zufriedenes Lächeln umspielte Kerrys Mundwinkel.

„Ja, das wusste ich. Ich hätte dir in meinem Brief auch sonst nicht die Wahl gelassen, alles nach belieben umzuräumen. Ich wollte nur einmal sehen, ob mich mein kleiner Instinkt, was menschliche Charakteristika anbelangt, noch nicht verlassen hat."

„Also habe ich die Probe bestanden?"

Der Schauspieler nickte und trat jetzt näher. „Voll und ganz." Bestätigte er. „Und ich freue mich, dass du heute Zeit für mich hast."

Er trug einen hellen, eierschalenfarbenen Anzug mit sehr feinen, braunen Streifen. Eine seidig glänzende Krawatte blickte sorgsam gebunden unter dem Kragen hervor und schien exakt die Farbe der feinen Streifen zu haben. Und dabei fiel Justin wieder einmal auf, dass Kerry ein durch und durch kultivierter alter Gentleman mit erlesenem Geschmack war. Der große Filmstar warf seinen Hut auf den Tisch vor sich, knöpfte sich das Jackett auf und setzte sich in den großen, gepolsterten Stuhl direkt Justin gegenüber.

„Ich habe vergessen, wie warm es gerade im Sommer über hier oben ist." Er lockerte seine Krawatte ein wenig und blickte Justin an.

Der im Gegensatz zu ihm nur eine ausgeblichene Jeans und ein T-Shirt anhatte und barfuß lässig auf der Couch hockte. „Ja, es ist sehr warm. Deshalb bin ich wohl auch eingedöst. Möchten Sie etwas trinken, Mr. Kerry?"

„Nein danke. Vielleicht später. Du willst sicher erst einmal wissen, weshalb ein alter Mann wie ich seinen Abend mit einem solch jungen Burschen wie dir zu verbringen wünscht. Habe ich recht?"

Zögerlich stimmte Justin ihm zu. Natürlich hatte er sich das gefragt.

„Nenn es einfach eine Passion. Ich liebe einfach die Gesellschaft junger Männer. Ganz besonders dann, wenn sie so gut aussehen wie du. Ich verbinde damit keinerlei sexuelles Interesse oder sonst irgendwelche absonderbaren Neigungen. Falls du das jetzt vielleicht annehmen magst. Auf keinen Fall! Ich bin jetzt seit ziemlich genau 20 Jahren glücklich mit einer ganz wundervollen Frau verheiratet, welche meine kleine Passion diesbezüglich kennt und respektiert. Ich hatte eine Menge Affären und Liebschaften im Leben, das darfst du mir ruhig glauben. Doch es handelte sich dabei immer um Wesen des weiblichen Geschlechts. Das möchte ich betonen! Nun ja, mit einer kleinen Ausnahme vielleicht vor sehr vielen Jahren. Damals war ich wirklich noch sehr jung und probierte wie so viele andere auch, einfach alles einmal aus. Und vielleicht liegt darin auch meine heimliche Leidenschaft für junge Männer begründet. Ich weiß es nicht. Ich bin kein Psychoanalytiker. Nur Schauspieler."

Kerry machte eine kleine Pause und Justin nutzte diese zu einer Unterbrechung.

„Mir müssen Sie da nichts erklären, Mr. Kerry! Wirklich nicht. Mir wäre es völlig egal, wenn Sie auch auf Kerle stehen würden. Das tun doch viele - heimlich. Und ich bin sicher, Sie lieben ihre Frau aufrichtig." Justin konnte sich ein verstecktes Grinsen nicht verkneifen.

„Ja, allerdings! Ich liebe meine Frau! Und ich könnte ohne sie nicht leben. Aber es ist nett, dass du das sagst."

Erneut machte er eine kleine Pause, ehe er fortfuhr: „Ich möchte nur, dass du unsere Treffen im richtigen Licht siehst, verstehst du? Ich möchte, dass von Anfang an alles zwischen uns klar ist, damit es nicht am Ende zu peinlichen Missverständnissen kommt. Ich schätze einfach sehr die Gesellschaft junger Männer. Ganz besonders jetzt, da ich ein gewisses Alter erreicht habe. Ich fühle mich dann selbst wieder jung. Und ich mag es, wenn sie mir zuhören, während ich ein wenig erzähle. So wie du haben schon eine ganze Menge hübscher, junger Burschen dort auf der Couch gesessen und mir ihre Gesellschaft geschenkt. Ich kann nicht umhin zu gestehen, dass es mich doch immer wieder mit einer gewissen Art von innerer Erregung erfüllt, wenn sie einfach nur so dort sitzen und mir zuhören. Nur für mich ganz allein. Aber bei dir, bei dir hatte ich von Anfang an das Gefühl, dass es etwas ganz Besonderes werden könnte. Möchtest du mir diese kleine Freude gewähren und mir deine Gesellschaft auch eine Zeitlang schenken?"

Justin zweifelte keinen Moment lang an dessen tadellosen Absichten, die er völlig harmlos, aber irgendwie auch komisch fand. Vielleicht lag es nur daran, dass er noch niemals zuvor einen so ungewöhnlichen und interessanten Menschen wie ihn kennengelernt hatte. Und damit meinte er weniger den großen, berühmten Star Edmond Kerry, sondern vielmehr den Menschen. Darum fiel es ihm auch nicht schwer, bereitwillig seine Bitte zu erfüllen. Justin sah den großen Filmstar vor sich erleichtert aufatmen.

„Das ist wundervoll! Ich danke dir, Justin. Aber ehe ich mit meinen Geschichten beginne, erzähl du mir doch einmal, welch ein Gefühl es war, als du für deine erste Hauptrolle unterschrieben hast?"

Justin war erstaunt. „Sie wissen davon?"

„Gewiß weiß ich davon. Ich habe mir erlaubt, deine Karriere ein wenig im Auge zu behalten. Ich habe mir sogar deine ersten beiden Filme angesehen. Fürchterliche Streifen! Ich habe sie nicht bis zum Ende gesehen! Doch wir alle haben einmal so angefangen. Da bin ich keine Ausnahme! Aber es kommt auch gar nicht auf die Qualität der Filme am Anfang deiner Karriere an. Und auch später kann man immer wieder mal daneben liegen, was die Auswahl eines Projektes anbelangt. Man kann noch so ein guter Schauspieler sein, wenn man einem unfähigen Regisseur oder rechthaberischen Produzenten in die Hände fällt. Bei den Produzenten ist es leider immer so. Aber was letztlich zählt bist einzig allein du! Deine Leidenschaft für die Rolle und wie du sie dem Publikum vermittelst. Wenn du dafür unterschreibst, musst du dir absolut sicher sein, dass du in der Lage bist, sie so zu spielen, dass sie für die Menschen zu hundert Prozent glaubwürdig erscheint. Sie müssen mit dir weinen, dich lieben, hassen oder sich vor dir fürchten. Ganz egal - aber sie müssen es immer zu hundert Prozent tun können. Dann und nur dann, hast du deine Arbeit erfolgreich und wirklich gut gemacht und kannst vor allem mit dir selbst zufrieden sein."

„So etwas ähnliches hat unser Kursleiter am Anfang auch zu uns gesagt. Aber schon damals fand ich es überflüssig. Denn nichts anderes wollte ich immer tun."

„Genau das musst du auch! Ich weiß, es ist schwer einer Figur die nötige Tiefe zu verleihen, wenn das Drehbuch sie von vornherein nur oberflächlich und eindimensional zeichnet. In Filmen wie diesen Schundproduktionen ist das leider fast immer so. Und ich bin sicher, du kannst in deiner ersten bedeutsamen Rolle, die du jetzt hast, beweisen, was wirklich in dir steckt. Es gibt so viele Schauspieler hier in Hollywood und anderswo, die einfach nur gut aussehen und sonst nichts. Ich weiß, das Image der Schönheit zu tragen, kann gerade hier in Hollywood sehr hilfreich sein. Aber manchmal auch sehr verletzend. Und manchmal ist es sogar ein Hindernis die wirklich anspruchsvollen Rollen zu bekommen. Und glaub mir, das trifft nicht nur allein auf Frauen zu! Doch selbst wenn einige von ihnen vielleicht sogar auch noch Talent haben und gute Schauspieler sind ... Wirkliche Stars zeichnet etwas aus, dass weder etwas mit äußerlicher Vollkommenheit und irgendwelchen gerade aktuellen Idealvorstellungen noch mit schauspielerischer Größe zu tun hat. Stars haben etwas, dass man weder kaufen noch erlernen kann. Etwas, dass man nur schwer beschreiben kann. Ich nenne es immer die Art von magischem Charisma, die das Publikum, ganz gleich ob alt oder jung, sofort in den Bann zieht. Vom ersten Augenblick an. Es ist eine Gabe, die man hat oder nicht. Und gute Regisseure erkennen das und wissen sie für die Leinwand in Szene zu setzen. Du hast diese Gabe, Justin! Und du solltest dir dessen bewusst werden und sie nutzen. Darüber hinaus verfügst du auch noch über alle anderen Vorzüge. Und nach allem, was ich bislang gesehen habe, auch über das nötige Talent. Ich bin sicher, du wirst es schaffen und einmal zu den ganz Großen gehören. Alles, was jetzt noch zu tun bleibt, ist den richtigen Leuten aufzufallen. Aber das, glaube ich, sollte dir nicht sehr schwer fallen, wenn du deine erste Rolle so angehst, wie ich es dir gerade gesagt habe!"

Justin schwieg und blickte den berühmten Schauspieler, der ihm dort wie ein großer Weiser gegenübersaß, einfach nur an. Plötzlich verzog dieser das Gesicht und fuchtelte wild mit einer Hand vor seinem Gesicht herum.

„Ach, vergiss all den Kram, den ich da gerade über deine Präsenz gefaselt habe! Es war psychologisch absolut unklug, dir all das jetzt schon unter die Nase zu binden! Es macht dich am Ende nur noch größenwahnsinnig! Und das wäre das Schlimmste, was dir passieren könnte! Garance Fossard ist dafür ein strahlendes Beispiel. Sie ist eine gottverdammte Diva! Ihre Allüren und Extravaganzen sind längst Legende. Sie hatte all das, wovon ich dir gerade erzählt habe. Sie hatte es im Überfluß. Ihre Schönheit war umwerfend - ist es noch! Sie ist eine begnadete Schauspielerin und besitzt eben jene Präsenz, von der ich gerade etwas zu schwärmerisch erzählt habe. Manchmal geht es eben mit mir durch. Aber zu viele Leute haben ihr das immer wieder gesagt und sie spüren lassen. Und sie war anfällig für den Ruhm und was er mit sich brachte. Und das hat sie am Ende verrückt werden lassen! Heute lebt sie in ihrer eigenen Welt. Sie glaubt wirklich, was die Menschen um sie herum ihr immer wieder gesagt und leider oft genug auch vorgespielt haben. Sie glaubt auf ewig eine jener Filmgötter zu sein, die unsterblich sind und von allen immer geliebt und verehrt werden. Ein Mensch nicht von dieser Welt! Damals habe ich sie hochgeschätzt und geliebt. Beides aufrichtig. Heute kann ich sie nur noch bedauern. Sie ist das traurige Beispiel dessen, was Hollywood aus einer wirklich großen Schauspielerin auch machen kann. Ihr Ruhm ist fast vorbei. Jede Rolle, die man ihr später noch anbot, lehnte sie aus maßloser Überheblichkeit ab. Weil die Filme ihrer wahren Größe nicht gerecht würden, wie sie es sagte. Heute will niemand mehr mit ihr drehen. Aber sie will es nicht wahrhaben. Und darum vergiss einfach, was ich gerade meinte! Allein deine Schauspielkunst ist wichtig. Darum lerne immer von deinen Kollegen und bewahre dir deine eigene Art. Sei offen für neue Erfahrungen und Ansichten und versuch immer, dich weiter zu verbessern. Das sind die Dinge, die ich dir als Bilanz aus meiner Erfahrung mit auf den Weg geben kann. Denn glaub mir, eine von diesen kleinen, goldenen Statuetten überreicht zu bekommen, die sich alle von uns so sehr wünschen, macht noch keinen wirklich großen Schauspieler aus dir! Das allein entscheidet das Publikum."

Gebannt hatte Justin ihm zugehört und all seine Müdigkeit war dabei verflogen.

„Sie sollten darüber ein Buch schreiben, Mr. Kerry. Ich glaube, Sie könnten damit vielen jungen Schauspielern wie mir sehr hilfreich sein!"

„Gewiß, eine Zeitlang habe ich das auch überlegt. Und mein PR-Manager wird nicht müde, mich darum immer wieder anzubetteln, doch endlich meine Biografie zu verfassen. Sicher, ich könnte eine Menge aus meinem Leben erzählen ... Aber nein. Das sollen andere tun, wenn ich einmal die große Bühne des Lebens verlassen habe. Ich habe unendlich viele Interviews gegeben und noch öfter bin ich fotografiert worden. Nein, am Ende sollen meine Filme und Bühnenauftritte, die ich gemacht habe, mein Leben erzählen. Mir genügt es, wenn ich durch sie ein kleines Stück Unsterblichkeit erlange. Das soll meiner Eitelkeit zur Genüge reichen. Außerdem, ich schreibe furchtbar ungern!"

Er lächelte verlegen.

„Das ist ein kleines Geheimnis, und bitte verrat's nicht weiter. Aber ich habe für alle Briefe einen Sekretär. Und ich habe überhaupt nur einmal im Leben selbst einen Liebesbrief geschrieben, nämlich den an meine Frau. Es ist ein wahrer Albtraum für mich, Autogramme geben zu müssen. Ich mache es schon seit Jahren nur noch, wenn es sich gar nicht vermeiden lässt. Es ist eine wirkliche Faulheit, die jetzt im Alter sogar noch schlimmer geworden ist."

Justin lächelte und versprach es.

Der große Hollywoodstar erzählte und der Abend verrann dabei wie der Sand in einem Stundenglas. Als es kurz nach Mitternacht war, schreckte er nach einem Blick auf seine goldenen Armbanduhr auf.

„Du liebe Güte, schon so spät! Deine wundervolle Gesellschaft hat mich doch wirklich die Zeit vergessen lassen! Ich sollte mich wohl besser für heute verabschieden und auf den Weg machen."

Auch Justin hatte überhaupt nicht gemerkt, wie schnell die Zeit vergangen war, so interessant hatte Kerry erzählt. Aber etwas wollte er jetzt doch noch wissen. „Darf ich Sie noch etwas fragen?", begann er zögerlich.

„Aber sicher, wenn die Antwort nicht zu lange dauert? Nur heraus damit!", scherzte er.

„Das Bett unten. Es stimmt doch, dass es aus ihrem Film NACHTWIND stammt, oder?"

Der Schauspieler nickte und griff beim Aufstehen nach seinem Hut.

„Sehr gut beobachtet."

„Warum haben Sie es hier stehen?", formulierte Justin schnell seine eigentliche Frage.

„Weil ich es gekauft habe. Und weil es die sehr persönliche Sentimentalität eines mehr und mehr in die Jahre kommenden Mannes ist. Mag sein, wenn wir uns ein wenig besser kennengelernt haben, erzähle ich sie dir vielleicht einmal. Diese Geschichte dazu. Aber nicht mehr heute Abend."

Edmond Kerry ging um den Tisch herum auf die Tür zu.

„Ich bring Sie nach unten!", sagte Justin sofort und sprang von der

Couch auf. Er hatte verstanden, dass der Schauspieler ihm diese Frage nicht beantworten wollte und gab sich für heute damit zufrieden.

„Wollen Sie nächsten Freitag um die gleiche Zeit wiederkommen?", fragte er Edmond Kerry unten, ehe er ihm die Tür öffnete.

„Wenn du das Geschwätz eines eingebildeten, alten Filmschauspielers noch eine Weile ertragen willst, dann sehr gern. Ich habe deine Gesellschaft heute Abend außerordentlich genossen und würde mich aufrichtig darüber freuen."

„Dann haben wir eine Verabredung für nächsten Freitag und diesmal werde ich es ganz bestimmt nicht wieder verschlafen!", versicherte Justin ihm.

Kerry lächelte zufrieden. Er warf ihm noch einen kurzen Blick zu, ehe er wortlos davonging und schon kurz darauf in seinem einfach an der Straße geparkten Wagen gestiegen und verschwunden war.

Die Woche verging wie im Flug. Der Job in der Wäscherei und seine Kurse ließen ihm wie immer nicht viel Zeit. Dennoch hatte Justin das Drehbuch zu seinem ersten wirklichen Film, den er bald schon machen würde, nicht nur längst gelesen, er kannte es fast auswendig. Robert hatte viel in der Redaktion zu tun, und so trafen sie sich nur einmal am Mittwoch. Früh morgens kurz am Strand an ihrem verschwiegenen Platz unter dem Steg, weil keiner von beiden es länger aushielt, ohne den anderen zu sein. Nur einige Augenblicke inniger Umarmung und ein paar verliebte Küsse, während die Sonne gleißend am Horizont den neuen Tag begrüßte. Zu mehr blieb keine Zeit. Also telefonierten sie nur miteinander, so oft es gerade ging. Und schon war es wieder Freitag geworden. Justin hatte seinem Freund von dem Treffen mit Edmond Kerry erzählt und es ihm erklärt. So verstand Robert dies, auch wenn es ihnen beiden schwer fiel, auf einen gemeinsamen Freitagabend zu verzichten. Doch Robert fand, dass so vielleicht auch die eine oder andere Insiderinformation für ihn dabei herausspräng und Justin einen besseren Mentor als Edmond Kerry sicher kaum finden konnte. Wie gewöhnlich erschien der große Schauspieler an diesem Abend in makelloser, aber schlichter Eleganz. Seine beigefarbene Weste hatte er leicht aufgeknöpft. Die seidene Krawatte gelockert und die Jacke, dessen dunkles Innenfutter schwarz glänzte, hielt er locker über den linken Unterarm geworfen. Selbst an diesem heißen Sommerabend trug er noch einen Hut. Den er allerdings abnahm, als er Justin nach oben in das Dachzimmer folgte. Justin hingegen hatte sich mit einer abgeschnittenen Jeans und einem buntgemustertem T-Shirt ganz bequem angezogen.

„Ich habe uns heute eine kalte Limonade mit hochgeholt. Sie kommt gerade aus dem Kühlschrank."

Kerry lächelte als er in dem Sessel Platz nahm. „Dann sollten wir aber gleich ein Glas trinken. Sie ist hier oben sonst schnell wieder warm!"

Justin war schon dabei ihnen einzuschenken und reichte ihm das schmale, hohe Glas. Sie tranken jeder einen langen Schluck davon. Ohne langer Vorrede platzte Justin dann mit seiner Idee heraus, welche ihm schon gleich nach ihrem letzten Treffen eingefallen war und zu der Robert ihn, nicht ganz ohne eigenes Interesse, bestärkt hatte.

„Sie haben mir das letzte Mal gesagt, dass Sie es nicht mögen, viel zu schreiben. Ich finde aber jemand sollte Ihre Geschichte unbedingt aufschreiben. Mit Ihren Worten. Es wäre doch wirklich für so viele Menschen interessant! Würden Sie mir erlauben, das ich dies für Sie mache?"

Unter einem der Kissen versteckt, holte er jetzt ein Tonbandgerät hervor und stellte es auf den Tisch.

„Ich habe mir das hier gekauft. Vielleicht darf ich unsere Gespräche aufnehmen, um sie dann danach für Sie aufzuschreiben. So vergesse ich nichts und zitiere Sie ganz mit Ihren eigenen Worten. Sie können ja später immer noch entscheiden, ob Sie es veröffentlichen oder die Bänder lieber in einen Safe schließen oder von mir aus auch verbrennen wollen."

„Es macht mich glücklich, dass dir so viel daran liegt und dich meine Erzählungen nicht langweilen. Aber ich weiß nicht, ob mir diese Idee gefällt."

Justin blickte ihn drängend an. „Ich verspreche Ihnen, dass keiner den Inhalt davon erfährt und Sie ganz allein am Ende entscheiden, was damit passieren soll. Bitte, Mr. Kerry."

„Nun gut, ich kann es dir nicht abschlagen. Ich muss zugeben, dass ich gelegentlich daran gedacht habe, dem Drängen meines PR-Managers in Bezug auf diese Angelegenheit nachzugeben. Aber wenn ich dir dann schon mein Leben erzählen soll, dann müssen wir auch ganz von vorne damit anfangen. Und es wird wohl sicherlich eine ganze Menge Freitagabende brauchen, um es zu erzählen."

Justin lächelte verschmitzt. „Das macht gar nichts. Ich habe eine ganze Menge von Leerbändern gekauft."

Kerry lachte erheitert auf, als Justin unter der Couch einen vollen Karton mit Bandkassetten hervorzog und dann das Mikrofon in seine Richtung hin ausrichtete. Er schaltete das Gerät ein, lehnte sich entspannt zurück und mit einem langen, vergnügten Seufzer begann der berühmte Filmstar zu erzählen. Nach über zwei Stunden war er dabei noch immer nicht bei seiner ersten Filmrolle von 1922 angekommen, sondern hatte von seiner Kindheit und Jugend erzählt. Bis er dann dabei war von seiner Zeit als junger Schauspieler am Theater zu berichten. Und wie er schließlich am New Yorker Broadway dem Regisseur John W. Van Balderston auffiel, der ihn kurz darauf nach Hollywood einlud und ihm einen Filmvertrag versprach.

„Der Film wurde damals gerade erst populär und ich fühlte mich als echter Schauspieler nicht dafür geeignet. Ich hielt den Film nur für ein unbedeutendes Possenspiel geldgieriger Produzenten und ruhmsüchtiger Möchtegern-Schauspieler. Ich lehnte voller Überheblichkeit ab und wollte damit nichts zu tun haben. Ich war naiv und vielleicht sogar arrogant und musste erst von meinem Agenten und einer Reihe von guten Freunden und Kollegen dazu überredet werden, das Angebot überhaupt in Betracht zu ziehen. Ja, ich ging nur nach Hollywood, weil ich es mir mal ansehen wollte und um meine vorgefasste Meinung vom Film dort bestätigt zu bekommen. Ich machte so ziemlich jedem, den ich traf, mein Desinteresse mit abfälligen Kommentaren deutlich und hatte keine Scheu, dies selbst dem Studiochef Alfred J. Reardon ins Gesicht zu sagen. Ein Wunder, dass ich überhaupt meine erste Rolle bekam. Ich glaube, ich habe so ziemlich jeden, der damals im Filmgeschäft dort von Bedeutung war, verärgert und vor den Kopf gestoßen. Nur Balderston nicht! Der wollte mich unbedingt für seinen Film. Auch wenn er mich dann sogar noch regelrecht dazu überreden und fast schon zwingen musste, vor die Kamera zu treten. Ich fand das Drehbuch albern und prosaisch. Aber er hat mich beeindruckt. Seine Hartnäckigkeit und seine leidenschaftliche Ernsthaftigkeit, mit der er seine Arbeit als Regisseur betrachtete, waren etwas, dass wir beide gemeinsam hatten. Er war einfach besessen von dem, was er tat. Anders kann ich es nicht nennen. Ich lernte ihn sehr bald schätzen und erfuhr, dass auch er ursprünglich vom Theater kam. Er war ein Mann von Ende 30 und zu dem damaligen Zeitpunkt tatsächlich schon über zehn Jahre als Regisseur beim Film dabei. Man kann von ihm sicher wirklich behaupten, dass er einer der wenigen war, die Hollywood begründet haben und mit ihrer Arbeit zu dem gemacht haben, was es heute ist. Ich habe seinen Tod damals sehr bedauert. Lieber Himmel, das ist auch schon wieder fast zehn Jahre her! Wo ist nur die Zeit geblieben? Nun, jedenfalls kam es so schließlich zu meiner ersten Filmrolle. Ich erinnere mich noch sehr gut an meine erste Szene, die ich in VOR TAGESANBRUCH zu spielen hatte. Ich sollte aus einem Gartenhaus treten und auf meine Liebste zulaufen, um diese voller Leidenschaft in die Arme zu schließen. Dabei ein kurzer Dialog. Wir hatten festen Dialog, auch wenn die Filme natürlich damals noch stumm waren. Balderston gab mir keinerlei Anweisungen. Er war überzeugt von mir und hatte mich gegen alle Widerstände durchgeboxt. Ich hatte nur das Drehbuch gelesen und wusste sehr genau, worauf es ankam. Jedenfalls bildete ich mir dies ein. Und dann ließ er mich diese Szene 27 Mal wiederholen!"

Kerry lachte amüsiert, als er sich daran erinnerte, trank einen Schluck von der längst warmen Limonade und band sich seine Krawatte nun schließlich ganz auf. Die trockene Hitze in dem großen Dachzimmer hatte auch ihm längst dicke Schweißperlen auf das Gesicht getrieben, die er sich immer wieder während seiner Erzählungen mit einem weißen Stofftaschentuch abtupfte, auf dem seine Initialen eingestickt waren.

Justin mochte den alten Schauspieler auf eine gewisse Weise und natürlich bewunderte er ihn auch. Und sehr wohl waren ihm dessen versteckt lustvollen Blicke, die ihm dieser immer wieder dezent zuwarf, keineswegs entgangen. Auch wenn er sie geschickt zu verbergen versuchte. Und so hatte Justin ganz spontan beschlossen, ihm dessen unausgesprochenes, heimliches Verlangen zu erfüllen, dass dieser fraglos niemals auch nur erwähnen würde. Während Edmond Kerry also in seiner Erzählung fortfuhr, zog Justin sein Shirt aus und warf es neben der Couch zu Boden. Er tat es ganz beiläufig und lässig, beobachtete dabei aber genau dessen Reaktion.

„Was machst du da?", fragte Kerry ihn mitten aus seiner Erzählung heraus, als Justin sich schließlich den Gürtel seiner Jeans zu öffnen begann.

„Mir ist ziemlich heiß", antwortete er nur knapp und fuhr ohne Scheu darin fort, sich jetzt auch die Jeans samt seines Slips darunter rücklings auf der Couch liegend auszuziehen.

Da rutsche der Schauspieler auf seinem Sessel nach vorne und fuhr Justin ziemlich konsterniert und merklich ertappt mit nervöser Stimme an: „Nein, bitte! Das musst du wirklich nicht tun!"

„Ich möchte es aber gern. Ich sagte doch, dass mir heiß ist. Und ich will, dass Sie mich ansehen. Es würde mir gefallen. Wir wissen doch beide ganz genau, dass Sie es auch wollen. Und überhaupt; was ist schon dabei? Wir sind doch ganz unter uns. Und wenn Sie möchten, mache ich es gern jedesmal, wenn wir uns hier treffen. Ich habe kein Problem damit. Es macht mir wirklich Spaß. Und ich mache immer das, was ich will. Außerdem - wer sollte davon schon erfahren?"

Justin lag jetzt nackt ausgestreckt auf dem Polster vor ihm und zauberte ein verschmitztes Grinsen auf sein Gesicht. Edmond Kerry lehnte sich wieder zurück und blickte ihn noch immer ein wenig verwirrt, aber mit unverkennbarer Freude darüber an und gab seine Gegenwehr auf.

„Also gut. Ich schätze, du machst ja doch, was du willst!"

„Genauso ist es!"

„Schön, du hast mich also durchschaut. Dann habe ich heute als Schauspieler wohl eine ziemlich klägliche Vorstellung geboten?"

„Das würde ich so hart nicht sagen. Niemand kann seine wahren Gefühle tief in sich drin auf Dauer wirklich ganz verbergen. Das glaube ich einfach nicht."

„Das mag wohl sein," seufzte Kerry, „aber man kann es ziemlich lange durchhalten, glaub mir. Manchmal sogar solange, bis man sich selbst damit täuscht und seine eigene Lüge am Ende für die Wahrheit hält. Vielleicht werde ich mit dem Alter einfach nur etwas unvorsichtig."

Mit diesem Eingeständnis hatte ihm der große Hollywoodstar mehr von sich offenbart, als er wohl eigentlich wollte, denn er blickte Justin plötzlich etwas erschrocken an, als ihm dies selbst in den Sinn kam. Aber

Justin lächelte nur sanft und kam seiner Frage zuvor:

„Keine Angst! Sie können sich wirklich absolut auf mich verlassen! Ihr kleines Geheimnis wird auch allein Ihr Geheimnis bleiben!"

Kerry schloss für einen Moment erleichtert die Augen und wischte sich mit dem Taschentuch über die glänzende Stirn.

„Danke", sagte er nur. „Wirklich. Du bist der erste Mensch, dem ich davon erzählt habe. Nun, meine Frau weiß es natürlich. Auch wenn wir niemals darüber gesprochen haben. Sie weiß es einfach. Doch sie akzeptiert es. Denn sie weiß auch, dass meine Liebe zu ihr aufrichtig und unerschütterlich ist und ich dieses heimliche Verlangen niemals zu mehr als diesem habe werden lassen. Bitte spul das Tonband ein Stück zurück und überspiel das, was ich da gerade gesagt habe!"

Justin setzte sich auf und tat dies. Er stoppte das Tonband ab. Aber bevor er es wieder auf Aufnahme stellte, blickte er den noch immer sichtlich verstörten Schauspieler mit seinen blauen Augen beruhigend an.

„Sie dürfen mir wirklich vertrauen, Mr. Kerry. Sie denken, dass ich Ihr kleines Geheimnis vielleicht doch einmal gegen Sie verwenden werde, wenn sich unsere Wege einmal trennen, habe ich recht? Aber als Beweis, dass Sie mir wirklich absolut vertrauen können, will ich Ihnen auch mein Geheimnis verraten. Im Gegensatz zu Ihnen stehe ich nämlich ganz auf Männer. Um es ganz deutlich zu sagen; wenn es um Liebe und Sex geht, kann ich mit Frauen überhaupt nichts anfangen!"

Justin sah die Überraschung in Kerrys Gesicht und war nicht weiter verwundert darüber. Es entlockte ihm nur ein amüsiertes Grinsen.

„Sehen Sie, das hätten Sie nicht gedacht."

Kerry blickte ihn starr an: „Nein, ganz sicher nicht! Nicht bei einem so verdammt hübschen, jungen Kerl wie dir!"

„Sie können also nun ganz beruhigt sein. Ich verrate nichts. Sie könnten jetzt meine Karriere schließlich ebensogut zerstören, wie ich Ihre. Behalten wir unsere kleinen Geheimnisse einfach für uns und lassen Sie uns nicht mehr davon sprechen. Ist das ein Vorschlag?"

Der große Hollywoodstar blickte aus glasigen Augen an ihm vorbei. Eine seltsame Art von Entsetzen glaubte Justin darin zu erkennen. Und ohne ihm darauf zu antworten, meinte er dann ganz in Gedanken: „Dann wirst du es mit deiner Karriere beim Film noch schwerer haben, als ich es hatte. Gütiger Gott, ich glaube, es wird die Hölle werden und ich glaube, du weißt gar nicht, was dich erwartet und auf was du dich da einlässt!"

„Aber ich bitte Sie, Mr. Kerry! Natürlich muss ich vorsichtig sein, das ist mir schon klar. Aber abgesehen davon, was soll schon passieren?"

Jetzt fuhr der Schauspieler auf ihn zu. Sein Blick und sein Tonfall glichen nun eher dem des allmählich wahnsinnig werdenden Macbeth aus Shakespeares berühmtem Drama, als seiner sonst so ruhigen, distingierten Art: „Alles kann passieren! Alles! Dein Leben wird eine Lüge sein. Eine große, konstruierte Lüge, die du jeden Tag leben und auf das äußerste bedacht geheimhalten musst! Aber vielleicht ist es gut so, dass du jetzt noch nicht zu erkennen vermagst, was damit auf dich zukommt. Ganz allmählich wirst du es begreifen lernen. Aber überlege dir heute schon gut, ob du dich darauf einlassen willst! Wenn du erst diesen Film gemacht hast und damit vielleicht sogar berühmt wirst, ist es zu spät dafür. Dann ist dein Leben bereits zu dieser Lüge geworden. Und glaub mir, jeder Tag mit ihr wird für dich zu einer Last werden."

Justin blickte ihn fest an.

„Mag schon sein, dass ich mir manches jetzt vielleicht noch zu einfach vorstelle. Aber mit einem haben Sie Unrecht: so lange ich denken kann, war mein Leben bereits eine Lüge. Nicht nur erst mit dem Augenblick, als ich zwölf oder dreizehn war und mir zum ersten Mal klar wurde, dass ich nur auf Kerle scharf bin. Was das betrifft, lebe ich diese Lüge, von der Sie sprechen, nämlich schon mehr als acht Jahren lang. Nein, eigentlich auch vorher schon. Ich habe mir vorgelogen, dass ich meinen Vater und meine Brüder lieben würde. Dabei habe ich sie gehasst. Ich habe mir vorgelogen, wie schön doch meine Kindheit war. Aber die wenigen, schönen Erinnerungen, die ich daran habe, drehen sich fast immer nur um das alte Kino in Steaming Meadow, in dem ich heimlich immer war und all die Filme gesehen habe. Das war mein ganzes Glück. Schon als kleiner Junge habe ich davon geträumt, einmal selbst dort oben auf der Leinwand zu sein und andere glücklich zu machen, wenn sie mich dort sehen und bewundern. Und es gibt nichts, das mich davon abhalten könnte, diesen Traum wahr werden zu lassen! Das ist der Grund, weshalb ich überhaupt noch lebe. Nur deshalb bin ich hier."

Edmond Kerry hatte ihm sehr aufmerksam zugehört und blickte ihn nun durchdringend an. „Dann wünsche ich dir aufrichtig und von ganzem Herzen alle Kraft, diese Last zu tragen und aus deinem Leben das zu machen, was du dir erträumst. Und wenn ich dir dabei helfen kann, will ich dies gern tun. Denn glaub mir, du wirst jede ehrlich gemeinte Hilfe gebrauchen können, die sich dir bietet. Und davon wird es nicht sehr viele geben."

Justin sagte nichts darauf. Er hatte sich nach hinten gelehnt und war in Gedanken versunken.

Nach einer kleinen Weile unterbrach Edmond Kerry schließlich das Schweigen. „Ich denke für heute machen wir an dieser Stelle Schluss, was meinst du? Und wenn wir uns nächste Woche wiedersehen, belassen wir es dabei, wenn ich dir aus meinem Leben erzähle. Und du brauchst auch deine Sachen nicht mir zuliebe auszuziehen. Du wirkst nämlich viel schöner und erotischer, wenn du sie anbehältst. Das solltest du doch aus den Filmen kennen. Eine schöne Frau auf der Leinwand wirkt umso erotischer und geheimnisvoller, wenn sie nicht alles von sich preisgibt und sich mit einem letzten Hauch von Rätseln umgibt."

Der Schauspieler nahm seinen Hut und seine Jacke und stand auf. Auch Justin stand auf und wollte ihn nach unten begleiten, aber Kerry wiegelte ab.

„Nein, lass nur! Ich finde den Weg heute ganz sicher allein hinunter. Ich werde zuschliessen. Bleib nur hier und geniess den Rest des Abends, Justin. Und vielleicht denkst du ein wenig über all das nach." Er schenkte ihm zum Abschied ein freundschaftliches Zwinkern und streichelte ihm versonnen für einen kurzen Moment über seinen muskulösen Oberarm. Dann verschwand er.

Justin setzte sich wieder auf die Couch und blieb allein zurück. Und er dachte wirklich noch eine Weile über all das nach, während er auf das Tonband vor sich starrte. Aber dann kam er zu dem Entschluss, dass es keinen Zweck hatte, sich zu viele Gedanken darüber zu machen. Sie würden ihn nur auf seinem Weg zu den Sternen behindern. Und deshalb warf er sie über Bord. Er lehnte sich entspannt auf der Couch zurück, nahm seinen Schwanz fest in die Hand und begann verträumt seine aufkeimende Lust zu befriedigen, während er dabei an Robert dachte ...

***

Der Weg zu den Sternen war für Justin nicht leicht. Nachdem es ihm gelungen war, nicht zuletzt Dank der Hilfe von B-Filmstar Spencer Jackson, erste kleine Rollen in ebenso kleinen Filmen zu bekommen, schien sein Wunsch sich zu erfüllen. Doch Justin will mehr! Er will nicht nur das Spielzeug für Spencer Jackson abgeben, er will geliebt werden. Doch noch viel mehr als dies will er eine Hauptrolle! Ein Ziel, welches sich sehr bald verwirklichen soll, als er für Herbert Dietrichs Western den Vertrag dazu unterzeichnet. Doch so euphorisch er sich auf die Dreharbeiten auch freut, und so intensiv, ja fast schon exzessiv, er sich auf seine indianische Rolle vorbereitet, so sehr vermisst er in den Drehwochen, da diese schließlich außerhalb Hollywoods stattfinden, auch Robert. Aber diese Wochen der Dreharbeiten halten nicht nur eine neue Versuchung für ihn bereit, sondern auch ein unangenehmes Wiedersehen mit Spencer Jackson. Während er in dem großen Hollywoodstar Edmond Kerry einen hilfreichen Mentor gefunden hat, offenbaren sich ihm bei seinem Weg hinauf zu den Sternen der Filmwelt bald immer weitere Abgründe aus Intrigen, Erpressung, Gier und lustvollen Verlockungen. Mehr und mehr wird seine Beziehung zu Robert dadurch auf eine ernste Probe gestellt. Denn nicht nur allein seine radikale Auffassung von der Schauspielerei ist es, die zu Spannungen zwischen ihnen führen, sondern vor allem auch seine Sucht nach Sex. Ohne dass er selbst es bemerkt, verändert ihn dies alles. Seine immer größer werdende Berühmtheit trägt nicht zuletzt auch dazu bei. Als seine Karriere schließlich völlig unvermittelt zu zerbrechen droht, ist es Gloria, die den rettenden Einfall dafür hat. Doch dieser bedeutet für Justin eine große Veränderung. Und dann ist da auch noch ein dunkles Geheimnis aus seiner Vergangenheit, das durch den überraschenden Besuch seines ältesten Bruders ans Tageslicht zu kommen droht! Während seine Beziehung zu Spencer Jackson allmählich eskaliert und auf eine Tragödie zusteuert, gelingt ihm trotz aller Widrigkeiten der Durchbruch zum gefeierten neuen Star in Hollywood. Wie hoch aber wird der Preis sein, den er dafür zahlen muss ...? Wird er dafür seine Freundschaft zu Gloria oder seine Liebe zu Robert opfern müssen? Wird er sich am Ende selbst verraten?
Der zweite Band wird auf all dies Antwort geben.
    DER TRAUM VON HOLLYWOOD
    Schattenseiten von Ruhm und Glanz

www.himmelstuermer.de